Sumário

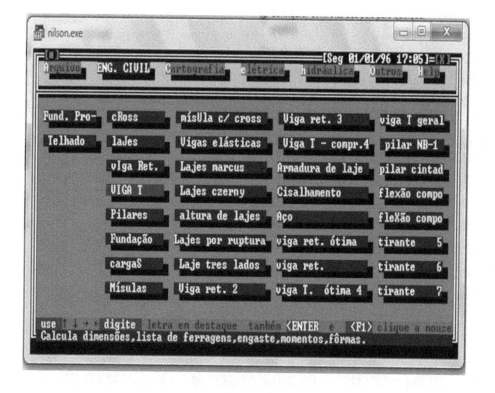

Criptografia soft completo com código fonte

O objetivo é com os código fonte nestes livros abaixo, o leitor apenas copiando possa reproduzir a imagem acima e ainda modificar.

Criptografia código completo código fonte
Vigas e pilares soft completo código fonte
Teodolito código completo código fonte

E por que me chamais, Senhor, Senhor, e não fazeis o que eu digo?
Qualquer que vem a mim e ouve as minhas palavras, e as observa, eu
vos mostrarei a quem é semelhante:

É semelhante ao homem que edificou uma casa, e cavou, e abriu bem
fundo, e pôs os alicerces sobre a rocha; e, vindo a enchente, bateu
com ímpeto a corrente naquela casa, e não a pôde abalar, porque
estava fundada sobre a rocha.

Mas o que ouve e não pratica é semelhante ao homem que edificou
uma casa sobre terra, sem alicerces, na qual bateu com ímpeto a
corrente, e logo caiu; e foi grande a ruína daquela casa.

Lucas 6:46-49

Este é o resultado de um trabalho de programação em que foi utilizado
a linguagem pascal. Todo o código fonte está listado e o conteúdo
pode levar o usuário a patamares maiores. A partir desta programação
pode-se ir muito mais além.

Criptografia ou criptologia é o estudo e prática de princípios e técnicas
para comunicação segura na presença de terceiros, chamados
"INIMIGOS". Mas, geralmente a criptografia refere-se à construção e
análise de protocolos que impedem terceiros, ou o público, de lerem
mensagens privadas.

Conjunto de princípios e técnicas empregadas para cifrar a escrita,
torná-la ininteligível para os que não são autorizados tenham acesso
às convenções combinadas.

Em operações políticas, diplomáticas, militares, criminais e etc.,
modificação codificada de um texto, de forma a impedir sua
compreensão pelos que não conhecem seus caracteres ou
convenções.

Veja o resultado de como se apresenta todo o trabalho. Sendo você um estudante ou programador vai se sentir confortável, pois funciona e é o exemplo no final que conta. Finalmente, pode-se utilizar todo o código fonte para ver ampliações e modificações.

No menu OUTROS existem 2 programas que cifram. Mesmo que um interceptador do texto cifrado tenha o mesmo programa, ainda assim tem a senha de seis dígitos entre 255 símbolos a escolher na tabela ASCII, e ainda pode fazer cifra sobre cifra e outras combinações.

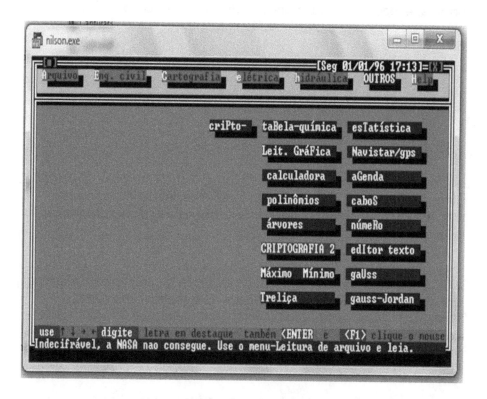

Como vê muito funcional, estando no momento de utilização e a necessidade de ter mais velocidade para procurar arquivos. O soft vai gerar muitos arquivos de textos e o usuário precisa renomear para que não sejam reescritos sobre os anteriores

Outras possibilidades para uso do soft a seguir.

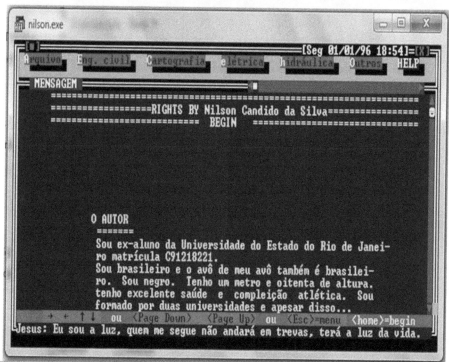

```
 nilson.exe                                          [_][□][X]
═[■]═════════════════════════════[Seg 01/01/96 18:54]═[X]═
 Arquivo   Eng. civil   Cartografia   elétrica   hidráulica   Outros   HELP
═ MENSAGEM ═════════════════════════■═══════════════════
 ===================================================
 ===================RIGHTS BY Nilson Candido da Silva===============
 =====================  BEGIN  ====================




        O AUTOR
        =======
        Sou ex-aluno da Universidade do Estado do Rio de Janei-
        ro matrícula C91218221.
        Sou brasileiro e o avô de meu avô também é brasilei-
        ro.  Sou negro.  Tenho um metro e oitenta de altura.
        tenho excelente saúde e  compleição  atlética.  Sou
        formado por duas universidades e apesar disso...
   →  ←  ↑ ↓   ou  <Page Down>  <Page Up>  ou  <Esc>=menu  <home>=begin
 Jesus: Eu sou a luz, quem me segue não andará em trevas, terá a luz da vida.
```

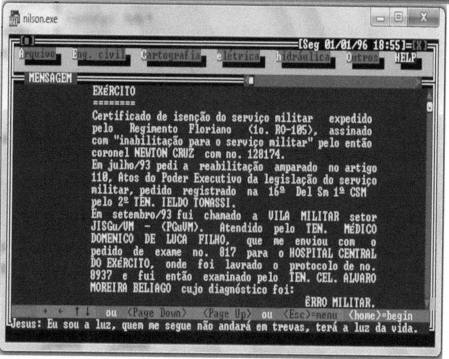

```
 nilson.exe                                          [_][□][X]
═[■]═════════════════════════════[Seg 01/01/96 18:55]═[X]═
 Arquivo   Eng. civil   Cartografia   elétrica   hidráulica   Outros   HELP
═ MENSAGEM ═════════════════════════■═══════════════════
        EXÉRCITO
        ========
        Certificado de isenção do serviço militar   expedido
        pelo   Regimento  Floriano   <1o. RO-105>,  assinado
        com "inabilitação para o serviço militar" pelo então
        coronel NEWTON CRUZ  com no. 128174.
        Em julho/93 pedi a  reabilitação  amparado no artigo
        110, Atos do Poder Executivo da legislação do serviço
        militar, pedido  registrado  na  16ª  Del Sm 1ª CSM
        pelo 2º TEN. IELDO IONASSI.
        Em setembro/93 fui  chamado a  VILA  MILITAR  setor
        JISGu/VM  -  <PGuVM>.   Atendido  pelo  TEN.  MÉDICO
        DOMENICO  DE  LUCA FILHO,  que  me  enviou com  o
        pedido  de  exame no.  817  para  o HOSPITAL CENTRAL
        DO EXÉRCITO,  onde  foi  lavrado  o  protocolo de no.
        8937  e fui  então  examinado pelo  TEN. CEL. ALVARO
        MOREIRA BELIAGO  cujo diagnóstico foi:
                                        ÊRRO MILITAR.
   →  ←  ↑ ↓   ou  <Page Down>  <Page Up>  ou  <Esc>=menu  <home>=begin
 Jesus: Eu sou a luz, quem me segue não andará em trevas, terá a luz da vida.
```

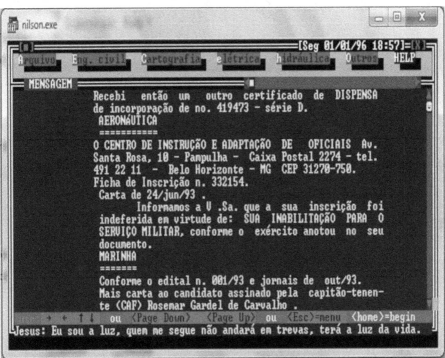

nilson.exe

Arquivo   Eng. civil   Cartografia   elétrica   hidraulica   Outros   HELP

MENSAGEM

Recebi então um outro certificado de DISPENSA
de incorporação de no. 419473 - série D.
AERONÁUTICA
===========
O CENTRO DE INSTRUÇÃO E ADAPTAÇÃO DE OFICIAIS Av.
Santa Rosa, 10 - Pampulha - Caixa Postal 2274 - tel.
491 22 11 - Belo Horizonte - MG CEP 31270-750.
Ficha de Inscrição n. 332154.
Carta de 24/jun/93 .
        Informamos a V .Sa. que a sua inscrição foi
indeferida em virtude de: SUA INABILITAÇÃO PARA O
SERVIÇO MILITAR, conforme o exército anotou no seu
documento.
MARINHA
=======
Conforme o edital n. 001/93 e jornais de out/93.
Mais carta ao candidato assinado pela capitão-tenen-
te (CAF) Rosemar Gardel de Carvalho .

→ ← ↑ ↓   ou <Page Down> <Page Up> ou <Esc>=menu <home>=begin
Jesus: Eu sou a luz, quem me segue não andará em trevas, terá a luz da vida.

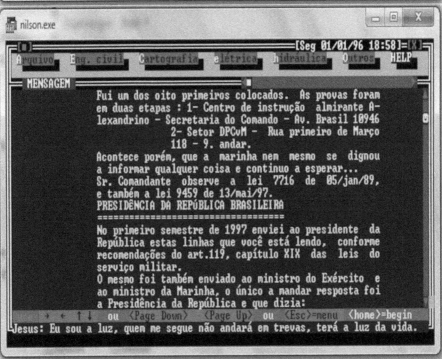

nilson.exe

Arquivo   Eng. civil   Cartografia   elétrica   hidraulica   Outros   HELP

MENSAGEM

Fui um dos oito primeiros colocados. As provas foram
em duas etapas : 1- Centro de instrução almirante A-
lexandrino - Secretaria do Comando - Av. Brasil 10946
              2- Setor DPCvM - Rua primeiro de Março
              118 - 9. andar.
Acontece porém, que a marinha nem mesmo se dignou
a informar qualquer coisa e continuo a esperar...
Sr. Comandante observe a lei 7716 de 05/jan/89,
e também a lei 9459 de 13/mai/97.
PRESIDÊNCIA DA REPÚBLICA BRASILEIRA
===================================
No primeiro semestre de 1997 enviei ao presidente da
República estas linhas que você está lendo, conforme
recomendações do art.119, capítulo XIX das leis do
serviço militar.
O mesmo foi também enviado ao ministro do Exército e
ao ministro da Marinha, o único a mandar resposta foi
a Presidência da República e que dizia:

→ ← ↑ ↓   ou <Page Down> <Page Up> ou <Esc>=menu <home>=begin
Jesus: Eu sou a luz, quem me segue não andará em trevas, terá a luz da vida.

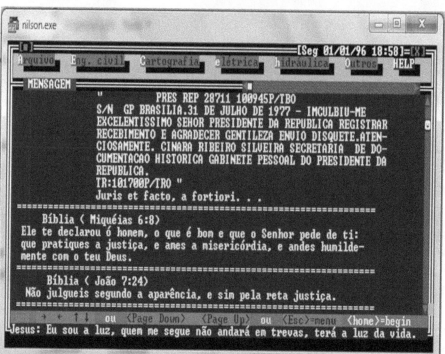

[Seg 01/01/96 18:58]

Arquivo   Eng. civil   Cartografia   elétrica   hidráulica   Outros   HELP

MENSAGEM

```
"              PRES REP 20711 100945P/TBO
S/N  GP BRASILIA.31 DE JULHO DE 1977 - IMCULBIU-ME
EXCELENTISSIMO SEHOR PRESIDENTE DA REPUBLICA REGISTRAR
RECEBIMENTO E AGRADECER GENTILEZA ENVIO DISQUETE.ATEN-
CIOSAMENTE. CINARA RIBEIRO SILVEIRA SECRETARIA  DE DO-
CUMENTACAO HISTORICA GABINETE PESSOAL DO PRESIDENTE DA
REPUBLICA.
TR:101700P/TRO "
Juris et facto, a fortiori. . .
```

Bíblia (Miquéias 6:8)
Ele te declarou ó homem, o que é bom e que o Senhor pede de ti:
que pratiques a justiça, e ames a misericórdia, e andes humilde-
mente com o teu Deus.

Bíblia (João 7:24)
Não julgueis segundo a aparência, e sim pela reta justiça.

→ ← ↑ ↓ ou ⟨Page Down⟩ ⟨Page Up⟩ ou ⟨Esc⟩=menu   ⟨home⟩=begin
Jesus: Eu sou a luz, quem me segue não andará em trevas, terá a luz da vida.

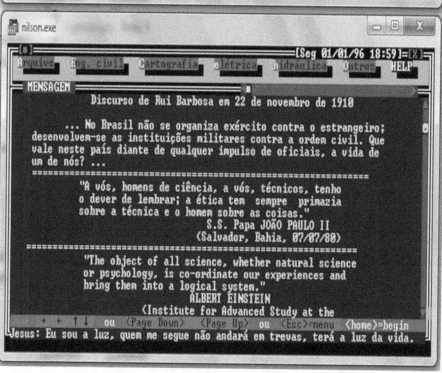

[Seg 01/01/96 18:59]

Arquivo   Eng. civil   Cartografia   elétrica   hidráulica   Outros   HELP

MENSAGEM

Discurso de Rui Barbosa em 22 de novembro de 1910

... No Brasil não se organiza exército contra o estrangeiro;
desenvolvem-se as instituições militares contra a ordem civil. Que
vale neste país diante de qualquer impulso de oficiais, a vida de
um de nós? ...

"A vós, homens de ciência, a vós, técnicos, tenho
o dever de lembrar; a ética tem sempre primazia
sobre a técnica e o homem sobre as coisas."
                    S.S. Papa JOÃO PAULO II
                    (Salvador, Bahia, 07/07/80)

"The object of all science, whether natural science
or psychology, is co-ordinate our experiences and
bring them into a logical system."
                    ALBERT EINSTEIN
                    (Institute for Advanced Study at the

→ ← ↑ ↓ ou ⟨Page Down⟩ ⟨Page Up⟩ ou ⟨Esc⟩=menu   ⟨home⟩=begin
Jesus: Eu sou a luz, quem me segue não andará em trevas, terá a luz da vida.

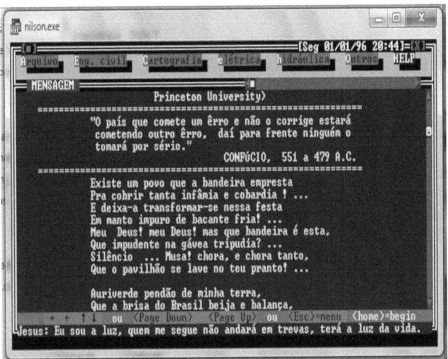

nilson.exe

[Seg 01/01/96 20:44]

Arquivo Eng. civil Cartografia elétrica hidráulica Outros HELP

MENSAGEM

Princeton University)

==

"O país que comete um êrro e não o corrige estará
cometendo outro êrro, daí para frente ninguém o
tomará por sério."

CONFÚCIO, 551 a 479 A.C.

==

Existe um povo que a bandeira empresta
Pra cobrir tanta infâmia e cobardia ! ...
E deixa-a transformar-se nessa festa
Em manto impuro de bacante fria! ...
Meu Deus! meu Deus! mas que bandeira é esta,
Que impudente na gávea tripudia? ...
Silêncio ... Musa! chora, e chora tanto,
Que o pavilhão se lave no teu pranto! ...

Auriverde pendão de minha terra,
Que a brisa do Brasil beija e balança,

→ ← ↑ ↓ ou <Page Down> <Page Up> ou <Esc>=menu <home>=begin
Jesus: Eu sou a luz, quem me segue não andará em trevas, terá a luz da vida.

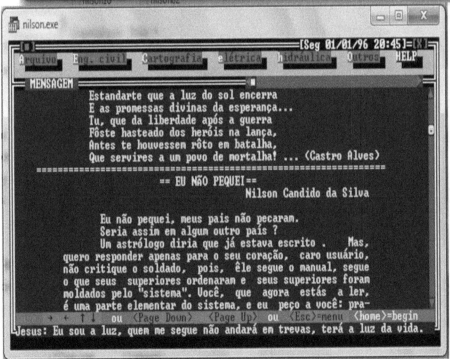

nilson.exe

[Seg 01/01/96 20:45]

Arquivo Eng. civil Cartografia elétrica hidráulica Outros HELP

MENSAGEM

Estandarte que a luz do sol encerra
E as promessas divinas da esperança...
Tu, que da liberdade após a guerra
Fôste hasteado dos heróis na lança,
Antes te houvessem rôto em batalha,
Que servires a um povo de mortalha! ... (Castro Alves)

==

== EU NÃO PEQUEI ==

Nilson Candido da Silva

Eu não pequei, meus pais não pecaram.
Seria assim em algum outro país ?
Um astrólogo diria que já estava escrito .   Mas,
quero responder apenas para o seu coração, caro usuário,
não critique o soldado, pois, êle segue o manual, segue
o que seus superiores ordenaram e seus superiores foram
moldados pelo "sistema". Você, que agora estás a ler,
é uma parte elementar do sistema, e eu peço a você: pra-

→ ← ↑ ↓ ou <Page Down> <Page Up> ou <Esc>=menu <home>=begin
Jesus: Eu sou a luz, quem me segue não andará em trevas, terá a luz da vida.

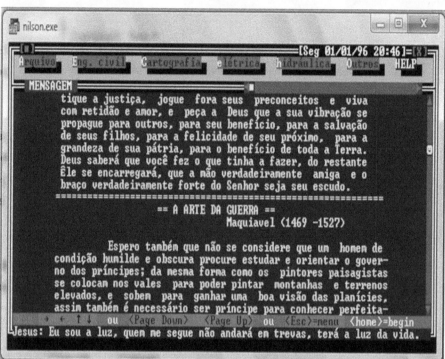

MENSAGEM

tique a justiça, jogue fora seus preconceitos e viva
com retidão e amor, e peça a Deus que a sua vibração se
propague para outros, para seu benefício, para a salvação
de seus filhos, para a felicidade de seu próximo, para a
grandeza de sua pátria, para o benefício de toda a Terra.
Deus saberá que você fez o que tinha a fazer, do restante
Êle se encarregará, que a mão verdadeiramente amiga e o
braço verdadeiramente forte do Senhor seja seu escudo.
==

== A ARTE DA GUERRA ==
Maquiavel (1469 -1527)

Espero também que não se considere que um homem de
condição humilde e obscura procure estudar e orientar o governo dos príncipes; da mesma forma como os pintores paisagistas
se colocam nos vales para poder pintar montanhas e terrenos
elevados, e sobem para ganhar uma boa visão das planícies,
assim também é necessário ser príncipe para conhecer perfeita-

→ ← ↑ ↓   ou <Page Down>   <Page Up>   ou <Esc>=menu   <home>=begin
Jesus: Eu sou a luz, quem me segue não andará em trevas, terá a luz da vida.

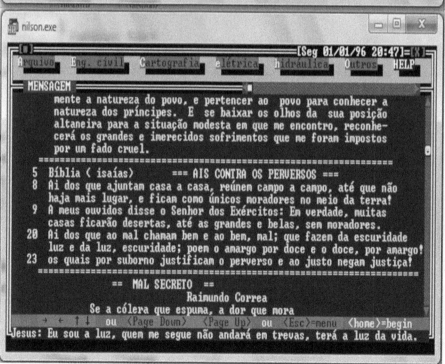

MENSAGEM

mente a natureza do povo, e pertencer ao povo para conhecer a
natureza dos príncipes. E se baixar os olhos da sua posição
altaneira para a situação modesta em que me encontro, reconhecerá os grandes e imerecidos sofrimentos que me foram impostos
por um fado cruel.
==

5   Bíblia (isaías)   === AIS CONTRA OS PERVERSOS ===
8   Ai dos que ajuntam casa a casa, reúnem campo a campo, até que não
    haja mais lugar, e ficam como únicos moradores no meio da terra!
9   A meus ouvidos disse o Senhor dos Exércitos: Em verdade, muitas
    casas ficarão desertas, até as grandes e belas, sem moradores.
20 Ai dos que ao mal chamam bem e ao bem, mal; que fazem da escuridade
    luz e da luz, escuridade; poem o amargo por doce e o doce, por amargo!
23 os quais por suborno justificam o perverso e ao justo negam justiça!
==

== MAL SECRETO ==
Raimundo Correa
Se a cólera que espuma, a dor que mora

→ ← ↑ ↓   ou <Page Down>   <Page Up>   ou <Esc>=menu   <home>=begin
Jesus: Eu sou a luz, quem me segue não andará em trevas, terá a luz da vida.

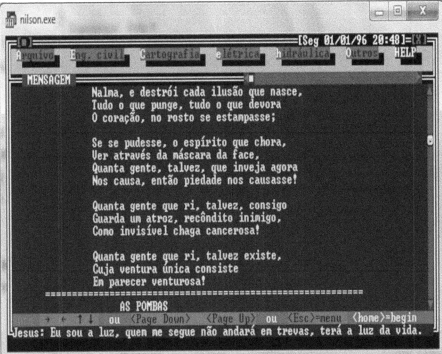

Arquivo Eng. civil Cartografia elétrica hidráulica Outros HELP

MENSAGEM

```
          Nalma, e destrói cada ilusão que nasce,
          Tudo o que punge, tudo o que devora
          O coração, no rosto se estampasse;

          Se se pudesse, o espírito que chora,
          Ver através da máscara da face,
          Quanta gente, talvez, que inveja agora
          Nos causa, então piedade nos causasse!

          Quanta gente que ri, talvez, consigo
          Guarda um atroz, recôndito inimigo,
          Como invisível chaga cancerosa!

          Quanta gente que ri, talvez existe,
          Cuja ventura única consiste
          Em parecer venturosa!
=============================================================
              AS POMBAS
   →  ←  ↑ ↓   ou  <Page Down>   <Page Up>  ou  <Esc>=menu   <home>=begin
Jesus: Eu sou a luz, quem me segue não andará em trevas, terá a luz da vida.
```

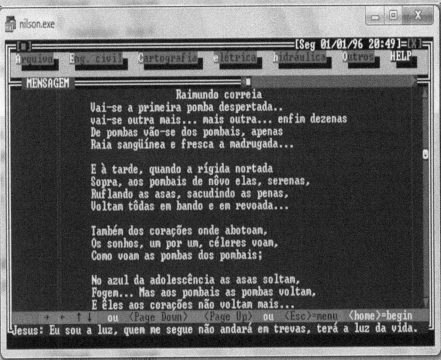

Arquivo Eng. civil Cartografia elétrica hidráulica Outros HELP

MENSAGEM

```
                  Raimundo correia
          Vai-se a primeira pomba despertada..
          vai-se outra mais... mais outra... enfim dezenas
          De pombas vão-se dos pombais, apenas
          Raia sangüínea e fresca a madrugada...

          E à tarde, quando a rígida nortada
          Sopra, aos pombais de nôvo elas, serenas,
          Ruflando as asas, sacudindo as penas,
          Voltam tôdas em bando e em revoada...

          Também dos corações onde abotoam,
          Os sonhos, um por um, céleres voam,
          Como voam as pombas dos pombais;

          No azul da adolescência as asas soltam,
          Fogem... Mas aos pombais as pombas voltam,
          E êles aos corações não voltam mais...
   →  ←  ↑ ↓   ou  <Page Down>   <Page Up>  ou  <Esc>=menu   <home>=begin
Jesus: Eu sou a luz, quem me segue não andará em trevas, terá a luz da vida.
```

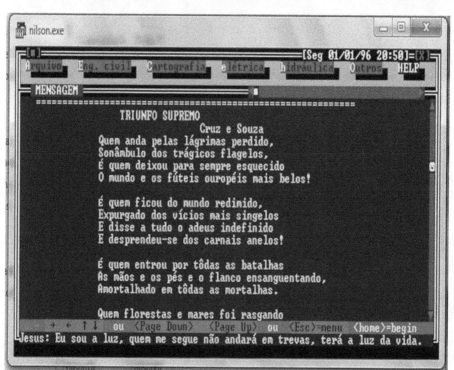

nilson.exe

[Seg 01/01/96 20:50]=[X]

Arquivo   Eng. civil   Cartografia   elétrica   hidráulica   Outros   HELP

MENSAGEM

==

TRIUNFO SUPREMO

Cruz e Souza

Quem anda pelas lágrimas perdido,
Sonâmbulo dos trágicos flagelos,
É quem deixou para sempre esquecido
O mundo e os fúteis ouropéis mais belos!

É quem ficou do mundo redimido,
Expurgado dos vícios mais singelos
E disse a tudo o adeus indefinido
E desprendeu-se dos carnais anelos!

É quem entrou por tôdas as batalhas
As mãos e os pés e o flanco ensanguentando,
Amortalhado em tôdas as mortalhas.

Quem florestas e mares foi rasgando

→ ← ↑ ↓   ou <Page Down>   <Page Up>   ou <Esc>=menu   <home>=begin
Jesus: Eu sou a luz, quem me segue não andará em trevas, terá a luz da vida.

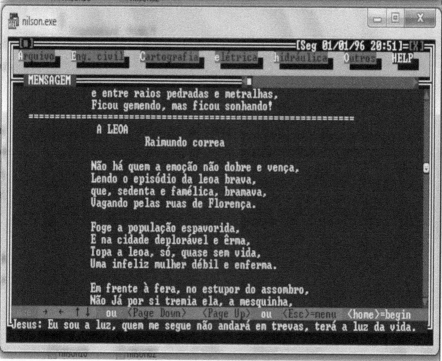

nilson.exe

[Seg 01/01/96 20:51]=[X]

Arquivo   Eng. civil   Cartografia   elétrica   hidráulica   Outros   HELP

MENSAGEM

e entre raios pedradas e metralhas,
Ficou gemendo, mas ficou sonhando!

==

A LEOA

Raimundo correa

Não há quem a emoção não dobre e vença,
Lendo o episódio da leoa brava,
que, sedenta e famélica, bramava,
Vagando pelas ruas de Florença.

Foge a população espavorida,
E na cidade deplorável e êrma,
Topa a leoa, só, quase sem vida,
Uma infeliz mulher débil e enferma.

Em frente à fera, no estupor do assombro,
Não Já por si tremia ela, a mesquinha,

→ ← ↑ ↓   ou <Page Down>   <Page Up>   ou <Esc>=menu   <home>=begin
Jesus: Eu sou a luz, quem me segue não andará em trevas, terá a luz da vida.

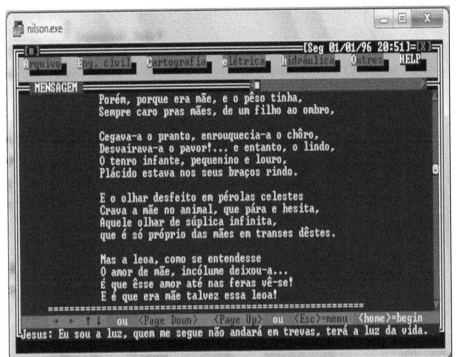

Porém, porque era mãe, e o pêso tinha,
Sempre caro pras mães, de um filho ao ombro,

Cegava-a o pranto, enrouquecia-a o chôro,
Desvairava-a o pavor!... e entanto, o lindo,
O tenro infante, pequenino e louro,
Plácido estava nos seus braços rindo.

E o olhar desfeito em pérolas celestes
Crava a mãe no animal, que pára e hesita,
Aquele olhar de súplica infinita,
que é só próprio das mães em transes dêstes.

Mas a leoa, como se entendesse
O amor de mãe, incólume deixou-a...
É que êsse amor até nas feras vê-se!
E é que era mãe talvez essa leoa!

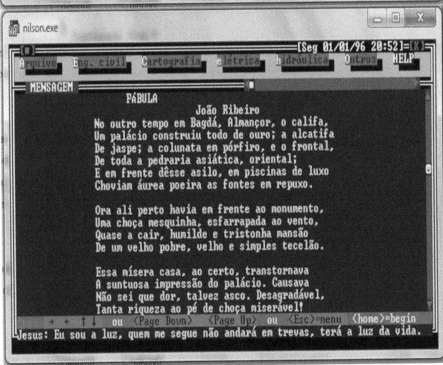

FÁBULA

João Ribeiro

No outro tempo em Bagdá, Almançor, o califa,
Um palácio construiu todo de ouro; a alcatifa
De jaspe; a colunata em pórfiro, e o frontal,
De toda a pedraria asiática, oriental;
E em frente dêsse asilo, em piscinas de luxo
Choviam áurea poeira as fontes em repuxo.

Ora ali perto havia em frente ao monumento,
Uma choça mesquinha, esfarrapada ao vento,
Quase a cair, humilde e tristonha mansão
De um velho pobre, velho e simples tecelão.

Essa mísera casa, ao certo, transtornava
A suntuosa impressão do palácio. Causava
Não sei que dor, talvez asco. Desagradável,
Tanta riqueza ao pé de choça miserável!

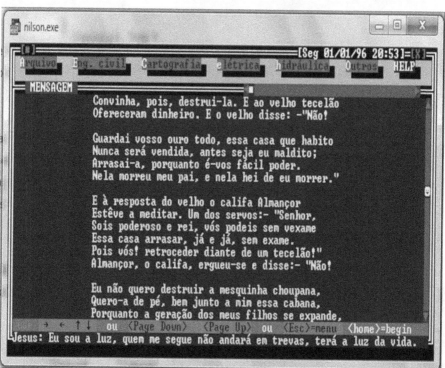

Convinha, pois, destrui-la. E ao velho tecelão
Ofereceram dinheiro. E o velho disse: -"Não!

Guardai vosso ouro todo, essa casa que habito
Nunca será vendida, antes seja eu maldito;
Arrasai-a, porquanto é-vos fácil poder.
Nela morreu meu pai, e nela hei de eu morrer."

E à resposta do velho o califa Almançor
Estêve a meditar. Um dos servos:- "Senhor,
Sois poderoso e rei, vós podeis sem vexame
Essa casa arrasar, já e já, sem exame.
Pois vós! retroceder diante de um tecelão!"
Almançor, o califa, ergueu-se e disse:- "Não!

Eu não quero destruir a mesquinha choupana,
Quero-a de pé, bem junto a mim essa cabana,
Porquanto a geração dos meus filhos se expande,

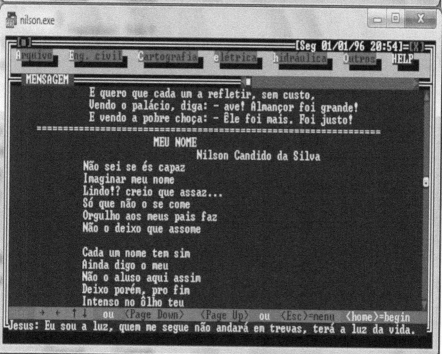

E quero que cada um a refletir, sem custo,
Vendo o palácio, diga: - ave! Almançor foi grande!
E vendo a pobre choça: - Êle foi mais. Foi justo!
==
MEU NOME
                    Nilson Candido da Silva
Não sei se és capaz
Imaginar meu nome
Lindo!? creio que assaz...
Só que não o se come
Orgulho aos meus pais faz
Não o deixo que assome

Cada um nome tem sim
Ainda digo o meu
Não o aluso aqui assim
Deixo porém, pro fim
Intenso no ôlho teu

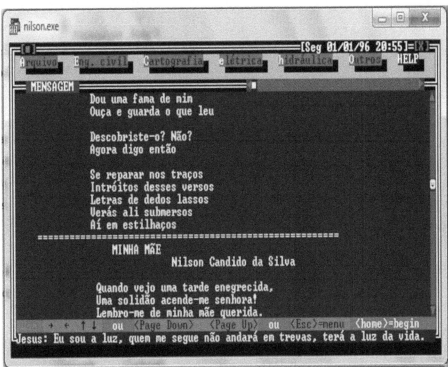

MENSAGEM

Dou uma fama de mim
Ouça e guarda o que leu

Descobriste-o? Não?
Agora digo então

Se reparar nos traços
Intróitos desses versos
Letras de dedos lassos
Verás ali submersos
Aí em estilhaços

==

MINHA MÃE
Nilson Candido da Silva

Quando vejo uma tarde enegrecida,
Uma solidão acende-me senhora!
Lembro-me de minha mãe querida.

→ ← ↑ ↓ ou <Page Down> <Page Up> ou <Esc>=menu <home>=begin
Jesus: Eu sou a luz, quem me segue não andará em trevas, terá a luz da vida.

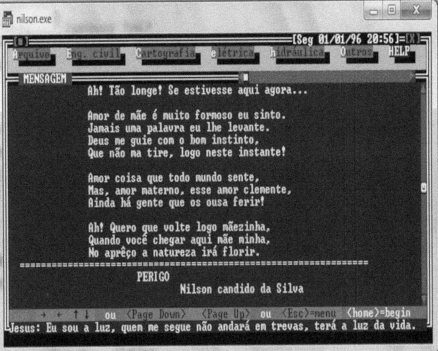

MENSAGEM

Ah! Tão longe! Se estivesse aqui agora...

Amor de mãe é muito formoso eu sinto.
Jamais uma palavra eu lhe levante.
Deus me guie com o bom instinto,
Que não ma tire, logo neste instante!

Amor coisa que todo mundo sente,
Mas, amor materno, esse amor clemente,
Ainda há gente que os ousa ferir!

Ah! Quero que volte logo mãezinha,
Quando você chegar aqui mãe minha,
No aprêço a natureza irá florir.

==

PERIGO
Nilson candido da Silva

→ ← ↑ ↓ ou <Page Down> <Page Up> ou <Esc>=menu <home>=begin
Jesus: Eu sou a luz, quem me segue não andará em trevas, terá a luz da vida.

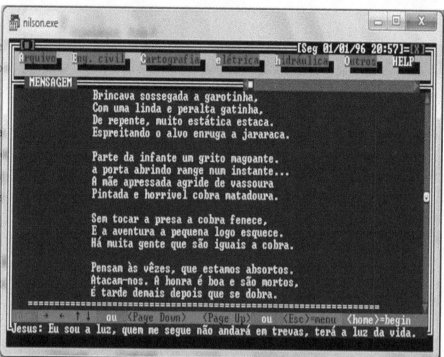

Brincava sossegada a garotinha,
Com uma linda e peralta gatinha,
De repente, muito estática estaca.
Espreitando o alvo enruga a jararaca.

Parte da infante um grito magoante.
a porta abrindo range num instante...
A mãe apressada agride de vassoura
Pintada e horrível cobra matadoura.

Sem tocar a presa a cobra fenece,
E a aventura a pequena logo esquece.
Há muita gente que são iguais a cobra.

Pensam às vêzes, que estamos absortos.
Atacam-nos. A honra é boa e são mortos,
É tarde demais depois que se dobra.

→ ← ↑ ↓   ou <Page Down> <Page Up> ou <Esc>=menu   <home>=begin
Jesus: Eu sou a luz, quem me segue não andará em trevas, terá a luz da vida.

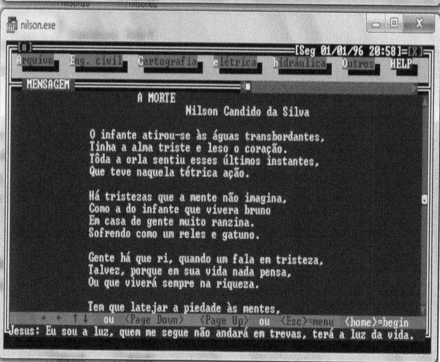

A MORTE
Nilson Candido da Silva

O infante atirou-se às águas transbordantes,
Tinha a alma triste e leso o coração.
Tôda a orla sentiu esses últimos instantes,
Que teve naquela tétrica ação.

Há tristezas que a mente não imagina,
Como a do infante que vivera bruno
Em casa de gente muito ranzina.
Sofrendo como um reles e gatuno.

Gente há que ri, quando um fala em tristeza,
Talvez, porque em sua vida nada pensa,
Ou que viverá sempre na riqueza.

Tem que latejar a piedade às mentes,
→ ← ↑ ↓   ou <Page Down> <Page Up> ou <Esc>=menu   <home>=begin
Jesus: Eu sou a luz, quem me segue não andará em trevas, terá a luz da vida.

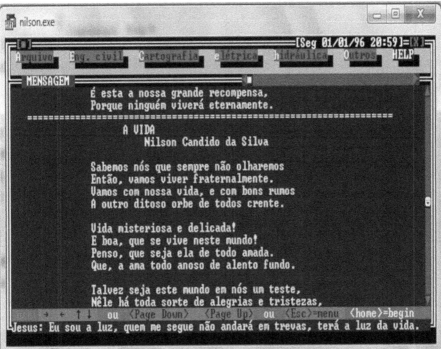

É esta a nossa grande recompensa,
Porque ninguém viverá eternamente.
==

A VIDA
Nilson Candido da Silva

Sabemos nós que sempre não olharemos
Então, vamos viver fraternalmente.
Vamos com nossa vida, e com bons rumos
A outro ditoso orbe de todos crente.

Vida misteriosa e delicada!
E boa, que se vive neste mundo!
Penso, que seja ela de todo amada.
Que, a ama todo anoso de alento fundo.

Talvez seja este mundo em nós um teste,
Nêle há toda sorte de alegrias e tristezas,

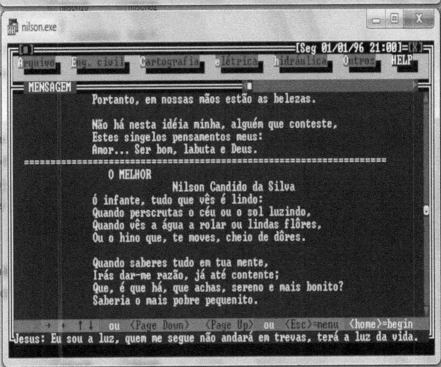

Portanto, em nossas mãos estão as belezas.

Não há nesta idéia minha, alguém que conteste,
Estes singelos pensamentos meus:
Amor... Ser bom, labuta e Deus.
==

O MELHOR
Nilson Candido da Silva
Ó infante, tudo que vês é lindo:
Quando perscrutas o céu ou o sol luzindo,
Quando vês a água a rolar ou lindas flôres,
Ou o hino que, te moves, cheio de dôres.

Quando saberes tudo em tua mente,
Irás dar-me razão, já até contente;
Que, é que há, que achas, sereno e mais bonito?
Saberia o mais pobre pequenito.

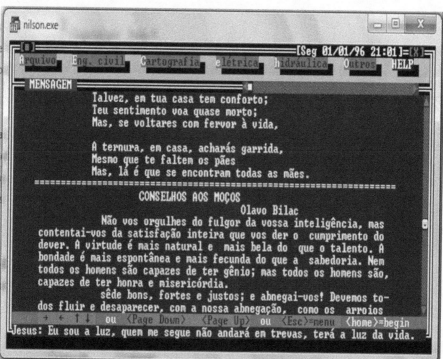

Talvez, em tua casa tem conforto;
Teu sentimento voa quase morto;
Mas, se voltares com fervor à vida,

A ternura, em casa, acharás garrida,
Mesmo que te faltem os pães
Mas, lá é que se encontram todas as mães.

==

CONSELHOS AOS MOÇOS
Olavo Bilac

Não vos orgulhes do fulgor da vossa inteligência, mas
contentai-vos da satisfação inteira que vos der o cumprimento do
dever. A virtude é mais natural e mais bela do que o talento. A
bondade é mais espontânea e mais fecunda do que a sabedoria. Nem
todos os homens são capazes de ter gênio; mas todos os homens são,
capazes de ter honra e misericórdia.
        sêde bons, fortes e justos; e abnegai-vos! Devemos to-
dos fluir e desaparecer, com a nossa abnegação, como os arroios

→ ← ↑ ↓   ou <Page Down>   <Page Up> ou <Esc>=menu   <home>=begin
Jesus: Eu sou a luz, quem me segue não andará em trevas, terá a luz da vida.

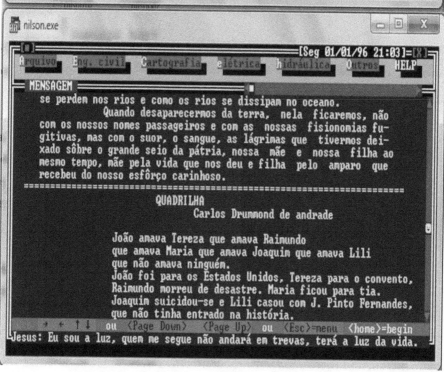

se perdem nos rios e como os rios se dissipam no oceano.
        Quando desaparecermos da terra, nela ficaremos, não
com os nossos nomes passageiros e com as nossas fisionomias fugitivas, mas com o suor, o sangue, as lágrimas que tivermos deixado sôbre o grande seio da pátria, nossa mãe e nossa filha ao
mesmo tempo, mãe pela vida que nos deu e filha pelo amparo que
recebeu do nosso esfôrço carinhoso.

==

QUADRILHA
Carlos Drummond de andrade

João amava Tereza que amava Raimundo
que amava Maria que amava Joaquim que amava Lili
que não amava ninguém.
João foi para os Estados Unidos, Tereza para o convento,
Raimundo morreu de desastre. Maria ficou para tia.
Joaquim suicidou-se e Lili casou com J. Pinto Fernandes,
que não tinha entrado na história.

→ ← ↑ ↓   ou <Page Down>   <Page Up> ou <Esc>=menu   <home>=begin
Jesus: Eu sou a luz, quem me segue não andará em trevas, terá a luz da vida.

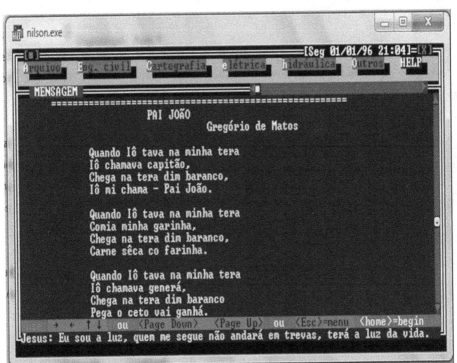

```
===================================================
                      PAI JOÃO
                          Gregório de Matos

          Quando Iô tava na minha tera
          Iô chamava capitão,
          Chega na tera dim baranco,
          Iô mi chama - Pai João.

          Quando Iô tava na minha tera
          Comia minha garinha,
          Chega na tera dim baranco,
          Carne sêca co farinha.

          Quando Iô tava na minha tera
          Iô chamava generá,
          Chega na tera dim baranco
          Pega o ceto vai ganhá.
```

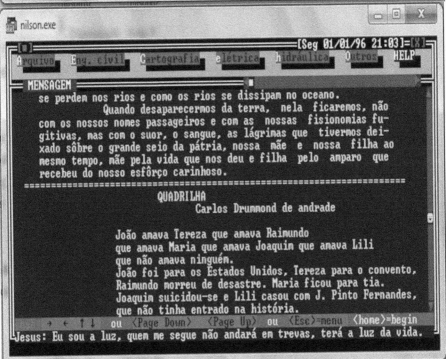

```
       se perdem nos rios e como os rios se dissipam no oceano.
               Quando desaparecermos da terra, nela ficaremos, não
  com os nossos nomes passageiros e com as  nossas  fisionomias fu-
  gitivas, mas com o suor, o sangue, as lágrimas que  tivermos dei-
  xado sôbre o grande seio da pátria, nossa  mãe  e  nossa  filha ao
  mesmo tempo, mãe pela vida que nos deu e filha  pelo  amparo  que
  recebeu do nosso esfôrço carinhoso.
  =================================================================
                      QUADRILHA
                          Carlos Drummond de andrade

          João amava Tereza que amava Raimundo
          que amava Maria que amava Joaquim que amava Lili
          que não amava ninguém.
          João foi para os Estados Unidos, Tereza para o convento,
          Raimundo morreu de desastre. Maria ficou para tia.
          Joaquim suicidou-se e Lili casou com J. Pinto Fernandes,
          que não tinha entrado na história.
```

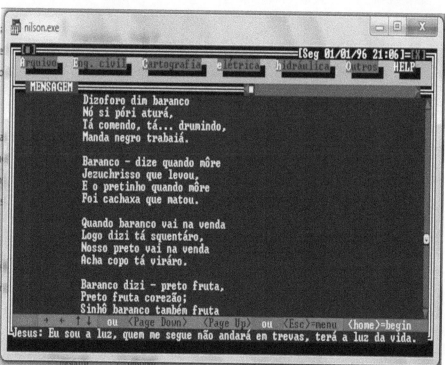

Dizoforo dim baranco
Nó si póri aturá,
Tá comendo, tá... drumindo,
Manda negro trabaiá.

Baranco – dize quando môre
Jezuchrisso que levou,
E o pretinho quando môre
Foi cachaxa que matou.

Quando baranco vai na venda
Logo dizi tá squentáro,
Nosso preto vai na venda
Acha copo tá viráro.

Baranco dizi – preto fruta,
Preto fruta corezão;
Sinhô baranco também fruta

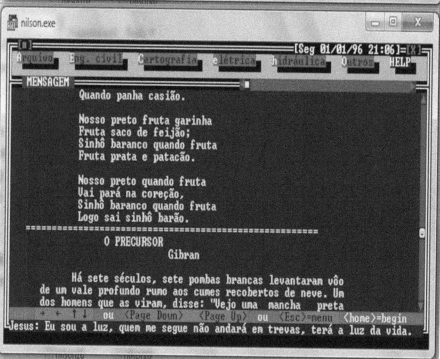

Quando panha casião.

Nosso preto fruta garinha
Fruta saco de feijão;
Sinhô baranco quando fruta
Fruta prata e patacão.

Nosso preto quando fruta
Vai pará na coreção,
Sinhô baranco quando fruta
Logo sai sinhô barão.

===

O PRECURSOR

Gibran

Há sete séculos, sete pombas brancas levantaram vôo
de um vale profundo rumo aos cumes recobertos de neve. Um
dos homens que as viram, disse: "Vejo uma   mancha   preta

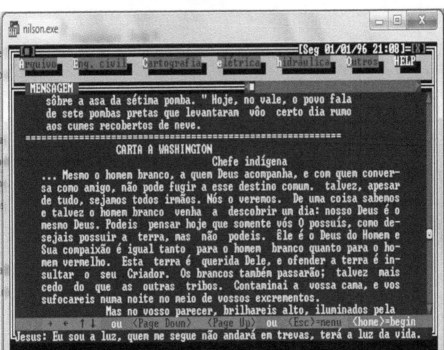

sôbre a asa da sétima pomba. " Hoje, no vale, o povo fala
de sete pombas pretas que levantaram vôo certo dia rumo
aos cunes recobertos de neve.

===

CARTA A WASHINGTON
Chefe indígena

... Mesmo o homem branco, a quem Deus acompanha, e com quem conver-
sa como amigo, não pode fugir a esse destino comum. talvez, apesar
de tudo, sejamos todos irmãos. Nós o veremos. De uma coisa sabemos
e talvez o homem branco venha a descobrir um dia: nosso Deus é o
mesmo Deus. Podeis pensar hoje que somente vós O possuís, como desejais possuir a terra, mas não podeis. Êle é o Deus do Homem e
Sua compaixão é igual tanto para o homem branco quanto para o homem vermelho. Esta terra é querida Dele, e ofender a terra é in-
sultar o seu Criador. Os brancos também passarão; talvez mais
cedo do que as outras tribos. Contaminai a vossa cama, e vos
sufocareis numa noite no meio de vossos excrementos.
        Mas no vosso parecer, brilhareis alto, iluminados pela

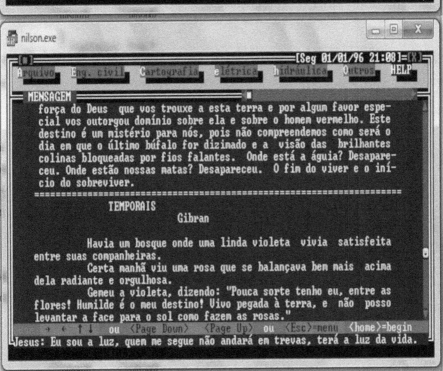

força do Deus que vos trouxe a esta terra e por algum favor especial vos outorgou domínio sobre ela e sobre o homem vermelho. Este
destino é um mistério para nós, pois não compreendemos como será o
dia em que o último búfalo for dizimado e a visão das brilhantes
colinas bloqueadas por fios falantes. Onde está a águia? Desapareceu. Onde estão nossas matas? Desapareceu. O fim do viver e o início do sobreviver.

===

TEMPORAIS
Gibran

        Havia um bosque onde uma linda violeta vivia satisfeita
entre suas companheiras.
        Certa manhã viu uma rosa que se balançava bem mais acima
dela radiante e orgulhosa.
        Gemeu a violeta, dizendo: "Pouca sorte tenho eu, entre as
flores! Humilde é o meu destino! Vivo pegada à terra, e não posso
levantar a face para o sol como fazem as rosas."

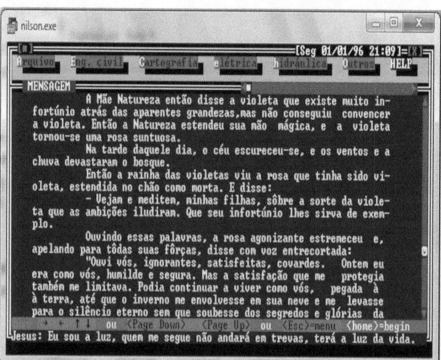

A Mãe Natureza então disse a violeta que existe muito infortúnio atrás das aparentes grandezas,mas não conseguiu convencer a violeta. Então a Natureza estendeu sua mão mágica, e a violeta tornou-se uma rosa suntuosa.

Na tarde daquele dia, o céu escureceu-se, e os ventos e a chuva devastaram o bosque.

Então a rainha das violetas viu a rosa que tinha sido violeta, estendida no chão como morta. E disse:

— Vejam e meditem, minhas filhas, sôbre a sorte da violeta que as ambições iludiram. Que seu infortúnio lhes sirva de exemplo.

Ouvindo essas palavras, a rosa agonizante estremeceu e, apelando para tôdas suas fôrças, disse com voz entrecortada:

"Ouvi vós, ignorantes, satisfeitas, covardes. Ontem eu era como vós, humilde e segura. Mas a satisfação que me protegia também me limitava. Podia continuar a viver como vós, pegada à à terra, até que o inverno me envolvesse em sua neve e me levasse para o silêncio eterno sem que soubesse dos segredos e glórias da

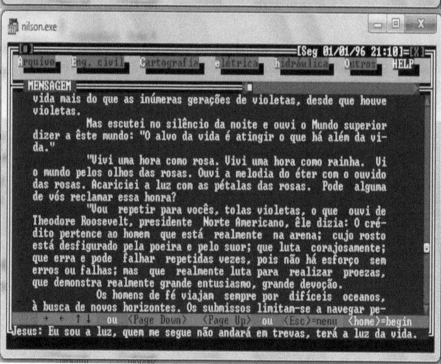

vida mais do que as inúmeras gerações de violetas, desde que houve violetas.

Mas escutei no silêncio da noite e ouvi o Mundo superior dizer a êste mundo: "O alvo da vida é atingir o que há além da vida."

"Vivi uma hora como rosa. Vivi uma hora como rainha. Vi o mundo pelos olhos das rosas. Ouvi a melodia do éter com o ouvido das rosas. Acariciei a luz com as pétalas das rosas. Pode alguma de vós reclamar essa honra?

"Vou repetir para vocês, tolas violetas, o que ouvi de Theodore Roosevelt, presidente Norte Americano, êle dizia: O crédito pertence ao homem que está realmente na arena; cujo rosto está desfigurado pela poeira e pelo suor; que luta corajosamente; que erra e pode falhar repetidas vezes, pois não há esforço sem erros ou falhas; mas que realmente luta para realizar proezas, que demonstra realmente grande entusiasmo, grande devoção.

Os homens de fé viajam sempre por difíceis oceanos, à busca de novos horizontes. Os submissos limitam-se a navegar pe-

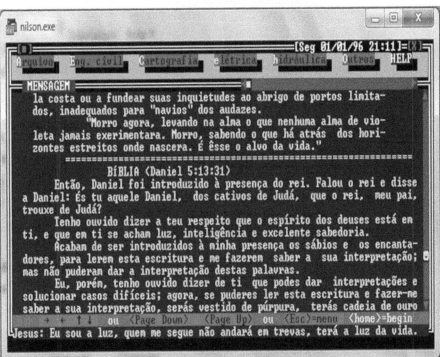

la costa ou a fundear suas inquietudes ao abrigo de portos limita-
dos, inadequados para "navios" dos audazes.
    "Morro agora, levando na alma o que nenhuma alma de vio-
leta jamais exerimentara. Morro, sabendo o que há atrás dos horizontes estreitos onde nascera. É êsse o alvo da vida."
==
            BÍBLIA (Daniel 5:13:31)
    Então, Daniel foi introduzido à presença do rei. Falou o rei e disse
a Daniel: És tu aquele Daniel, dos cativos de Judá, que o rei, meu pai,
trouxe de Judá?
    Tenho ouvido dizer a teu respeito que o espírito dos deuses está em
ti, e que em ti se acham luz, inteligência e excelente sabedoria.
    Acabam de ser introduzidos à minha presença os sábios e os encanta-
dores, para lerem esta escritura e me fazerem saber a sua interpretação;
mas não puderam dar a interpretação destas palavras.
    Eu, porém, tenho ouvido dizer de ti que podes dar interpretações e
solucionar casos difíceis; agora, se puderes ler esta escritura e fazer-me
saber a sua interpretação, serás vestido de púrpura, terás cadeia de ouro

→ ← ↑ ↓ ou <Page Down> <Page Up> ou <Esc>=menu <home>=begin
Jesus: Eu sou a luz, quem me segue não andará em trevas, terá a luz da vida.

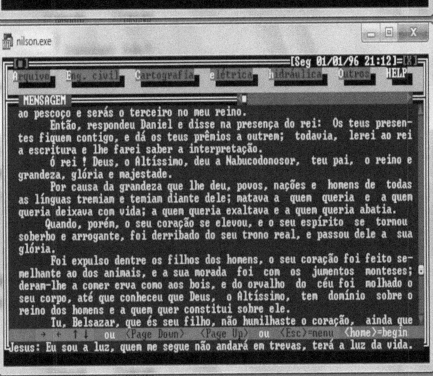

ao pescoço e serás o terceiro no meu reino.
    Então, respondeu Daniel e disse na presença do rei: Os teus presen-
tes fiquem contigo, e dá os teus prêmios a outrem; todavia, lerei ao rei
a escritura e lhe farei saber a interpretação.
    Ó rei ! Deus, o Altíssimo, deu a Nabucodonosor, teu pai, o reino e
grandeza, glória e majestade.
    Por causa da grandeza que lhe deu, povos, nações e homens de todas
as línguas tremiam e temiam diante dele; matava a quem queria e a quem
queria deixava com vida; a quem queria exaltava e a quem queria abatia.
    Quando, porém, o seu coração se elevou, e o seu espírito se tornou
soberbo e arrogante, foi derribado do seu trono real, e passou dele a sua
glória.
    Foi expulso dentre os filhos dos homens, o seu coração foi feito se-
melhante ao dos animais, e a sua morada foi com os jumentos monteses;
deram-lhe a comer erva como aos bois, e do orvalho do céu foi molhado o
seu corpo, até que conheceu que Deus, o Altíssimo, tem domínio sobre o
reino dos homens e a quem quer constitui sobre ele.
    Tu, Belsazar, que és seu filho, não humilhaste o coração, ainda que

→ ← ↑ ↓ ou <Page Down> <Page Up> ou <Esc>=menu <home>=begin
Jesus: Eu sou a luz, quem me segue não andará em trevas, terá a luz da vida.

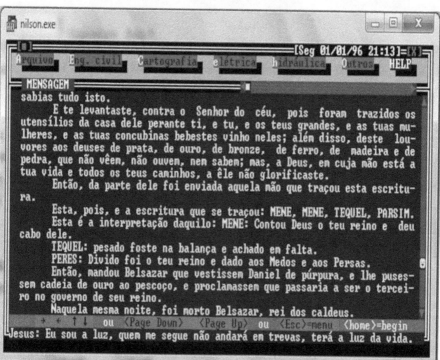

[Seg 01/01/96 21:13]

Arquivo   Eng. civil   Cartografia   elétrica   hidráulica   Outros   HELP

MENSAGEM

sabias tudo isto.

E te levantaste, contra o Senhor do céu, pois foram trazidos os utensílios da casa dele perante ti, e tu, e os teus grandes, e as tuas mulheres, e as tuas concubinas bebestes vinho neles; além disso, deste louvores aos deuses de prata, de ouro, de bronze, de ferro, de madeira e de pedra, que não vêem, não ouvem, nem sabem; mas, a Deus, em cuja mão está a tua vida e todos os teus caminhos, a êle não glorificaste.

Então, da parte dele foi enviada aquela mão que traçou esta escritura.

Esta, pois, e a escritura que se traçou: MENE, MENE, TEQUEL, PARSIM.

Esta é a interpretação daquilo: MENE: Contou Deus o teu reino e deu cabo dele.

TEQUEL: pesado foste na balança e achado em falta.

PERES: Divido foi o teu reino e dado aos Medos e aos Persas.

Então, mandou Belsazar que vestissem Daniel de púrpura, e lhe pusessem cadeia de ouro ao pescoço, e proclamassem que passaria a ser o terceiro no governo de seu reino.

Naquela mesma noite, foi morto Belsazar, rei dos caldeus.

→ ← ↑ ↓   ou ⟨Page Down⟩   ⟨Page Up⟩ ou ⟨Esc⟩=menu   ⟨home⟩=begin

Jesus: Eu sou a luz, quem me segue não andará em trevas, terá a luz da vida.

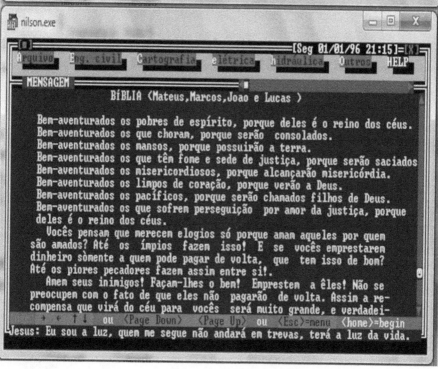

[Seg 01/01/96 21:15]

Arquivo   Eng. civil   Cartografia   elétrica   hidráulica   Outros   HELP

MENSAGEM

BÍBLIA ⟨Mateus,Marcos,Joao e Lucas ⟩

Bem-aventurados os pobres de espírito, porque deles é o reino dos céus.
Bem-aventurados os que choram, porque serão consolados.
Bem-aventurados os mansos, porque possuirão a terra.
Bem-aventurados os que têm fome e sede de justiça, porque serão saciados
Bem-aventurados os misericordiosos, porque alcançarão misericórdia.
Bem-aventurados os limpos de coração, porque verão a Deus.
Bem-aventurados os pacíficos, porque serão chamados filhos de Deus.
Bem-aventurados os que sofrem perseguição por amor da justiça, porque deles é o reino dos céus.

Vocês pensam que merecem elogios só porque amam aqueles por quem são amados? Até os ímpios fazem isso! E se vocês emprestarem dinheiro sòmente a quem pode pagar de volta, que tem isso de bom? Até os piores pecadores fazem assim entre si!.

Amem seus inimigos! Façam-lhes o bem! Empresten a êles! Não se preocupem com o fato de que eles não pagarão de volta. Assim a recompensa que virá do céu para vocês será muito grande, e verdadei-

→ ← ↑ ↓   ou ⟨Page Down⟩   ⟨Page Up⟩ ou ⟨Esc⟩=menu   ⟨home⟩=begin

Jesus: Eu sou a luz, quem me segue não andará em trevas, terá a luz da vida.

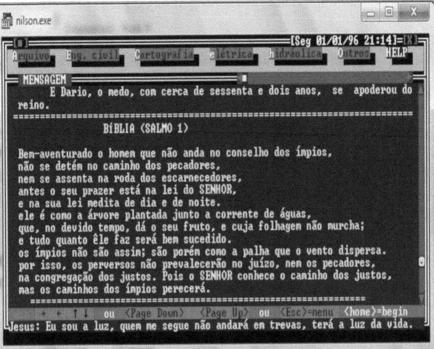

```
nilson.exe                                    [_][□][X]
═[■]════════════════════════[Seg 01/01/96 21:14]=[X]═
 Arquivo   Eng. civil   Cartografia   elétrica   hidráulica   Outros   HELP

═ MENSAGEM ═════════════════════════■══════════════
        E Dario, o medo, com cerca de sessenta e dois anos,  se  apoderou do
 reino.
 ==================================================================
                    BÍBLIA (SALMO 1)

 Bem-aventurado o homem que não anda no conselho dos ímpios,
 não se detém no caminho dos pecadores,
 nem se assenta na roda dos escarnecedores,
 antes o seu prazer está na lei do SENHOR,
 e na sua lei medita de dia e de noite.
 ele é como a árvore plantada junto a corrente de águas,
 que, no devido tempo, dá o seu fruto, e cuja folhagem não murcha;
 e tudo quanto êle faz será bem sucedido.
 os ímpios não são assim; são porém como a palha que o vento dispersa.
 por isso, os perversos não prevalecerão no juízo, nem os pecadores,
 na congregação dos justos. Pois o SENHOR conhece o caminho dos justos,
 mas os caminhos dos ímpios perecerá.
 ==================================================================
      → ←  ↑ ↓   ou  <Page Down>   <Page Up>  ou  <Esc>=menu  <home>=begin
 Jesus: Eu sou a luz, quem me segue não andará em trevas, terá a luz da vida.
```

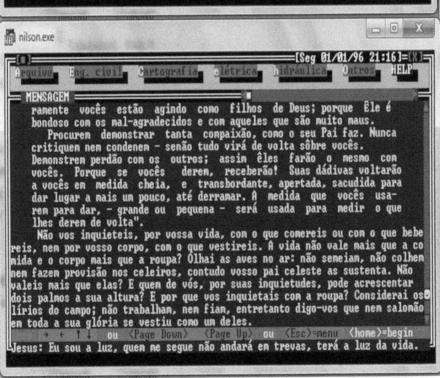

```
nilson.exe                                    [_][□][X]
═[■]════════════════════════[Seg 01/01/96 21:16]=[X]═
 Arquivo   Eng. civil   Cartografia   elétrica   hidráulica   Outros   HELP

═ MENSAGEM ═══════════════════════════■════════════
 ramente  vocês  estão  agindo  como  filhos  de Deus; porque  Êle é
 bondoso com os mal-agradecidos e com aqueles que são muito maus.
        Procurem demonstrar  tanta  compaixão, como o seu Pai faz. Nunca
 critiquem nem condenem - senão tudo virá de volta sôbre vocês.
 Demonstrem perdão com os  outros;  assim  êles  farão  o  mesmo  com
 vocês. Porque se vocês  derem,  receberão!  Suas dádivas voltarão
 a vocês em  medida  cheia,  e  transbordante, apertada, sacudida para
 dar lugar a mais um pouco, até derramar. A  medida  que  vocês  usa-
 rem para dar, - grande ou  pequena - será  usada  para  medir  o que
 lhes derem de volta".
        Não vos inquieteis, por vossa vida, com o que comereis ou com o que bebe
 reis, nem por vosso corpo, com o que vestireis. A vida não vale mais que a co
 mida e o corpo mais que a roupa? Olhai as aves no ar: não semeiam, não colhem
 nem fazem provisão nos celeiros, contudo vosso pai celeste as sustenta. Não
 valeis mais que elas? E quem de vós, por suas inquietudes, pode acrescentar
 dois palmos a sua altura? E por que vos inquietais com a roupa? Considerai os
 lírios do campo; não trabalham, nem fiam, entretanto digo-vos que nem salomão
 em toda a sua glória se vestiu como um deles.
      → ←  ↑ ↓   ou  <Page Down>   <Page Up>  ou  <Esc>=menu  <home>=begin
 Jesus: Eu sou a luz, quem me segue não andará em trevas, terá a luz da vida.
```

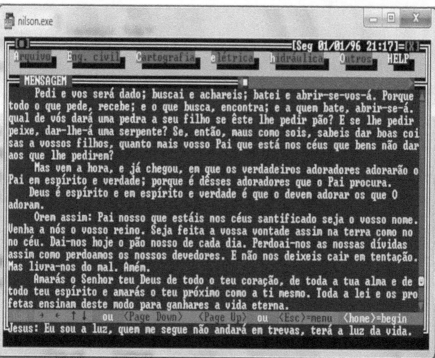

nilson.exe

═[Seg 01/01/96 21:17]═[X]═

Arquivo Eng. civil Cartografia elétrica hidráulica Outros HELP

═ MENSAGEM ═

Pedi e vos será dado; buscai e achareis; batei e abrir-se-vos-á. Porque todo o que pede, recebe; e o que busca, encontra; e a quem bate, abrir-se-á. qual de vós dará uma pedra a seu filho se êste lhe pedir pão? E se lhe pedir peixe, dar-lhe-á uma serpente? Se, então, maus como sois, sabeis dar boas coi sas a vossos filhos, quanto mais vosso Pai que está nos céus que bens não dar aos que lhe pedirem?

Mas vem a hora, e já chegou, em que os verdadeiros adoradores adorarão o Pai em espírito e verdade; porque é dêsses adoradores que o Pai procura.

Deus é espírito e em espírito e verdade é que o devem adorar os que O adoram.

Orem assim: Pai nosso que estáis nos céus santificado seja o vosso nome. Venha a nós o vosso reino. Seja feita a vossa vontade assim na terra como no no céu. Dai-nos hoje o pão nosso de cada dia. Perdoai-nos as nossas dívidas assim como perdoamos os nossos devedores. E não nos deixeis cair em tentação. Mas livra-nos do mal. Amém.

Amarás o Senhor teu Deus de todo o teu coração, de toda a tua alma e de ■ todo teu espírito e amarás o teu próximo como a ti mesmo. Toda a lei e os pro fetas ensinam deste modo para ganhares a vida eterna.

→ ← ↑ ↓ ou ⟨Page Down⟩ ⟨Page Up⟩ ou ⟨Esc⟩=menu ⟨home⟩=begin

Jesus: Eu sou a luz, quem me segue não andará em trevas, terá a luz da vida.

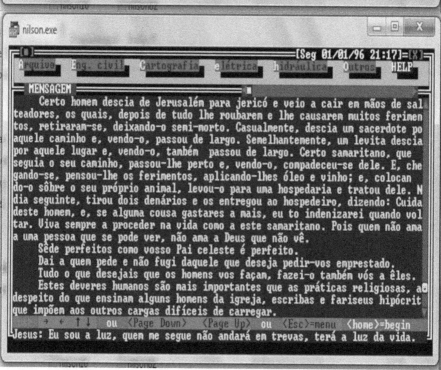

nilson.exe

═[Seg 01/01/96 21:17]═[X]═

Arquivo Eng. civil Cartografia elétrica hidráulica Outros HELP

═ MENSAGEM ═

Certo homem descia de Jerusalém para Jericó e veio a cair em mãos de sal teadores, os quais, depois de tudo lhe roubarem e lhe causarem muitos ferimen tos, retiraram-se, deixando-o semi-morto. Casualmente, descia um sacerdote po aquele caminho e, vendo-o, passou de largo. Semelhantemente, um levita descia por aquele lugar e, vendo-o, também passou de largo. Certo samaritano, que seguia o seu caminho, passou-lhe perto e, vendo-o, compadeceu-se dele. E, che gando-se, pensou-lhe os ferimentos, aplicando-lhes óleo e vinho; e, colocan do-o sôbre o seu próprio animal, levou-o para uma hospedaria e tratou dele. N dia seguinte, tirou dois denários e os entregou ao hospedeiro, dizendo: Cuida deste homem, e, se alguma cousa gastares a mais, eu to indenizarei quando vol tar. Viva sempre a proceder na vida como a este samaritano. Pois quem não ama a uma pessoa que se pode ver, não ama a Deus que não vê.

Sêde perfeitos como vosso Pai celeste é perfeito.

Dai a quem pede e não fugi daquele que deseja pedir-vos emprestado.

Tudo o que desejais que os homens vos façam, fazei-o também vós a êles.

Estes deveres humanos são mais importantes que as práticas religiosas, a■ despeito do que ensinam alguns homens da igreja, escribas e fariseus hipócrit que impõem aos outros cargas difíceis de carregar.

→ ← ↑ ↓ ou ⟨Page Down⟩ ⟨Page Up⟩ ou ⟨Esc⟩=menu ⟨home⟩=begin

Jesus: Eu sou a luz, quem me segue não andará em trevas, terá a luz da vida.

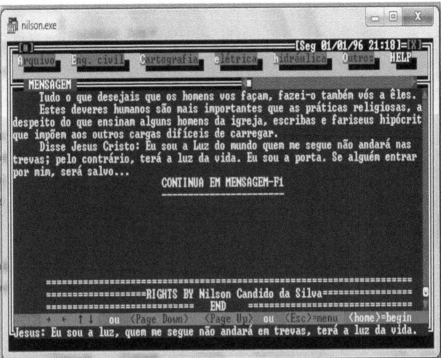

nilson.exe

=[Seg 01/01/96 21:18]=[X]=

Arquivo Eng. civil Cartografia elétrica hidráulica Outros HELP

MENSAGEM

Tudo o que desejais que os homens vos façam, fazei-o também vós a êles.
Estes deveres humanos são mais importantes que as práticas religiosas, a
despeito do que ensinam alguns homens da igreja, escribas e fariseus hipócrit
que impõem aos outros cargas difíceis de carregar.
Disse Jesus Cristo: Eu sou a Luz do mundo quem me segue não andará nas
trevas; pelo contrário, terá a luz da vida. Eu sou a porta. Se alguém entrar
por mim, será salvo...

CONTINUA EM MENSAGEM-F1

===
==================RIGHTS BY Nilson Candido da Silva=================
==================================END==================================

→ ← ↑ ↓ ou 〈Page Down〉 〈Page Up〉 ou 〈Esc〉=menu 〈home〉=begin
Jesus: Eu sou a luz, quem me segue não andará em trevas, terá a luz da vida.

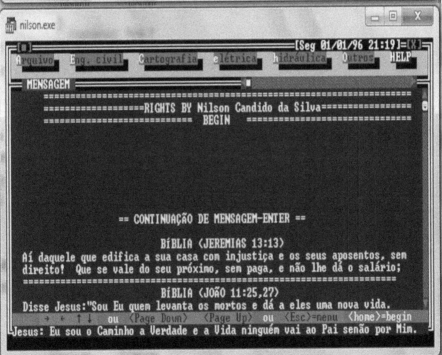

nilson.exe

=[Seg 01/01/96 21:19]=[X]=

Arquivo Eng. civil Cartografia elétrica hidráulica Outros HELP

MENSAGEM

===
==================RIGHTS BY Nilson Candido da Silva=================
==============================BEGIN==================================

== CONTINUAÇÃO DE MENSAGEM-ENTER ==

BÍBLIA 〈JEREMIAS 13:13〉
Aí daquele que edifica a sua casa com injustiça e os seus aposentos, sem
direito! Que se vale do seu próximo, sem paga, e não lhe dá o salário;
===
BÍBLIA 〈JOÃO 11:25,27〉
Disse Jesus:"Sou Eu quem levanta os mortos e dá a eles uma nova vida.
→ ← ↑ ↓ ou 〈Page Down〉 〈Page Up〉 ou 〈Esc〉=menu 〈home〉=begin
Jesus: Eu sou o Caminho a Verdade e a Vida ninguém vai ao Pai senão por Mim.

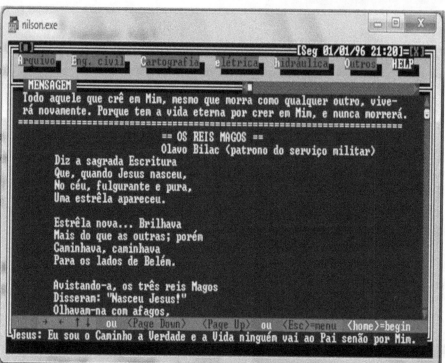

MENSAGEM

Todo aquele que crê em Mim, mesmo que morra como qualquer outro, viverá novamente. Porque tem a vida eterna por crer em Mim, e nunca morrerá.
===

== OS REIS MAGOS ==
                    Olavo Bilac (patrono do serviço militar)
         Diz a sagrada Escritura
         Que, quando Jesus nasceu,
         No céu, fulgurante e pura,
         Uma estrêla apareceu.

         Estrêla nova... Brilhava
         Mais do que as outras; porém
         Caminhava, caminhava
         Para os lados de Belém.

         Avistando-a, os três reis Magos
         Disseram: "Nasceu Jesus!"
         Olhavam-na com afagos,

→ ← ↑↓   ou ⟨Page Down⟩   ⟨Page Up⟩   ou ⟨Esc⟩=menu   ⟨home⟩=begin
Jesus: Eu sou o Caminho a Verdade e a Vida ninguém vai ao Pai senão por Mim.

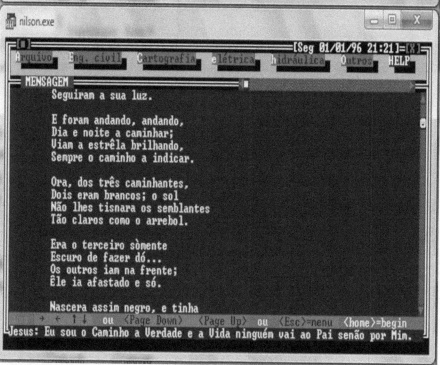

MENSAGEM

         Seguiram a sua luz.

         E foram andando, andando,
         Dia e noite a caminhar;
         Viam a estrêla brilhando,
         Sempre o caminho a indicar.

         Ora, dos três caminhantes,
         Dois eram brancos; o sol
         Não lhes tisnara os semblantes
         Tão claros como o arrebol.

         Era o terceiro sòmente
         Escuro de fazer dó...
         Os outros iam na frente;
         Êle ia afastado e só.

         Nascera assim negro, e tinha

→ ← ↑↓   ou ⟨Page Down⟩   ⟨Page Up⟩   ou ⟨Esc⟩=menu   ⟨home⟩=begin
Jesus: Eu sou o Caminho a Verdade e a Vida ninguém vai ao Pai senão por Mim.

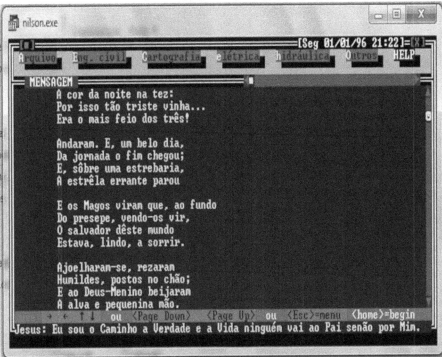

MENSAGEM

A cor da noite na tez:
Por isso tão triste vinha...
Era o mais feio dos três!

Andaram. E, um belo dia,
Da jornada o fim chegou;
E, sôbre uma estrebaria,
A estrêla errante parou

E os Magos viram que, ao fundo
Do presepe, vendo-os vir,
O salvador dêste mundo
Estava, lindo, a sorrir.

Ajoelharam-se, rezaram
Humildes, postos no chão;
E ao Deus-Menino beijaram
A alva e pequenina mão.

→ ← ↑ ↓   ou ⟨Page Down⟩   ⟨Page Up⟩ ou ⟨Esc⟩=menu   ⟨home⟩=begin
Jesus: Eu sou o Caminho a Verdade e a Vida ninguém vai ao Pai senão por Mim.

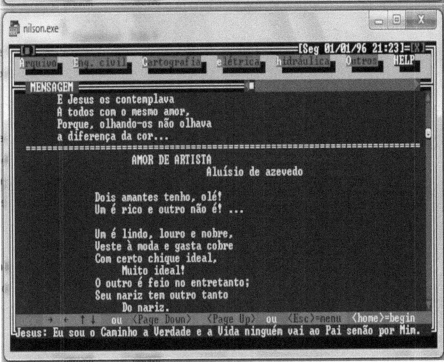

MENSAGEM

E Jesus os contemplava
A todos com o mesmo amor,
Porque, olhando-os não olhava
a diferença da cor...

==

AMOR DE ARTISTA
                    Aluísio de azevedo

Dois amantes tenho, olé!
Um é rico e outro não é! ...

Um é lindo, louro e nobre,
Veste à moda e gasta cobre
Com certo chique ideal,
      Muito ideal!
O outro é feio no entretanto;
Seu nariz tem outro tanto
      Do nariz.

→ ← ↑ ↓   ou ⟨Page Down⟩   ⟨Page Up⟩ ou ⟨Esc⟩=menu   ⟨home⟩=begin
Jesus: Eu sou o Caminho a Verdade e a Vida ninguém vai ao Pai senão por Mim.

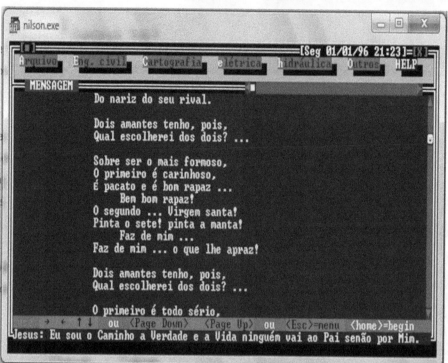

```
nilson.exe                                    [_][□][X]

[■]                              [Seg 01/01/96 21:23]=[X]
 Arquivo   Enq. civil   Cartografia   elétrica  hidráulica  Outros   HELP

  MENSAGEM
              Do nariz do seu rival.

              Dois amantes tenho, pois,
              Qual escolherei dos dois? ...

              Sobre ser o mais formoso,
              O primeiro é carinhoso,
              É pacato e é bom rapaz ...
                  Bem bom rapaz!
              O segundo ... Virgem santa!
              Pinta o sete! pinta a manta!
                  Faz de mim ...
              Faz de mim ... o que lhe apraz!

              Dois amantes tenho, pois,
              Qual escolherei dos dois? ...

              O primeiro é todo sério,
      →  ←  ↑ ↓   ou  <Page Down>  <Page Up>  ou  <Esc>=menu  <home>=begin
 Jesus: Eu sou o Caminho a Verdade e a Vida ninguém vai ao Pai senão por Mim.
```

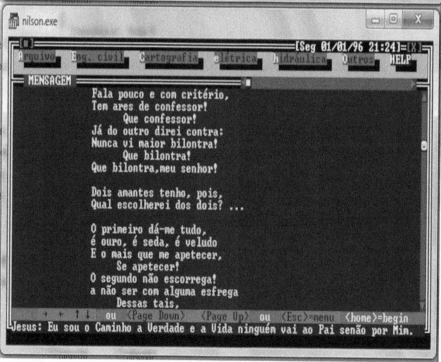

```
nilson.exe                                    [_][□][X]

[■]                              [Seg 01/01/96 21:24]=[X]
 Arquivo   Enq. civil   Cartografia   elétrica  hidráulica  Outros   HELP

  MENSAGEM
              Fala pouco e com critério,
              Tem ares de confessor!
                  Que confessor!
              Já do outro direi contra:
              Nunca vi maior bilontra!
                  Que bilontra!
              Que bilontra,meu senhor!

              Dois amantes tenho, pois,
              Qual escolherei dos dois? ...

              O primeiro dá-me tudo,
              é ouro, é seda, é veludo
              E o mais que me apetecer,
                  Se apetecer!
              O segundo não escorrega!
              a não ser com alguma esfrega
                  Dessas tais,
      →  ←  ↑ ↓   ou  <Page Down>  <Page Up>  ou  <Esc>=menu  <home>=begin
 Jesus: Eu sou o Caminho a Verdade e a Vida ninguém vai ao Pai senão por Mim.
```

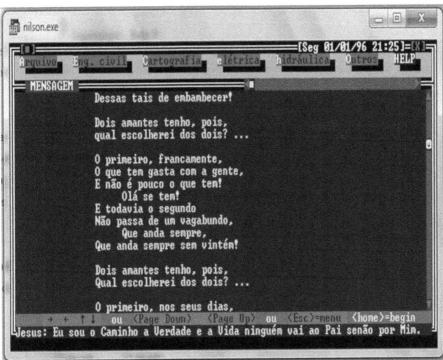

nilson.exe

[Seg 01/01/96 21:25]

Arquivo   Eng. civil   Cartografia   elétrica   hidráulica   Outros   HELP

MENSAGEM

```
          Dessas tais de embambecer!

          Dois amantes tenho, pois,
          qual escolherei dos dois? ...

          O primeiro, francamente,
          O que tem gasta com a gente,
          E não é pouco o que tem!
               Olá se tem!
          E todavia o segundo
          Não passa de um vagabundo,
               Que anda sempre,
          Que anda sempre sem vintém!

          Dois amantes tenho, pois,
          Qual escolherei dos dois? ...

          O primeiro, nos seus dias,
```

→ ← ↑ ↓ ou <Page Down> <Page Up> ou <Esc>=menu <home>=begin
Jesus: Eu sou o Caminho a Verdade e a Vida ninguém vai ao Pai senão por Mim.

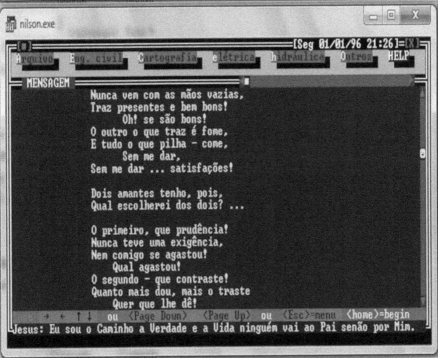

nilson.exe

[Seg 01/01/96 21:26]

Arquivo   Eng. civil   Cartografia   elétrica   hidráulica   Outros   HELP

MENSAGEM

```
          Nunca vem com as mãos vazias,
          Traz presentes e bem bons!
               Oh! se são bons!
          O outro o que traz é fome,
          E tudo o que pilha - come,
               Sem me dar,
          Sem me dar ... satisfações!

          Dois amantes tenho, pois,
          Qual escolherei dos dois? ...

          O primeiro, que prudência!
          Nunca teve uma exigência,
          Nem comigo se agastou!
               Qual agastou!
          O segundo - que contraste!
          Quanto mais dou, mais o traste
               Quer que lhe dê!
```

→ ← ↑ ↓ ou <Page Down> <Page Up> ou <Esc>=menu <home>=begin
Jesus: Eu sou o Caminho a Verdade e a Vida ninguém vai ao Pai senão por Mim.

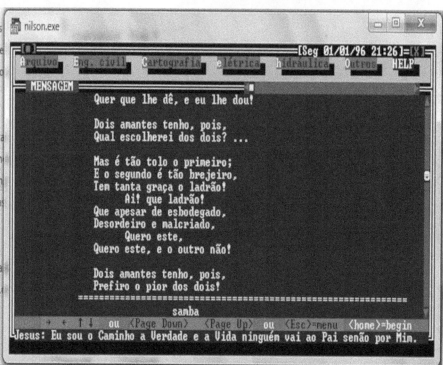

Quer que lhe dê, e eu lhe dou!

Dois amantes tenho, pois,
Qual escolherei dos dois? ...

Mas é tão tolo o primeiro;
E o segundo é tão brejeiro,
Tem tanta graça o ladrão!
     Ai! que ladrão!
Que apesar de esbodegado,
Desordeiro e malcriado,
     Quero este,
Quero este, e o outro não!

Dois amantes tenho, pois,
Prefiro o pior dos dois!
===
                    samba
→ ← ↑ ↓ ou <Page Down> <Page Up> ou <Esc>=menu <home>=begin

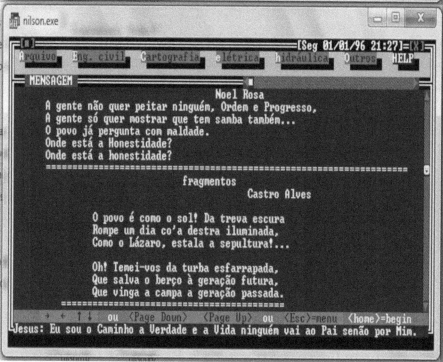

                    Noel Rosa
A gente não quer peitar ninguém, Ordem e Progresso,
A gente só quer mostrar que tem samba também...
O povo já pergunta com maldade.
Onde está a Honestidade?
Onde está a honestidade?
===
                  fragmentos
                    Castro Alves

     O povo é como o sol! Da treva escura
     Rompe um dia co'a destra iluminada,
     Como o Lázaro, estala a sepultura!...

     Oh! Temei-vos da turba esfarrapada,
     Que salva o berço à geração futura,
     Que vinga a campa a geração passada.
===
→ ← ↑ ↓ ou <Page Down> <Page Up> ou <Esc>=menu <home>=begin

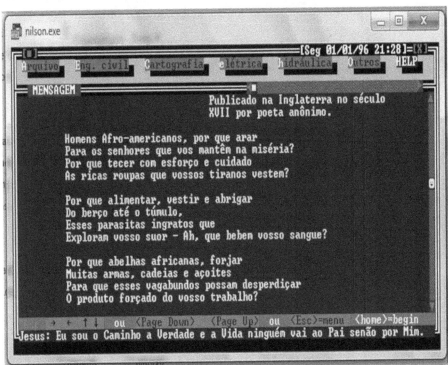

Publicado na Inglaterra no século
XVII por poeta anônimo.

Homens Afro-americanos, por que arar
Para os senhores que vos mantêm na miséria?
Por que tecer com esforço e cuidado
As ricas roupas que vossos tiranos vestem?

Por que alimentar, vestir e abrigar
Do berço até o túmulo,
Esses parasitas ingratos que
Exploram vosso suor - Ah, que bebem vosso sangue?

Por que abelhas africanas, forjar
Muitas armas, cadeias e açoites
Para que esses vagabundos possam desperdiçar
O produto forçado do vosso trabalho?

→ ← ↑ ↓   ou   <Page Down>   <Page Up>   ou   <Esc>=menu   <home>=begin
Jesus: Eu sou o Caminho a Verdade e a Vida ninguém vai ao Pai senão por Mim.

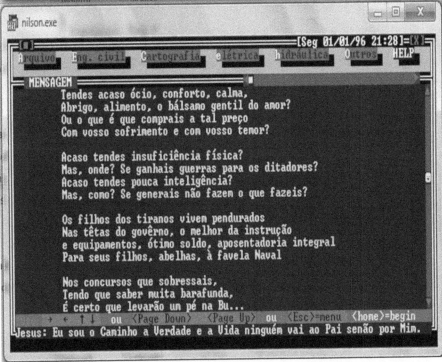

Tendes acaso ócio, conforto, calma,
Abrigo, alimento, o bálsamo gentil do amor?
Ou o que é que comprais a tal preço
Com vosso sofrimento e com vosso temor?

Acaso tendes insuficiência física?
Mas, onde? Se ganhais guerras para os ditadores?
Acaso tendes pouca inteligência?
Mas, como? Se generais não fazem o que fazeis?

Os filhos dos tiranos vivem pendurados
Nas têtas do govêrno, o melhor da instrução
e equipamentos, ótimo soldo, aposentadoria integral
Para seus filhos, abelhas, à favela Naval

Nos concursos que sobressais,
Tendo que saber muita barafunda,
É certo que levarão um pé na Bu...

→ ← ↑ ↓   ou   <Page Down>   <Page Up>   ou   <Esc>=menu   <home>=begin
Jesus: Eu sou o Caminho a Verdade e a Vida ninguém vai ao Pai senão por Mim.

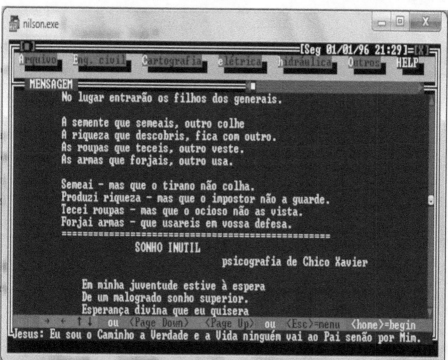

No lugar entrarão os filhos dos generais.

A semente que semeais, outro colhe
A riqueza que descobris, fica com outro.
As roupas que teceis, outro veste.
As armas que forjais, outro usa.

Semeai — mas que o tirano não colha.
Produzi riqueza — mas que o impostor não a guarde.
Tecei roupas — mas que o ocioso não as vista.
Forjai armas — que usareis em vossa defesa.
==

                    SONHO INUTIL
                          psicografia de Chico Xavier

Em minha juventude estive à espera
De um malogrado sonho superior.
Esperança divina que eu quisera

→ ← ↑ ↓   ou ⟨Page Down⟩   ⟨Page Up⟩ ou ⟨Esc⟩=menu ⟨home⟩=begin
Jesus: Eu sou o Caminho a Verdade e a Vida ninguém vai ao Pai senão por Mim.

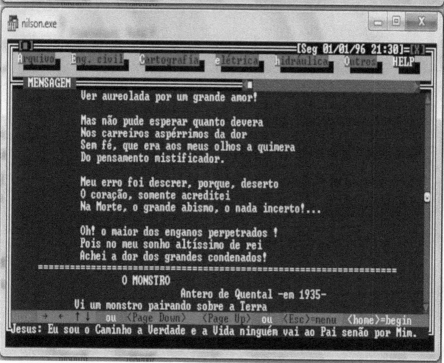

Ver aureolada por um grande amor!

Mas não pude esperar quanto devera
Nos carreiros aspérrimos da dor
Sem fé, que era aos meus olhos a quimera
Do pensamento mistificador.

Meu erro foi descrer, porque, deserto
O coração, somente acreditei
Na Morte, o grande abismo, o nada incerto!...

Oh! o maior dos enganos perpetrados !
Pois no meu sonho altíssimo de rei
Achei a dor dos grandes condenados!
==

              O MONSTRO
                          Antero de Quental —em 1935—
        Vi um monstro pairando sobre a Terra

→ ← ↑ ↓   ou ⟨Page Down⟩   ⟨Page Up⟩ ou ⟨Esc⟩=menu ⟨home⟩=begin
Jesus: Eu sou o Caminho a Verdade e a Vida ninguém vai ao Pai senão por Mim.

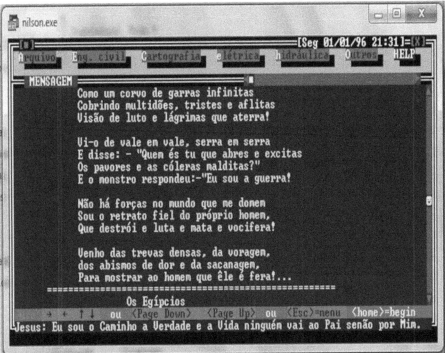

Como um corvo de garras infinitas
Cobrindo multidões, tristes e aflitas
Visão de luto e lágrimas que aterra!

Vi-o de vale em vale, serra em serra
E disse: - "Quem és tu que abres e excitas
Os pavores e as cóleras malditas?"
E o monstro respondeu:-"Eu sou a guerra!

Não há forças no mundo que me domem
Sou o retrato fiel do próprio homem,
Que destrói e luta e mata e vocifera!

Venho das trevas densas, da voragem,
dos abismos de dor e da sacanagem,
Para mostrar ao homen que êle é fera!...
==
                  Os Egípcios

→ ← ↑ ↓   ou 〈Page Down〉 〈Page Up〉 ou 〈Esc〉=menu   〈home〉=begin
Jesus: Eu sou o Caminho a Verdade e a Vida ninguém vai ao Pai senão por Mim.

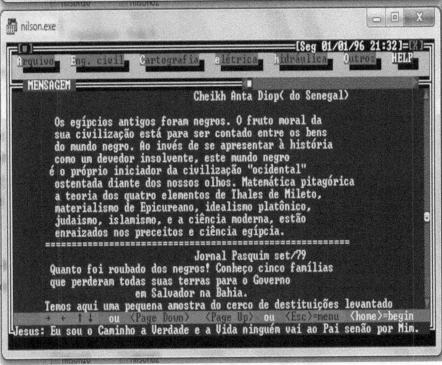

                  Cheikh Anta Diop(do Senegal)

Os egípcios antigos foram negros. O fruto moral da
sua civilização está para ser contado entre os bens
do mundo negro. Ao invés de se apresentar à história
como um devedor insolvente, este mundo negro
é o próprio iniciador da civilização "ocidental"
ostentada diante dos nossos olhos. Matemática pitagórica
a teoria dos quatro elementos de Thales de Mileto,
materialismo de Epicureano, idealismo platônico,
judaismo, islamismo, e a ciência moderna, estão
enraizados nos preceitos e ciência egípcia.
==
                  Jornal Pasquim set/79
Quanto foi roubado dos negros! Conheço cinco famílias
que perderam todas suas terras para o Governo
                  em Salvador na Bahia.
Temos aqui uma pequena amostra do cerco de destituições levantado

→ ← ↑ ↓   ou 〈Page Down〉 〈Page Up〉 ou 〈Esc〉=menu   〈home〉=begin
Jesus: Eu sou o Caminho a Verdade e a Vida ninguém vai ao Pai senão por Mim.

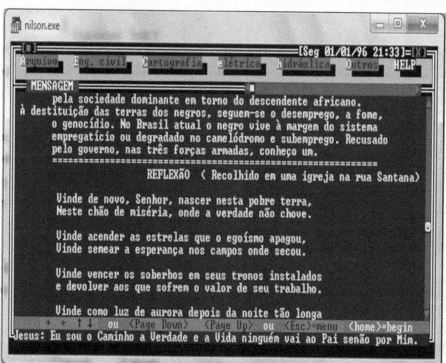

MENSAGEM

pela sociedade dominante em torno do descendente africano.
À destituição das terras dos negros, seguem-se o desemprego, a fome,
o genocídio. No Brasil atual o negro vive à margem do sistema
empregatício ou degradado no camelódromo e subemprego. Recusado
pelo governo, nas três forças armadas, conheço um.

===

REFLEXÃO (Recolhido em uma igreja na rua Santana)

Vinde de novo, Senhor, nascer nesta pobre terra,
Neste chão de miséria, onde a verdade não chove.

Vinde acender as estrelas que o egoísmo apagou,
Vinde semear a esperança nos campos onde secou.

Vinde vencer os soberbos em seus tronos instalados
e devolver aos que sofrem o valor de seu trabalho.

Vinde como luz de aurora depois da noite tão longa

→ ← ↑ ↓   ou ⟨Page Down⟩   ⟨Page Up⟩ ou ⟨Esc⟩=menu   ⟨home⟩=begin
Jesus: Eu sou o Caminho a Verdade e a Vida ninguém vai ao Pai senão por Mim.

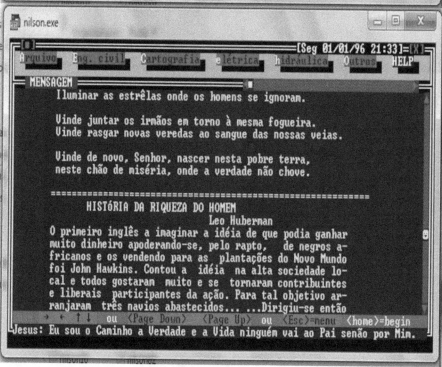

MENSAGEM

Iluminar as estrêlas onde os homens se ignoram.

Vinde juntar os irnãos em torno à mesma fogueira.
Vinde rasgar novas veredas ao sangue das nossas veias.

Vinde de novo, Senhor, nascer nesta pobre terra,
neste chão de miséria, onde a verdade não chove.

===

HISTÓRIA DA RIQUEZA DO HOMEM
Leo Huberman

O primeiro inglês a imaginar a idéia de que podia ganhar
muito dinheiro apoderando-se, pelo rapto, de negros a-
fricanos e os vendendo para as plantações do Novo Mundo
foi John Hawkins. Contou a idéia na alta sociedade local e todos gostaram muito e se tornaram contribuintes
e liberais participantes da ação. Para tal objetivo arranjaram três navios abastecidos... ...Dirigiu-se então

→ ← ↑ ↓   ou ⟨Page Down⟩   ⟨Page Up⟩ ou ⟨Esc⟩=menu   ⟨home⟩=begin
Jesus: Eu sou o Caminho a Verdade e a Vida ninguém vai ao Pai senão por Mim.

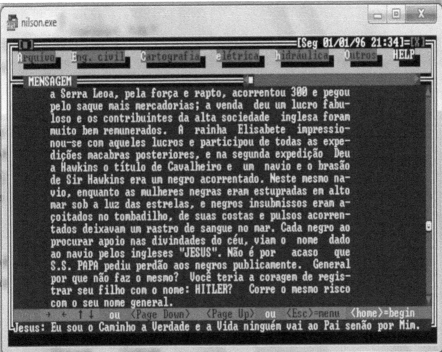

a Serra Leoa, pela força e rapto, acorrentou 300 e pegou
pelo saque mais mercadorias; a venda deu um lucro fabuloso e os contribuintes da alta sociedade inglesa foram
muito bem remunerados. A rainha Elisabete impressionou-se com aqueles lucros e participou de todas as expedições macabras posteriores, e na segunda expedição Deu
a Hawkins o título de Cavalheiro e um navio e o brasão
de Sir Hawkins era um negro acorrentado. Neste mesmo navio, enquanto as mulheres negras eram estupradas em alto
mar sob a luz das estrelas, e negros insubmissos eram a-
çoitados no tombadilho, de suas costas e pulsos acorrentados deixavam um rastro de sangue no mar. Cada negro ao
procurar apoio nas divindades do céu, viam o nome dado
ao navio pelos ingleses "JESUS". Não é por acaso que
S.S. PAPA pediu perdão aos negros publicamente. General
por que não faz o mesmo? Você teria a coragem de registrar seu filho com o nome: HITLER? Corre o mesmo risco
com o seu nome general.

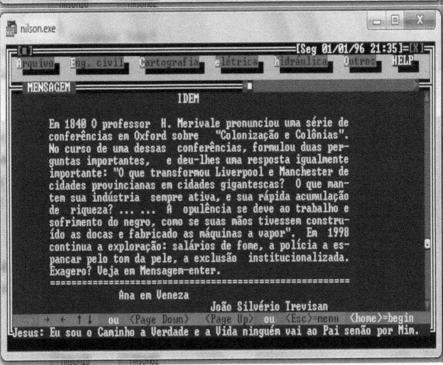

IDEM

Em 1840 O professor H. Merivale pronunciou uma série de
conferências em Oxford sobre "Colonização e Colônias".
No curso de uma dessas conferências, formulou duas perguntas importantes, e deu-lhes uma resposta igualmente
importante: "O que transformou Liverpool e Manchester de
cidades provincianas em cidades gigantescas? O que man-
tem sua indústria sempre ativa, e sua rápida acumulação
de riqueza? ... ... A opulência se deve ao trabalho e
sofrimento do negro, como se suas mãos tivessem constru-
ído as docas e fabricado as máquinas a vapor". Em 1998
continua a exploração: salários de fome, a polícia a es-
pancar pelo tom da pele, a exclusão institucionalizada.
Exagero? Veja em Mensagem-enter.
===
               Ana em Veneza
                    João Silvério Trevisan

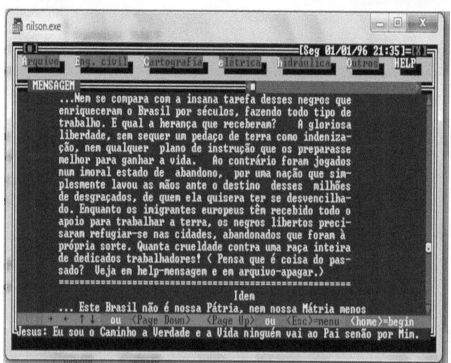

...Nem se compara com a insana tarefa desses negros que
enriqueceram o Brasil por séculos, fazendo todo tipo de
trabalho. E qual a herança que receberam?   A gloriosa
liberdade, sem sequer um pedaço de terra como indeniza-
ção, nem qualquer plano de instrução que os preparasse
melhor para ganhar a vida.   Ao contrário foram jogados
num imoral estado de abandono, por uma nação que sim-
plesmente lavou as mãos ante o destino desses milhões
de desgraçados, de quem ela quisera ter se desvencilha-
do. Enquanto os imigrantes europeus têm recebido todo o
apoio para trabalhar a terra, os negros libertos preci-
saram refugiar-se nas cidades, abandonados que foram à
própria sorte. Quanta crueldade contra uma raça inteira
de dedicados trabalhadores! (Pensa que é coisa do passado? Veja em help-mensagem e em arquivo-apagar.)
==
Idem
... Este Brasil não é nossa Pátria, nem nossa Mátria menos

→ ← ↑ ↓   ou (Page Down) (Page Up) ou (Esc)=menu (home)=begin
Jesus: Eu sou o Caminho a Verdade e a Vida ninguém vai ao Pai senão por Mim.

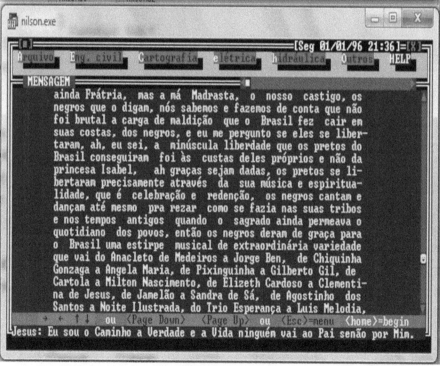

ainda Frátria, mas a má Madrasta, o nosso castigo, os
negros que o digam, nós sabemos e fazemos de conta que não
foi brutal a carga de maldição que o Brasil fez cair em
suas costas, dos negros, e eu me pergunto se eles se liber-
taram, ah, eu sei, a minúscula liberdade que os pretos do
Brasil conseguiram foi às custas deles próprios e não da
princesa Isabel,   ah graças sejam dadas, os pretos se li-
bertaram precisamente através da sua música e espiritualidade, que é celebração e redenção, os negros cantam e
dançam até mesmo pra rezar como se fazia nas suas tribos
e nos tempos antigos quando o sagrado ainda permeava o
quotidiano dos povos, então os negros deram de graça para
o Brasil uma estirpe musical de extraordinária variedade
que vai do Anacleto de Medeiros a Jorge Ben,   de Chiquinha
Gonzaga a Angela Maria, de Pixinguinha a Gilberto Gil, de
Cartola a Milton Nascimento, de Elizeth Cardoso a Clementi-
na de Jesus, de Jamelão a Sandra de Sá, de Agostinho dos
Santos a Noite Ilustrada, do Trio Esperança a Luis Melodia,

→ ← ↑ ↓   ou (Page Down) (Page Up) ou (Esc)=menu (home)=begin
Jesus: Eu sou o Caminho a Verdade e a Vida ninguém vai ao Pai senão por Mim.

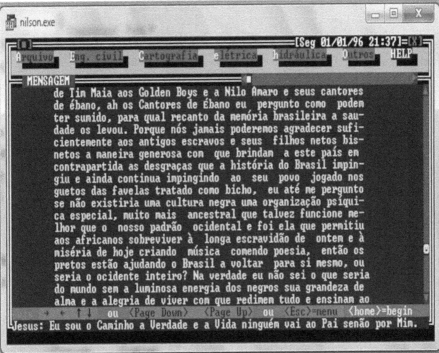

Arquivo   Eng. civil   Cartografia   elétrica   hidráulica   Outros   HELP

MENSAGEM

de Tim Maia aos Golden Boys e a Nilo Amaro e seus cantores
de ébano, ah os Cantores de Ébano eu pergunto como podem
ter sumido, para qual recanto da memória brasileira a sau-
dade os levou. Porque nós jamais poderemos agradecer sufi-
cientemente aos antigos escravos e seus filhos netos bis-
netos a maneira generosa com que brindam a este país em
contrapartida as desgraças que a história do Brasil impin-
giu e ainda continua impingindo ao seu povo jogado nos
guetos das favelas tratado como bicho, eu até me pergunto
se não existiria uma cultura negra uma organização psiqui-
ca especial, muito mais ancestral que talvez funcione melhor que o nosso padrão ocidental e foi ela que permitiu
aos africanos sobreviver à longa escravidão de ontem e à
miséria de hoje criando música comendo poesia, então os
pretos estão ajudando o Brasil a voltar para si mesmo, ou
seria o ocidente inteiro? Na verdade eu não sei o que seria
do mundo sem a luminosa energia dos negros sua grandeza de
alma e a alegria de viver com que redimem tudo e ensinam ao

→ ← ↑ ↓ ou <Page Down> <Page Up> ou <Esc>=menu <home>=begin
Jesus: Eu sou o Caminho a Verdade e a Vida ninguém vai ao Pai senão por Mim.

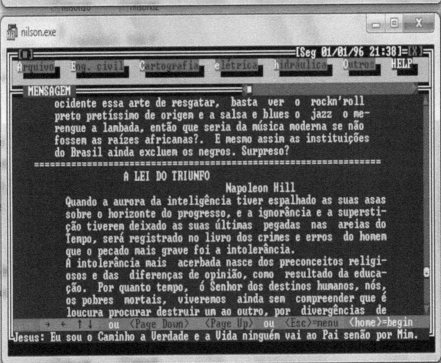

Arquivo   Eng. civil   Cartografia   elétrica   hidráulica   Outros   HELP

MENSAGEM

ocidente essa arte de resgatar, basta ver o rockn'roll
preto pretíssimo de origem e a salsa e blues o jazz o merengue a lambada, então que seria da música moderna se não
fossem as raízes africanas?. E mesmo assim as instituições
do Brasil ainda excluem os negros. Surpreso?
===
                    A LEI DO TRIUNFO
                      Napoleon Hill
    Quando a aurora da inteligência tiver espalhado as suas asas
sobre o horizonte do progresso, e a ignorância e a superstí-
ção tiverem deixado as suas últimas pegadas nas areias do
Tempo, será registrado no livro dos crimes e erros do homem
que o pecado mais grave foi a intolerância.
A intolerância mais acerbada nasce dos preconceitos religiosos e das diferenças de opinião, como resultado da educação. Por quanto tempo, ó Senhor dos destinos humanos, nós,
os pobres mortais, viveremos ainda sem compreender que é
loucura procurar destruir um ao outro, por divergências de

→ ← ↑ ↓ ou <Page Down> <Page Up> ou <Esc>=menu <home>=begin
Jesus: Eu sou o Caminho a Verdade e a Vida ninguém vai ao Pai senão por Mim.

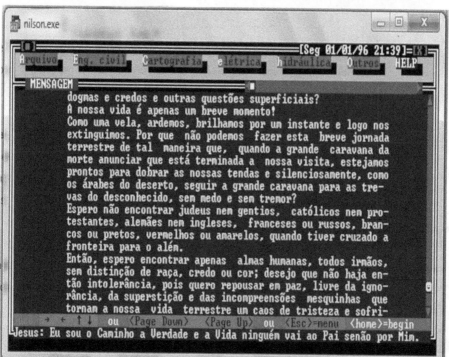

[Seg 01/01/96 21:39]

Arquivo   Eng. civil   Cartografia   elétrica   hidráulica   Outros   HELP

MENSAGEM

dogmas e credos e outras questões superficiais?
A nossa vida é apenas um breve momento!
Como uma vela, ardemos, brilhamos por um instante e logo nos
extinguimos. Por que não podemos fazer esta breve jornada
terrestre de tal maneira que, quando a grande caravana da
morte anunciar que está terminada a nossa visita, estejamos
prontos para dobrar as nossas tendas e silenciosamente, como
os árabes do deserto, seguir a grande caravana para as trevas do desconhecido, sem medo e sem tremor?
Espero não encontrar judeus nem gentios, católicos nem pro-
testantes, alemães nem ingleses, franceses ou russos, brancos ou pretos, vermelhos ou amarelos, quando tiver cruzado a
fronteira para o além.
Então, espero encontrar apenas almas humanas, todos irmãos,
sem distinção de raça, credo ou cor; desejo que não haja então intolerância, pois quero repousar em paz, livre da ignorância, da superstição e das incompreensões mesquinhas que
tornam a nossa vida terrestre um caos de tristeza e sofri-

→ ← ↑ ↓   ou <Page Down>   <Page Up> ou <Esc>=menu   <home>=begin
Jesus: Eu sou o Caminho a Verdade e a Vida ninguém vai ao Pai senão por Mim.

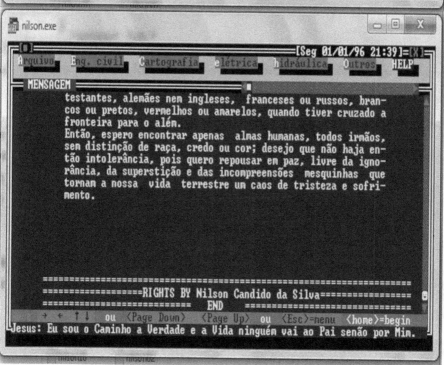

[Seg 01/01/96 21:39]

Arquivo   Eng. civil   Cartografia   elétrica   hidráulica   Outros   HELP

MENSAGEM

testantes, alemães nem ingleses, franceses ou russos, brancos ou pretos, vermelhos ou amarelos, quando tiver cruzado a
fronteira para o além.
Então, espero encontrar apenas almas humanas, todos irmãos,
sem distinção de raça, credo ou cor; desejo que não haja então intolerância, pois quero repousar em paz, livre da ignorância, da superstição e das incompreensões mesquinhas que
tornam a nossa vida terrestre um caos de tristeza e sofrimento.

==
==================RIGHTS BY Nilson Candido da Silva==================
                        END   ============================

→ ← ↑ ↓   ou <Page Down>   <Page Up> ou <Esc>=menu   <home>=begin
Jesus: Eu sou o Caminho a Verdade e a Vida ninguém vai ao Pai senão por Mim.

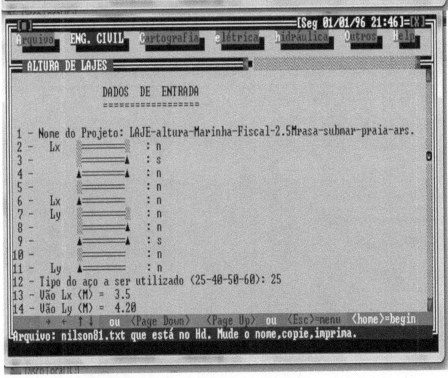

ALTURA DE LAJES

```
 6 -  Lx  ▲══════    : n
 7 -  Ly  ══════     : n
 8 -       ══════▲   : n
 9 -      ▲══════▲   : s
10 -       ══════    : n
11 -  Ly  ▲══════    : n
12 - Tipo do aço a ser utilizado (25-40-50-60): 25
13 - Vão Lx (M) = 3.5
14 - Vão Ly (M) = 4.20
15 - Laje maciça ou nervurada (m ,n) : M

              DADOS  DE  SAÍDA
              ================


Esta laje é  armada em cruz
============================
      d= 6.329 cM.
Esta distância (d) é a linha de centro da armadura a face mais
```

→ ← ↑↓ ou (Page Down) (Page Up) ou (Esc)=menu (home)=begin

Arquivo: nilson81.txt que está no Hd. Mude o nome,copie,imprima.

ALTURA DE LAJES

```
              DADOS  DE  ENTRADA
              ==================

 1 - Nome do Projeto: LAJE-altura-Marinha-Fiscal-2.5Mrasa-submar-praia-ars.
 2 -  Lx  ══════    : n
 3 -       ══════▲  : s
 4 -      ▲══════▲  : n
 5 -       ══════   : n
 6 -  Lx  ▲══════   : n
 7 -  Ly  ══════    : n
 8 -       ══════▲  : n
 9 -      ▲══════▲  : s
10 -       ══════   : n
11 -  Ly  ▲══════   : n
12 - Tipo do aço a ser utilizado (25-40-50-60): 25
13 - Vão Lx (M) = 3.5
14 - Vão Ly (M) = 4.20
```

→ ← ↑↓ ou (Page Down) (Page Up) ou (Esc)=menu (home)=begin

Arquivo: nilson81.txt que está no Hd. Mude o nome,copie,imprima.

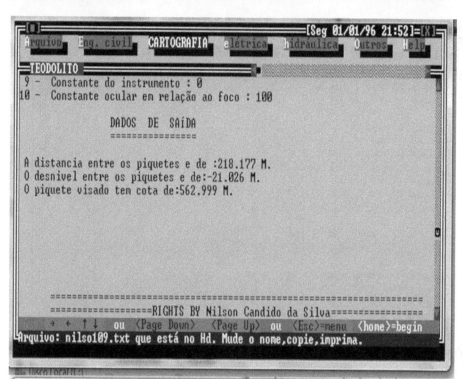

```
┌[■]══════════════════════════════[Seg 01/01/96 21:52]═[X]┐
│ Arquivo   Eng. civil   CARTOGRAFIA   elétrica   hidráulica   Outros   Help │
│══TEODOLITO══════════════════════════════════■════════════│
│ 9  - Constante do instrumento : 0                        │
│ 10 - Constante ocular em relação ao foco : 100           │
│                                                          │
│              DADOS  DE  SAÍDA                            │
│              ================                           │
│                                                          │
│ A distancia entre os piquetes e de :218.177 M.          │
│ O desnivel entre os piquetes e de:-21.026 M.            │
│ O piquete visado ten cota de:562.999 M.                 │
│                                                          │
│                                                          │
│                                                          │
│                                                          │
│ =========================================================│
│ ==================RIGHTS BY Nilson Candido da Silva======│
│    → ← ↑↓   ou ⟨Page Down⟩  ⟨Page Up⟩  ou  ⟨Esc⟩=menu  ⟨home⟩=begin │
│ Arquivo: nilso109.txt que está no Hd. Mude o nome,copie,imprima. │
└──────────────────────────────────────────────────────────┘
```

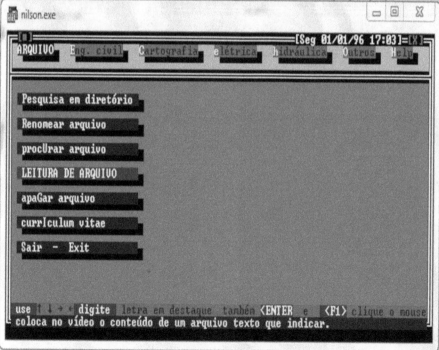

```
🔳 nilson.exe                                   ⬍ ◻ ✕

┌[■]══════════════════════════════[Seg 01/01/96 17:03]═[X]┐
│ ARQUIVO   Eng. civil   Cartografia   elétrica   hidráulica   Outros   Help │
│                                                          │
│  ┌──────────────────────────┐                           │
│  │ Pesquisa em diretório    │                           │
│  ├──────────────────────────┤                           │
│  │ Renomear arquivo         │                           │
│  ├──────────────────────────┤                           │
│  │ procUrar arquivo         │                           │
│  ├──────────────────────────┤                           │
│  │ LEITURA DE ARQUIVO       │                           │
│  ├──────────────────────────┤                           │
│  │ apaGar arquivo           │                           │
│  ├──────────────────────────┤                           │
│  │ currIculum vitae         │                           │
│  ├──────────────────────────┤                           │
│  │ Sair  -  Exit            │                           │
│  └──────────────────────────┘                           │
│                                                          │
│ use ↑↓→← digite letra em destaque também ⟨ENTER e ⟨F1⟩ clique o mouse │
│ coloca no vídeo o conteúdo de um arquivo texto que indicar. │
└──────────────────────────────────────────────────────────┘
```

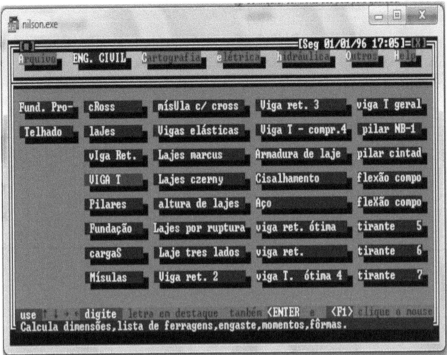

nilson.exe

[Seg 01/01/96 17:05]=[X]

Arquivo　ENG. CIVIL　Cartografia　elétrica　hidráulica　Outros　Help

Fund. Pro-	cRoss	mísUla c/ cross	Viga ret. 3	viga T geral
Telhado	laJes	Vigas elásticas	Viga T - compr.4	pilar NB-1
	vIga Ret.	Lajes marcus	Armadura de laje	pilar cintad
	VIGA T	Lajes czerny	Cisalhamento	flexão compo
	Pilares	altura de lajes	Aço	fleXão compo
	Fundação	Lajes por ruptura	viga ret. ótima	tirante　5
	cargaS	Laje tres lados	viga ret.	tirante　6
	Mísulas	Viga ret. 2	viga T. ótima 4	tirante　7

use ↑↓→← **digite** letra em destaque também ⟨ENTER⟩ e ⟨F1⟩ clique o mouse
Calcula dimensões, lista de ferragens, engaste, momentos, fôrmas.

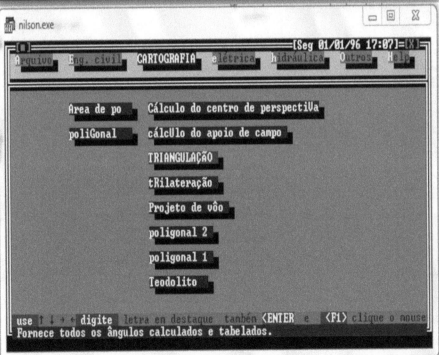

nilson.exe

[Seg 01/01/96 17:07]=[X]

Arquivo　Eng. civil　CARTOGRAFIA　elétrica　hidráulica　Outros　Help

Área de po　Cálculo do centro de perspectiVa

poliGonal　cálcUlo do apoio de campo

　　　　　TRIANGULAÇÃO

　　　　　tRilateração

　　　　　Projeto de vôo

　　　　　poligonal 2

　　　　　poligonal 1

　　　　　Teodolito

use ↑↓→← **digite** letra em destaque também ⟨ENTER⟩ e ⟨F1⟩ clique o mouse
Fornece todos os ângulos calculados e tabelados.

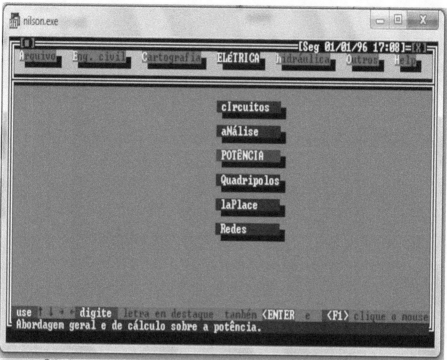

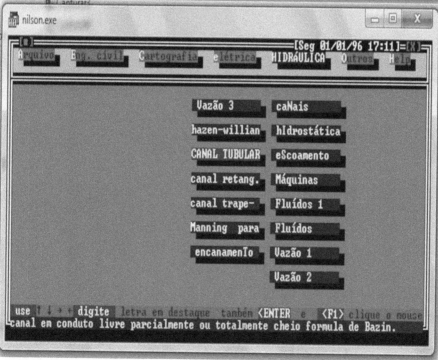

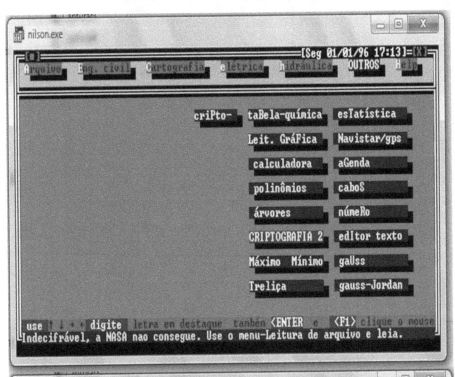

nilson.exe

[Seg 01/01/96 17:13]=[X]

Arquivo   Eng. civil   Cartografia   elétrica   hidráulica   OUTROS   Help

criPto-	taBela-química	esTatística
	Leit. GráFica	Navistar/gps
	calculadora	aGenda
	polinômios	caboS
	árvores	númeRo
	CRIPTOGRAFIA 2	edItor texto
	Máximo Mínimo	gaUss
	Treliça	gauss-Jordan

use ↑ ↓ → ← digite letra em destaque também <ENTER e <F1> clique o mouse
Indecifrável, a NASA nao consegue. Use o menu-Leitura de arquivo e leia.

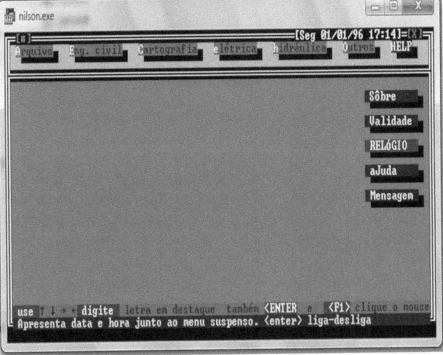

nilson.exe

[Seg 01/01/96 17:14]=[X]

Arquivo   Eng. civil   Cartografia   elétrica   hidráulica   Outros   HELP

Sôbre

Validade

RELóGIO

aJuda

Mensagem

use ↑ ↓ → ← digite letra em destaque também <ENTER e <F1> clique o mouse
Apresenta data e hora junto ao menu suspenso. <enter> liga-desliga

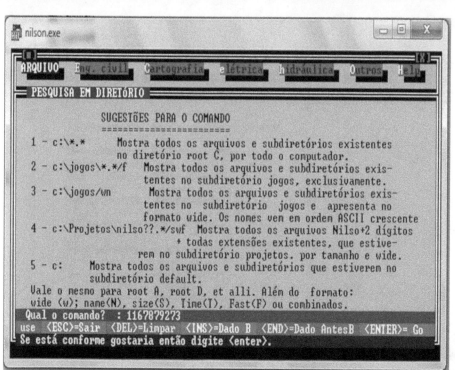

```
nilson.exe                                          [_] [□] [X]

┌─[■]────────────────────────────────────────────────[X]─┐
│ ARQUIVO  Eng. civil  Cartografia  elétrica  hidráulica  Outros  Help │
├═ PESQUISA EM DIRETÓRIO ════════════════════════════════════┤
│                                                          │
│              SUGESTÕES PARA O COMANDO                     │
│              ===========================                 │
│  1 - c:\*.*      Mostra todos os arquivos e subdiretórios existentes │
│                  no diretório root C, por todo o computador. │
│  2 - c:\jogos\*.*/f  Mostra todos os arquivos e subdiretórios exis- │
│                  tentes no subdiretório jogos, exclusivamente. │
│  3 - c:\jogos/wn     Mostra todos os arquivos e subdiretórios exis- │
│                  tentes no  subdiretório  jogos e  apresenta no │
│                  formato wide. Os nomes vem em ordem ASCII crescente │
│  4 - c:\Projetos\nilso??.*/swf Mostra todos os arquivos Nilso+2 dígitos │
│                  + todas extensões existentes, que estive- │
│                  rem no subdiretório projetos. por tamanho e wide. │
│  5 - c:    Mostra todos os arquivos e subdiretórios que estiverem no │
│                  subdiretório default.                   │
│  Vale o mesmo para root A, root D, et alli. Além do  formato: │
│  wide (w); name(N), size(S), Time(T), Fast(F) ou combinados. │
│  Qual o comando?  : 1167879273                           │
│  use  <ESC>=Sair  <DEL>=Limpar  <INS>=Dado B  <END>=Dado AntesB  <ENTER>= Go │
│ Se está conforme gostaria então digite <enter>.          │
└──────────────────────────────────────────────────────────┘
```

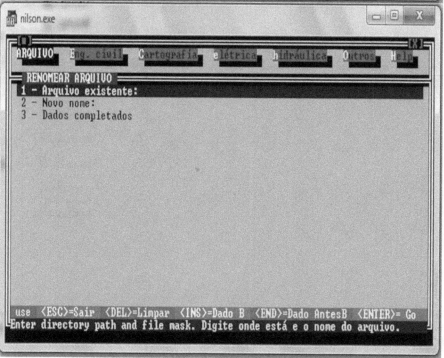

```
nilson.exe                                          [_] [□] [X]

┌─[■]────────────────────────────────────────────────[X]─┐
│ ARQUIVO  Eng. civil  Cartografia  elétrica  hidráulica  Outros  Help │
├═ RENOMEAR ARQUIVO ═════════════════════════════════════┤
│ 1 - Arquivo existente:                                   │
│ 2 - Novo nome:                                           │
│ 3 - Dados completados                                    │
│                                                          │
│                                                          │
│                                                          │
│                                                          │
│                                                          │
│  use  <ESC>=Sair  <DEL>=Limpar  <INS>=Dado B  <END>=Dado AntesB  <ENTER>= Go │
│ Enter directory path and file mask. Digite onde está e o nome do arquivo. │
└──────────────────────────────────────────────────────────┘
```

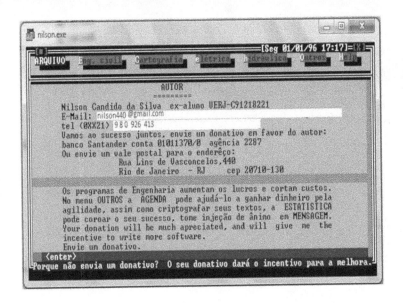

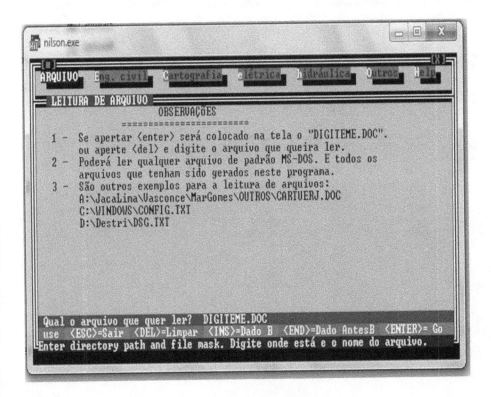

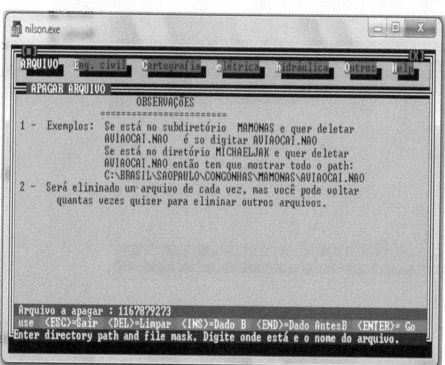

nilson.exe

ARQUIVO Eng. civil Cartografia elétrica hidráulica Outros Help

APAGAR ARQUIVO

OBSERVAÇÕES
==========================

1 - Exemplos: Se está no subdiretório MAMONAS e quer deletar
               AVIAOCAI.NAO é so digitar AVIAOCAI.NAO
               Se está no diretório MICHAELJAK e quer deletar
               AVIAOCAI.NAO então tem que mostrar todo o path:
               C:\BRASIL\SAOPAULO\CONGONHAS\MAMONAS\AVIAOCAI.NAO
2 - Será eliminado um arquivo de cada vez, mas você pode voltar
    quantas vezes quiser para eliminar outros arquivos.

Arquivo a apagar : 1167879273
use <ESC>=Sair <DEL>=Limpar <INS>=Dado B <END>=Dado AntesB <ENTER>= Go
Enter directory path and file mask. Digite onde está e o nome do arquivo.

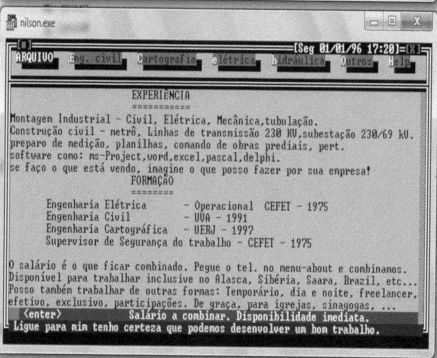

nilson.exe

[Seg 01/01/96 17:20]

ARQUIVO Eng. civil Cartografia elétrica hidráulica Outros Help

EXPERIÊNCIA
==========

Montagem Industrial - Civil, Elétrica, Mecânica,tubulação.
Construção civil - metrô, Linhas de transmissão 230 KV,subestação 230/69 kV.
preparo de medição, planilhas, conando de obras prediais, pert.
software como: ms-Project,word,excel,pascal,delphi.
se faço o que está vendo, imagine o que posso fazer por sua empresa!
                    FORMAÇÃO
                    ========

     Engenharia Elétrica   - Operacional CEFET - 1975
     Engenharia Civil   - UVA - 1991
     Engenharia Cartográfica - UERJ - 1997
     Supervisor de Segurança do trabalho - CEFET - 1975

O salário é o que ficar combinado. Pegue o tel. no menu-about e combinamos.
Disponível para trabalhar inclusive no Alasca, Sibéria, Saara, Brazil, etc...
Posso também trabalhar de outras formas: Temporário, dia e noite, freelancer,
efetivo, exclusivo, participações. De graça, para igrejas, sinagogas, ...
  <enter>   Salário a combinar. Disponibilidade imediata.
Ligue para mim tenho certeza que podemos desenvolver um bom trabalho.

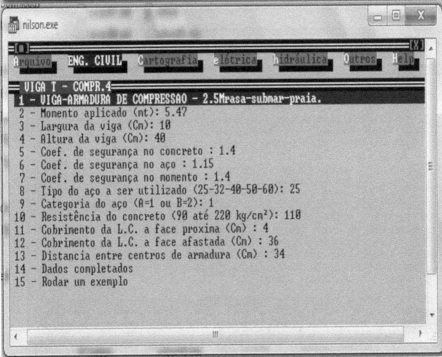

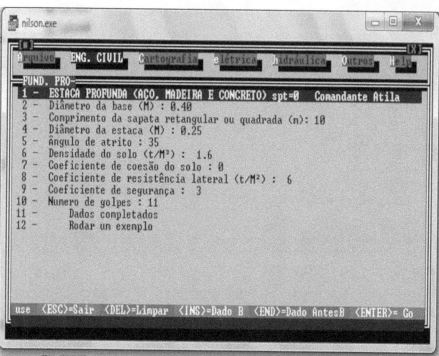

```
nilson.exe                                    [_][□][X]
[■]                                                [X]
 Arquivo  ENG. CIVIL  Cartografia  elétrica  hidráulica  Outros  Help
FUND. PRO
 1 -  ESTACA PROFUNDA (AÇO, MADEIRA E CONCRETO) spt=0   Comandante Atila
 2 -  Diâmetro da base (M) : 0.40
 3 -  Comprimento da sapata retangular ou quadrada (m): 10
 4 -  Diâmetro da estaca (M) : 0.25
 5 -  Ângulo de atrito : 35
 6 -  Densidade do solo (t/M³) : 1.6
 7 -  Coeficiente de coesão do solo : 0
 8 -  Coeficiente de resistência lateral (t/M²) :  6
 9 -  Coeficiente de segurança :  3
10 -  Numero de golpes : 11
11 -      Dados completados
12 -      Rodar um exemplo


 use  <ESC>=Sair  <DEL>=Limpar  <INS>=Dado B  <END>=Dado AntesB  <ENTER>= Go
```

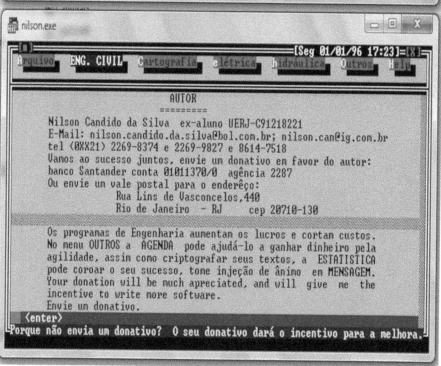

```
nilson.exe                                    [_][□][X]
[■]                              [Seg 01/01/96 17:23][X]
 Arquivo  ENG. CIVIL  Cartografia  elétrica  hidráulica  Outros  Help

                          AUTOR
                          =========
  Nilson Candido da Silva  ex-aluno UERJ-C91218221
  E-Mail: nilson.candido.da.silva@bol.com.br; nilson.can@ig.com.br
  tel (0XX21) 2269-8374 e 2269-9827 e 8614-7518
  Vamos ao sucesso juntos, envie um donativo em favor do autor:
  banco Santander conta 01011370/0  agência 2287
  Ou envie um vale postal para o enderêço:
                 Rua Lins de Vasconcelos,440
                 Rio de Janeiro  - RJ     cep 20710-130

  Os programas de Engenharia aumentam os lucros e cortam custos.
  No menu OUTROS a  AGENDA  pode ajudá-lo a ganhar dinheiro pela
  agilidade, assim como criptografar seus textos, a  ESTATISTICA
  pode coroar o seu sucesso, tone injeção de ânimo  em MENSAGEM.
  Your donation will be much apreciated, and will  give  ne  the
  incentive to write more software.
  Envie um donativo.
 <enter>
Porque não envia um donativo?  O seu donativo dará o incentivo para a melhora.
```

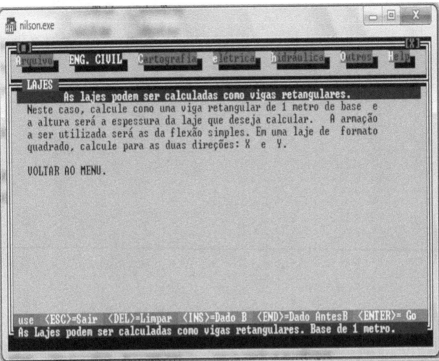

nilson.exe

ENG. CIVIL Cartografia elétrica hidráulica Outros Help

LAJES

As lajes podem ser calculadas como vigas retangulares.
Neste caso, calcule como uma viga retangular de 1 metro de base e
a altura será a espessura da laje que deseja calcular. A armação
a ser utilizada será as da flexão simples. Em uma laje de formato
quadrado, calcule para as duas direções: X e Y.

VOLTAR AO MENU.

use <ESC>=Sair <DEL>=Limpar <INS>=Dado B <END>=Dado AntesB <ENTER>= Go
As Lajes podem ser calculadas como vigas retangulares. Base de 1 metro.

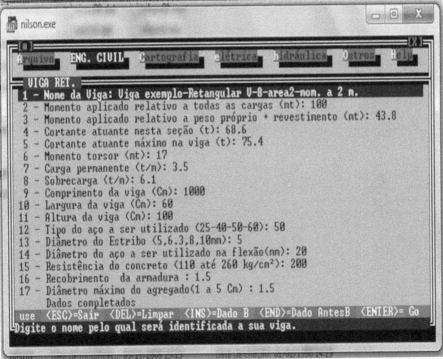

nilson.exe

ENG. CIVIL Cartografia elétrica hidráulica Outros Help

VIGA RET.
1 - Nome da Viga: Viga exemplo-Retangular V-8-area2-mom. a 2 m.
2 - Momento aplicado relativo a todas as cargas (mt): 100
3 - Momento aplicado relativo a peso próprio + revestimento (mt): 43.8
4 - Cortante atuante nesta seção (t): 68.6
5 - Cortante atuante máximo na viga (t): 75.4
6 - Momento torsor (mt): 17
7 - Carga permanente (t/m): 3.5
8 - Sobrecarga (t/m): 6.1
9 - Comprimento da viga (Cm): 1000
10 - Largura da viga (Cm): 60
11 - Altura da viga (Cm): 100
12 - Tipo do aço a ser utilizado (25-40-50-60): 50
13 - Diâmetro do Estribo (5,6.3,8,10mm): 5
14 - Diâmetro do aço a ser utilizado na flexão(mm): 20
15 - Resistência do concreto (110 até 260 kg/cm²): 200
16 - Recobrimento da armadura : 1.5
17 - Diâmetro máximo do agregado(1 a 5 Cm) : 1.5
    Dados completados
use <ESC>=Sair <DEL>=Limpar <INS>=Dado B <END>=Dado AntesB <ENTER>= Go
Digite o nome pelo qual será identificada a sua viga.

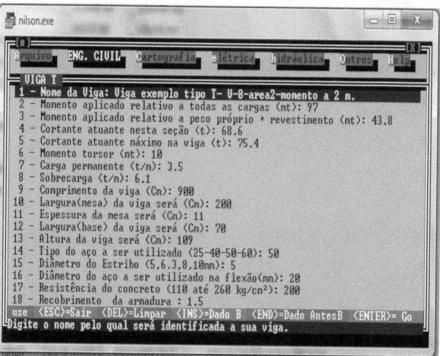

```
nilson.exe                                    [ - ] [ □ ] [ X ]

 Arquivo   ENG. CIVIL   Cartografia   elétrica   hidráulica   Outros   Help

═ VIGA T ═══════════════════════════════════════════════
 1 - Nome da Viga: Viga exemplo tipo T- V-8-area2-momento a 2 m.
 2 - Momento aplicado relativo a todas as cargas (mt): 97
 3 - Momento aplicado relativo a peso próprio + revestimento (mt): 43.8
 4 - Cortante atuante nesta seção (t): 68.6
 5 - Cortante atuante máximo na viga (t): 75.4
 6 - Momento torsor (mt): 10
 7 - Carga permanente (t/m): 3.5
 8 - Sobrecarga (t/m): 6.1
 9 - Comprimento da viga (Cm): 900
10 - Largura(mesa) da viga será (Cm): 200
11 - Espessura da mesa será (Cm): 11
12 - Largura(base) da viga será (Cm): 70
13 - Altura da viga será (Cm): 109
14 - Tipo do aço a ser utilizado (25-40-50-60): 50
15 - Diâmetro do Estribo (5,6.3,8,10mm): 5
16 - Diâmetro do aço a ser utilizado na flexão(mm): 20
17 - Resistência do concreto (110 até 260 kg/cm²): 200
18 - Recobrimento  da armadura : 1.5
use <ESC>=Sair <DEL>=Limpar <INS>=Dado B <END>=Dado AntesB <ENTER>= Go
Digite o nome pelo qual será identificada a sua viga.
```

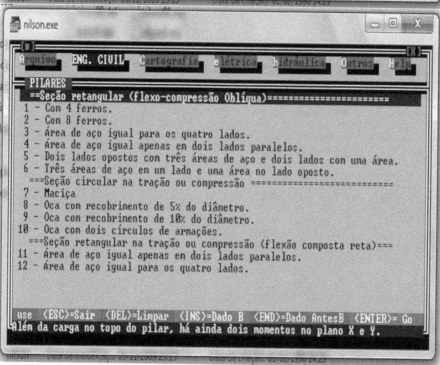

```
nilson.exe                                    [ - ] [ □ ] [ X ]

 Arquivo   ENG. CIVIL   Cartografia   elétrica   hidráulica   Outros   Help

═ PILARES ═══════════════════════════════════════════════
 ==Seção retangular (flexo-compressão Oblíqua)====================
 1 - Com 4 ferros.
 2 - Com 8 ferros.
 3 - Área de aço igual para os quatro lados.
 4 - Área de aço igual apenas em dois lados paralelos.
 5 - Dois lados opostos com três áreas de aço e dois lados com uma área.
 6 - Três áreas de aço em um lado e uma área no lado oposto.
 ===Seção circular na tração ou compressão ====================
 7 - Maciça
 8 - Oca com recobrimento de 5% do diâmetro.
 9 - Oca com recobrimento de 10% do diâmetro.
10 - Oca com dois círculos de armações.
 ===Seção retangular na tração ou compressão (flexão composta reta)===
11 - Área de aço igual apenas em dois lados paralelos.
12 - Área de aço igual para os quatro lados.

use <ESC>=Sair <DEL>=Limpar <INS>=Dado B <END>=Dado AntesB <ENTER>= Go
Além da carga no topo do pilar, há ainda dois momentos no plano X e Y.
```

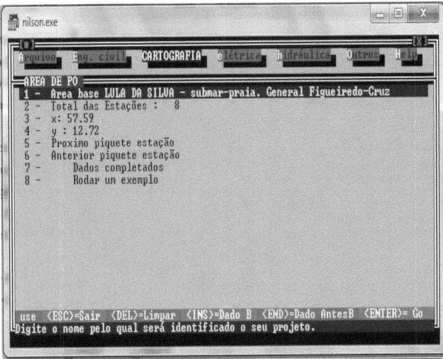

```
nilson.exe                                          [_][□][X]

 Arquivo   Eng. civil   CARTOGRAFIA   elétrica   hidráulica   Outros   Help

═AREA DE PO══════════════════════════════════════════════════════════
  1 -  Area base LULA DA SILVA - submar-praia. General Figueiredo-Cruz
  2 -  Total das Estações :   8
  3 -  x: 57.59
  4 -  y : 12.72
  5 -  Proximo piquete estação
  6 -  Anterior piquete estação
  7 -       Dados completados
  8 -       Rodar um exemplo




 use  <ESC>=Sair  <DEL>=Limpar  <INS>=Dado B  <END>=Dado AntesB  <ENTER>= Go
 Digite o nome pelo qual será identificado o seu projeto.
```

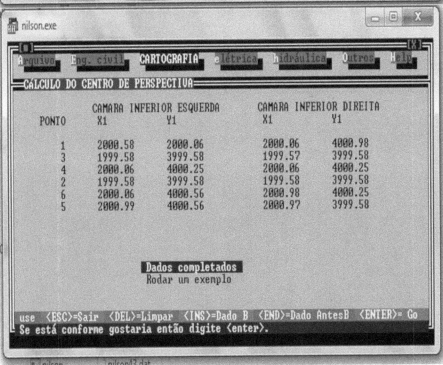

```
nilson.exe                                          [_][□][X]

 Arquivo   Eng. civil   CARTOGRAFIA   elétrica   hidráulica   Outros   Help

═CÁLCULO DO CENTRO DE PERSPECTIVA══════════════════════════════════════

              CAMARA INFERIOR ESQUERDA       CAMARA INFERIOR DIREITA
      PONTO   X1          Y1                 X1          Y1

        1     2000.58     2000.06            2000.06     4000.98
        3     1999.58     3999.58            1999.57     3999.58
        4     2000.06     4000.25            2000.06     4000.25
        2     1999.58     3999.58            1999.58     3999.58
        6     2000.06     4000.56            2000.98     4000.25
        5     2000.99     4000.56            2000.97     3999.58



                      Dados completados
                      Rodar um exemplo


 use  <ESC>=Sair  <DEL>=Limpar  <INS>=Dado B  <END>=Dado AntesB  <ENTER>= Go
 Se está conforme gostaria então digite <enter>.
```

 nilson   nilson43.dat

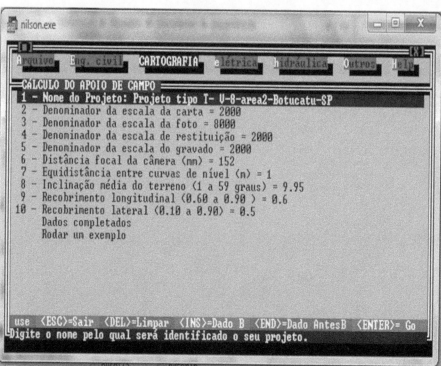

```
nilson.exe                                                    [_][□][X]

A rquivo    Eng. civil   CARTOGRAFIA   elétrica   hidráulica   Outros   Help

CÁLCULO DO APOIO DE CAMPO
 1 - Nome do Projeto: Projeto tipo T- V-8-area2-Botucatu-SP
 2 - Denominador da escala da carta = 2000
 3 - Denominador da escala da foto = 8000
 4 - Denominador da escala de restituição = 2000
 5 - Denominador da escala do gravado = 2000
 6 - Distância focal da câmera (mm) = 152
 7 - Equidistância entre curvas de nível (m) = 1
 8 - Inclinação média do terreno (1 a 59 graus) = 9.95
 9 - Recobrimento longitudinal (0.60 a 0.90 ) = 0.6
10 - Recobrimento lateral (0.10 a 0.90) = 0.5
     Dados completados
     Rodar um exemplo




use  <ESC>=Sair  <DEL>=Limpar  <INS>=Dado B  <END>=Dado AntesB  <ENTER>= Go
Digite o nome pelo qual será identificado o seu projeto.
```

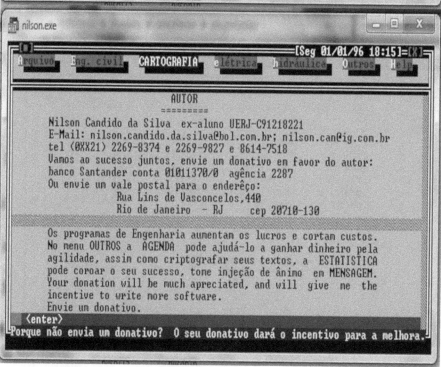

```
nilson.exe                                                    [_][□][X]

                                          [Seg 01/01/96 18:15]=[X]
A rquivo    Eng. civil   CARTOGRAFIA   elétrica   hidráulica   Outros   Help

                           AUTOR
                         =========
      Nilson Candido da Silva   ex-aluno UERJ-C91218221
      E-Mail: nilson.candido.da.silva@bol.com.br; nilson.can@ig.com.br
      tel (0XX21) 2269-8374 e 2269-9827 e 8614-7518
      Vamos ao sucesso juntos, envie um donativo em favor do autor:
      banco Santander conta 01011370/0  agência 2287
      Ou envie um vale postal para o endereço:
             Rua Lins de Vasconcelos,440
             Rio de Janeiro   - RJ      cep 20710-130

      Os programas de Engenharia aumentam os lucros e cortam custos.
      No menu OUTROS a  AGENDA  pode ajudá-lo a ganhar dinheiro pela
      agilidade, assim como criptografar seus textos, a ESTATISTICA
      pode coroar o seu sucesso, tone injeção de ânimo  em MENSAGEM.
      Your donation will be much appreciated, and will  give  ne  the
      incentive to write more software.
      Envie um donativo.
<enter>
Porque não envia um donativo? O seu donativo dará o incentivo para a melhora.
```

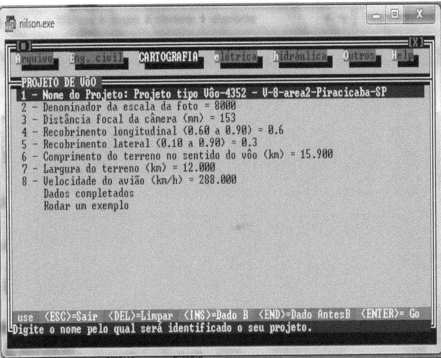

```
nilson.exe                                                    [_][□][X]

[■]                                                              [X]
Arquivo    Eng. civil    CARTOGRAFIA    elétrica    hidráulica    Outros    Help

PROJETO DE VÔO
1 - Nome do Projeto: Projeto tipo Vôo-4352 - V-8-area2-Piracicaba-SP
2 - Denominador da escala da foto = 8000
3 - Distância focal da câmera (mm) = 153
4 - Recobrimento longitudinal (0.60 a 0.90) = 0.6
5 - Recobrimento lateral (0.10 a 0.90) = 0.3
6 - Comprimento do terreno no sentido do vôo (km) = 15.900
7 - Largura do terreno (km) = 12.000
8 - Velocidade do avião (km/h) = 288.000
    Dados completados
    Rodar um exemplo




    use  <ESC>=Sair  <DEL>=Limpar  <INS>=Dado B  <END>=Dado AntesB  <ENTER>= Go
Digite o nome pelo qual será identificado o seu projeto.
```

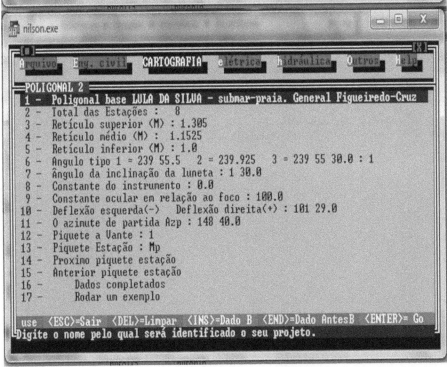

```
nilson.exe                                                    [_][□][X]

[■]                                                              [X]
Arquivo    Eng. civil    CARTOGRAFIA    elétrica    hidráulica    Outros    Help

POLIGONAL 2
1 -   Poligonal base LULA DA SILVA - submar-praia. General Figueiredo-Cruz
2 -   Total das Estações :   8
3 -   Retículo superior (M) : 1.305
4 -   Retículo médio (M) :  1.1525
5 -   Retículo inferior (M) : 1.0
6 -   Angulo tipo 1 = 239 55.5   2 = 239.925   3 = 239 55 30.0 : 1
7 -   Ângulo da inclinação da luneta : 1 30.0
8 -   Constante do instrumento : 0.0
9 -   Constante ocular em relação ao foco : 100.0
10 -  Deflexão esquerda(-)   Deflexão direita(+) : 101 29.0
11 -  O azimute de partida Azp : 148 40.0
12 -  Piquete a Vante : 1
13 -  Piquete Estação : Mp
14 -  Proximo piquete estação
15 -  Anterior piquete estação
16 -      Dados completados
17 -      Rodar um exemplo

    use  <ESC>=Sair  <DEL>=Limpar  <INS>=Dado B  <END>=Dado AntesB  <ENTER>= Go
Digite o nome pelo qual será identificado o seu projeto.
```

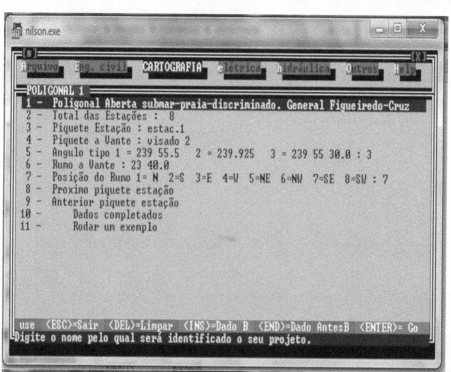

```
nilson.exe                                          [_][□][X]

[■]══════════════════════════════════════════════[X]
 Arquivo   Eng. civil   CARTOGRAFIA   elétrica   hidráulica   Outros   Help

═══POLIGONAL 1═══════════════════════════════════════════
  1 -   Poligonal Aberta submar-praia-discriminado. General Figueiredo-Cruz
  2 -   Total das Estações :  8
  3 -   Piquete Estação : estac.1
  4 -   Piquete a Vante : visado 2
  5 -   Angulo tipo 1 = 239 55.5    2 = 239.925    3 = 239 55 30.0 : 3
  6 -   Runo a Vante : 23 40.0
  7 -   Posição do Runo 1= N  2=S  3=E  4=W  5=NE  6=NW  7=SE  8=SW : 7
  8 -   Proximo piquete estação
  9 -   Anterior piquete estação
 10 -       Dados completados
 11 -       Rodar un exemplo




 use  <ESC>=Sair  <DEL>=Limpar  <INS>=Dado B  <END>=Dado AntesB  <ENTER>= Go
Digite o nome pelo qual será identificado o seu projeto.
```

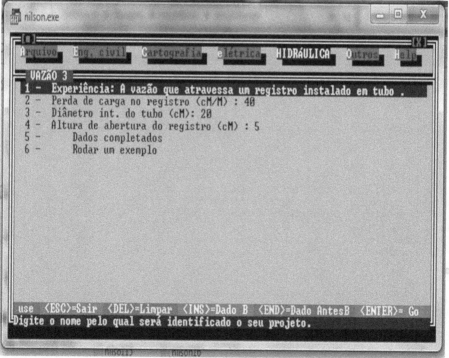

```
nilson.exe                                          [_][□][X]

[■]══════════════════════════════════════════════[X]
 Arquivo   Eng. civil   Cartografia   elétrica   HIDRÁULICA   Outros   Help

═══VAZÃO 3═══════════════════════════════════════════════
  1 -   Experiência: A vazão que atravessa um registro instalado em tubo .
  2 -   Perda de carga no registro (cM/M) : 40
  3 -   Diânetro int. do tubo (cM): 20
  4 -   Altura de abertura do registro (cM) : 5
  5 -       Dados completados
  6 -       Rodar un exemplo




 use  <ESC>=Sair  <DEL>=Limpar  <INS>=Dado B  <END>=Dado AntesB  <ENTER>= Go
Digite o nome pelo qual será identificado o seu projeto.
```

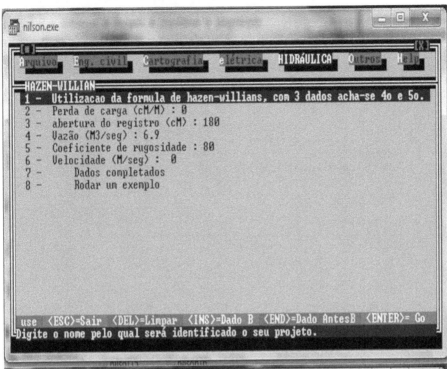

```
nilson.exe                                          _ □ X

[■]                                                    [X]
Arquivo   Eng. civil   Cartografia   elétrica   HIDRÁULICA   Outros   Help

HAZEN-WILLIAN
 1 -   Utilizacao da formula de hazen-willians, com 3 dados acha-se 4o e 5o.
 2 -   Perda de carga (cM/M) : 0
 3 -   abertura do registro (cM) : 180
 4 -   Vazão (M3/seg) : 6.9
 5 -   Coeficiente de rugosidade : 80
 6 -   Velocidade (M/seg) :  0
 7 -       Dados completados
 8 -       Rodar um exemplo




 use  <ESC>=Sair  <DEL>=Limpar  <INS>=Dado B  <END>=Dado AntesB  <ENTER>= Go
 Digite o nome pelo qual será identificado o seu projeto.
```

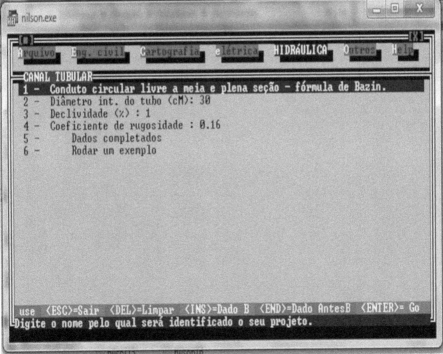

```
nilson.exe                                          _ □ X

[■]                                                    [X]
Arquivo   Eng. civil   Cartografia   elétrica   HIDRÁULICA   Outros   Help

CANAL TUBULAR
 1 -   Conduto circular livre a meia e plena seção - fórmula de Bazin.
 2 -   Diâmetro int. do tubo (cM): 30
 3 -   Declividade (%) : 1
 4 -   Coeficiente de rugosidade : 0.16
 5 -       Dados completados
 6 -       Rodar um exemplo






 use  <ESC>=Sair  <DEL>=Limpar  <INS>=Dado B  <END>=Dado AntesB  <ENTER>= Go
 Digite o nome pelo qual será identificado o seu projeto.
```

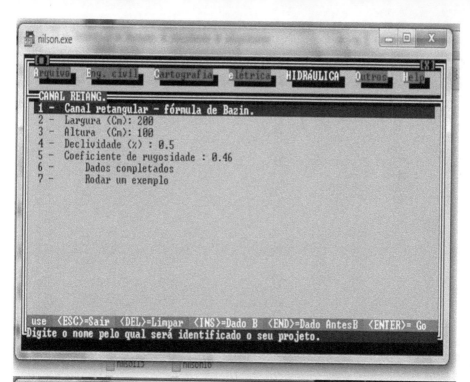

```
nilson.exe                                            _  □  X

┌─[■]──────────────────────────────────────────────────[X]─┐
│ Arquivo   Eng. civil   Cartografia  elétrica  HIDRÁULICA  Outros  Help │
│══CANAL RETANG.════════════════════════════════════════════│
│ 1 -   Canal retangular - fórmula de Bazin.                │
│ 2 -   Largura  (Cm): 200                                  │
│ 3 -   Altura   (Cm): 100                                  │
│ 4 -   Declividade (%) : 0.5                               │
│ 5 -   Coeficiente de rugosidade : 0.46                    │
│ 6 -        Dados completados                              │
│ 7 -        Rodar um exemplo                               │
│                                                           │
│                                                           │
│ use  <ESC>=Sair  <DEL>=Limpar  <INS>=Dado B  <END>=Dado AntesB  <ENTER>= Go │
│ Digite o nome pelo qual será identificado o seu projeto.  │
└───────────────────────────────────────────────────────────┘
```

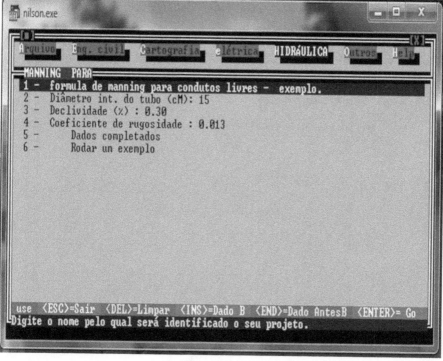

```
nilson.exe                                            _  □  X

┌─[■]──────────────────────────────────────────────────[X]─┐
│ Arquivo   Eng. civil   Cartografia  elétrica  HIDRÁULICA  Outros  Help │
│══MANNING  PARA════════════════════════════════════════════│
│ 1 -   formula de manning para condutos livres -  exemplo. │
│ 2 -   Diâmetro int. do tubo (cM): 15                      │
│ 3 -   Declividade (%) : 0.30                              │
│ 4 -   Coeficiente de rugosidade : 0.013                   │
│ 5 -        Dados completados                              │
│ 6 -        Rodar um exemplo                               │
│                                                           │
│                                                           │
│ use  <ESC>=Sair  <DEL>=Limpar  <INS>=Dado B  <END>=Dado AntesB  <ENTER>= Go │
│ Digite o nome pelo qual será identificado o seu projeto.  │
└───────────────────────────────────────────────────────────┘
```

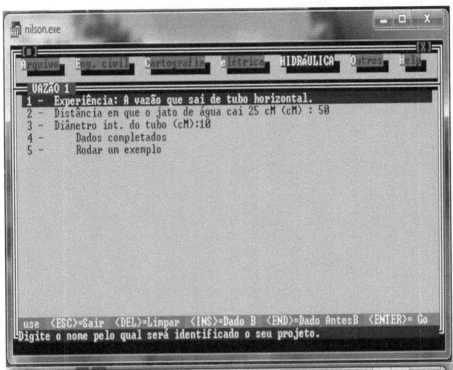

```
nilson.exe                                    [_][□][X]

Arquivo   Eng. civil   Cartografia   elétrica   HIDRÁULICA   Outros   Help

VAZÃO 1
1 -     Experiência: A vazão que sai de tubo horizontal.
2 -     Distância em que o jato de água cai 25 cM (cM) : 50
3 -     Diâmetro int. do tubo (cM):10
4 -         Dados completados
5 -         Rodar um exemplo




use  <ESC>=Sair  <DEL>=Limpar  <INS>=Dado B  <END>=Dado AntesB  <ENTER>= Go
Digite o nome pelo qual será identificado o seu projeto.
```

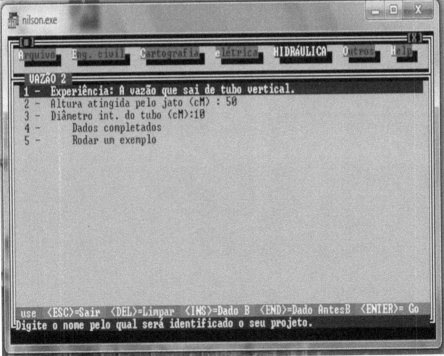

```
nilson.exe                                    [_][□][X]

Arquivo   Eng. civil   Cartografia   elétrica   HIDRÁULICA   Outros   Help

VAZÃO 2
1 -     Experiência: A vazão que sai de tubo vertical.
2 -     Altura atingida pelo jato (cM) : 50
3 -     Diâmetro int. do tubo (cM):10
4 -         Dados completados
5 -         Rodar um exemplo




use  <ESC>=Sair  <DEL>=Limpar  <INS>=Dado B  <END>=Dado AntesB  <ENTER>= Go
Digite o nome pelo qual será identificado o seu projeto.
```

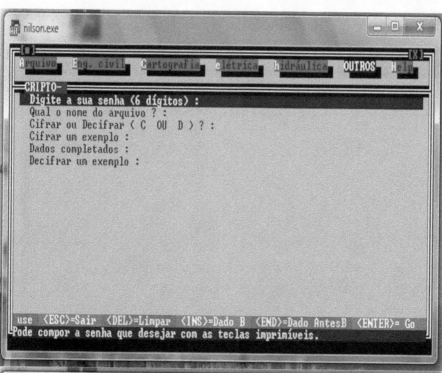

```
nilson.exe                                    _ □ X

Arquivo   Eng. civil   Cartografia   elétrica   hidráulica   OUTROS   Help

CRIPTO
  Digite a sua senha (6 dígitos) :
  Qual o nome do arquivo ? :
  Cifrar ou Decifrar ( C  OU  D ) ? :
  Cifrar um exemplo :
  Dados completados :
  Decifrar um exemplo :



use <ESC>=Sair <DEL>=Limpar <INS>=Dado B <END>=Dado AntesB <ENTER>= Go
Pode compor a senha que desejar com as teclas imprimíveis.
```

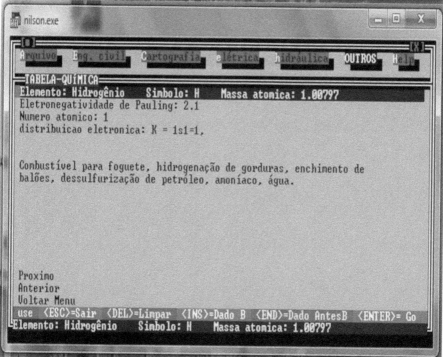

```
nilson.exe                                    _ □ X

Arquivo   Eng. civil   Cartografia   elétrica   hidráulica   OUTROS   Help

TABELA-QUÍMICA
Elemento: Hidrogênio    Símbolo: H    Massa atomica: 1.00797
Eletronegatividade de Pauling: 2.1
Numero atomico: 1
distribuicao eletronica: K = 1s1=1,


Combustível para foguete, hidrogenação de gorduras, enchimento de
balões, dessulfurização de petróleo, amoníaco, água.




Proximo
Anterior
Voltar Menu
use <ESC>=Sair <DEL>=Limpar <INS>=Dado B <END>=Dado AntesB <ENTER>= Go
Elemento: Hidrogênio    Símbolo: H    Massa atomica: 1.00797
```

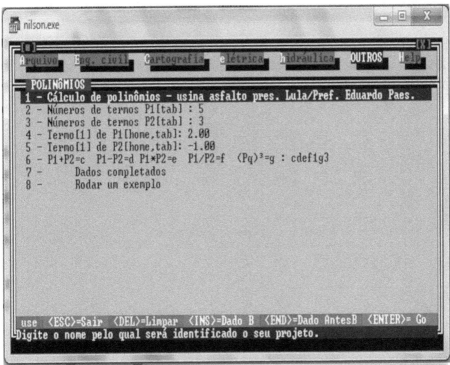

```
nilson.exe                                          ─ ▢ X

□                                                      [X]
Arquivo  Eng. civil  Cartografia  elétrica  hidráulica  OUTROS  Help

POLINôMIOS
1 - Cálculo de polinômios - usina asfalto pres. Lula/Pref. Eduardo Paes.
2 - Números de termos P1[tab] : 5
3 - Números de termos P2[tab] : 3
4 - Termo[1] de P1[home,tab]: 2.00
5 - Termo[1] de P2[home,tab]: -1.00
6 - P1+P2=c  P1-P2=d  P1*P2=e  P1/P2=f  (Pq)³=g : cdef1g3
7 -        Dados completados
8 -        Rodar um exemplo




use  <ESC>=Sair  <DEL>=Limpar  <INS>=Dado B  <END>=Dado AntesB  <ENTER>= Go
Digite o nome pelo qual será identificado o seu projeto.
```

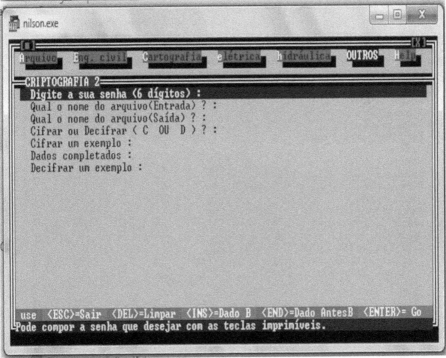

```
nilson.exe                                          ─ ▢ X

□                                                      [X]
Arquivo  Eng. civil  Cartografia  elétrica  hidráulica  OUTROS  Help

CRIPTOGRAFIA 2
Digite a sua senha (6 dígitos) :
Qual o nome do arquivo(Entrada) ? :
Qual o nome do arquivo(Saída) ? :
Cifrar ou Decifrar ( C OU D ) ? :
Cifrar um exemplo :
Dados completados :
Decifrar um exemplo :




use  <ESC>=Sair  <DEL>=Limpar  <INS>=Dado B  <END>=Dado AntesB  <ENTER>= Go
Pode compor a senha que desejar com as teclas imprimíveis.
```

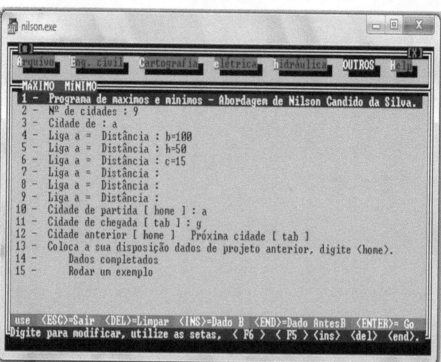

```
nilson.exe                                            [_] [□] [X]

[■]                                                        [X]
 Arquivo   Eng. civil   Cartografia   elétrica   hidráulica   OUTROS   Help
═MÁXIMO  MÍNIMO═
  1 -   Programa de maximos e minimos - Abordagem de Nilson Candido da Silva.
  2 -   Nº de cidades : 9
  3 -   Cidade de : a
  4 -   Liga a =  Distância : b=100
  5 -   Liga a =  Distância : h=50
  6 -   Liga a =  Distância : c=15
  7 -   Liga a =  Distância :
  8 -   Liga a =  Distância :
  9 -   Liga a =  Distância :
 10 -   Cidade de partida [ home ] : a
 11 -   Cidade de chegada [ tab ] : g
 12 -   Cidade anterior [ home ]   Próxima cidade [ tab ]
 13 -   Coloca a sua disposição dados de projeto anterior, digite <home>.
 14 -       Dados completados
 15 -       Rodar um exemplo



 use  <ESC>=Sair  <DEL>=Limpar  <INS>=Dado B  <END>=Dado AntesB  <ENTER>= Go
 Digite para modificar, utilize as setas, < F6 > < F5 > <ins> <del> <end>.
```

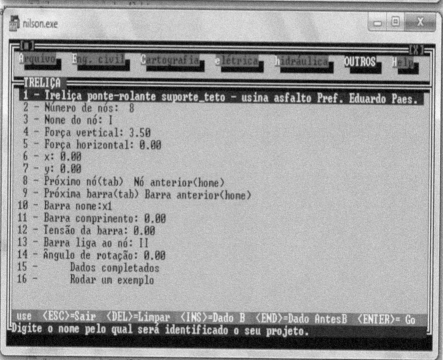

```
nilson.exe                                            [_] [□] [X]

[■]                                                        [X]
 Arquivo   Eng. civil   Cartografia   elétrica   hidráulica   OUTROS   Help
═TRELIÇA═
  1 - Treliça ponte-rolante suporte_teto - usina asfalto Pref. Eduardo Paes.
  2 - Número de nós:  8
  3 - Nome do nó: I
  4 - Força vertical: 3.50
  5 - Força horizontal: 0.00
  6 - x: 0.00
  7 - y: 0.00
  8 - Próximo nó(tab)  Nó anterior(home)
  9 - Próxima barra(tab) Barra anterior(home)
 10 - Barra nome:x1
 11 - Barra comprimento: 0.00
 12 - Tensão da barra: 0.00
 13 - Barra liga ao nó: II
 14 - Ângulo de rotação: 0.00
 15 -       Dados completados
 16 -       Rodar um exemplo


 use  <ESC>=Sair  <DEL>=Limpar  <INS>=Dado B  <END>=Dado AntesB  <ENTER>= Go
 Digite o nome pelo qual será identificado o seu projeto.
```

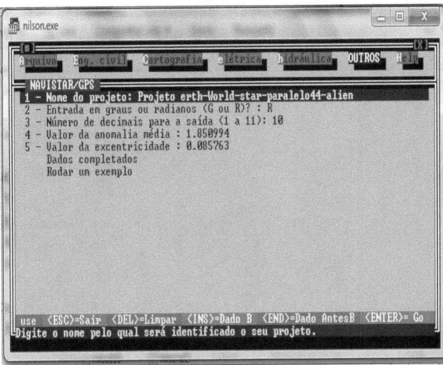

```
nilson.exe                                          [_][□][X]

[□]═══════════════════════════════════════════════[X]═
 Arquivo   Eng. civil   Cartografia   elétrica   hidráulica   OUTROS   Help

═ NAVISTAR/GPS ════════════════════════════════════════
 1 - Nome do projeto: Projeto erth-World-star-paralelo44-alien
 2 - Entrada em graus ou radianos (G ou R)? : R
 3 - Número de decinais para a saída (1 a 11): 10
 4 - Valor da anomalia média : 1.850994
 5 - Valor da excentricidade : 0.085763
     Dados completados
     Rodar um exemplo




 use  <ESC>=Sair  <DEL>=Limpar  <INS>=Dado B  <END>=Dado AntesB  <ENTER>= Go
 Digite o nome pelo qual será identificado o seu projeto.
```

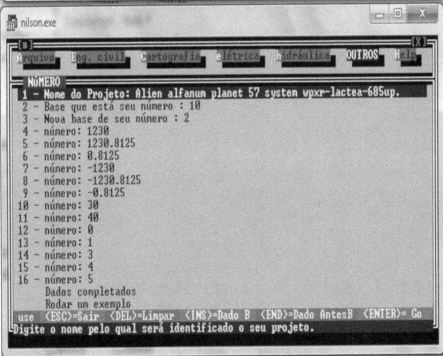

```
nilson.exe                                          [_][□][X]

[□]═══════════════════════════════════════════════[X]═
 Arquivo   Eng. civil   Cartografia   elétrica   hidráulica   OUTROS   Help

═ NÚMERO ═══════════════════════════════════════════════
 1 - Nome do Projeto: Alien alfanum planet 57 system wpxr-lactea-685up.
 2 - Base que está seu número : 10
 3 - Nova base de seu número : 2
 4 - número: 1230
 5 - número: 1230.8125
 6 - número: 0.8125
 7 - número: -1230
 8 - número: -1230.8125
 9 - número: -0.8125
10 - número: 30
11 - número: 40
12 - número: 0
13 - número: 1
14 - número: 3
15 - número: 4
16 - número: 5
     Dados completados
     Rodar um exemplo
 use  <ESC>=Sair  <DEL>=Limpar  <INS>=Dado B  <END>=Dado AntesB  <ENTER>= Go
 Digite o nome pelo qual será identificado o seu projeto.
```

- 63 -

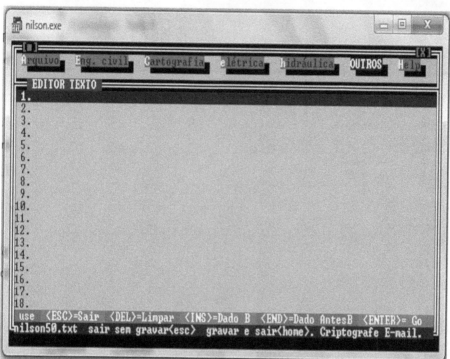

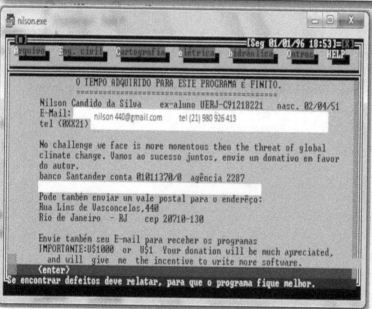

program nil_24;

```
        uses
crt,nilson24,nilson36,nilson38,nilson34,nilson35,nilson32,nilson73,nilson3
9,nilson70,nilson74;
        var k:ptr_nilso24;
        BEGIN
        if  not GETPARAMSTR  then exit;
        WINDOW(2,5,79,22);TEXTCOLOR(BLACK);TEXTBACKGROUND
(LIGHTGRAY);clrscr;
        entrada:='';entrada2:='';entrada1:='';ESCREVERODAPE;DadoIniM
ouse;
        getmem(k,sizeof(k));k^.entradado;freemem(k,sizeof(k));
leituraarquivotexto('nilson24.txt',0);
        END.
        unit nils47;
        interface
        uses
crt,nilson36,nilson38,nilson34,nilson35,nilson32,nilson73,nilson39,nilson7
0,nilson74;
        type
        ptr_nil47 =^nil47;
        nil47=object
        procedure entradado;
        end;
        var kn47:ptr_nil47;
        implementation
        type
        str4=string[4];
        str2=string[2];
        str41=string[41];
        ptr_cr = ^cr;
        cr = record
        perg:integer;byt:boolean;x,y:byte;TA:char;
        SM,Cc,Cb,Cd,Ce,Mc,Mb,Md,Me,Dc,Db,Dd,De,Jc,Jb,Jd,Je,Sc,Sb,S
e,Sd,
        Cnre,Cnro,Csuo,Csue,Mnre,Mnro,Msuo,Msue,Dnre,Dnro,Dsuo,Ds
ue,
        Jnre,Jnro,Jsuo,Jsue,Snre,Snro,Ssuo,Ssue:real;
        pro,ant,cim,bai,nre,nro,suo,sue:ptr_cr;
        end;
        const max=49;
        var
        re1,pri,ult,kc,Lc,desmont:ptr_Cr;  i:integer; ix,iy:byte;
        arqui:file of cr;
        procedure irWB(done:boolean);  begin kc:=re1;
        if done then repeat  re1:=re1^.pro;until re1^.byt else
        repeat  re1:=re1^.ant;until re1^.byt;
```

```
end;
procedure limpmemoC;
begin
re1:=pri;
while (re1<>pri^.ant) do  begin
Lc:=re1^.pro;dispose(re1);re1:=Lc;end;dispose(re1);
end;

procedure Lequiv;
begin   assign(arqui,'ncs47.dat'); reset(arqui);
iy:=0;i:=0; {mark(desmonte); }
while not Eof(arqui) do  begin
for ix:=1 to 50 do begin  inc(i);
new(re1);Read(arqui, re1^);

re1^.pro:=nil;re1^.ant:=nil;re1^.cim:=nil;re1^.bai:=nil;re1^.nre:=nil;re
1^.nro:=nil;re1^.suo:=nil;re1^.sue:=nil;
if i=1 then begin kc:=re1;pri:=re1;Lc:=re1;end;
if i>1 then begin Lc^.pro:=re1;re1^.ant:= Lc;Lc:=re1;end;
if i>50 then begin re1^.cim:=kc;kc^.bai:=re1;kc:=kc^.pro;end;
end;                        end;
ult:=re1;ult^.pro:=pri;pri^.ant:=ult; re1:=re1^.pro;
if i>50  then begin for ix:=1 to 50 do begin
re1^.cim:=kc;kc^.bai:=re1;kc:=kc^.pro;re1:=re1^.pro;end;
lc:=pri^.pro;re1:=pri^.bai;kc:=pri^.ant;
repeat
if re1^.x <> 50 then begin re1^.nre:=lc;lc^.suo:=re1;end;
if re1^.x <> 1 then begin re1^.nro:=kc;kc^.sue:=re1;end;
re1:=re1^.pro;lc:=lc^.pro;kc:=kc^.pro;until re1=pri;
end; close(arqui);end;
procedure distribuicao;  var
aux,ud,ue,uc,ub,unre,unro,usue,usuo:real;
begin re1:=pri; irwB(false); lc:=re1;
repeat irwB(true);  with re1^ do begin
i:=0;me:=-me;mb:=-mb;msue:=-msue;msuo:=-msuo;
if ce<>0 then inc(i);if cd<>0 then inc(i);if cc<>0 then inc(i);if cb<>0
then inc(i);
if cnre<>0 then inc(i);if cnro<>0 then inc(i);if csuo<>0 then inc(i);if
csue<>0 then inc(i);
if i<=1 then perg:=0; if perg<>0 then begin
aux:=0;ud:=0;ue:=0;uc:=0;ub:=0;unre:=0;unro:=0;usue:=0;usuo:=0;

if (cd<>0) then begin kc:=re1; repeat kc:=kc^.pro;until kc^.ta<>'c';
ud:=(3/4)*jd/cd;if kc^.byt then ud:=jd/cd;end;
if (ce<>0) then begin kc:=re1; repeat kc:=kc^.ant;until kc^.ta<>'c';
ue:=(3/4)*je/ce;if kc^.byt then ue:=je/ce;end;
if (cc<>0) then begin kc:=re1; repeat kc:=kc^.cim;until kc^.ta<>'c';
```

```
uc:=(3/4)*jc/cc;if kc^.byt then uc:=jc/cc;end;
if (cb<>0) then begin kc:=re1; repeat kc:=kc^.bai;until kc^.ta<>'c';
ub:=(3/4)*jb/cb;if kc^.byt then ub:=jb/cb;end;
if (cnro<>0) then begin kc:=re1; repeat kc:=kc^.nro;until kc^.ta<>'c';
unro:=(3/4)*jnro/cnro;if kc^.byt then unro:=jnro/cnro;end;
if (cnre<>0) then begin kc:=re1; repeat kc:=kc^.nre;until kc^.ta<>'c';
unre:=(3/4)*jnre/cnre;if kc^.byt then unre:=jnre/cnre;end;
if (csuo<>0) then begin kc:=re1; repeat kc:=kc^.suo;until
kc^.ta<>'c';
usuo:=(3/4)*jsuo/csuo;if kc^.byt then usuo:=jsuo/csuo;end;
if (csue<>0) then begin kc:=re1; repeat kc:=kc^.sue;until
kc^.ta<>'c';
usue:=(3/4)*jsue/csue;if kc^.byt then usue:=jsue/csue;end;

aux:=ud+ue+uc+ub+unre+unro+usue+usuo;
if aux<>0 then begin
if (cd<>0) then dd:=ud/aux;if (ce<>0) then de:=ue/aux;
if (cc<>0) then dc:=uc/aux;if (cb<>0) then  db:=ub/aux;
if (cnre<>0) then dnre:=unre/aux;if (cnro<>0) then dnro:=unro/aux;
if (csue<>0) then dsue:=usue/aux;if (csuo<>0) then
dsuo:=usuo/aux;                        {
writeln('x= ', x:2,' y=',y:2,' de=',de:5:3,' dd=',dd:5:3,' dc=',dc:5:3,'
db=',db:5:3);
writeln('dnre=',dnre:5:3,' dnro=',dnro:5:3,' dsue=',dsue:5:3,'
dsuo=',dsuo:5:3); readkey;}
end;                end;     end;
until lc=re1;end;
procedure EscDeseq;  var aux:real;    {    acha o mais
desequilibrado}
begin  re1:=pri; irwB(false); lc:=re1;   aux:=0;
repeat irWb(true); with re1^ do  begin  if perg<>0 then begin
SM:=mc+mb+md+me+mnre+mnro+msuo+msue;
if abs(aux)<abs(SM) then begin aux:=SM;ult:=re1;end;end;end;
until lc=re1;re1:=ult;done:=(abs(re1^.sm)<0.0000000001) and
(re1^.sm<>0);
end;
procedure EqualNo;   var m:real;
begin
with re1^ do begin Sm:=-Sm;
{write('x= ', x:2,' y=',y:2);writeln(' sm=',sm:10:8); }

if(cd<>0)then begin m:=sm * dd;sd:=sd+m+md;md:=0;kc:=re1;
repeat
kc:=kc^.pro;until kc^.ta<>'c';if kc^.byt then kc^.me:=kc^.me+
(m/2);end;
```

```
        if(ce<>0)then begin m:=sm * de;se:=se+m+me;me:=0;kc:=re1;
repeat
        kc:=kc^.ant;until kc^.ta<>'c';if kc^.byt then kc^.md:=kc^.md+
(m/2);end;

        if(cc<>0)then begin m:=sm *
dc;sc:=sc+m+mc;mc:=0;kc:=re1;repeat
        kc:=kc^.cim;until kc^.ta<>'c';if kc^.byt then kc^.mb:=kc^.mb+
(m/2);end;

        if(cb<>0)then begin m:=sm * db;sb:=sb+m+mb; mb:=0;kc:=re1;
repeat
        kc:=kc^.bai;until kc^.ta<>'c';if kc^.byt then kc^.mc:=kc^.mc+
(m/2);end;

        if(cnre<>0)then begin m:=sm *
dnre;snre:=snre+m+mnre;mnre:=0;kc:=re1; repeat
        kc:=kc^.nre;until kc^.ta<>'c';if kc^.byt then kc^.msuo:=kc^.msuo
+(m/2);end;

        if(cnro<>0)then begin m:=sm *
dnro;snro:=snro+m+mnro;mnro:=0;kc:=re1; repeat
        kc:=kc^.nro;until kc^.ta<>'c';if kc^.byt then kc^.msue:=kc^.msue
+(m/2);end;

        if(csue<>0)then begin m:=sm *
dsue;ssue:=ssue+m+msue;msue:=0;kc:=re1; repeat
        kc:=kc^.sue;until kc^.ta<>'c';if kc^.byt then kc^.mnro:=kc^.mnro
+(m/2);end;

        if(csuo<>0)then begin m:=sm *
dsuo;ssuo:=ssuo+m+msuo;msuo:=0;kc:=re1; repeat
        kc:=kc^.suo;until kc^.ta<>'c';if kc^.byt then kc^.mnre:=kc^.mnre
+(m/2);end;


        end;          end;
        procedure nil47.entradado;    var sr:str41;
        begin
        Lequiv;distribuicao; repeat EscDeseq;EqualNo;until done;
        assign(arq,'nilson47.txt');append(arq);
        re1:=pri; irWB(false);lc:=re1;
        repeat irWB(true);      with re1^ do begin
        if ce <>0 then begin str(abs(se+me):12:3,sr);writeln(arq,' Momento
Esquerdo Final: ',tiranulo(sr));end;
        if cd <>0 then begin str(abs(sd+md):12:3,sr);writeln(arq,' Momento
Direito Final: ',tiranulo(sr));end;
```

```pascal
        if cc <>0 then begin str(abs(sc+mc):12:3,sr);writeln(arq,' Momento
de Cima Final: ',tiranulo(sr));end;
        if cb <>0 then begin str(abs(sb+mb):12:3,sr);writeln(arq,' Momento
de baixo Final: ',tiranulo(sr));end;
        if cnre <>0 then begin str(abs(snre+mnre):12:3,sr);writeln(arq,'
Momento Nordeste Final: ',tiranulo(sr));end;
        if cnro <>0 then begin str(abs(snro+mnro):12:3,sr);writeln(arq,'
Momento Noroeste Final: ',tiranulo(sr));end;
        if csue <>0 then begin str(abs(ssue+msue):12:3,sr);writeln(arq,'
Momento Sudeste Final: ',tiranulo(sr));end;
        if csuo <>0 then begin str(abs(ssuo+msuo):12:3,sr);writeln(arq,'
Momento Sudoeste Final: ',tiranulo(sr));end;
      writeln(arq,' No :',x:2,',',y:2);
      writeln(arq,' ========================');  end;
      until lc=re1;limpmemoC;CLOSE(arq);
      iniciartextoarq(false,'nilson47.txt');
      end;
      end.
      unit nils6;
      interface
      uses
crt,nilson36,nilson38,nilson35,nilson32,nilson73,nilson39,nilson70,nilson7
4,nilson30;
      type
      ptr_nil6 =^nil6;
      nil6=object
      procedure entradado;
      end;
      ptr_nil11 =^nil11;
      nil11=object
      procedure entradado;
      end;
      var kn6:ptr_nil6;kn11:ptr_nil11;
      implementation
      procedure nil6.entradado;
      const max=6;
      procedure sairAgora;
      var i:integer;
      begin
      if (length(primeir^.str80D) <> 6) or
(pos('.',primeir^.proximo^.str80D)<>(length(primeir^.proximo^.str80D)-3))
or
      not(primeir^.proximo^.proximo^.str80D[1] in['C','D','c','d'])
      then begin iniciartela(max);exit;end;  ch:=#23;
      end;
      procedure exemplo;
      begin
```
- 69 -

```pascal
        res1:=primeir;res1^.str80D:='asdfgh';
        res1:=res1^.proximo;res1^.str80D:='digiteme.doc';res1:=res1^.prox
imo;res1^.str80D:='C';
        end;
        procedure Dexemplo;
        begin
        res1:=primeir;res1^.str80D:='asdfgh';
        res1:=res1^.proximo;res1^.str80D:='nilson6.txt';res1:=res1^.proxim
o;res1^.str80D:='D';
        end;
        var i :byte;
        begin
        MaxPerg:=6;EncherMemoria(max);
        L:=primeir;LerArqNom(3120+1,6);
        L:=primeir;LerArqMsg(3126+1,6);

        posy:=1;posx:=2; IniciarTela(trunc(maxPerg));
        repeat
        textattr:=$1E;
        with res1^do
        case perg of
        1: BEGIN gotoxy(2,posy);entrada:=str80D;Erro:=1;
        str80D:=instring(msg,nom,[#0,#32..#255],[],(75-length(nom)),0);
        if length(str80D) <> 6 then str80D:=#0; end;
        2: BEGIN gotoxy(2,posy);entrada:=str80D;Erro:=1;
        str80D:=instring(msg,nom,[#0,#32..#255],[],(75-length(nom)),0);
        if pos('.',str80D)<>(length(str80D)-3) then str80D:=#0; end;
        3: BEGIN gotoxy(2,posy);entrada:=str80D;Erro:=1;
        str80D:=tiranulo(instring(msg,nom,[#0,'c','C','d','D',#32..#255],[],(75
-length(nom)),0));
        if not((str80D ='c')or (str80D ='C')or (str80D ='d')or (str80D ='D'))
then str80D:=#0; end;
        max-2: BEGIN
        repeat gotoxy(2,posy);
write(nom);input:=1;entrada:=#0;entrada:=instring(msg,",[#0],[],(75-
length(nom)),0);
        until ch in [#27,#45,#72,#80,#13,#63,#64,#79];
        if (ch=#13) then begin ch:=#63;
        exemplo;end;end;
        max-1: BEGIN
        repeat gotoxy(2,posy);
write(nom);input:=1;entrada:=#0;entrada:=instring(msg,",[#0],[],(75-
length(nom)),0);
        until ch in [#2,#27,#45,#72,#80,#13,#63,#64] ;
        if (ch=#13) then sairagora;end;
        max: BEGIN
```

```
        repeat gotoxy(2,posy);
write(nom);input:=1;entrada:=#0;entrada:=instring(msg,'',[#0],[],(75-
length(nom)),0);
        until ch in [#2,#27,#45,#72,#80,#13,#63,#64,#79];
        if (ch=#13) then begin ch:=#63;
        Dexemplo;end;end;end;
        case ch of
        #2:begin OndY(max);if ch=#13 then sairagora;if ch=#63 then begin
exemplo;irfinal(max);end;end;
        #63,#64: IrFinal(max);
        #72: previousact(max);
        #80,#13: nextact(max);
        end;
        until ch in
[#27,#45,#23{,#47,#19,#31,#75,#77,#83,#72,#80,#71,#73,#81,
#13,#9,#82,#8 ,#63,#64,#65,#66}];
        (*  esc x i    r  s  L  R  DEL  up   dn home pgu pgd ent tab ins
bsp f5  f6  f7  f8 *)
        if (ch in [#27,#45]) then halt;
        GOTOXY(40,15); WRITELN(' ESTOU PROCESSANDO...  ');
        end;{nilson6}{ decidi nao limpar a memoria e so faze-lo quando
aplicar nas variaveis}
        procedure nil11.entradado;
        const  max=7;
        procedure sairAgora;
        var i:integer;r,r1:real;
        begin
        val(primeir^.proximo^.proximo^.str80D,r,erro);
        val(primeir^.proximo^.proximo^.proximo^.str80D,r1,erro);
        val(primeir^.proximo^.proximo^.proximo^.proximo^.str80D,r1,numin
t);
        if not((primeir^.proximo^.str80D ='r')or
(primeir^.proximo^.str80D='R')or (primeir^.proximo^.str80D[2] ='g')or
        (primeir^.proximo^.str80D[2] ='G'))
        and (r>10) and (numint<>0) and (erro<>0) then begin
iniciartela(max);exit;end;
        ch:=#23;
        end;
        procedure exemplo;
        begin
        res1:=primeir;res1^.str80D:='Projeto erth-World-star-paralelo44-
alien';
        res1:=res1^.proximo;res1^.str80D:='R';res1:=res1^.proximo;res1^.s
tr80D:='10';
        res1:=res1^.proximo;res1^.str80D:='1.850994';res1:=res1^.proximo
;res1^.str80D:='0.085763';
        end;
```

```
        var i :byte;
        begin
        MaxPerg:=7;
        if lequi('nicasi11.dat') then
        begin EncherMemoria(max);
        L:=primeir;LerArqNom(3132+1,5);LerArqNom(2894+1,2);
        L:=primeir;LerArqMsg(3110+1,2);LerArqMsg(2896+1,2); exemplo
end;
        posy:=1;posx:=2; IniciarTela(trunc(maxPerg));
        repeat
        textattr:=$1E;
        with res1^do
        case perg of
        1: BEGIN gotoxy(2,posy);entrada:=str80D;Erro:=1;
        str80D:=instring(msg,nom,[#0,#32..#255],[],(75-
length(nom)),0);end;
        2: BEGIN gotoxy(2,posy);entrada:=str80D;Erro:=1;
        str80D:=tiranulo(instring(primeir^.proximo^.Msg,nom,[#0,#32..#255
],[],(75-length(nom)),0));
        if not((str80D ='r')or (str80D ='R')or (str80D ='g')or (str80D ='G'))
then str80D:=#0; end;
        3: BEGIN gotoxy(2,posy); entrada:=str80D;Erro:=1;
        str80D:=tiranulo(instring(primeir^.proximo^.Msg,nom,[#0,#32,#45,'.'
,'0'..'9'],[],(75-length(nom)),0));
        val(str80D,Ereal,erro); str(trunc(Ereal):0,str80D);
        if not((Ereal>=1)and( Ereal<=11))then str80D:=#0;end;
        4..5: BEGIN gotoxy(2,posy); entrada:=str80D;Erro:=1;
        str80D:=tiranulo(instring(primeir^.proximo^.Msg,nom,[#0,#32,#45,'.'
,'0'..'9'],[],(75-length(nom)),0));end;
        max-1: BEGIN
        repeat gotoxy(2,posy); write(nom);input:=1;entrada:=#0;
        entrada:=instring(primeir^.proximo^.proximo^.Msg,'',[#0],[],(75-
length(nom)),0);
        until ch in [#2,#27,#45,#72,#80,#13,#63,#64] ;
        if (ch=#13) then sairagora;end;
        max: BEGIN
        repeat gotoxy(2,posy); write(nom);input:=1;entrada:=#0;
        entrada:=instring(primeir^.proximo^.proximo^.proximo^.Msg,'',[#0],[
],(75-length(nom)),0);
        until ch in [#2,#27,#45,#72,#80,#13,#63,#64,#79];
        if (ch=#13) then begin ch:=#63;
        exemplo;end;end;end;
        case ch of
        #2:begin OndY(max);if ch=#13 then sairagora;if ch=#63 then begin
exemplo;irfinal(max);end;end;
        #63,#64: IrFinal(max);
        #72: previousact(max);
```

```
          #80,#13: nextact(max);
          end;
          until ch in
[#27,#45,#23{,#47,#19,#31,#75,#77,#83,#72,#80,#71,#73,#81,
#13,#9,#82,#8 ,#63,#64,#65,#66}];
          (*  esc  x  i     r  s  L  R  DEL  up   dn home pgu pgd ent tab ins
bsp f5  f6  f7  f8 *)

          if (ch in [#27,#45]) then begin limpmemoini;halt;end;;
          saitxt(max,'nilson11.txt'); toquivi('nicasi11.dat');
          end;{nilson11}
          end.
          unit nils8;
          interface
          uses
crt,dos,nilson36,nilson38,nilson35,nilson32,nilson73,nilson39,nilson70,nils
on74,nilson30;
          type
          ptr_nil8 =^nil8;
          nil8=object
          procedure entradado;
          end;
          ptr_nil7 =^nil7;
          nil7=object
          procedure entradado;
          end;
          var kn8:ptr_nil8;kn7:ptr_nil7;
          implementation

          procedure nil8.entradado;
          const  max=12;
          procedure sairAgora;
          var i:integer;          { exemplo pag. 219}
          begin res1:=primeir^.proximo;
          for i:=2 to max-2 do  begin Wv;if erro<>0 then begin
iniciartela(max);exit;end;end;
          ch:=#23;
          end;
          procedure exemplo;
          begin
          res1:=primeir;res1^.str80D:='Projeto tipo T- V-8-area2-Botucatu-
SP';
          Ws('2000');Ws('8000');Ws( '2000');Ws('2000');
          Ws('152');Ws('1');Ws('9.95');Ws('0.6');Ws('0.5');
          end;
          var i :byte;
          begin
```

```
        MaxPerg:=12;
        if lequi('nicasi8.dat') then
        begin EncherMemoria(max);
        L:=primeir;LerArqNom(3100+1,10);LerArqNom(2894+1,2);
        L:=primeir;LerArqMsg(3110+1,2);LerArqMsg(2896+1,2);exemplo;e
nd;
        posy:=1;posx:=2; IniciarTela(max);
        repeat
        textattr:=$1E;
        with res1^do
        case perg of
        1: BEGIN gotoxy(2,posy);entrada:=str80D;Erro:=1;
        str80D:=instring(msg,nom,[#0,#32..#255],[],(75-
length(nom)),0);end;
        2..7: BEGIN gotoxy(2,posy);entrada:=str80D;Erro:=1;
        str80D:=tiranulo(instring(primeir^.proximo^.Msg,nom,[#0,#32,'.','0'..'
9'],[],(75-length(nom)),0));end;
        8: BEGIN gotoxy(2,posy); entrada:=str80D;Erro:=1;
        str80D:=tiranulo(instring(primeir^.proximo^.Msg,nom,[#0,#32,#45,'.'
,'0'..'9'],[],(75-length(nom)),0));
        val(str80D,Ereal,erro);
        if not((Ereal>=1)and( Ereal<=59))then str80D:=#0;end;
        9: BEGIN gotoxy(2,posy);entrada:=str80D;Erro:=1;
        str80D:=tiranulo(instring(primeir^.proximo^.Msg,nom,[#0,#32,'.','0'..'
9'],[],(75-length(nom)),0));
        val(str80D,Ereal,erro);
        if not((Ereal>=0.6)and(Ereal<=0.9)) then str80D:=#0;end;
        10: BEGIN gotoxy(2,posy);entrada:=str80D;Erro:=1;
        str80D:=tiranulo(instring(primeir^.proximo^.Msg,nom,[#0,#32,'.','0'..'
9'],[],(75-length(nom)),0));
        val(str80D,Ereal,erro);
        if not((Ereal>=0.1) and (Ereal<=0.9))  then str80D:=#0;end;
        max-1: BEGIN
        repeat gotoxy(2,posy); write(nom);input:=1;entrada:=#0;
        entrada:=instring(primeir^.proximo^.proximo^.Msg,'',[#0],[],(75-
length(nom)),0);
        until ch in [#2,#27,#45,#72,#80,#13,#63,#64] ;

        if (ch=#13) then sairagora;end;
        max: BEGIN
        repeat gotoxy(2,posy); write(nom);input:=1;entrada:=#0;
        entrada:=instring(primeir^.proximo^.proximo^.proximo^.Msg,'',[#0],[
],(75-length(nom)),0);
        until ch in [#2,#27,#45,#72,#80,#13,#63,#64,#79];
        if (ch=#13) then begin ch:=#63;
        exemplo;end;end;end;
        case ch of
```

```
        #2:begin OndY(max);if ch=#13 then sairagora;if ch=#63 then begin
exemplo;irfinal(max);end;end;
        #63,#64: IrFinal(max);
        #72: previousact(max);
        #80,#13: nextact(max);
        end;
        until ch in
[#27,#45,#23{,#47,#19,#31,#75,#77,#83,#72,#80,#71,#73,#81,
#13,#9,#82,#8 ,#63,#64,#65,#66}];
        (* esc x i    r s L  R DEL up  dn home pgu pgd ent tab ins
bsp f5  f6  f7  f8 *)

        if (ch in [#27,#45]) then begin limpmemoini;halt;end;;
        saitxt(max,'nilson8.txt'); toquivi('nicasi8.dat');
        end;{nilson8}
        procedure nil7.entradado;
        const  max=10;d=104;st=7;
        procedure sairAgora;
        var i:integer;
        begin res1:=primeir^.proximo;
        for i:=2 to max-2 do  begin Wv;if erro<>0 then begin
iniciartela(max);exit;end;end;
        ch:=#23;
        end;
        procedure exemplo;
        begin
        res1:=primeir;res1^.str80D:=('Projeto tipo Vôo-4352 - V-8-area2-
Piracicaba-SP');
        Ws('8000');Ws('153');Ws( '0.6');
        Ws('0.3');Ws('15.900');Ws('12.000');Ws('288.000');
        end;
        var i :byte;
        begin
        MaxPerg:=10;
        if lequi('nicasi7.dat') then
        begin EncherMemoria(max);
        L:=primeir;LerArqNom(3112+1,8);LerArqNom(2894+1,2);
        L:=primeir;LerArqMsg(3110+1,2);LerArqMsg(2896+1,2);exemplo;e
nd;
        posy:=1;posx:=2; IniciarTela(trunc(maxPerg));
        repeat textattr:=$1E;
        with res1^do
        case perg of
        1: BEGIN gotoxy(2,posy);entrada:=str80D;Erro:=1;
        str80D:=instring(msg,nom,[#0,#32..#255],[],(75-
length(nom)),0);end;
        2,3: BEGIN gotoxy(2,posy);entrada:=str80D;Erro:=1;
```

```
          str80D:=tiranulo(instring(primeir^.proximo^.Msg,nom,[#0,#32,'.','0'..'
9'],[],(75-length(nom)),0));end;
          4: BEGIN gotoxy(2,posy);entrada:=str80D;Erro:=1;
          str80D:=tiranulo(instring(primeir^.proximo^.Msg,nom,[#0,#32,'.','0'..'
9'],[],(75-length(nom)),0));
          val(str80D,Ereal,erro);
          if not((Ereal>=0.6)and(Ereal<=0.9)) then str80D:=#0;end;
          5: BEGIN gotoxy(2,posy);entrada:=str80D;Erro:=1;
          str80D:=tiranulo(instring(primeir^.proximo^.Msg,nom,[#0,#32,'.','0'..'
9'],[],(75-length(nom)),0));
          val(str80D,Ereal,erro);
          if not((Ereal>=0.1) and (Ereal<=0.9)) then str80D:=#0;end;
          6..8: BEGIN gotoxy(2,posy);entrada:=str80D;Erro:=1;
          str80D:=tiranulo(instring(primeir^.proximo^.Msg,nom,[#0,#32,'.','0'..'
9'],[],(75-length(nom)),0));end;
          max-1: BEGIN
          repeat gotoxy(2,posy); write(nom);input:=1;entrada:=#0;
          entrada:=instring(primeir^.proximo^.proximo^.Msg,'',[#0],[],(75-
length(nom)),0);
          until ch in [#2,#27,#45,#72,#80,#13,#63,#64] ;

          if (ch=#13) then sairagora;end;
          max: BEGIN
          repeat gotoxy(2,posy); write(nom);input:=1;entrada:=#0;
          entrada:=instring(primeir^.proximo^.proximo^.proximo^.Msg,'',[#0],[
],(75-length(nom)),0);
          until ch in [#2,#27,#45,#72,#80,#13,#63,#64,#79];
          if (ch=#13) then begin ch:=#63;
          exemplo;end;end;end;
          {DEF DF RECOLON RECOLAT ComprTerr LargTerr VelocAvi}
          case ch of
          #2:begin OndY(max);if ch=#13 then sairagora;if ch=#63 then begin
exemplo;irfinal(max);end;end;
          #63,#64: IrFinal(max);
          #72: previousact(max);
          #80,#13: nextact(max);
          end;
          until ch in
[#27,#45,#23{,#47,#19,#31,#75,#77,#83,#72,#80,#71,#73,#81,
#13,#9,#82,#8 ,#63,#64,#65,#66}];
          (* esc x i    r s L R DEL up  dn home pgu pgd ent tab ins
bsp f5 f6 f7 f8 *)

          if (ch in [#27,#45]) then begin limpmemoini;halt;end;;
          saitxt(max,'nilson7.txt');toquivi('nicasi7.dat');{  nao apaguei
memoria 7 e 8 }
          end;{nilson7}
```

```
        end.
        unit nils29;
        interface
        uses
crt,nilson36,nilson38,nilson35,nilson32,nilson73,nilson39,nilson70,nilson7
4,nilson30;
        type
        ptr_nil29 =^nil29;
        nil29=object
        procedure entradado;
        end;
        ptr_nil27 =^nil27;
        nil27=object
        procedure entradado;
        end;
        var kn29:ptr_nil29;kn27:ptr_nil27;
        implementation

        procedure nil27.entradado;
        const  max=21;
        procedure sairAgora;
        var i:integer;
        begin res1:=primeir^.proximo;
        for i:=2 to max-2 do  begin Wv;if erro<>0 then begin
iniciartela(max);exit;end;end;
        ch:=#23;
        end;
        procedure exemplo;
        begin
        res1:=primeir;res1^.str80D:=('Viga exemplo tipo T- V-8-area2-
momento a 2 m.');
        Ws('97');Ws('43.8');Ws( '68.6');
        Ws('75.4');Ws('10');Ws('3.5');Ws('6.1');
        Ws('900');Ws('200');Ws('11');Ws('70');Ws('109');
        Ws('50');Ws('5'); Ws('20');Ws('200');Ws('1.5');Ws('1.5');
        end;
        var i :byte;
        begin
        MaxPerg:=21;if lequi('nicasi27.dat') then  begin
EncherMemoria(max);
        L:=primeir;LerArqNom(3028+1,19);LerArqNom(2894+1,2);
        L:=primeir;LerArqMsg(3047+1,19);LerArqMsg(2896+1,2);
exemplo;end;

        posy:=1;posx:=2; IniciarTela(max);
        repeat
        textattr:=$1E;
```

```
      with res1^do
      case perg of
      1: BEGIN gotoxy(2,posy);entrada:=str80D;Erro:=1;
      str80D:=instring(msg,nom,[#0,#32..#255],[],(75-
length(nom)),0);end;
         2..13: BEGIN gotoxy(2,posy);entrada:=str80D;Erro:=1;
      str80D:=tiranulo(instring(msg,nom,[#0,#32,'.','0'..'9'],[],(75-
length(nom)),0));end;
      14: BEGIN gotoxy(2,posy); entrada:=str80D;Erro:=1;
      str80D:=tiranulo(instring(msg,nom,[#0,#32,#45,'.','0'..'9'],[],(75-
length(nom)),0));
      val(str80D,Ereal,erro);
      if not((Ereal=25)or( Ereal=40)or(Ereal=50)or(ereal=60)) then
str80D:=#0;end;
      15: BEGIN gotoxy(2,posy);entrada:=str80D;Erro:=1;
      str80D:=tiranulo(instring(msg,nom,[#0,#32,'.','0'..'9'],[],(75-
length(nom)),0));
      val(str80D,Ereal,erro);
      if not((Ereal=5)or(Ereal=6.3)or(Ereal=8)or(Ereal=10)) then
str80D:=#0;end;
      16: BEGIN gotoxy(2,posy);entrada:=str80D;Erro:=1;
      str80D:=tiranulo(instring(msg,nom,[#0,#32,'.','0'..'9'],[],(75-
length(nom)),0));
      val(str80D,Ereal,erro);
      if not((Ereal=5) or (Ereal=6.3) or (Ereal=8) or (Ereal=10) or
(Ereal=12.5) or (Ereal=16) or (Ereal=20)
      or (Ereal=22.2) or (Ereal=25)) then str80D:=#0;end;
      17: BEGIN gotoxy(2,posy);entrada:=str80D;Erro:=1;
      str80D:=tiranulo(instring(msg,nom,[#0,#32,'.','0'..'9'],[],(75-
length(nom)),0));
      val(str80D,Ereal,erro);
      if not((Ereal=110) or (Ereal=135) or (Ereal=150) or (Ereal=180)
or(Ereal=200)
      or(Ereal=220) or(Ereal=240) or (Ereal=260))  then str80D:=#0;end;
      18: BEGIN gotoxy(2,posy);entrada:=str80D;Erro:=1;
      str80D:=tiranulo(instring(msg,nom,[#0,#32,'.','0'..'9'],[],(75-
length(nom)),0));end;
      19: BEGIN gotoxy(2,posy);entrada:=str80D;Erro:=1;
      str80D:=tiranulo(instring(msg,nom,[#0,#32,'.','0'..'9'],[],(75-
length(nom)),0));
      val(str80D,Ereal,erro);if (Ereal<1) and (Ereal>5) then
str80D:=#0;end;
      max-1: BEGIN
      repeat gotoxy(2,posy);
write(nom);Erro:=1;entrada:=#0;entrada:=instring(msg,'',[#0],[],(75-
length(nom)),0);
      until ch in [#2,#27,#45,#72,#80,#13,#63,#64] ;
```

```
        if (ch=#13) then sairagora;end;
        max: BEGIN
        repeat gotoxy(2,posy);
write(nom);Erro:=1;entrada:=#0;entrada:=instring(msg,'',[#0],[],(75-
length(nom)),0);
        until ch in [#2,#27,#45,#72,#80,#13,#63,#64,#79];
        if (ch=#13) then begin ch:=#63;
        exemplo;end;end;end;
        { NomeViga MomentoMd talwd BwLarg AltViga Tipo_aco
DimEstribo DimAs
        fck Recobri DAgreg}
        case ch of
        #2:begin OndY(max);if ch=#13 then sairagora;if ch=#63 then begin
exemplo;irfinal(max);end;end;
        #63,#64: IrFinal(max);
        #72: previousact(max);
        #80,#13: nextact(max);
        end;
        until ch in
[#27,#45,#23{,#47,#19,#31,#75,#77,#83,#72,#80,#71,#73,#81,
#13,#9,#82,#8 ,#63,#64,#65,#66}];
        (*  esc  x  i    r  s  L  R  DEL  up   dn home pgu pgd ent tab ins
bsp f5  f6  f7  f8 *)

        if (ch in [#27,#45]) then begin limpmemoini;halt;end;
        saitxt(max,'nilson27.txt');   toquivi('nicasi27.dat');
        end;{viga27}
        procedure nil29.entradado;
        const
        max=19;d=77;st=5;
        procedure sairAgora;
        var i:integer;          { exemplo pag. 219}
        begin res1:=primeir^.proximo;
        for i:=2 to max-2 do  begin Wv;if erro<>0 then begin
iniciartela(max);exit;end;end;
        ch:=#23;
        end;
        procedure exemplo; begin
        res1:=primeir;res1^.str80D:=('Viga exemplo-Retangular V-8-area2-
mom. a 2 m.');
        Ws('100');Ws('43.8');Ws( '68.6');Ws('75.4');
        Ws('17');Ws('3.5');Ws('6.1');Ws('1000');Ws('60');Ws('100');Ws('50');
        Ws('5');Ws('20');Ws('200');Ws('1.5');Ws('1.5');
        end;

        var i :byte;
 - 79 -
```

```
        begin
        MaxPerg:=19;if lequi('nicasi29.dat') then  begin
EncherMemoria(max);
        L:=primeir;LerArqNom(3066+1,17);LerArqNom(2894+1,2);
        L:=primeir;LerArqMsg(3083+1,17);LerArqMsg(2896+1,2);exemplo;
end;
        {NomeViga MomentoMd flechaMd talwd talwdViga mdtorc
PpRev,SCarg,comprviga
        BwLarg AltViga Tipo_aco DimEstribo DimAs fck Recobri DAgreg}
        posy:=1;posx:=2; IniciarTela(trunc(maxPerg));
        repeat
        textattr:=$1E;
        with res1^do
        case perg of
        1: BEGIN gotoxy(2,posy);entrada:=str80D;Erro:=1;
        str80D:=instring(msg,nom,[#0,#32..#255],[],(75-
length(nom)),0);end;
        2..11: BEGIN gotoxy(2,posy);entrada:=str80D;Erro:=1;
        str80D:=tiranulo(instring(msg,nom,[#0,#32,'.','0'..'9'],[],(75-
length(nom)),0));end;
        12: BEGIN gotoxy(2,posy); entrada:=str80D;Erro:=1;
        str80D:=tiranulo(instring(msg,nom,[#0,#32,#45,'.','0'..'9'],[],(75-
length(nom)),0));
        val(str80D,Ereal,erro);
        if not((Ereal=25)or( Ereal=40)or(Ereal=50)or(ereal=60)) then
str80D:=#0;end;
        13: BEGIN gotoxy(2,posy);entrada:=str80D;Erro:=1;
        str80D:=tiranulo(instring(msg,nom,[#0,#32,'.','0'..'9'],[],(75-
length(nom)),0));
        val(str80D,Ereal,erro);
        if not((Ereal=5)or(Ereal=6.3)or(Ereal=8)or(Ereal=10)) then
str80D:=#0;end;
        14: BEGIN gotoxy(2,posy);entrada:=str80D;Erro:=1;
        str80D:=tiranulo(instring(msg,nom,[#0,#32,'.','0'..'9'],[],(75-
length(nom)),0));
        val(str80D,Ereal,erro);
        if not((Ereal=5) or (Ereal=6.3) or (Ereal=8) or (Ereal=10) or
(Ereal=12.5) or (Ereal=16) or (Ereal=20)
        or (Ereal=22.2) or (Ereal=25))  then str80D:=#0;end;
        15: BEGIN gotoxy(2,posy);entrada:=str80D;Erro:=1;
        str80D:=tiranulo(instring(msg,nom,[#0,#32,'.','0'..'9'],[],(75-
length(nom)),0));
        val(str80D,Ereal,erro);
        if not((ereal=110) or (ereal=135) or (ereal=150) or (ereal=180)
or(ereal=200)
        or(ereal=220) or(ereal=240) or (ereal=260))  then str80D:=#0;end;
        16: BEGIN gotoxy(2,posy);entrada:=str80D;;Erro:=1;
```

```
        str80D:=tiranulo(instring(msg,nom,[#0,#32,'.','0'..'9'],[],(75-
length(nom)),0));end;
        17: BEGIN gotoxy(2,posy);entrada:=str80D;;Erro:=1;
        str80D:=tiranulo(instring(msg,nom,[#0,#32,'.','0'..'9'],[],(75-
length(nom)),0));
        val(str80D,Ereal,erro);if (Ereal<1) and (Ereal>5) then
str80D:=#0;end;
        max-1: BEGIN
        repeat gotoxy(2,posy);
write(nom);input:=1;entrada:=#0;entrada:=instring(msg,'',[#0],[],(75-
length(nom)),0);
        until ch in [#2,#27,#45,#72,#80,#13,#63,#64] ;

        if (ch=#13) then sairagora;end;
        max: BEGIN
        repeat gotoxy(2,posy);
write(nom);input:=1;entrada:=#0;entrada:=instring(msg,'',[#0],[],(75-
length(nom)),0);
        until ch in [#2,#27,#45,#72,#80,#13,#63,#64,#79];
        if (ch=#13) then begin ch:=#63;
        exemplo;end;end;end;
        { NomeViga MomentoMd talwd BwLarg AltViga Tipo_aco
DimEstribo DimAs
        fck Recobri DAgreg}
        case ch of
        #2:begin OndY(max);if ch=#13 then sairagora;if ch=#63 then begin
exemplo;irfinal(max);end;end;
        #63,#64: IrFinal(max);
        #72: previousact(max);
        #80,#13: nextact(max);
        end;
        until ch in
[#27,#45,#23{,#47,#19,#31,#75,#77,#83,#72,#80,#71,#73,#81,
#13,#9,#82,#8 ,#63,#64,#65,#66}];
        (*  esc  x  i    r  s  L  R  DEL  up   dn home pgu pgd ent tab ins
bsp f5  f6  f7  f8 *)

        if (ch in [#27,#45]) then begin limpmemoini;halt;end;;
        saitxt(max,'nilson29.txt');toquivi('nicasi29.dat');
        end; {viga29}
        end.
        unit nils40;
        interface
        uses
crt,nilson36,nilson38,nilson35,nilson32,nilson73,nilson39,nilson70,nilson7
4,nilson30;
        type
```

```
        ptr_nil40 =^nil40;
        nil40=object
        procedure entradado;
        end;
        var kn40:ptr_nil40;
        implementation

        procedure TelaPrinc;
        const max=15;
        var i :byte;
        begin
        MaxPerg:=15;EncherMemoria(max);L:=primeir;LerArqNom(2898+1
,15);
        L:=primeir;LerArqMsg(2913+1,15);    cursorOff; posy:=1;posx:=2;
        IniciarTela(trunc(maxPerg));
        repeat   textattr:=$1E;
        with res1^do
        case perg of
        1,8,13: BEGIN
        repeat gotoxy(2,posy);
write(nom);input:=1;entrada:=#0;entrada:=instring(msg,'',[#0],[],(75-
length(nom)),0);
        until ch in [#2,#27,#45,#72,#80,#13] end else case perg of

        2..7,9..12,14,max: BEGIN
        repeat gotoxy(2,posy);
write(nom);input:=1;entrada:=#0;entrada:=instring(msg,'',[#0],[],(75-
length(nom)),0);
        until ch in [#2,#27,#45,#72,#80,#13] ;
        if ch=#13 then begin ch:=#22;i:=perg;
        case i of 2..7:i:=i-1;9..12:i:=i-2;14,15:i:=i-3; end;
        Pilaresc:=i;
        end;end;end;end;
        case ch of
        #2:OndY(max);
        #63,#64: IrFinal(max);
        #72: previousact(max);
        #80,#13: nextact(max); end;
        until ch in
[#27,#45,#22{,#47,#19,#31,#75,#77,#83,#72,#80,#71,#73,#81,
#13,#9,#82,#8 ,#63,#64,#65,#66}];
        (*  esc x  i  v  r  s  L  R  DEL up  dn home pgu pgd ent tab ins
bsp f5  f6  f7  f8 *)
        limpmemoini; cursorON;
        if (ch in [#27,#45]) then halt;
        textattr:=$70;clrscr;
        end;
```

```
procedure TelaObliqua;
const max=16;
procedure exemplo;
begin
res1:=primeir;res1^.str80d:=('Pilar exemplo Obliqua V-8-area5 -
exc. de 3 cm.');
Ws('60');Ws('10');Ws('285.72');Ws('40');Ws('80');Ws('1.5');
Ws('50');Ws('50');Ws('2');Ws('6.3');Ws('20');Ws( '180');Ws( '1.5');
end;
procedure sairAgora;
var i:integer;
begin res1:=primeir^.proximo;
for i:=2 to max-2 do  begin Wv;if erro<>0 then begin
iniciartela(max);exit;end;end;
ch:=#23;
end;
var i :byte;
begin
MaxPerg:=16;if lequi('nicasi4a.dat') then     begin
EncherMemoria(max);
L:=primeir;LerArqNom(2928+1,14);LerArqNom(2894+1,2);
L:=primeir;LerArqMsg(2942+1,14);LerArqMsg(2896+1,2);
exemplo;end;
{NomePilar MomentoX MomentoY Nd bwlargX bwlargY Recobri
talwd Tipo_aco categ DimEstribo DimAs fck DAgreg}
posy:=1;posx:=2; IniciarTela(trunc(maxPerg));
repeat   textattr:=$1E;
with res1^do
case perg of
1: BEGIN gotoxy(2,posy);entrada:=str80D;Erro:=1;
str80D:=instring(msg,nom,[#0,#32..#255],[],(75-
length(nom)),0);end;
   2..8: BEGIN gotoxy(2,posy);entrada:=str80D;erro:=1;
str80D:=tiranulo(instring(msg,nom,[#0,#32,'.','0'..'9'],[],(75-
length(nom)),0));end;
9: BEGIN gotoxy(2,posy); entrada:=str80D;Erro:=1;
str80D:=tiranulo(instring(msg,nom,[#0,#32,'.','0'..'9'],[],(75-
length(nom)),0));
val(str80D,Ereal,erro);
if not((Ereal=25)or( Ereal=40)or(Ereal=50)or(Ereal=60)) then
str80D:=#0;end;
10: BEGIN gotoxy(2,posy); entrada:=str80D;Erro:=1;
str80D:=tiranulo(instring(msg,nom,[#0,#32,'1','2'],[],(75-
length(nom)),0));
val(str80D,Ereal,erro);
if not((Ereal=1)or( Ereal=2)) then str80D:=#0;end;
```

```
11: BEGIN gotoxy(2,posy);entrada:=str80D;Erro:=1;
   str80D:=tiranulo(instring(msg,nom,[#0,#32,'.','0'..'9'],[],(75-
length(nom)),0));
   val(str80D,Ereal,erro);
   if not((ereal=5)or(ereal=6.3)or(ereal=8)or(ereal=10)) then
str80D:=#0;end;
12: BEGIN gotoxy(2,posy);entrada:=str80D;Erro:=1;
   str80D:=tiranulo(instring(msg,nom,[#0,#32,'.','0'..'9'],[],(75-
length(nom)),0));
   val(str80D,Ereal,erro);
   if not((ereal=5) or (Ereal=6.3) or (Ereal=8) or (Ereal=10) or
(Ereal=12.5) or
   (Ereal=16) or (Ereal=20) or (Ereal=22.2) or (Ereal=25))  then
str80D:=#0;end;
13: BEGIN gotoxy(2,posy);entrada:=str80D;Erro:=1;
   str80D:=tiranulo(instring(msg,nom,[#0,#32,'.','0'..'9'],[],(75-
length(nom)),0));
   val(str80D,Ereal,erro);
   if not((Ereal=110) or (Ereal=135) or (Ereal=150) or (Ereal=180)
or(Ereal=200)
   or(Ereal=220) or(Ereal=240) or (Ereal=260))  then str80D:=#0;end;
14: BEGIN gotoxy(2,posy);entrada:=str80D;;Erro:=1;
   str80D:=tiranulo(instring(msg,nom,[#0,#32,'.','0'..'9'],[],(75-
length(nom)),0));
   val(str80D,Ereal,erro);if (Ereal<1) and (Ereal>5) then
str80D:=#0;end;
   max-1: BEGIN
   repeat gotoxy(2,posy);
write(nom);input:=1;entrada:=#0;entrada:=instring(msg,'',[#0],[],(75-
length(nom)),0);
   until ch in [#2,#27,#45,#72,#80,#13,#63,#64,#79] ;

   if ch=#13 then sairagora;end;
   max: BEGIN
   repeat gotoxy(2,posy);
write(nom);input:=1;entrada:=#0;entrada:=instring(msg,'',[#0],[],(75-
length(nom)),0);
   until ch in [#2,#27,#45,#72,#80,#13,#63,#64] ;
   if ch=#13 then begin ch:=#63;pilaresc:=5;
   exemplo;end;end;end;
   { NomeViga MomentoMd talwd BwLarg AltViga talwd recobri
   Tipo_aco DimEstribo DimAs fck DAgreg}
   case ch of
   #2:begin OndY(max);if ch=#13 then sairagora;if ch=#63 then begin
exemplo;irfinal(max);end;end;
   #63,#64: IrFinal(max);
   #72: previousact(max);
```

```pascal
        #80,#13: nextact(max); end;
        until ch in
[#27,#45,#23{,#47,#19,#31,#75,#77,#83,#72,#80,#71,#73,#81,
#13,#9,#82,#8 ,#63,#64,#65,#66}];
        (*  esc x  i  r  s  L  R DEL up  dn home pgu pgd ent tab ins
bsp f5  f6  f7  f8 *)

        if (ch in [#27,#45]) then begin limpmemoini;halt;end;
        saitxt(max,'nilson40.txt'); saiTxtCompl; toquivi('nicasi4a.dat');
        end;


        { maci‡a}
        procedure TelaCircMac;
        const max=13; d=31;st=2;
        procedure exemplo;
        begin
        res1:=primeir;res1^.str80d:=('Pilar circular Maci‡a V-8-area2 - exc.
de 3 cm.');
        Ws('10.2');Ws('-363');Ws('60');
        Ws('1.5');Ws('50');Ws('2');Ws('6.3');Ws('20');Ws('180');Ws( '1.5');
        end;
        procedure sairAgora;
        var i:integer;          { exemplo pag. 219}
        begin res1:=primeir^.proximo;
        for i:=2 to max-2 do  begin Wv;if erro<>0 then begin
iniciartela(max);exit;end;end;
        ch:=#23;
        end;
        {NomePilar MomentoXY Nd Diam recobri Tipo_aco categ
DimEstribo DimAs fck DAgreg}
        var i :byte;
        begin
        MaxPerg:=13;if lequi('nicasi4b.dat') then  begin
EncherMemoria(max);
        L:=primeir;LerArqNom(2956+1,11);LerArqNom(2894+1,2);
        L:=primeir;LerArqMsg(2967+1,11);LerArqMsg(2896+1,2);exemplo;
end;
        posy:=1;posx:=2; IniciarTela(trunc(maxPerg));
        repeat
        textattr:=$1E;
        {NomePilar MomentoXY Nd Diam Tipo_aco categ DimEstribo
DimAs fck DAgreg}
        with res1^do
        case perg of
        1: BEGIN gotoxy(2,posy);entrada:=str80D;Erro:=1;
        str80D:=instring(msg,nom,[#0,#32..#255],[],(75-
length(nom)),0);end;
```
    - 85 -

```
    2: BEGIN gotoxy(2,posy);entrada:=str80D;Erro:=1;
    str80D:=tiranulo(instring(msg,nom,[#0,#32,'.','0'..'9'],[],(75-
length(nom)),0));end;
    3: BEGIN gotoxy(2,posy);entrada:=str80D;Erro:=1;
    str80D:=tiranulo(instring(msg,nom,[#0,#32,#43,#45,'.','0'..'9'],[],(75-
length(nom)),0));end;
    4,5: BEGIN gotoxy(2,posy);entrada:=str80D;Erro:=1;
    str80D:=tiranulo(instring(msg,nom,[#0,#32,'.','0'..'9'],[],(75-
length(nom)),0));end;
    6: BEGIN gotoxy(2,posy); entrada:=str80D;Erro:=1;
    str80D:=tiranulo(instring(msg,nom,[#0,#32,'.','0'..'9'],[],(75-
length(nom)),0));
    val(str80D,Ereal,erro);
    if not((Ereal=25) or ( Ereal=40) or (Ereal=50) or (Ereal=60)) then
str80D:=#0;end;
    7: BEGIN gotoxy(2,posy); entrada:=str80D;Erro:=1;
    str80D:=tiranulo(instring(msg,nom,[#0,#32,'1','2'],[],(75-
length(nom)),0));
    val(str80D,Ereal,erro);
    if not((Ereal=1)or( Ereal<=2)) then str80D:=#0;end;
    8: BEGIN gotoxy(2,posy);entrada:=str80D;Erro:=1;
    str80D:=tiranulo(instring(msg,nom,[#0,#32,'.','0'..'9'],[],(75-
length(nom)),0));
    val(str80D,Ereal,erro);
    if not((Ereal=5)or(Ereal=6.3)or(Ereal=8)or(Ereal=10)) then
str80D:=#0;end;
    9: BEGIN gotoxy(2,posy);entrada:=str80D;Erro:=1;
    str80D:=tiranulo(instring(msg,nom,[#0,#32,'.','0'..'9'],[],(75-
length(nom)),0));
    val(str80D,Ereal,erro);
    if not((Ereal=10) or (Ereal=12.5) or (Ereal=16) or (Ereal=20)
    or (Ereal=22.2) or (Ereal=25))  then str80D:=#0;end;
    10: BEGIN gotoxy(2,posy);entrada:=str80D;Erro:=1;
    str80D:=tiranulo(instring(msg,nom,[#0,#32,'.','0'..'9'],[],(75-
length(nom)),0));
    val(str80D,Ereal,erro);
    if not((Ereal=110) or (Ereal=135) or (Ereal=150) or (Ereal=180)
or(Ereal=200)
    or(Ereal=220) or(Ereal=240) or (Ereal=260))  then str80D:=#0;end;
    11: BEGIN gotoxy(2,posy);entrada:=str80D;;Erro:=1;
    str80D:=tiranulo(instring(msg,nom,[#0,#32,'.','0'..'9'],[],(75-
length(nom)),0));
    val(str80D,Ereal,erro);if (Ereal<1) and (Ereal>5) then
str80D:=#0;end;
    12: BEGIN
```

```
        repeat gotoxy(2,posy);
write(nom);input:=1;entrada:=#0;entrada:=instring(msg,'',[#0],[],(75-
length(nom)),0);
        until ch in [#2,#27,#45,#72,#80,#13,#63,#64,#79] ;

        if ch=#13 then sairagora;end;
        13: BEGIN
        repeat gotoxy(2,posy);
write(nom);input:=1;entrada:=#0;entrada:=instring(msg,'',[#0],[],(75-
length(nom)),0);
        until ch in [#2,#27,#45,#72,#80,#13,#63,#64] ;
        if ch=#13 then begin ch:=#63;pilaresc:=7;exemplo;end;end;end;
        case ch of
        #2:begin OndY(max);if ch=#13 then sairagora;if ch=#63 then begin
exemplo;irfinal(max);end;end;
        #63,#64: IrFinal(max);
        #72: previousact(max);
        #80,#13: nextact(max);
        end;
        until ch in
[#27,#45,#23,#22{,#47,#19,#31,#75,#77,#83,#72,#80,#71,#73,#81,
#13,#9,#82,#8 ,#63,#64,#65,#66}];
        (*  esc x  i  v  r  s  L  R  DEL up   dn home pgu pgd ent tab ins
bsp f5  f6  f7  f8 *)

        if (ch in [#27,#45]) then begin limpmemoini;halt;end;;
        saitxt(max,'nilson40.txt'); saiTxtCompl;toquivi('nicasi4b.dat');
        end;
        {for i:=1 to 14 do msg[i]:=Msg[i]; }
        {NomePilar MomentoXY Nd DiamEx DiamIn recobri Tipo_aco
categ DimEstribo DimAs fck DAgreg}
        procedure TelaCircOca;
        const max=14; d=44;st=3;
        procedure exemplo;
        begin
        res1:=primeir;res1^.str80d:=('Pilar se‡Æo oca circular V-8-area2-
exc.3 cm.');
        Ws('10.2');Ws('-363');Ws('60');Ws('20');
        Ws('1.5');Ws('50');Ws('2');Ws('6.3');Ws('20');Ws('180');Ws( '1.5');
        end;
        procedure sairAgora;
        var i:integer;
        begin res1:=primeir^.proximo;
        for i:=2 to max-2 do  begin Wv;if erro<>0 then begin
iniciartela(max);exit;end;end;
        ch:=#23;
        end;
```

```
      begin
      MaxPerg:=14;if lequi('nicasi4c.dat') then  begin
EncherMemoria(max);
      L:=primeir;LerArqNom(2978+1,12);LerArqNom(2894+1,2);
      L:=primeir;LerArqMsg(2990+1,12);LerArqMsg(2896+1,2);exemplo;
end;
      {NomePilar MomentoXY Nd DiamEx DiamIn recobri Tipo_aco
categ DimEstribo DimAs fck DAgreg}
      posy:=1;posx:=2; IniciarTela(trunc(maxPerg));
      repeat
      textattr:=$1E;
      {NomePilar MomentoXY Nd DiamEx DiamIn Tipo_aco categ
DimEstribo DimAs fck DAgreg}
      with res1^do
      case perg of
      1: BEGIN gotoxy(2,posy);entrada:=str80D;Erro:=1;
      str80D:=instring(msg,nom,[#0,#32..#255],[],(75-
length(nom)),0);end;
      2: BEGIN gotoxy(2,posy);entrada:=str80D;Erro:=1;
      str80D:=tiranulo(instring(msg,nom,[#0,#32,'.','0'..'9'],[],(75-
length(nom)),0));end;
      3: BEGIN gotoxy(2,posy);entrada:=str80D;Erro:=1;
      str80D:=tiranulo(instring(msg,nom,[#0,#32,#43,#45,'.','0'..'9'],[],(75-
length(nom)),0));end;
      4..6: BEGIN gotoxy(2,posy);entrada:=str80D;Erro:=1;
      str80D:=tiranulo(instring(msg,nom,[#0,#32,'.','0'..'9'],[],(75-
length(nom)),0));end;
      7: BEGIN gotoxy(2,posy); entrada:=str80D;Erro:=1;
      str80D:=tiranulo(instring(msg,nom,[#0,#32,'.','0'..'9'],[],(75-
length(nom)),0));
      val(str80D,Ereal,erro);
      if not((Ereal=25) or( Ereal=40)or(Ereal=50)or(ereal=60))then
str80D:=#0;end;
      8: BEGIN gotoxy(2,posy); entrada:=str80D;Erro:=1;
      str80D:=tiranulo(instring(msg,nom,[#0,#32,'1','2'],[],(75-
length(nom)),0));
      val(str80D,Ereal,erro);
      if not((Ereal=1)or( Ereal=2)) then str80D:=#0;end;
      9: BEGIN gotoxy(2,posy);entrada:=str80D;Erro:=1;
      str80D:=tiranulo(instring(msg,nom,[#0,#32,'.','0'..'9'],[],(75-
length(nom)),0));
      val(str80D,Ereal,erro);
      if not((Ereal=5)or(Ereal=6.3)or(Ereal=8)or(Ereal=10)) then
str80D:=#0;end;
      10: BEGIN gotoxy(2,posy);entrada:=str80D;Erro:=1;
      str80D:=tiranulo(instring(msg,nom,[#0,#32,'.','0'..'9'],[],(75-
length(nom)),0));
```

```
val(str80D,Ereal,erro);
if not((Ereal=10) or (Ereal=12.5) or (Ereal=16) or (Ereal=20)
or (Ereal=22.2) or (Ereal=25))  then str80D:=#0;end;
11: BEGIN gotoxy(2,posy);entrada:=str80D;Erro:=1;
str80D:=tiranulo(instring(msg,nom,[#0,#32,'.','0'..'9'],[],(75-
length(nom)),0));
val(str80D,Ereal,erro);
if not((Ereal=110) or (Ereal=135) or (Ereal=150) or (Ereal=180)
or(Ereal=200)
or(Ereal=220) or(Ereal=240) or (Ereal=260))  then str80D:=#0;end;
12: BEGIN gotoxy(2,posy);entrada:=str80D;;Erro:=1;
str80D:=tiranulo(instring(msg,nom,[#0,#32,'.','0'..'9'],[],(75-
length(nom)),0));
val(str80D,Ereal,erro);if (Ereal<1) and (Ereal>5) then
str80D:=#0;end;
13: BEGIN
repeat gotoxy(2,posy);
write(nom);input:=1;entrada:=#0;entrada:=instring(msg,'',[#0],[],(75-
length(nom)),0);
until ch in [#2,#27,#45,#72,#80,#13,#63,#64,#79] ;

if ch=#13 then sairagora;end;
14: BEGIN
repeat gotoxy(2,posy);
write(nom);input:=1;entrada:=#0;entrada:=instring(msg,'',[#0],[],(75-
length(nom)),0);
until ch in [#2,#27,#45,#72,#80,#13,#63,#64] ;
if ch=#13 then begin ch:=#63;pilaresc:=8;exemplo;end;end;end;
{NomePilar MomentoXY Nd DiamEx DiamIn Tipo_aco DimEstribo
DimAs fck DAgreg}
case ch of
#2:begin OndY(max);if ch=#13 then sairagora;if ch=#63 then begin
exemplo;irfinal(max);end;end;
#63,#64: IrFinal(max);
#72: previousact(max);
#80,#13: nextact(max);
end;
until ch in
[#27,#45,#23,#22{,#47,#19,#31,#75,#77,#83,#72,#80,#71,#73,#81,
#13,#9,#82,#8 ,#63,#64,#65,#66}];
(* esc x  i  v  r  s  L  R  DEL up  dn home pgu pgd ent tab ins
bsp f5  f6  f7  f8 *)

if (ch in [#27,#45]) then begin limpmemoini;halt;end;
saitxt(max,'nilson40.txt'); saiTxtCompl; toquivi('nicasi4c.dat');
end;
```

```
{NomePilar MomentoX Nd bwlargX bwlargY Recobri talwd
Tipo_aco categ DimEstribo DimAs fck DAgreg}
        procedure TelaReta;
        const max=15;d=16;st=1;
        procedure exemplo;
        begin
        res1:=primeir;res1^.str80d:=('Pilar Exemplo Reta V-8-area11 - exc.
4.4 cm.');{pag.240}
        Ws('60');Ws('-285.72');Ws('40');Ws('80');Ws('1.5');
        Ws('50');Ws('50');Ws('1');Ws('6.3');Ws('12.5');Ws( '180');Ws( '1.5');
        end;
        procedure sairAgora;
        var i:integer;
        begin res1:=primeir^.proximo;
        for i:=2 to max-2 do  begin Wv;if erro<>0 then begin
iniciartela(max);exit;end;end;
        ch:=#23;
        end;
        begin
        MaxPerg:=15;if lequi('nicasi4d.dat') then  begin
EncherMemoria(max);
        L:=primeir;LerArqNom(3002+1,13);LerArqNom(2894+1,2);
        L:=primeir;LerArqMsg(3015+1,13);LerArqMsg(2896+1,2);exemplo;
end;
        posy:=1;posx:=2; IniciarTela(trunc(maxPerg));
        repeat
        textattr:=$1E;
        {NomePilar MomentoXY Nd bwlargX bwlargY recobri Tipo_aco
categ DimEstribo DimAs fck DAgreg}
        with res1^do
        case perg of
        1: BEGIN gotoxy(2,posy);entrada:=str80D;Erro:=1;
        str80D:=instring(msg,nom,[#0,#32..#255],[],(75-
length(nom)),0);end;
        2: BEGIN gotoxy(2,posy);entrada:=str80D;Erro:=1;
        str80D:=tiranulo(instring(msg,nom,[#0,#32,'.','0'..'9'],[],(75-
length(nom)),0));end;
        3: BEGIN gotoxy(2,posy);entrada:=str80D;Erro:=1;
        str80D:=tiranulo(instring(msg,nom,[#0,#32,#43,#45,'.','0'..'9'],[],(75-
length(nom)),0));end;
        4..7: BEGIN gotoxy(2,posy);entrada:=str80D;Erro:=1;
        str80D:=tiranulo(instring(msg,nom,[#0,#32,'.','0'..'9'],[],(75-
length(nom)),0));end;
        8: BEGIN gotoxy(2,posy); entrada:=str80D;Erro:=1;
        str80D:=tiranulo(instring(msg,nom,[#0,#32,#45,'.','0'..'9'],[],(75-
length(nom)),0));
        val(str80D,Ereal,erro);
```

```
        if not((Ereal=25)or( Ereal=40)or(Ereal=50)or(Ereal=60)) then
str80D:=#0;end;
        9: BEGIN gotoxy(2,posy); entrada:=str80D;Erro:=1;
        str80D:=tiranulo(instring(msg,nom,[#0,#32,'1','2'],[],(75-
length(nom)),0));
        val(str80D,Ereal,erro);
        if not((Ereal=1)or( Ereal=2)) then str80D:=#0;end;
        10: BEGIN gotoxy(2,posy);entrada:=str80D;Erro:=1;
        str80D:=tiranulo(instring(msg,nom,[#0,#32,'.','0'..'9'],[],(75-
length(nom)),0));
        val(str80D,Ereal,erro);
        if not((Ereal=5)or(Ereal=6.3)or(Ereal=8)or(Ereal=10)) then
str80D:=#0;end;
        11: BEGIN gotoxy(2,posy);entrada:=str80D;Erro:=1;
        str80D:=tiranulo(instring(msg,nom,[#0,#32,'.','0'..'9'],[],(75-
length(nom)),0));
        val(str80D,Ereal,erro);
        if not((Ereal=5) or (Ereal=6.3) or (Ereal=8) or (Ereal=10) or
(Ereal=12.5) or (Ereal=16) or (Ereal=20)
        or (Ereal=22.2) or (Ereal=25))  then str80D:=#0;end;
        12: BEGIN gotoxy(2,posy);entrada:=str80D;Erro:=1;
        str80D:=tiranulo(instring(msg,nom,[#0,#32,'.','0'..'9'],[],(75-
length(nom)),0));
        val(str80D,Ereal,erro);
        if not((Ereal=110) or (Ereal=135) or (Ereal=150) or (Ereal=180)
or(Ereal=200)
        or(Ereal=220) or(Ereal=240) or (Ereal=260))  then str80D:=#0;end;
        13: BEGIN gotoxy(2,posy);entrada:=str80D;;Erro:=1;
        str80D:=tiranulo(instring(msg,nom,[#0,#32,'.','0'..'9'],[],(75-
length(nom)),0));
        val(str80D,Ereal,erro);if (Ereal<1) and (Ereal>5) then
str80D:=#0;end;
        max-1: BEGIN
        repeat gotoxy(2,posy);
write(nom);input:=1;entrada:=#0;entrada:=instring(msg,'',[#0],[],(75-
length(nom)),0);
        until ch in [#2,#27,#45,#72,#80,#13,#63,#64] ;

        if ch=#13 then sairagora;end;
        max: BEGIN
        repeat gotoxy(2,posy);
write(nom);input:=1;entrada:=#0;entrada:=instring(msg,'',[#0],[],(75-
length(nom)),0);
        until ch in [#2,#27,#45,#72,#80,#13,#63,#64,#79] ;
        if ch=#13 then begin ch:=#63;pilaresc:=11;
        exemplo;end;end;end;
```

```
        { NomeViga MomentoMd talwd BwLarg AltViga Tipo_aco categ
DimEstribo DimAs fck Recobri DAgreg}
        case ch of
        #2:begin OndY(max);if ch=#13 then sairagora;if ch=#63 then begin
exemplo;irfinal(max);end;end;
        #63,#64: IrFinal(max);
        #72: previousact(max);
        #80,#13: nextact(max);
        end;
        until ch in
[#27,#45,#23{,#47,#19,#31,#75,#77,#83,#72,#80,#71,#73,#81,
#13,#9,#82,#8 ,#63,#64,#65,#66}];
        (* esc x i    r  s  L  R  DEL  up   dn home pgu pgd ent tab ins
bsp f5  f6  f7  f8 *)
        if (ch in [#27,#45]) then begin limpmemoini;halt;end;;
        saitxt(max,'nilson40.txt'); saiTxtCompl; toquivi('nicasi4d.dat');
        end;
        procedure nil40.entradado;
        begin escolha:='';TelaPrinc;
        case trunc(pilaresc) of 1..6:TelaObliqua; 7: TelaCircMac;
8..10:TelaCircOca;
        11,12: TelaReta;end;
        end;
        end.
        unit nils47;
        interface    *)
        uses
crt,nilson36,nilson38,nilson34,nilson35,nilson32,nilson73,nilson39,nilson7
0,nilson74;
        type
        ptr_nil47 =^nil47;
        nil47=object
        procedure entradado;
        end;
        var kn47:ptr_nil47;
        implementation
        type
        str4=string[4];
        str2=string[2];
        str41=string[41];
        ptr_cr = ^cr;
        cr = record
        perg:integer;byt:boolean;x,y:byte;TA:char;
        SM,Cc,Cb,Cd,Ce,Mc,Mb,Md,Me,Dc,Db,Dd,De,Jc,Jb,Jd,Je,Sc,Sb,S
e,Sd,
        Cnre,Cnro,Csuo,Csue,Mnre,Mnro,Msuo,Msue,Dnre,Dnro,Dsuo,Ds
ue,
```

```
        Jnre,Jnro,Jsuo,Jsue,Snre,Snro,Ssuo,Ssue:real;
        pro,ant,cim,bai,nre,nro,suo,sue:ptr_cr;
        end;
        const max=49;
        var
        re1,pri,ult,kc,Lc:ptr_Cr;  i:integer;  ix,iy:byte;
        arqui:file of cr;
        procedure irWB(done:boolean);  begin kc:=re1;
        if done then repeat  re1:=re1^.pro;until re1^.byt else
        repeat  re1:=re1^.ant;until re1^.byt;
        end;
        procedure limpmemoC;
        begin
        re1:=pri;
        while (re1<>pri^.ant) do  begin
        Lc:=re1^.pro;dispose(re1);re1:=Lc;end;dispose(re1);
        end;

        procedure Lequiv;
        begin   assign(arqui,'ncs47.dat'); reset(arqui);
        iy:=0;i:=0; {mark(desmonte); }
        while not Eof(arqui) do  begin
        for ix:=1 to 50 do begin  inc(i);
        new(re1);Read(arqui, re1^);

        re1^.pro:=nil;re1^.ant:=nil;re1^.cim:=nil;re1^.bai:=nil;re1^.nre:=nil;re
1^.nro:=nil;re1^.suo:=nil;re1^.sue:=nil;
        if i=1 then begin kc:=re1;pri:=re1;Lc:=re1;end;
        if i>1 then begin Lc^.pro:=re1;re1^.ant:= Lc;Lc:=re1;end;
        if i>50 then begin re1^.cim:=kc;kc^.bai:=re1;kc:=kc^.pro;end;
        end;                        end;
        ult:=re1;ult^.pro:=pri;pri^.ant:=ult; re1:=re1^.pro;
        if i>50  then begin for ix:=1 to 50 do begin
re1^.cim:=kc;kc^.bai:=re1;kc:=kc^.pro;re1:=re1^.pro;end;
        lc:=pri^.pro;re1:=pri^.bai;kc:=pri^.ant;
        repeat
        if re1^.x <> 50 then begin re1^.nre:=lc;lc^.suo:=re1;end;
        if re1^.x <> 1 then begin re1^.nro:=kc;kc^.sue:=re1;end;
        re1:=re1^.pro;lc:=lc^.pro;kc:=kc^.pro;until re1=pri;
        end; close(arqui);end;
        procedure distribuicao;  var
aux,ud,ue,uc,ub,unre,unro,usue,usuo:real;
        begin re1:=pri; irwB(false); lc:=re1;
        repeat irWB(true);  with re1^ do begin
        i:=0;me:=-me;mb:=-mb;msue:=-msue;msuo:=-msuo;
        if ce<>0 then inc(i);if cd<>0 then inc(i);if cc<>0 then inc(i);if cb<>0
then inc(i);
```

```
        if cnre<>0 then inc(i);if cnro<>0 then inc(i);if csuo<>0 then inc(i);if
csue<>0 then inc(i);
        if i<=1 then perg:=0; if perg<>0 then begin
        aux:=0;ud:=0;ue:=0;uc:=0;ub:=0;unre:=0;unro:=0;usue:=0;usuo:=0;

        if (cd<>0) then begin kc:=re1; repeat kc:=kc^.pro;until kc^.ta<>'c';
        ud:=(3/4)*jd/cd;if kc^.byt then ud:=jd/cd;end;
        if (ce<>0) then begin kc:=re1; repeat kc:=kc^.ant;until kc^.ta<>'c';
        ue:=(3/4)*je/ce;if kc^.byt then ue:=je/ce;end;
        if (cc<>0) then begin kc:=re1; repeat kc:=kc^.cim;until kc^.ta<>'c';
        uc:=(3/4)*jc/cc;if kc^.byt then uc:=jc/cc;end;
        if (cb<>0) then begin kc:=re1; repeat kc:=kc^.bai;until kc^.ta<>'c';
        ub:=(3/4)*jb/cb;if kc^.byt then ub:=jb/cb;end;
        if (cnro<>0) then begin kc:=re1; repeat kc:=kc^.nro;until kc^.ta<>'c';
        unro:=(3/4)*jnro/cnro;if kc^.byt then unro:=jnro/cnro;end;
        if (cnre<>0) then begin kc:=re1; repeat kc:=kc^.nre;until kc^.ta<>'c';
        unre:=(3/4)*jnre/cnre;if kc^.byt then unre:=jnre/cnre;end;
        if (csuo<>0) then begin kc:=re1; repeat kc:=kc^.suo;until
kc^.ta<>'c';
        usuo:=(3/4)*jsuo/csuo;if kc^.byt then usuo:=jsuo/csuo;end;
        if (csue<>0) then begin kc:=re1; repeat kc:=kc^.sue;until
kc^.ta<>'c';
        usue:=(3/4)*jsue/csue;if kc^.byt then usue:=jsue/csue;end;

        aux:=ud+ue+uc+ub+unre+unro+usue+usuo;
        if aux<>0 then begin
        if (cd<>0) then dd:=ud/aux;if (ce<>0) then de:=ue/aux;
        if (cc<>0) then dc:=uc/aux;if (cb<>0) then  db:=ub/aux;
        if (cnre<>0) then dnre:=unre/aux;if (cnro<>0) then dnro:=unro/aux;
        if (csue<>0) then dsue:=usue/aux;if (csuo<>0) then
dsuo:=usuo/aux;                        {
        writeln('x= ', x:2,' y=',y:2,' de=',de:5:3,' dd=',dd:5:3,' dc=',dc:5:3,'
db=',db:5:3);
        writeln('dnre=',dnre:5:3,' dnro=',dnro:5:3,' dsue=',dsue:5:3,'
dsuo=',dsuo:5:3); readkey;}
        end;              end;    end;
        until lc=re1;end;
        procedure EscDeseq; var aux:real;    {    acha o mais
desequilibrado}
        begin  re1:=pri; irwB(false); lc:=re1;   aux:=0;
        repeat irWb(true); with re1^ do  begin  if perg<>0 then begin
        SM:=mc+mb+md+me+mnre+mnro+msuo+msue;
        if abs(aux)<abs(SM) then begin aux:=SM;ult:=re1;end;end;end;
        until lc=re1;re1:=ult;done:=(abs(re1^.sm)<0.0000000001) and
(re1^.sm<>0);
        end;
        procedure EqualNo;  var m:real;
```

```pascal
begin
with re1^ do begin Sm:=-Sm;
{write('x= ', x:2,' y=',y:2);writeln('  sm=',sm:10:8);  }

    if(cd<>0)then begin m:=sm * dd;sd:=sd+m+md;md:=0;kc:=re1;
repeat
    kc:=kc^.pro;until kc^.ta<>'c';if kc^.byt then kc^.me:=kc^.me+
(m/2);end;

    if(ce<>0)then begin m:=sm * de;se:=se+m+me;me:=0;kc:=re1;
repeat
    kc:=kc^.ant;until kc^.ta<>'c';if kc^.byt then kc^.md:=kc^.md+
(m/2);end;

    if(cc<>0)then begin m:=sm *
dc;sc:=sc+m+mc;mc:=0;kc:=re1;repeat
    kc:=kc^.cim;until kc^.ta<>'c';if kc^.byt then kc^.mb:=kc^.mb+
(m/2);end;

    if(cb<>0)then begin m:=sm * db;sb:=sb+m+mb; mb:=0;kc:=re1;
repeat
    kc:=kc^.bai;until kc^.ta<>'c';if kc^.byt then kc^.mc:=kc^.mc+
(m/2);end;

    if(cnre<>0)then begin m:=sm *
dnre;snre:=snre+m+mnre;mnre:=0;kc:=re1; repeat
    kc:=kc^.nre;until kc^.ta<>'c';if kc^.byt then kc^.msuo:=kc^.msuo
+(m/2);end;

    if(cnro<>0)then begin m:=sm *
dnro;snro:=snro+m+mnro;mnro:=0;kc:=re1; repeat
    kc:=kc^.nro;until kc^.ta<>'c';if kc^.byt then kc^.msue:=kc^.msue
+(m/2);end;

    if(csue<>0)then begin m:=sm *
dsue;ssue:=ssue+m+msue;msue:=0;kc:=re1; repeat
    kc:=kc^.sue;until kc^.ta<>'c';if kc^.byt then kc^.mnro:=kc^.mnro
+(m/2);end;

    if(csuo<>0)then begin m:=sm *
dsuo;ssuo:=ssuo+m+msuo;msuo:=0;kc:=re1; repeat
    kc:=kc^.suo;until kc^.ta<>'c';if kc^.byt then kc^.mnre:=kc^.mnre
+(m/2);end;


    end;        end;
```

```pascal
      procedure nil47.entradado;    var sr:str41;
      begin
      Lequiv;distribuicao;repeat EscDeseq;EqualNo;until done;
      assign(arq,'nilson47.txt');append(arq);
      re1:=pri; irWB(false);lc:=re1;
      repeat  irWB(true);       with re1^ do begin
      if ce <>0 then begin str(abs(se+me):12:3,sr);writeln(arq,' Momento
Esquerdo Final: ',tiranulo(sr));end;
      if cd <>0 then begin str(abs(sd+md):12:3,sr);writeln(arq,' Momento
Direito Final: ',tiranulo(sr));end;
      if cc <>0 then begin str(abs(sc+mc):12:3,sr);writeln(arq,' Momento
de Cima Final: ',tiranulo(sr));end;
      if cb <>0 then begin str(abs(sb+mb):12:3,sr);writeln(arq,' Momento
de baixo Final: ',tiranulo(sr));end;
      if cnre <>0 then begin str(abs(snre+mnre):12:3,sr);writeln(arq,'
Momento Nordeste Final: ',tiranulo(sr));end;
      if cnro <>0 then begin str(abs(snro+mnro):12:3,sr);writeln(arq,'
Momento Noroeste Final: ',tiranulo(sr));end;
      if csue <>0 then begin str(abs(ssue+msue):12:3,sr);writeln(arq,'
Momento Sudeste Final: ',tiranulo(sr));end;
      if csuo <>0 then begin str(abs(ssuo+msuo):12:3,sr);writeln(arq,'
Momento Sudoeste Final: ',tiranulo(sr));end;
      writeln(arq,' No :',x:2,',',y:2);
      writeln(arq,' ========================');  end;
      until lc=re1;limpmemoC;CLOSE(arq);
      iniciartextoarq(false,'nilson47.txt');
      end;
      end.
      unit nils48;
      interface
      uses
crt,nilson36,nilson38,nilson35,nilson32,nilson73,nilson39,nilson70,nilson7
4,nilson30;
      type
      ptr_nil48 =^nil48;
      nil48=object
      procedure entradado;
      end;
      var k48:ptr_nil48;
      implementation
      type
      str201=string[201];
      var  Sa:str201;
      num:array[1..16] of str80; base1,base2:integer;

      function BqDez(num:str80;base:byte):str80;
      var aux,aux1,aux2,b:real; flag:boolean; st,st1,st2:str80;
```

```pascal
        procedure TT; begin aux:=0;
        for i:=1 to length(st) do aux:=(aux*b)+(pos(st[i],sa)-1);end;
        begin {writeln('num =',num); writeln('base
=',base);readkey;acabe;halt;}
        st1:='';st2:='';flag:=false;val(num,aux1,erro);if aux1=0 then begin
BqDez:='0';exit;end;
        if pos('-',num)<>0 then begin flag:=true;Delete(num,1,1);end;
        if pos('.',num)<>0 then begin st1:=copy(num,1,pos('.',num)-1);
        st2:=copy(num,pos('.',num)+1,length(num));end else begin
st1:=num;st2:='';end;

        {writeln('st1=',st1); writeln('st2 =',st2);readkey;acabe;halt; }

        val(st1,aux1,erro); if aux1=0 then st1:='';
        if (erro=0) and (aux1<>0) then
        begin
b:=base;st:=st1;TT;aux1:=aux;str(aux:20:10,st1);st1:=tiranulo(st1);end;
        {write(' st1=',st1); write(' st2 =',st2);writeln('
st=',st);readkey;acabe;halt;}

        val('0.'+st2,aux2,erro); if aux2=0 then st2:='';
        if (erro=0) and (aux2<>0) then begin
        st:='';for i:=length(st2) downto 1 do st:=st+st2[i]; st:=st+'0';
        b:=1/base;TT;aux2:=aux;str(aux:20:10,st2);st2:=tiranulo(st2);end;

        {write(' st1=',st1); write(' st2 =',st2);writeln('
st=',st);readkey;acabe;halt;}

        if aux1=0 then st:=st2 else
        if aux2=0 then st:=st1 else
        if (aux1<>0) and (aux2<>0) then begin
str((aux1+aux2):20:10,st);st:=tiranulo(st);end;
        if flag then st:='-'+st; BqDez:=st;

        {write(' st1=',st1); write(' st2 =',st2);writeln('
st=',st);readkey;acabe;halt; }
        end;

        function DezBq(num:str80;base:byte):str80;
        var aux,aux1,aux2:real; flag:boolean; st,st1,st2:str80;

        begin {    writeln('num =',num[5]); writeln('base
=',base);readkey;acabe;halt;  }

        st1:='';st2:='';flag:=false; val(num,aux1,erro);if aux1=0 then begin
DezBq:='0';exit;end;
```
- 97 -

```pascal
        if (pos('-',num) > 0) then begin flag:=true;Delete(num,1,1);end;
        if (pos('.',num) > 0) then begin st1:=copy(num,1,pos('.',num)-1);
        st2:=copy(num,pos('.',num)+1,length(num));end else begin
st1:=num;st2:='';end;

        {writeln('st1=',st1); writeln('st2 =',st2);readkey;acabe;halt; }

        val(st1,aux1,erro); if aux1=0 then st1:='';
        if (aux1<>0) and (erro=0) then begin   st:='';st1:='';
        while aux1>0 do  begin
        st:=st+sa[(trunc(aux1) mod trunc(base))+1];
        aux1:=trunc(aux1) div trunc(base);
        end;
        for i:=length(st) downto 1 do st1:=st1+st[i];
        end;
        val('0.'+st2,aux2,erro); if aux2=0 then st2:='';
        if (aux2<>0) and (erro=0) then begin st2:='';
        while (aux2>0) or (aux2>(1/exp(4*ln(base)))) do begin
        aux2:=aux2*base; st2:=st2+sa[trunc(aux2)+1]; aux2:=frac(aux2);
        end;end;
        if st1='' then st:='0.'+st2 else
        if st2='' then st:=st1 else
        if (st1<>'') and (st2<>'') then st:=st1+'.'+st2;
        if flag then st:='-'+st; DezBq:=st;
        {writeln('st1=',st1); write('st2
=',st2);writeln('st=',st);readkey;acabe;halt;}
        end;
        procedure nil48.entradado;  var y:byte;
        begin
        Sa:='' ;
        for y:=48 to 57 do Sa:=Sa+chr(y);
        for y:=65 to 255 do Sa:=Sa+chr(y); {if lequi('nicasi48.dat') then
exit;}
        res1:=primeir;for y:=1 to 16 do begin
num[y]:=res1^.str80D;res1:=res1^.proximo;end;
        limpmemoini;

        if (num[2]='10') then begin
        val(num[3],base1,erro);
        for y:=4 to 16 do {begin}
        num[y]:=DezBq(num[y],base1*1);
        {writeln('num[',y,'] =',num[y]);end; readkey;acabe;halt;}
        end;
        {for i:=1 to 16 do writeln('num[',i,']=',num[i]); readkey;acabe;halt; }
        if (num[3]='10') then begin
        val(num[2],base1,erro);
        for y:=4 to 16 do{ begin }
```

```
num[y]:=BqDez(num[y],base1*1);
{writeln('num[',y,'] =',num[y]);end; readkey;acabe;halt;}
end;
if (num[2]<>'10') and (num[3]<>'10') then begin
val(num[2],base1,erro);val(num[3],base2,erro);
for y:=4 to 16 do{ begin }
num[y]:=DezBq(BqDez(num[y],base1*1),base2*1);
{writeln('num[',y,'] =',num[y]);end; readkey;acabe;halt; }
end;
Assign(arq,'nilson48.txt');append(arq);
for i:=4 to 16 do
writeln(arq,'n£mero [',i,'] = ',num[i],'  na nova base.');
writeln(arq,'Obs:A aproxima‡Æo quando necess ria ,:  1/(base)4.');
close(arq);iniciartextoarq(false,'nilson48.txt');
end;
end.
```

program nilso000;   { ===== polin"mios===}

```
{
unit nilso000;
interface        }
uses
crt,nilson36,nilson38,nilson32,nilson39,nilson31,nilson35,nilson30,nilson72,nilson73;
{
type
ptr_nils000 = ^nils000;
nils000 = object
PROCEDURE entradado;
end;
var k000:ptr_nils000;
implementation      }

type
dados=record
coef,grau:real;
end;

pno=^no;
no=record
d:dados;
prox:pno;
end;

descr=record
i1,i2,i3,i4,i5,i6,a,b,c:pno;
n1,n2,n3,n4,n5,n6:integer;
end;
```

```pascal
var
d:descr;dad:dados;
i,j:integer;
opcao:char;
{escreve lista b    (d.i,b)}
procedure LteLa(n:byte);
begin for i:=n to 22 do begin gotoxy(1,i);ClrEol;end;
end;
procedure es1(var a,b:pno);
begin  b:=a;
while b<>nil do begin write('    ',b^.d.coef:5:2,'
x',b^.d.grau:1:0);b:=b^.prox;end;
end;
{escreve lista b    (d.i,b)}
procedure es(var a,b:pno;var u:integer;x,y:integer;s1:string);
begin  b:=a;   gotoxy(x,y); clreol;write(s1);
for i:=1 to u do begin write('    ');
if b^.d.coef>0 then write('+',b^.d.coef:4:2)else write(b^.d.coef:4:2);
if b^.d.grau>1 then write('x',b^.d.grau:1:0) else
if b^.d.grau=1 then write('x');b:=b^.prox;end;
end;
procedure esarq(var a,b:pno;var u:integer;x,y:integer;s1:string);
begin  b:=a;   writeln(arq);write(arq,s1);
for i:=1 to u do begin write(arq,'    ');
if b^.d.coef>0 then write(arq,'+',b^.d.coef:4:2)else
write(arq,b^.d.coef:4:2);
if b^.d.grau>1 then write(arq,'x',b^.d.grau:1:0) else
if b^.d.grau=1 then write(arq,'x');b:=b^.prox;end;
end;
{ ordena‡Æo da lista b  (d.ib,b,c,d,d.nb)     }
procedure orden(var a,b,c,d:pno;var u:integer);
begin b:=a;
for i:=1 to u-1 do begin c:=b^.prox;dad:=b^.d;d:=b;
for j:=i+1 to u do begin
if (c^.d.grau>dad.grau) then begin d:=c;dad:=c^.d;end;c:=c^.prox;
end;d^.d:=b^.d;  b^.d:=dad;  b:=b^.prox;
end;
end;
{apaga lista com descritor-inicio     (di,b)}
procedure apaga(var a,b:pno);
begin  b:=a^.prox;
while a<>nil do begin dispose(a);a:=b;b:=b^.prox;end;
end;
{a lista c coloca dados na d  (d.ic, d.id,c,d, d.nd ou dnc)  }
procedure atr(var a,b,c,d:pno;var u:integer);
begin c:=a;d:=b;
```

```
        for i:=1 to u do begin d^.d:=c^.d; d:=d^.prox;c:=c^.prox;end;
        end;
        {achar uma posi‡Æo na lista b    (d.ib,b,uqq}
        procedure posd(var a,b:pno;var u:integer);
        begin  b:=a; for i:=1 to u do b:=b^.prox;
        end;
        {troca sinal na lista b    (d.ib,b,uqq}
        procedure sinal(var a,b:pno;var u:integer);
        begin  b:=a; for i:=1 to u do begin b^.d.coef:=-1 *
b^.d.coef;b:=b^.prox;end;
        end;
        {final real da lista b  (d.ib , b)}
        procedure D_n(var a,b:pno;var u:integer);{d.i1,d.a,d.n1}
        begin b:=a;i:=1;
        while ((b^.d.grau<>0) or (b^.d.coef<>0)) and (b^.prox<>nil) do
begin b:=b^.prox;inc(i);end;u:=i;
        end;
        { constroi lista a com  u posi‡äes      (a,b,d.na) }
        procedure lista(var a,b:pno;var u:integer);
        begin
        for i:=1 to u do begin new(a);
        if i=1 then a^.prox := nil else a^.prox:=b;
        a^.d.grau:=0;a^.d.coef:=0;b:=a;end;
        end;
        procedure remov(var a,b,c:pno;var u:integer);
        begin
        while (a^.d.coef=0)  and (a<>nil) do begin
b:=a^.prox;dispose(a);a:=b;end;
        b:=a;c:=a;if c<>nil then c:=b^.prox;
        while (c<>nil)  do begin
        while (c^.d.coef=0)  and (c<>nil) do begin
b^.prox:=c^.prox;dispose(c);c:=b^.prox;end;
        c:=c^.prox;b:=b^.prox;
        end;
        b:=a;i:=0;
        while b<>nil do begin b:=b^.prox;inc(i);u:=i;end;
        end;
        {d.ia,d.a,d.n1,'txt'  cria exemplo}
        procedure exemplo(var d1,d2,a,b,c:pno;var u1,u2:integer);
        begin
        u1:=5;lista(d1,a,u1);
        for i:=1 to u1 do begin
        if i=1 then begin a^.d.grau:=4;a^.d.coef:=4;end;
        if i=2 then begin a^.d.grau:=3;a^.d.coef:=-4;end;
        if i=3 then begin a^.d.grau:=2;a^.d.coef:=3;end;
        if i=4 then begin a^.d.grau:=1;a^.d.coef:=-2;end;
        if i=5 then begin a^.d.grau:=0;a^.d.coef:=2;end;a:=a^.prox;
```

```
            end; orden(d1,b,c,a,u1);
            u2:=3; lista(d2,a,u2);
            for i:=1 to u2 do begin
            if i=1 then begin a^.d.grau:=2;a^.d.coef:=1;end;
            if i=2 then begin a^.d.grau:=1;a^.d.coef:=1;end;
            if i=3 then begin a^.d.grau:=0;a^.d.coef:=-1;end;a:=a^.prox;
            end; orden(d2,b,c,a,u2);
            es(d1,a,u1,1,12,'P1=');
es(d2,b,u2,1,13,'P2=');esarq(d1,a,u1,1,12,'P1=');
            esarq(d2,b,u2,1,13,'P2=');writeln(arq);NoFinal;Assign(arq,'nilso000.
txt');append(arq);
            end;
            {d.ia,d.a,d.b,d.c,d.n1}
            procedure cria_p(var a,b,c,d:pno;var
u:integer;s,s1:string;x,y:integer);
            begin
            for i:=1 to 16 do begin gotoxy(1,i);ClrEol;end;
            gotoxy(25,1);write(s);
            gotoxy(25,2);for i:=1 to length(s) do write('=');
            gotoxy(1,4);write('Digite o n£mero de termos que ter  o seu
polin"mio : ');
            readln(u);lista(a,b,u);
            for i:=1 to u do begin
            gotoxy(1,5+i);clreol;write('Entre com o coeficiente do termo ',i,' do
polinomio: ');
            readln(b^.d.coef);
            b:=b^.prox;      end; b:=a;j:=i;
            for i:=1 to u do begin
            gotoxy(1,5+j+i);clreol;write('Entre com o grau do termo',i,' do
polinomio : ');
            readln(b^.d.grau);
            b:=b^.prox;
            end; for i:=1 to 16 do begin
gotoxy(1,i);ClrEol;end;orden(a,b,c,d,u);es(a,b,u,x,y,s1);esarq(a,b,u,x,y,s1);
            end;
            {soma os dois polinomios existindo lista a e b constroi e soma  c }
            procedure o_u(var d1,d2,d3:pno;var u1,u2,u3:integer;car:char);
{soma os dois polinomios}
            var k:integer;a,b,c:pno;
            procedure achei;  begin
            for i:=1 to u2 do begin
            if (a^.d.grau= b^.d.grau) then begin c^.d.coef:=
a^.d.coef+b^.d.coef;
            c^.d.grau:= a^.d.grau;exit; end;b:=b^.prox;c:=c^.prox;
            end;posd(d3,b,u3);inc(u3);b^.d:= a^.d;
            end;
            begin
```

```
        u3:=u1+u2; lista(d3,c,u3);if car='U' then
sinal(d2,b,u2);atr(d2,d3,b,c,u2);a:=d1;b:=d2;c:=d3;u3:=u2;
        for k:=1 to u1 do begin b:=d2;c:=d3;achei;a:=a^.prox;end;
        remov(d3,c,b,u3);orden(d3,c,b,a,u3);if car='U' then sinal(d2,b,u2);
        end;

        {entra [d1,d2] sai[d1,d2,d4=produto]}
        procedure multpoli(var d1,d2,d4:pno;var u1,u2,u4:integer);
        var k:integer;a,b,c,e,f,d3,d5:pno;u3,u5:integer;
        begin
        u3:=u2;lista(d3,c,u3);u4:=u2;lista(d4,e,u4);a:=d1;b:=d2;c:=d3;
        for k:=1 to u1 do begin
        for i:=1 to u2 do begin
        c^.d.coef:= a^.d.coef*b^.d.coef; c^.d.grau:= a^.d.grau+b^.d.grau;
        c:=c^.prox;b:=b^.prox;end;
        o_u(d3,d4,d5,u3,u4,u5,'O');
        apaga(d4,e); d4:=d5;u4:=u5; b:=d2;c:=d3;
        a:=a^.prox;   end; apaga(d3,e);remov(d4,e,f,u4);
        end;
        {entra [d1 e d2]    sai [d1,d2,d3=quoc,d5=resto]}
        procedure divpoli(var d1,d2,d3,d5:pno;var u1,u2,u3,u5:integer);
        var a,b,c,e,f,d4,d6:pno;u4,u6:integer;
        begin
        u3:=u1;lista(d3,c,u3);u4:=u2;lista(d4,f,u4);u6:=u1;lista(d6,a,u6);
        atr(d1,d6,a,e,u1);c:=d3;a:=d6;b:=d2;
        while a^.d.grau>=b^.d.grau do begin f:=d4;
        c^.d.grau:=a^.d.grau - b^.d.grau; c^.d.coef:=a^.d.coef / b^.d.coef;
        for i:=1 to u2 do     begin
        f^.d.coef:= c^.d.coef*b^.d.coef; f^.d.grau:= c^.d.grau+b^.d.grau;
        b:=b^.prox;f:=f^.prox;end; c:=c^.prox;
        o_u(d6,d4,d5,u6,u4,u5,'U');
        apaga(d6,a); d6:=d5;u6:=u5;a:=d6;b:=d2;
        end;
        apaga(d4,f);remov(d3,e,f,u3);orden(d3,e,f,a,u3);
        end;

        procedure potenc(var d1,d3:pno;var u1,u3:integer);
        var a,b,c,d2:pno;N,k,u2:integer;
        begin
        repeat gotoxy(1,15);entrada:=tiranul(instring('','A potência : ',
        ['0'..'9'],[],40,1));val(entrada,N,erro);
        until (erro=0) or (ch in [#27,#45]);write(ch);
        if (N<2) or (ch in [#27,#45])then halt;
        u2:=u1;lista(d2,a,u2);atr(d1,d2,a,b,u1);
        for k:=2 to N do begin  multpoli(d1,d2,d3,u1,u2,u3);
        apaga(d2,a);d2:=d3;end;
        end;
```

```
          procedure {nils000.}entradado;
          begin
          saitt('nilso000.txt');
          repeat
          gotoxy(5, 1);write(' a ....... Criar o Polinomio P1');
          gotoxy(5, 2);write(' b ....... Criar o Polinomio P2');
          gotoxy(5, 3);write(' c ............ Calcular P1+P2');
          gotoxy(5, 4);write(' d ............ Calcular P1-P2');
          gotoxy(5, 5);write(' e ............ Calcular P1*P2');
          gotoxy(5, 6);write(' f ............ Calcular P1/P2');
          gotoxy(5, 7);write(' g ............ Potencia‡Æo');
          gotoxy(5, 8);write(' x ................... exemplo');
          gotoxy(5, 9);write(' s ...................... Sair');
          gotoxy(5, 10);write(' Escolha uma opcao :  ');
          repeat
entrada:=tiranul(instring(",",[],['a','b','c','d','e','f','g','x','s'],1,0));
          opcao:=upcase(ch);
          until opcao in ['A','B','C','D','E','F','G','X','S',#27,#45];write(ch);
          Ltela(14);

          case opcao of
          'A' :cria_p(d.i1,d.a,d.b,d.c,d.n1,'criar polin"mio P1','P1=',1,12);
          'B' :begin cria_p(d.i2,d.b,d.a,d.c,d.n2,'criar polin"mio
P2','P2=',1,13);writeln(arq);NoFinal;
          Assign(arq,'nilso000.txt');append(arq);end;
          'C' :begin o_u(d.i1,d.i2,d.i3,d.n1,d.n2,d.n3,'O');
          esarq(d.i3,d.c,d.n3,1,14,'Pc=');apaga(d.i3,d.c);end;
          'D' :begin o_u(d.i1,d.i2,d.i3,d.n1,d.n2,d.n3,'U');
          esarq(d.i3,d.c,d.n3,1,14,'Pd=');apaga(d.i3,d.c);end;
          'E' :begin  multpoli(d.i1,d.i2,d.i4,d.n1,d.n2,d.n4);
          esarq(d.i4,d.a,d.n4,1,14,'Pe=');apaga(d.i3,d.c);end;
          'F' :begin  divpoli(d.i1,d.i2,d.i3,d.i5,d.n1,d.n2,d.n3,d.n5);
          esarq(d.i5,d.a,d.n5,1,14,'Pf Res=');esarq(d.i3,d.a,d.n3,1,15,'Pf
Quoc=');
          apaga(d.i3,d.c);apaga(d.i5,d.c);end;
          'G' :begin  repeat gotoxy(1,14);entrada:=tiranul(instring(",' Qual o
polin"mio (1=p1,2=p2)? ',
          [],['1','2'],1,1));write(ch);
          until ch in ['1','2',#27,#45];
          if (ch in [#27,#45])then halt;
          if ch='1' then potenc(d.i1,d.i3,d.n1,d.n3) else
          if ch='2' then potenc(d.i2,d.i3,d.n2,d.n3);Ltela(14);
          esarq(d.i3,d.a,d.n3,1,14,'Pg=');apaga(d.i3,d.c);end;
          'X' :exemplo(d.i1,d.i2,d.a,d.b,d.c,d.n1,d.n2);
          end;
          until opcao in ['S','C','D','E','F','G',#27,#45];
```

```
close(arq);iniciartextoarq(false,'nilso000.txt');
end;
{end.    }

BEGIN
if not getparamstr then exit;clrscr;ESCREVERODAPE;
DadoIniMouse;WINDOW(2,5,79,22);textattr:=$70;clrscr;
entrada:=";entrada2:=";entrada1:=";
entradado;leituraarquivotexto('nilso000.txt');
END.

unit nilso001; { apoio a entrada de angulos}
interface
uses crt,dos,nilson30,nilson73;
function NumStr(N, D: Integer): String;
function EStrReal1(st:str25):real;{-239 55.5 devolver -239.925 real}
function EStrReal2(st:str25):real;{-239.76543 devolver -239.76543
real}
       function EStrReal3(st:str25):real;{-239 45 55.548 devolver -
239.76543 real}
       function ERealStr(st:real;u:byte):str25;{ 239.76543 para string 239
45 55.00 u=2 }
       function strExag(stringe:str25):str25;
       {string 239.76543 para string 239 45 55 }
       function EspacoPonto(strinaux:str25):str25;
       { descobrir o tipo da entrada depois armazenar no tipo
239.88888888}
       {#0= entrada ruim }

implementation
function NumStr(N, D: Integer): String;  { N=53 e D=2 }
begin
NumStr[0] := Chr(D);                      { tamanho da string=2 }
while D > 0 do                { D=2  }
begin
NumStr[D] := Chr(N mod 10 + Ord('0')); { Numstr[2]=chr[3+48]=3
Numstr[1]=chr[5+48]=5}
N := N div 10;                          { N=5 }
Dec(D);                                 { D=1}
end;
end;
       function EStrReal2(st:str25):real;{-239.76543 devolver -239.76543
real}
var inteira:real;
begin
val(st,inteira,erro);EStrReal2:=inteira;
end;
```

```pascal
        function EStrReal3(st:str25):real;{-239 45 55.548 devolver -
239.76543 real}
        var inteira,int3600,int60:real;
        begin
        val(copy(st,pos('.',st)-2,length(st)),int3600,erro);
        val(copy(st,pos('.',st)-4,2),int60,erro);
        val(copy(st,1,pos('.',st)-5),inteira,erro);
        int3600:=int3600/60;
        int60:=(int60+int3600)/60;
        if inteira>0 then EStrReal3:= inteira+int60 else EStrReal3:= inteira-
int60;
        end;
        function EStrReal1(st:str25):real;{-239 55.5 devolver -239.925 real}
        var inteira,int3600,int60:real;
        begin
        val(copy(st,pos('.',st)-2,length(st)),int3600,erro);
        val(copy(st,1,pos('.',st)-3),inteira,erro);
        int3600:=int3600/60;
        if inteira>0 then EStrReal1:= inteira+int3600 else EStrReal1:=
inteira-int3600;
        end;
        function ERealStr(st:real;u:byte):str25;{ 239.76543 para string 239
45 55.548 ponto flutuante}
        var aux60,aux3600:real;
        aux60S,aux3600S,aS:str25;
        begin
        aux60:=abs(frac(st) * 60);
        aux3600:= frac(aux60) * 60;
        st:=int(st);aux60:=int(aux60);
        str(st:4:0,aS);str(aux60:1:0,aux60S);str(aux3600:1:u,aux3600S);
        val(as,st,erro);val(aux60s,aux60,erro);val(aux3600s,aux3600,erro);
        if aux3600>=60 then begin aux3600:=aux3600-
60;aux60:=aux60+1;end;
        if aux60>=60 then begin aux60:=aux60-60;if st>=0 then st:=st+1
else st:=st-1;end;
        str(st:4:0,aS);str(aux60:1:0,aux60S);str(aux3600:1:u,aux3600S);

        ERealStr:=aS+#248+aux60S+#39+aux3600S+#34;
        end;
        function strExag(stringe:str25):str25;
        {string 239.76543 para string 239 45 55 }
        var todoNu,aux60,aux3600,inteirareal:real; n,k,l,i:byte;
        aux60S,aux3600S,inteiraS,S:str25;erro:integer; feito:boolean;
        begin     feito:=false;  stringe:=tiranulo(stringe); n:=pos('.',stringe)-1;
        if (stringe=#0) then begin strExag:=#0;exit end;
        if (stringe=#48) then begin
strExag:='0'+#248+'0'+#39+'0.0'+#34;exit;end;
```

```
        if pos('-',stringe) > 0 then begin feito:=true;n:=n-1;end;
        val(stringe,TodoNu,erro);
        if (erro<>0) then begin strExag:=#0;exit;end;
        inteiraReal:=abs(trunc(TodoNu));
        aux60:=abs(trunc(frac(todonu) * 60)); if aux60<=9 then k:=1 else
k:=2;
        aux3600:= abs(frac(frac(todonu) * 60)* 60);if aux3600<=9 then l:=1
else l:=2;
        if aux3600=60 then begin aux60:=aux60+1;aux3600:=0;l:=1;end;
        str(inteirareal:n:0,inteiraS);str(aux60:k:0,aux60S);str(aux3600:l+1:1
,aux3600S);
        S:=inteiraS+#248+aux60S+#39+aux3600S+#34;if feito then begin
s:='-'+s;N:=n+1;end;
        for i:=(n+k+l+5) to 12 do s:=#0+s;
        strExag:=S;
        end;
        function EspacoPonto(strinaux:str25):str25;
        { descobrir o tipo da entrada depois armazenar no tipo
239.88888888}
        {#0= entrada ruim   }
        var inteira,int3600,int60:real; numint:byte;feito:boolean;
        erro:integer;
        begin   feito:=false;
        if (strinaux=#0) then begin espacoponto:=#0;exit;end;
        numint:=1;
        while numint<=length(strinaux) do
        if strinaux[numint] in [#0,#32,'-'] then begin if strinaux[numint]='-
'then feito:=true;
        delete(strinaux,numint,1);end else inc(numint);

        if (pos('.',strinaux) > 0) then begin
        val(strinaux,inteira,erro);
        if(inteira<=360) and (erro = 0) then begin
        if inteira=0 then begin espacoponto:='0';exit;end;
        if feito then strinaux:='-'+strinaux;
        espacoponto:=strinaux;exit;end
        else begin espacoponto:=#0;exit; end;end;

        if (length(strinaux)>7) then begin espacoponto:=#0;exit;end;

        val(copy(strinaux,length(strinaux)-1,2),int3600,erro);
        if erro=0 then begin if int3600>0 then int3600:=int3600 / 3600 else
int3600:=0.0;end else begin espacoponto:=#0;exit end;

        val(copy(strinaux,length(strinaux)-3,2),int60,erro);
        if erro=0 then begin if int60>0 then int60:=int60 / 60 else int60:=0.0;
end else begin espacoponto:=#0;exit end;
```

```pascal
val(copy(strinaux,1,length(strinaux)-4),inteira,erro);
if (inteira+int60+int3600=0) then begin espacoponto:='0';exit;end;
if erro=0 then inteira:=inteira+int60+int3600 else begin
espacoponto:=#0;exit end;


if inteira<=360 then  begin
if feito then inteira:=inteira*(-
1);str(inteira:25:13,strinaux);espacoponto:=strinaux;end
else espacoponto:=#0;
end;
(*function EspacoPonto(strinaux:str25):str25;
{ descobrir o tipo da entrada depois armazenar no tipo
239.88888888}
{#0= entrada ruim   }
var inteira,int3600,int60:real; numint:byte;feito:boolean;
erro:integer;
begin   feito:=false;
if (strinaux=#0) then begin espacoponto:=#0;exit;end;
for numint:=1 to length(strinaux) do
if strinaux[numint] in [#0,#32,'-'] then begin if strinaux[numint]='-
'then feito:=true;
delete(strinaux,numint,1);numint:=numint-1;end;

if (pos('.',strinaux) > 0) then begin
val(strinaux,inteira,erro);
if(inteira<=360) and (erro = 0) then begin
if inteira=0 then begin espacoponto:='0';exit;end;
if feito then strinaux:='-'+strinaux;
espacoponto:=strinaux;exit;end
else begin espacoponto:=#0;exit; end;end;

if (length(strinaux)>7) then begin espacoponto:=#0;exit;end;

val(copy(strinaux,length(strinaux)-1,2),int3600,erro);
if erro=0 then begin if int3600>0 then int3600:=int3600 / 3600 else
int3600:=0.0;end else begin espacoponto:=#0;exit end;

val(copy(strinaux,length(strinaux)-3,2),int60,erro);
if erro=0 then begin if int60>0 then int60:=int60 / 60 else int60:=0.0;
end else begin espacoponto:=#0;exit end;

val(copy(strinaux,1,length(strinaux)-4),inteira,erro);
if (inteira+int60+int3600=0) then begin espacoponto:='0';exit;end;
if erro=0 then inteira:=inteira+int60+int3600 else begin
espacoponto:=#0;exit end;
```

```
        if inteira<=360 then  begin
        if feito then inteira:=inteira*(-
1);str(inteira:25:13,strinaux);espacoponto:=strinaux;end
        else espacoponto:=#0;
        end;                    *)
        end.


        end.
        unit nilso002; {      apoio para nilson42.exe }
        INTERFACE
        USES CRT,dos,nilson33,nilson30;
        procedure datalimite(di,me,an,ho,mo,so:word); {deve ficar entre as
duas proc. abaixo}
        procedure IniProgr;
        procedure TermProgr;


        var
        selectaux,select,select1,select2,select3,select4,select5,select6,sel
ect7,select8:activities;
        darofora,relog,sairprogr:boolean;menustring:string[40];dosexit:byte
;algo1:real;


        implementation
        var
        ftime: Longint; dt :DateTime; arquivo:activities;
        DirInfo: SearchRec; i: ACTIVITYRANGE; d_s:word;
        procedure datalimite(di,me,an,ho,mo,so:word);
        var  ANO,MES,DIA,hora,minuto,seg:WORD;s:boolean;
        procedure lim(A,M,D,h,mi,se,Aa,Ma,Da,ha,mia,sea:WORD);
        begin s:=A>Aa;
        IF NOT s THEN s:=((A=Aa)AND(M>Ma));
        IF NOT s THEN s:=((A=Aa)AND(M=Ma)AND(D>Da));
        IF NOT s THEN s:=((A=Aa)AND(M=Ma)AND(D=Da)AND(H>Ha));
        IF NOT s THEN
s:=((A=Aa)AND(M=Ma)AND(D=Da)AND(H=Ha)AND(Mi>Mia));
        IF NOT s THEN
s:=((A=Aa)AND(M=Ma)AND(D=Da)AND(H=Ha)AND(Mi=Mia)AND(se>sea
));
        end;
        BEGIN
        {$I-}assign(arquiv,'nilson1.ncs');reset(arquiv) {$I+};if IOResult<>0
then exit;seek(arquiv,3509);
        getdate(ANO,MES,DIA,D_S);gettime(hora,minuto,seg,d_s);
        read(arquiv,F1nilson1);
Val(F1nilson1.Lstr80,ftime,erro);UnpackTime(ftime,dt);
        read(arquiv,F1nilson1); Val(F1nilson1.Lstr80,d_s,erro);
```

```
        lim(dt.year,dt.month,dt.day,dt.hour,dt.min,dt.sec,ANO*1,me*1,DIA*
1,hora*1,minuto*1,seg*1);
        if s then d_s:=d_s + 50 else begin
        dt.year:=ano;dt.month:=me;dt.day:=dia;dt.hour:=hora;dt.min:=minut
o;dt.sec:=seg;end;
        lim(ANO*1,MES*1,DIA*1,hora*1,minuto*1,seg*1,an*1,me*1,di*1,ho
*1,mo*1,so*1);
        if s then begin d_s:=8640;darofora:=d_s>=8640;d_s:=0;end;
        if darofora then  begin FindFirst('*.ncs', Archive, DirInfo);
        while DosError = 0 do begin  assign(arq,dirinfo.name);erase(arq);
findnext(DirInfo);end;exit;end;

        {ao trocar
data:dt.year:=ano;dt.month:=me;dt.day:=dia;dt.hour:=hora;dt.min:=minuto;
dt.sec:=seg;d_s:=0;}


        seek(arquiv,3509);PackTime(dt,ftime);Str(ftime,f1nilson1.Lstr80);wr
ite(arquiv,F1nilson1);
        Str(d_s,f1nilson1.Lstr80);write(arquiv,F1nilson1);
        close(arquiv);
        end;
        procedure IniProgr;
        function sel(a,b:activities):activities; begin
        read(arquiv,F1nilson1);for i:=a to b do
        if activity[i].menustring = F1nilson1.Lstr80 then begin
sel:=i;exit;end;end;
        begin
        (*ao trocar data:*)
        {$I-}assign(arquiv,'nilson1.ncs'); reset(arquiv) {$I+};
        if IOResult<>0 then begin
        darofora:=true;relog:=true;sairprogr:=true;algo1:=0;dosexit:=0;
        select:=PESQUISAEMDIRETORIO;select1:=ARQUIVO;select2:=s
elect;select3:=CROSS;
        select4:=CALCULOCENTRODEPERSPECTIVA;select5:=CIRCUIT
OS;select6:=CANAIS;select7:=ESTATISTICA;select8:=SOBRE; exit;end;
        seek(arquiv,3511);read(arquiv,F1nilson1);
        darofora:=F1nilson1.Lstr80[1]='t';relog:=
F1nilson1.Lstr80[2]='t';sairprogr:=F1nilson1.Lstr80[3]='t';
        read(arquiv,F1nilson1);Val(F1nilson1.Lstr80,dosexit,erro);
        read(arquiv,F1nilson1);Val(F1nilson1.Lstr80,algo1,erro);
        read(arquiv,F1nilson1);menustring:=F1nilson1.Lstr80;
        select:=sel(arquivo,mensagem);select1:=sel(arquivo,help);select2:
=sel(pesquisaemdiretorio,sair);
        select3:=sel(cross,telhado);select4:=sel(calculocentrodeperspectiv
a,poligonal);
        select5:=sel(circuitos,redes);select6:=sel(canais,
encanamento);select7:=sel(estatistica,criptografia);
```

```
        select8:=sel(sobre,mensagem);
        close(arquiv);
        end;
        procedure TermProgr;
        begin

        {ao trocar data:
darofora:=false;relog:=true;sairprogr:=true;algo1:=0;dosexit:=0;}

        {$I-}assign(arquiv,'nilson1.ncs');reset(arquiv) {$I+};
        if IOResult<>0 then exit;seek(arquiv,3511);
        if darofora then F1nilson1.Lstr80:='tff'else F1nilson1.Lstr80:='fff';
        if relog then F1nilson1.Lstr80[2]:='t'else F1nilson1.Lstr80[2]:='f';
        if sairprogr then F1nilson1.Lstr80[3]:='t'else
F1nilson1.Lstr80[3]:='f';write(arquiv,F1nilson1);
        Str(dosexit,f1nilson1.Lstr80);write(arquiv,F1nilson1);
        Str(algo1,f1nilson1.Lstr80);write(arquiv,F1nilson1);
        F1nilson1.Lstr80:=menustring;write(arquiv,F1nilson1);
        F1nilson1.Lstr80:=activity[select].menustring;write(arquiv,F1nilson1
);
        F1nilson1.Lstr80:=activity[select1].menustring;write(arquiv,F1nilson
1);
        F1nilson1.Lstr80:=activity[select2].menustring;write(arquiv,F1nilson
1);
        F1nilson1.Lstr80:=activity[select3].menustring;write(arquiv,F1nilson
1);
        F1nilson1.Lstr80:=activity[select4].menustring;write(arquiv,F1nilson
1);
        F1nilson1.Lstr80:=activity[select5].menustring;write(arquiv,F1nilson
1);
        F1nilson1.Lstr80:=activity[select6].menustring;write(arquiv,F1nilson
1);
        F1nilson1.Lstr80:=activity[select7].menustring;write(arquiv,F1nilson
1);
        F1nilson1.Lstr80:=activity[select8].menustring;write(arquiv,F1nilson
1);
        close(arquiv);
        end;
        end.
```

program nilso003; {$N+,E+}

```
        uses crt,dos,nilson36,nilson38,nilson39,nilson31,nilson35,nilson32,
        nilson73,nilson74,nilson30,nilson71,nilson43,nilson22,nilson63;
        type str80=string[80];nilson1F1 = record Lstr80:str80;end;
        var arquiv:file of
nilson1F1;F1nilson1:nilson1F1;dosexit,erro:integer;
        begin
        if not getparamstr then exit;DadoIniMouse;
```

```pascal
          ESCREVERODAPE;WINDOW(2,5,79,22);textattr:=$70;clrscr;
          entrada:='';entrada2:='';entrada1:='';
          {$I-}assign(arquiv,'nilson1.ncs');reset(arquiv) {$I+};
          if IOResult<>0 then exit;
seek(arquiv,3512);read(arquiv,F1nilson1);Val(F1nilson1.Lstr80,dosexit,err
o);close(arquiv);
          case dosexit of
          22:k22^.entradado;
          43:k43^.entradado;
          63:k63^.entradado;
          end;halt;
          END.
          program nilso004;  {$N+,E+}
          uses crt,dos,nilson36,nilson38,nilson39,nilson31,nilson35,nilson32,
          nilson73,nilson74,nilson30,nilson71,nilson44;
          type str80=string[80];nilson1F1 = record Lstr80:str80;end;
          var arquiv:file of
nilson1F1;F1nilson1:nilson1F1;dosexit,erro:integer;
          begin
          if not getparamstr then exit;DadoIniMouse;
          ESCREVERODAPE;WINDOW(2,5,79,22);textattr:=$70;clrscr;
          entrada:='';entrada2:='';entrada1:='';
          {$I-}assign(arquiv,'nilson1.ncs');reset(arquiv) {$I+};
          if IOResult<>0 then exit;
seek(arquiv,3512);read(arquiv,F1nilson1);Val(F1nilson1.Lstr80,dosexit,err
o);close(arquiv);
          case dosexit of
          44:k44^.entradado;
          end;halt(20);
          END.
          unit nilso010; { apoio a entrada de angulos}
          interface
          uses crt;
          const
          tab641: array[1..2,1..15] of real =
          (({fi}0,6.8,12.5,14,16.5,18,19,21.5,22.5,23.5,28,32.5,35,38,43),
          ({nq}1,2,3,4,5,6,7,8,9,10,20,30,40,50,100));
          tab642: array[1..2,1..12] of real =
          (({fi}0,2.5,6,8,11,12,23,27,31,33,35,40),
          ({nc}5,6,7,8,9,10,20,30,40,50,60,100));
          tab643: array[1..2,1..16] of real =
          (({fi}0,10,14,17.5,19,21,22,23,24,24.5,25.5,29,32,33,36,39),
          ({nfi}0,1,2,3,4,5,6,7,8,9,10,20,30,40,50,100));
          tab651: array[1..3,1..15] of real =
          (({n}3,12,18,24,28,31,33,35,37,38,41,44,45,46,52),
          ({nfi}8,10,20,30,40,50,60,70,80,90,100,110,120,130,140),
```

```
        ({fi}28,30.5,33,34.5,35.5,36.2,36.5,37,37.5,38.2,38.4,39.4,39.8,40.
5,41));
        tab652: array[1..3,1..15] of real =
        (({n}4,9,18,24,28,31,37,40,43,46,51,54,58,64,70),
        ({nq}4,10,20,30,40,50,60,70,80,90,100,110,120,130,140),
        ({fi}28,29.5,32.5,34.5,35.5,36.5,37.5,38.5,39,40,41,41.5,42.5,43,43
.5));
        tab641L: array[1..2,1..12] of real =
        (({fi}0,12,17.5,22,24,27,28,31,34,36,42,45),
        ({nq}1,2,3,4,5,6,7,8,9,10,20,28));
        tab642L: array[1..2,1..13] of real =
        (({fi}14,23,25,27.5,29,31,32.5,33,34,35,40,43,45),
        ({nfi}1,2,3,4,5,6,7,8,9,10,20,30,38));
        tab643L: array[1..2,1..10] of real =
        (({fi}0,2.5,10.1,16,19,22.5,25,27.5,38,45),
        ({nc}3.8,4,5,6,7,8,9,10,20,30));
        implementation
        begin end.
```

{program nilso100; { calculo de pilar nb1 - aderson   }

```
        unit nilso100;
        interface
        uses
crt,nilson30,nilson36,nilson38,nilson35,nilson32,nilson73,nilson39,nilson7
0,
        nilson74,nilson71,nilson94,nilson99;


        type
        ptr_nils100 =^nils100;
        nils100 = object
        PROCEDURE ENTRADADO;
        end;
        var k100:ptr_nils100;
        implementation
        var
cto,tac,cat,lax,lay,csc,csa,csn,rco,dal,com,h,nd,w,fcd,fyd,ac,ac1,as,tx,lbd,
des:real;
        s:str25;
        procedure inicio;
        const  max=14;
        procedure sairAgora;
        begin res1:=primeir^.proximo;
        cto:=wiv;lax:=wiv;lay:=wiv;com:=wiv;csc:=wiv;csa:=wiv;csn:=wiv;ta
c:=trunc(wiv);cat:=trunc(wiv);rco:=wiv; dal:=wiv;
```

```
        if (tac>=25) and (tac<=60) and((cat=1) or (cat=2))and
(rco>=110)and( rco<=260)
        then else erro:=1;
        if (erro<>0) then begin iniciartela(max);exit;end;
        ch:=#23;
        end;
        procedure exemplo;
        begin
        res1:=primeir;res1^.str80D:='PILAR CONFORME NB - 1        -
2.5Mrasa-submar-praia.Comandante Atila';
        Ws('50');Ws('20');Ws('45');Ws('250');Ws('1.4');Ws('1.15');Ws('1.4');
Ws('50'); Ws('1'); Ws('140');Ws('9.52');
        end;


        begin
        MaxPerg:=max;
        if lequi('nicas100.dat') then begin EncherMemoria(max);
        L:=primeir^.proximo;LerArqNom(2932,3);LerArqNom(3212,1);
        LerArqNom(3809,2);LerArqNom(3820,1);LerArqNom(3812,1);LerA
rqNom(2963,1);LerArqNom(2941,1);LerArqNom(2940,1);LerArqNom(2895
,2);
        L:=primeir;
        for i:=1 to 14 do begin if i=5 then Delete(L^.Nom,1,4) else
Delete(L^.Nom,1,5);str(i,s);
        if i>=10 then s:=s+' - 'else s:=' '+s+' - ';Insert(s, L^.nom,1);
        L:=L^.proximo;end;
        L:=primeir;LerArqMsg(3111,1);LerArqMsg(2952,1);LerArqMsg(294
7,2);
        LerArqMsg(3212,3);
        LerArqMsg(3794,2);LerArqMsg(3797,1);LerArqMsg(3090,2);LerArq
Msg(3099,1);LerArqMsg(3056,2);LerArqMsg(2897,2);
        exemplo;end;
        posy:=1;posx:=2; IniciarTela(max);
        repeat
        textattr:=$1E;
        with res1^do
        case perg of
        1: BEGIN gotoxy(2,posy);entrada:=str80D;Erro:=1;
        str80D:=instring(msg,nom,[#0,#32..#255],[],(75-
length(nom)),0);end;
        2..12: BEGIN gotoxy(2,posy);entrada:=str80D;Erro:=1;
        str80D:=instring(msg,nom,['.','0'..'9'],[],(75-length(nom)),0);end;
        max-1: BEGIN
cursoroff;gotoxy(2,posy);input:=1;entrada:=#0;entrada:=instring(msg,nom,[
#0],[],(75-length(nom)),0);cursoron;
        if ch=#13 then sairagora;end;
```

```
        max: BEGIN
cursoroff;gotoxy(2,posy);input:=1;entrada:=#0;entrada:=instring(msg,nom,[
#0],[],(75-length(nom)),0);
        cursoron;if ch=#13 then begin ch:=#63;exemplo;end;end;end;
        case ch of
        #2:begin OndY(max);if ch=#13 then sairagora;if ch=#63 then begin
exemplo;irfinal(max);end;end;
        #63,#64: IrFinal(max);
        #72: previousact(max);
        #80,#13: nextact(max);
        end;
        until ch in
[#27,#45,#23{,#47,#19,#31,#75,#77,#83,#72,#80,#71,#73,#81,
#13,#9,#82,#8 ,#63,#64,#65,#66}];
        (* esc x i    r s L R DEL up  dn home pgu pgd ent tab ins
bsp f5  f6  f7  f8 *)

        if (ch in [#27,#45]) then begin limpmemoini;halt;end;
        saitxt(max,'nilso100.txt'); toquivi('nicas100.dat');limpmemoini;
        end;
        procedure calculo;
        begin
        h:=lax;if h>lay then h:=lay;
        nd:=cto*csn;
        w:=6/h+1;
        fcd:=rco/csc;
        case trunc(tac) of 25: fyd:=2173;32: fyd:=2783;40:if cat=1 then
fyd:=3480 else fyd:=3000;
        50:if cat=1 then fyd:=4200 else fyd:=3550;60:if cat=1 then
fyd:=4200 else fyd:=4000;end;


        ac:=lax*lay;
        tx:=0.008;
        lbd:=com/(h/3.46); if lbd<30 then tx:=0.005;
        ac1:=(w*nd*1000)/((0.85*fcd)+(tx*fyd));
        if ac<=ac1 then as:=((w*nd*1000)-(0.85*ac*fcd))/fyd else
    as:=tx*ac1;
        tx:=as/ac;


        if (tx>0.06) or  (tx<0.005) then begin
        writeln(arq,'Este pilar nÆo , possível calcular.');exit;end;

        str(as:10:2,s);
        writeln(arq,' A rea de a‡o longitudinal , : ',tiranulo(s),' cM2.');
```

```pascal
        csc:=pi*sqr(dal/10)/4;
        csc:=as/csc;
        if frac(csc)<>0 then csc:=trunc(csc+1);
        str(csc:10:3,s);
        writeln(arq,' Isto corresponde a : ',tiranulo(s),' barras de a‡o.');

        str(lbd:10:1,s);
        writeln(arq,' A esbeltez do pilar : ',tiranulo(s));
        str(tx:10:3,s);
        writeln(arq,' Taxa de a‡o na estrutura ,  : ',tiranulo(s),' cM.');
        des:=1/4*dal;
        n:=0;repeat inc(n);val(at[n,2],tx,erro);until tx>=des;
        str(tx:10:3,s);
        writeln(arq,' Diametro minimo para estribo ,  : ',tiranulo(s),' mm. =
',at[n,1],'"');
        tx:=30;
        if (12*dal/10)<tx then tx:=12*dal/10;
        if lax<tx then tx:=lax;
        if lay<tx then tx:=lay;
        str(tx:10:3,s);
        writeln(arq,' Espa‡amento entre estribos ,  : ',tiranulo(s),' cM.');
        tx:=0.9*exp(1/3*ln(sqr(fcd)));
        tx:=0.6*dal/10/4*tac*100/1.15/tx;
        str(tx:10:3,s);
        writeln(arq,' O comprimento de transpasse ,  : ',tiranulo(s),' cM.');

        end;
        procedure nils100.entradado;
        begin inicio;
        assign(arq,'nilso100.txt');append(arq);
        calculo;
        close(arq);iniciartextoarq(false,'nilso100.txt');
        end;
        end.
        {
        BEGIN
        if not getparamstr then exit;clrscr;ESCREVERODAPE;
        DadoIniMouse;WINDOW(2,5,79,22);textattr:=$70;clrscr;
        entrada:='';entrada2:='';entrada1:='';
        entradado;leituraarquivotexto('nilso100.txt');
        END.        }


            {program nilso101;  { calculo de pilar
            cintado nb1 - aderson  }
```

```
unit nilso101;
interface
uses
crt,nilson30,nilson36,nilson38,nilson35,nilson32,nilson73,nilson39,nilson7
0,
     nilson74,nilson71,nilson94,nilson99;

type
ptr_nils101 =^nils101;
nils101 = object
PROCEDURE ENTRADADO;
end;
var k101:ptr_nils101;
implementation
var
cto,tac,cat,dip,csc,csa,csn,rco,dal,rec,com,nd,ac,ac1,st,fcd,fyd,w,as,tx,tx1,
sdes,des:real;
     s:str25;
procedure inicio;
const  max=14;
procedure sairAgora;
begin res1:=primeir^.proximo;
     cto:=wiv;dip:=wiv;com:=wiv;csc:=wiv;csa:=wiv;csn:=wiv;tac:=trunc(
wiv);cat:=trunc(wiv);rco:=wiv; dal:=wiv;rec:=wiv;
     if (tac>=25) and (tac<=60) and((cat=1) or (cat=2))and
(rco>=110)and( rco<=260)
     then else erro:=1;
     if (erro<>0) then begin iniciartela(max);exit;end;
     ch:=#23;
     end;
procedure exemplo;
begin
     res1:=primeir;res1^.str80D:='PILAR CINTADO CONFORME NB-1
2.5Mrasa-submar-praia.Comandante Atila';
     Ws('500');Ws('44');Ws('280');Ws('1.4');Ws('1.15');Ws('1.4');Ws('50');
Ws('1'); Ws('140');Ws('22.22');Ws('2.3');
     end;

begin
MaxPerg:=max;
if lequi('nicas101.dat') then begin EncherMemoria(max);
     L:=primeir^.proximo;LerArqNom(2932,1);LerArqNom(2982,1);
LerArqNom(3212,1);
     LerArqNom(3809,2);LerArqNom(3820,1);LerArqNom(3812,1);LerA
rqNom(2963,1);LerArqNom(2941,1);LerArqNom(2940,1);
     LerArqNom(2935,1);LerArqNom(2895,2);
     L:=primeir;
```

```
        for i:=1 to max do begin if i=4 then Delete(L^.Nom,1,4) else
Delete(L^.Nom,1,5);str(i,s);
        if i>=10 then s:=s+' - 'else s:=' '+s+' - ';Insert(s, L^.nom,1);
        L:=L^.proximo;end;
        L:=primeir;LerArqMsg(3111,1);LerArqMsg(2952,1);LerArqMsg(300
1,1);
        LerArqMsg(3212,3);
        LerArqMsg(3794,2);LerArqMsg(3797,1);LerArqMsg(3090,2);LerArq
Msg(3099,1);LerArqMsg(3056,2);LerArqMsg(2949,1);
        LerArqMsg(2897,2);exemplo;end;
        posy:=1;posx:=2; IniciarTela(max);
        repeat
        textattr:=$1E;
        with res1^do
        case perg of
        1: BEGIN gotoxy(2,posy);entrada:=str80D;Erro:=1;
        str80D:=instring(msg,nom,[#0,#32..#255],[],(75-
length(nom)),0);end;
        2..12: BEGIN gotoxy(2,posy);entrada:=str80D;Erro:=1;
        str80D:=instring(msg,nom,['.','0'..'9'],[],(75-length(nom)),0);end;
        max-1: BEGIN
cursoroff;gotoxy(2,posy);input:=1;entrada:=#0;entrada:=instring(msg,nom,[
#0],[],(75-length(nom)),0);cursoron;
        if ch=#13 then sairagora;end;
        max: BEGIN
cursoroff;gotoxy(2,posy);input:=1;entrada:=#0;entrada:=instring(msg,nom,[
#0],[],(75-length(nom)),0);
        cursoron;if ch=#13 then begin ch:=#63;exemplo;end;end;end;
        case ch of
        #2:begin OndY(max);if ch=#13 then sairagora;if ch=#63 then begin
exemplo;irfinal(max);end;end;
        #63,#64: IrFinal(max);
        #72: previousact(max);
        #80,#13: nextact(max);
        end;
        until ch in
[#27,#45,#23{,#47,#19,#31,#75,#77,#83,#72,#80,#71,#73,#81,
#13,#9,#82,#8 ,#63,#64,#65,#66}];
        (*  esc  x  i    r  s  L  R  DEL  up   dn home pgu pgd ent tab ins
bsp f5  f6  f7  f8 *)

        if (ch in [#27,#45]) then begin limpmemoini;halt;end;
        saitxt(max,'nilso101.txt'); toquivi('nicas101.dat');limpmemoini;
        end;
        procedure calculo;
        begin
        nd:=cto*csn;
```

```
fcd:=rco/csc;
    case trunc(tac) of 25: fyd:=2173;32: fyd:=2783;40:if cat=1 then
fyd:=3480 else fyd:=3000;
    50:if cat=1 then fyd:=4200 else fyd:=3550;60:if cat=1 then
fyd:=4200 else fyd:=4000;end;
    ac:=pi*sqr(dip)/4;  ac1:=pi*sqr(dip-(2*rec)-(dal/10/3))/4;

    w:=1+1/dip;
    as:=((w*nd*1000/(csn+0.3))-(0.85*ac*fcd))/fyd;
    tx1:=as/ac1;str(tx1:10:4,s);
    writeln(arq,' Taxa de a‡o longitudinal na estrutura , : ',tiranulo(s),' (
0.02< tx <0.06 ).');
    str(as:10:2,s);
    writeln(arq,' A rea de a‡o longitudinal , : ',tiranulo(s),' cM2.');
    csc:=pi*sqr(dal/10)/4;
    csn:=as/csc;
    if frac(csn)<>0 then csn:=trunc(csn+1);
    n:=0;repeat inc(n);val(at[n,2],tx,erro);until tx>=dal;
    str(csn:10:3,s);
    writeln(arq,' Isto corresponde a : ',tiranulo(s),' barras de a‡o. barra
= ',at[n,1],'".');
    st:=((w*nd*1000)-(0.85*ac1*fcd)-(as*fyd))/(2*tac*100/csa);
    str(st:10:2,s);
    writeln(arq,' A rea de a‡o transversal da armadura de cintamento ,
: ',tiranulo(s),' cM2.');
    tx:=st/ac1;str(tx:10:4,s);
    writeln(arq,' Taxa de a‡o tranversal na estrutura , : ',tiranulo(s),'
(0.005< tx <',(3*tx1):5:3,').');
    des:=dal/3;if des<4.76 then des:=4.76;
    n:=0;repeat inc(n);val(at[n,2],tx,erro);until tx>=des; des:=tx;

    str(des:10:3,s);
    writeln(arq,' Diametro minimo para estribo , : ',tiranulo(s),' mm. =
',at[n,1],'".');
    sdes:=pi*sqr(des/10)/4; tx:=pi*(dip-2*rec)*sdes/st;str(tx:10:3,s);
    writeln(arq,' espa‡amento de : ',tiranulo(s),' cm.');
    end;
    procedure nils101.entradado;
    begin inicio;
    assign(arq,'nilso101.txt');append(arq);
    calculo;close(arq);iniciartextoarq(false,'nilso101.txt');
    end;
    end.
    {
    BEGIN
    if not getparamstr then exit;clrscr;ESCREVERODAPE;
    DadoIniMouse;WINDOW(2,5,79,22);textattr:=$70;clrscr;
```

```
entrada:=";entrada2:=";entrada1:=";
entradado;leituraarquivotexto('nilso101.txt');
END.        }
```

{program nilso102; { flexao composta com pequena excentricidade   aderson}

```
unit nilso102;
interface
uses
crt,nilson30,nilson36,nilson38,nilson35,nilson32,nilson73,nilson39,nilson70,
       nilson74,nilson71,nilson94,nilson99;

type
ptr_nils102 =^nils102;
nils102 = object
PROCEDURE ENTRADADO;
end;
var k102:ptr_nils102;
implementation
var
cto,lax,lay,mom,tac,cat,dip,csm,cop,coa,dca,csc,csa,csn,rco,dal,com,ex,exl,n1,m1d,msd,as,asl,fyd:real;
s,s1:str25;
procedure inicio;
const  max=19;
procedure sairAgora;
begin res1:=primeir^.proximo;
cto:=wiv;lax:=wiv;lay:=wiv;com:=wiv;mom:=wiv;csc:=wiv;csa:=wiv;csm:=wiv;csn:=wiv;tac:=trunc(wiv);
cat:=trunc(wiv);rco:=wiv; dal:=wiv;cop:=wiv;
coa:=wiv;dca:=wiv;
if (tac>=25) and (tac<=60) and((cat=1) or (cat=2))and
(rco>=110)and( rco<=260)
then else erro:=1;
if (erro<>0) then begin iniciartela(max);exit;end;
ch:=#23;
end;
procedure exemplo;
begin
res1:=primeir;res1^.str80D:='FLEXAO COMPOSTA -pequena
excentricidade-submar-praia.Comandante Atila';
       Ws('150');Ws('20');Ws('80');Ws('280');Ws('10');Ws('1.4');Ws('1.15');
Ws('1'); Ws('1.4');Ws('40');Ws('2');
```

```
        Ws('140');Ws('20');Ws('3');Ws('76');Ws('73');
        end;
        begin
        MaxPerg:=max;
        if lequi('nicas102.dat') then begin EncherMemoria(max);
        L:=primeir^.proximo;LerArqNom(2932,3);LerArqNom(3212,1);LerAr
qNom(2958,1);
        LerArqNom(3809,3);LerArqNom(3820,1);LerArqNom(3812,1);LerA
rqNom(2963,1);
        LerArqNom(2941,1);LerArqNom(2940,1);LerArqNom(3814,3);LerA
rqNom(2895,2);
        L:=primeir;
        for i:=1 to max do begin if i=5 then Delete(L^.Nom,1,4) else
Delete(L^.Nom,1,5);str(i,s);
        if i>=10 then s:=s+' - 'else s:=' '+s+' - ';Insert(s, L^.nom,1);
        L:=L^.proximo;end;
        L:=primeir;LerArqMsg(3111,1);LerArqMsg(2946,3);LerArqMsg(295
3,2);
        LerArqMsg(3789,11);LerArqMsg(2897,2);
        exemplo;end;
        posy:=1;posx:=2; IniciarTela(max);
        repeat
        textattr:=$1E;
        with res1^do
        case perg of
        1: BEGIN gotoxy(2,posy);entrada:=str80D;Erro:=1;
        str80D:=instring(msg,nom,[#0,#32..#255],[],(75-
length(nom)),0);end;
        2..17: BEGIN gotoxy(2,posy);entrada:=str80D;Erro:=1;
        str80D:=instring(msg,nom,['.','0'..'9'],[],(75-length(nom)),0);end;
        max-1: BEGIN
cursoroff;gotoxy(2,posy);input:=1;entrada:=#0;entrada:=instring(msg,nom,[
#0],[],(75-length(nom)),0);cursoron;
        if ch=#13 then sairagora;end;
        max: BEGIN
cursoroff;gotoxy(2,posy);input:=1;entrada:=#0;entrada:=instring(msg,nom,[
#0],[],(75-length(nom)),0);
        cursoron;if ch=#13 then begin ch:=#63;exemplo;end;end;end;
        case ch of
        #2:begin OndY(max);if ch=#13 then sairagora;if ch=#63 then begin
exemplo;irfinal(max);end;end;
        #63,#64: IrFinal(max);
        #72: previousact(max);
        #80,#13: nextact(max);
        end;
```

```
        until ch in
[#27,#45,#23{,#47,#19,#31,#75,#77,#83,#72,#80,#71,#73,#81,
#13,#9,#82,#8 ,#63,#64,#65,#66}];
        (*  esc  x  i     r  s  L  R  DEL  up   dn home pgu pgd ent tab ins
bsp f5  f6  f7  f8 *)


        if (ch in [#27,#45]) then begin limpmemoini;halt;end;
        saitxt(max,'nilso102.txt'); toquivi('nicas102.dat');limpmemoini;
        end;
        procedure calculo;
        begin
        cto:=cto*csn; mom:=mom*csm;
        rco:=rco/csc;
        case trunc(tac) of 25: fyd:=2173;32: fyd:=2783;40:if cat=1 then
fyd:=3480 else fyd:=3000;
        50:if cat=1 then fyd:=4200 else fyd:=3550;60:if cat=1 then
fyd:=4200 else fyd:=4000;end;
        Ex:=lay/30+((mom/csm)/(cto/csn)*100);
        n1:=0.85*lay*lax*rco/1000;
        exl:=dca/2*(1-n1/cto);
        str(ex:10:2,s);str(exl:10:2,s1);
        if ex<exl then
        writeln(arq,' Excentricidade , : ',tiranulo(s),' cM.  (
limite:',tiranulo(s1),' cM ).') else
        begin writeln(arq,'Esta peſa nÆo  , poss¡vel calcular, tente grande
excentricidade. ');exit;end;
        m1d:=n1*dca/2/100;
        msd:=cto*((ex/100)+(dca/2/100));
        asl:=(msd-m1d)/(fyd/1000*dca/100);
        str(asl:10:2,s);
        writeln(arq,' A  rea de aſo no combate a traſÆo , : ',tiranulo(s),'
cM2.');


        csc:=pi*sqr(dal/10)/4;
        csn:=asl/csc;
        if frac(csn)<>0 then csn:=trunc(csn+1);
        n:=0;repeat inc(n);val(at[n,2],csm,erro);until csm>=dal;
        str(csn:10:3,s);
        writeln(arq,' Isto corresponde a : ',tiranulo(s),' barras de aſo. barra
= ',at[n,1],'''.');


        as:=(cto*(1+(2*lay/30/dca))-n1)/(fyd/1000)-asl;
        str(as:10:2,s);
        writeln(arq,' A  rea de aſo no lado oposto , : ',tiranulo(s),' cM2.');
```

```
csc:=pi*sqr(dal/10)/4;
csn:=as/csc;
if frac(csn)<>0 then csn:=trunc(csn+1);
n:=0;repeat inc(n);val(at[n,2],csm,erro);until csm>=dal;
str(csn:10:3,s);
writeln(arq,' Isto corresponde a : ',tiranulo(s),' barras de a‡o. barra
= ',at[n,1],'''.');
end;
procedure nils102.entradado;
begin inicio;
assign(arq,'nilso102.txt');append(arq);
calculo;close(arq);iniciartextoarq(false,'nilso102.txt');
end;
end.
{
BEGIN
if not getparamstr then exit;clrscr;ESCREVERODAPE;
DadoIniMouse;WINDOW(2,5,79,22);textattr:=$70;clrscr;
entrada:='';entrada2:='';entrada1:='';
entradado;leituraarquivotexto('nilso102.txt');
END.                 }
```

{program nilso103; { flexao composta com grande excentricidade   aderson}

```
unit nilso103;
interface
uses
crt,nilson30,nilson36,nilson38,nilson35,nilson32,nilson73,nilson39,nilson7
0,
    nilson74,nilson71,nilson94,nilson99,nilson87,nilson90;

type
ptr_nils103 =^nils103;
nils103 = object
PROCEDURE ENTRADADO;
end;
var k103:ptr_nils103;
implementation
var
cto,lax,lay,mom,tac,cat,dip,csm,cop,coa,dca,csc,csa,csn,rco,dal,com,ex,e
xl,n1,
    msd,as,asl,fyd,fcd,r,eps,x,x1,mi,fi,m1d,m2d,epsl,fydl,w,ac1:real;
s,s1:str25;
procedure inicio;
```

```
      const  max=19;
      procedure sairAgora;
      begin res1:=primeir^.proximo;
      cto:=wiv;lax:=wiv;lay:=wiv;com:=wiv;mom:=wiv;csc:=wiv;csa:=wiv;c
sm:=wiv;csn:=wiv;tac:=trunc(wiv);
      cat:=trunc(wiv);rco:=wiv; dal:=wiv;cop:=wiv;
      coa:=wiv;dca:=wiv;
      if (tac>=25) and (tac<=60) and((cat=1) or (cat=2))and
(rco>=110)and( rco<=260)
      then else erro:=1;
      if (erro<>0) then begin iniciartela(max);exit;end;
      ch:=#23;
      end;
      procedure exemplo;
      begin
      res1:=primeir;res1^.str80D:='FLEXAO COMPOSTA -grande
excentricidade-submar-praia.Comandante Atila';
      Ws('150');Ws('20');Ws('80');Ws('280');Ws('50');Ws('1.4');Ws('1.15');
Ws('1.4'); Ws('1.4');Ws('50');Ws('1');
      Ws('140');Ws('20');Ws('3');Ws('76');Ws('73');
      end;
      begin
      MaxPerg:=max;
      if lequi('nicas103.dat') then begin EncherMemoria(max);
      L:=primeir^.proximo;LerArqNom(2932,3);LerArqNom(3212,1);LerAr
qNom(2958,1);
      LerArqNom(3809,3);LerArqNom(3820,1);LerArqNom(3812,1);LerA
rqNom(2963,1);
      LerArqNom(2941,1);LerArqNom(2940,1);LerArqNom(3814,3);LerA
rqNom(2895,2);
      L:=primeir;
      for i:=1 to max do begin if i=5 then Delete(L^.Nom,1,4) else
Delete(L^.Nom,1,5);str(i,s);
      if i>=10 then s:=s+' - 'else s:=' '+s+' - ';Insert(s, L^.nom,1);
      L:=L^.proximo;end;
      L:=primeir;LerArqMsg(3111,1);LerArqMsg(2946,3);LerArqMsg(295
3,2);
      LerArqMsg(3789,11);LerArqMsg(2897,2);
      exemplo;end;
      posy:=1;posx:=2; IniciarTela(max);
      repeat
      textattr:=$1E;
      with res1^do
      case perg of
      1: BEGIN gotoxy(2,posy);entrada:=str80D;Erro:=1;
      str80D:=instring(msg,nom,[#0,#32..#255],[],(75-
length(nom)),0);end;
      - 124 -
```

```
2..17: BEGIN gotoxy(2,posy);entrada:=str80D;Erro:=1;
str80D:=instring(msg,nom,['.','0'..'9'],[],(75-length(nom)),0);end;
max-1: BEGIN
cursoroff;gotoxy(2,posy);input:=1;entrada:=#0;entrada:=instring(msg,nom,[
#0],[],(75-length(nom)),0);cursoron;
    if ch=#13 then sairagora;end;
max: BEGIN
cursoroff;gotoxy(2,posy);input:=1;entrada:=#0;entrada:=instring(msg,nom,[
#0],[],(75-length(nom)),0);
    cursoron;if ch=#13 then begin ch:=#63;exemplo;end;end;end;
    case ch of
    #2:begin OndY(max);if ch=#13 then sairagora;if ch=#63 then begin
exemplo;irfinal(max);end;end;
    #63,#64: IrFinal(max);
    #72: previousact(max);
    #80,#13: nextact(max);
    end;
    until ch in
[#27,#45,#23{,#47,#19,#31,#75,#77,#83,#72,#80,#71,#73,#81,
#13,#9,#82,#8 ,#63,#64,#65,#66}];
    (* esc x i   r s L R DEL up  dn home pgu pgd ent tab ins
bsp f5 f6 f7 f8 *)

    if (ch in [#27,#45]) then begin limpmemoini;halt;end;
    saitxt(max,'nilso103.txt'); toquivi('nicas103.dat');limpmemoini;
    end;
    procedure calculo;
    begin
    cto:=cto*csn; mom:=mom*csm;
    fcd:=rco/csc;
    case trunc(tac) of 25: fyd:=2173;32: fyd:=2783;40:if cat=1 then
fyd:=3480 else fyd:=3000;
    50:if cat=1 then fyd:=4200 else fyd:=3550;60:if cat=1 then
fyd:=4200 else fyd:=4000;end;
    Ex:=lay/30+((mom/csm)/(cto/csn)*100);
    n1:=0.85*lay*lax*fcd/1000;
    exl:=dca/2*(1-n1/cto);
    str(ex:10:2,s);str(exl:10:2,s1);
    if exl<ex then
    writeln(arq,' Excentricidade , grande: ',tiranulo(s),' cM.  ( pequena
at,:',tiranulo(s1),' cM ).') else
    begin writeln(arq,'Esta pe‡a nÆo  , poss¡vel calcular, tente
pequena excentricidade. ');exit;end;
    msd:= mom+(cto*((dca/2/100)+(lay/30/100)));
    if csc<>1.4 then begin writeln(arq,'Esta pe‡a nÆo  , poss¡vel
calcular, seguran‡a no concreto=1.4. ');exit;end;
```

```
        if (fcd<90) or (fcd>220) then begin writeln(arq,'Esta pe‡a nÆo ,
poss¡vel calcular, fck ruim. ');exit;end;
        i:=9; while fcd> tab20[1,i] do inc(i);
        case trunc(tac) of 25:n:=2; 32:n:=3;
        40:if cat=1then n:=4 else n:=5;
        50:if cat=1then n:=6 else n:=7;
        60:if cat=1then n:=8 else n:=9;end;
        r:=tab20[n,i];eps:=tab20[n,4];


        i:=1; while fcd>tab21[1,i] do inc(i);
        n:=2;while r<regrade3(tab21[1,i],fcd,tab21[1,i-
1],tab21[n,i],tab21[n,i-1])
        do inc(n);
        x:=regrade3(tab21[1,i],fcd,tab21[1,i-1],tab21[n,i],tab21[n,i-1]);
        x1:=regrade3(tab21[1,i],fcd,tab21[1,i-1],tab21[n-1,i],tab21[n-1,i-1]);

        mi:=regrade3(x,r,x1,tab21[n,3],tab21[n,3]);
        fi:=regrade3(x,r,x1,tab21[n,2],tab21[n,2]);
        m1d:=mi*lax/100*sqr(coa/100)*1000;
        m2d:=msd-m1d;
        x:=eps*coa;
        epsl:=(x-cop)/x*3.5;
        fydl:=0;if cat=1 then fydl:=tac/10/1.15;if fydl=0 then fydl:=fyd;
        asl:=m2d/(fydl*dca/100);

        x1:=coa-(x/3);
        as:=1/fydl*((m1d/x1)+(m2d/dca)-cto);
        if lay>lax then begin x:=lax;x1:=lay;end else begin
x:=lay;x1:=lax;end;
        w:=1+(2*lay/30)/dca;
        ac1:=(w*cto)/((0.85*fcd)+(0.008*fyd));
        if ac1>(lax*lay) then
        x:= ((w*cto)-(0.85*lax*lay/1000*fcd))/fydl/1000;
        if x>asl then asl:=x;
        if as<(0.0025*lay*lax) then as :=0.0025*lax*lay;
        {
        write('x:',x:10:3,' epsl:',epsl:10:3,' asl:',asl:10:3,' x1:',x1:10:3,
        'x1:',x1:10:3,' w:',w:10:3,'ac1:',ac1:10:3,' as:',as:10:3);readkey;halt;
}


        str(asl:10:2,s);
        writeln(arq,' A rea de a‡o no combate a tra‡Æo , : ',tiranulo(s),'
cM2.');
        csc:=pi*sqr(dal/10)/4;
        csn:=asl/csc;
```

```
        if frac(csn)<>0 then csn:=trunc(csn+1);
        n:=0;repeat inc(n);val(at[n,2],csm,erro);until csm>=dal;
        str(csn:10:3,s);
        writeln(arq,' Isto corresponde a : ',tiranulo(s),' barras de a‡o. barra
= ',at[n,1],'''.');

        str(as:10:2,s);
        writeln(arq,' A  rea de a‡o no lado oposto , : ',tiranulo(s),' cM2.');
        csc:=pi*sqr(dal/10)/4;
        csn:=as/csc;
        if frac(csn)<>0 then csn:=trunc(csn+1);
        n:=0;repeat inc(n);val(at[n,2],csm,erro);until csm>=dal;
        str(csn:10:3,s);
        writeln(arq,' Isto corresponde a : ',tiranulo(s),' barras de a‡o. barra
= ',at[n,1],'''.');


        end;
        procedure nils103.entradado;
        begin inicio;
        assign(arq,'nilso103.txt');append(arq);
        calculo;close(arq);iniciartextoarq(false,'nilso103.txt');
        end;
        end.
        {
        BEGIN
        if not getparamstr then exit;clrscr;ESCREVERODAPE;
        DadoIniMouse;WINDOW(2,5,79,22);textattr:=$70;clrscr;
        entrada:='';entrada2:='';entrada1:='';
        entradado;leituraarquivotexto('nilso103.txt');
        END.      }


                {program nilso104; {  calculo de tirantes
                pecas sujeitas a tracao axial - aderson
                }

        unit nilso104;
        interface
        uses
crt,nilson30,nilson36,nilson38,nilson35,nilson32,nilson73,nilson39,nilson7
0,
        nilson74,nilson71,nilson94,nilson99;

        type
        ptr_nils104 =^nils104;
```
- 127 -

```
        nils104 = object
        PROCEDURE ENTRADADO;
        end;
        var k104:ptr_nils104;
        implementation
        var
cto,tac,cat,lax,lay,csc,csa,csn,rco,dal,com,as,tx,ftk,ta,nb,w,des:real;
        s:str25;
        procedure inicio;
        const  max=14;
        procedure sairAgora;
        begin res1:=primeir^.proximo;
        cto:=wiv;lax:=wiv;lay:=wiv;com:=wiv;csc:=wiv;csa:=wiv;csn:=wiv;ta
c:=trunc(wiv);cat:=trunc(wiv);rco:=wiv; dal:=wiv;
        if (tac>=25) and (tac<=60) and((cat=1) or (cat=2))and
(rco>=110)and( rco<=260)
        then else erro:=1;
        if (erro<>0) then begin iniciartela(max);exit;end;
        ch:=#23;
        end;
        procedure exemplo;
        begin
        res1:=primeir;res1^.str80D:='Tirante simples sem excentricidade-
2.5.Comandante Atila';
        Ws('24');Ws('20');Ws('20');Ws('250');Ws('1.4');Ws('1.15');Ws('1.4');
Ws('50'); Ws('1'); Ws('180');Ws('15.87');
        end;


        begin
        MaxPerg:=max;
        if lequi('nicas104.dat') then begin EncherMemoria(max);
        L:=primeir^.proximo;LerArqNom(2932,3);LerArqNom(3212,1);
        LerArqNom(3809,2);LerArqNom(3820,1);LerArqNom(3812,1);LerA
rqNom(2963,1);LerArqNom(2941,1);LerArqNom(2940,1);LerArqNom(2895
,2);
        L:=primeir;
        for i:=1 to max do begin if i=5 then Delete(L^.Nom,1,4) else
Delete(L^.Nom,1,5);str(i,s);
        if i>=10 then s:=s+' - 'else s:=' '+s+' - ';Insert(s, L^.nom,1);
        L:=L^.proximo;end;
        L:=primeir;LerArqMsg(3111,1);LerArqMsg(2952,1);LerArqMsg(294
7,2);
        LerArqMsg(3790,3);LerArqMsg(3794,2);LerArqMsg(3797,1);LerArq
Msg(3090,2);LerArqMsg(2897,2);
        exemplo;end;
        posy:=1;posx:=2; IniciarTela(max);
        repeat
  - 128 -
```

```
textattr:=$1E;
with res1^do
case perg of
1: BEGIN gotoxy(2,posy);entrada:=str80D;Erro:=1;
str80D:=instring(msg,nom,[#0,#32..#255],[],(75-
length(nom)),0);end;
    2..12: BEGIN gotoxy(2,posy);entrada:=str80D;Erro:=1;
str80D:=instring(msg,nom,['.','0'..'9'],[],(75-length(nom)),0);end;
max-1: BEGIN
cursoroff;gotoxy(2,posy);input:=1;entrada:=#0;entrada:=instring(msg,nom,[
#0],[],(75-length(nom)),0);cursoron;
    if ch=#13 then sairagora;end;
    max: BEGIN
cursoroff;gotoxy(2,posy);input:=1;entrada:=#0;entrada:=instring(msg,nom,[
#0],[],(75-length(nom)),0);
    cursoron;if ch=#13 then begin ch:=#63;exemplo;end;end;end;
    case ch of
    #2:begin OndY(max);if ch=#13 then sairagora;if ch=#63 then begin
exemplo;irfinal(max);end;end;
    #63,#64: IrFinal(max);
    #72: previousact(max);
    #80,#13: nextact(max);
    end;
    until ch in
[#27,#45,#23{,#47,#19,#31,#75,#77,#83,#72,#80,#71,#73,#81,
#13,#9,#82,#8 ,#63,#64,#65,#66}];
    (*  esc  x  i    r  s  L  R  DEL  up  dn home pgu pgd ent tab ins
bsp f5  f6  f7  f8 *)

    if (ch in [#27,#45]) then begin limpmemoini;halt;end;
    saitxt(max,'nilso104.txt'); toquivi('nicas104.dat');limpmemoini;
    end;
    procedure calculo;
    begin
    if  rco<=180 then ftk:=tac/10 else ftk:=0.06*tac+7;
    as:=cto*csn/(ftk/1.15);

    tx:=as/(lax*lay);
    ta:=cto/as;
    case trunc(tac) of 40:nb:=1.2;50:nb:=1.5;60:nb:=1.8;else
nb:=1;end;
    w:=dal/(10*(2*nb-0.75))*ta/2100*(4/tx+45);
    str(w:10:2,s);
    writeln(arq,' A fissura m xima , : ',tiranulo(s),' mm.');

    {write('as:',as:10:3,' tx:',tx:10:3,' ta:',ta:10:3,'
w:',w:10:3);readkey;halt;}
```

```
        str(as:10:2,s);
        writeln(arq,' A  rea de a‡o longitudinal , : ',tiranulo(s),' cM2.');

        tx:=pi*sqr(dal/10)/4; ·
        csn:=as/tx;if frac(csn)<>0 then csn:=trunc(csn+1);
        n:=0;repeat inc(n);val(at[n,2],tx,erro);until tx>=dal;
        str(csn:10:3,s);
        writeln(arq,' Isto corresponde a : ',tiranulo(s),' barras de a‡o. barra
= ',at[n,1],'''.');
        writeln(arq,'obs.:');
        writeln(arq,'=====');
        writeln(arq,'- fissura m xima de 0.1mm p/ pecas nÆo protegidas ,
em meio agressivo.');
        writeln(arq,'- fissura  axima de 0.3mm p/ pecas nÆo protegidas ,
em meio nÆo agressivo.');
        writeln(arq,'- se a fissura for maior que a prevista entÆo aumente
a se‡Æo de concreto.');
        writeln(arq,'- ou diminua o di∫metro da armadura.');
        end;
        procedure nils104.entradado;
        begin inicio;
        assign(arq,'nilso104.txt');append(arq);
        calculo;
        close(arq);iniciartextoarq(false,'nilso104.txt');
        end;
        end.
        {
        BEGIN
        if not getparamstr then exit;clrscr;ESCREVERODAPE;
        DadoIniMouse;WINDOW(2,5,79,22);textattr:=$70;clrscr;
        entrada:='';entrada2:='';entrada1:='';
        entradado;leituraarquivotexto('nilso104.txt');
        END.
```

{program nilso105; { tirante com pequena excentricidade   aderson}

```
        unit nilso105;
        interface
        uses
crt,nilson30,nilson36,nilson38,nilson35,nilson32,nilson73,nilson39,nilson7
0,
        nilson74,nilson71,nilson94,nilson99,nilson87,nilson90;

        type
        ptr_nils105 =^nils105;
        nils105 = object
```

```pascal
PROCEDURE ENTRADADO;
end;
var k105:ptr_nils105;
implementation
var
cto,lax,lay,mom,tac,cat,dip,csm,cop,coa,dca,csc,csa,csn,rco,dal,com,ex,
msd,as,asl,tx,ftk,ta,nb,w:real;
s,s1:str25;
procedure inicio;
const  max=19;
procedure sairAgora;
begin res1:=primeir^.proximo;
cto:=wiv;lax:=wiv;lay:=wiv;com:=wiv;mom:=wiv;csc:=wiv;csa:=wiv;c
sm:=wiv;csn:=wiv;tac:=trunc(wiv);
cat:=trunc(wiv);rco:=wiv; dal:=wiv;cop:=wiv;
coa:=wiv;dca:=wiv;
if (tac>=25) and (tac<=60) and((cat=1) or (cat=2))and
(rco>=110)and( rco<=260)
then else erro:=1;
if (erro<>0) then begin iniciartela(max);exit;end;
ch:=#23;
end;
procedure exemplo;
begin
res1:=primeir;res1^.str80D:='tIRANTE  -Pequena excentricidade-
submar-praia.Comandante Atila';
Ws('100');Ws('20');Ws('50');Ws('280');Ws('11');Ws('1.4');Ws('1.15');
Ws('1.4'); Ws('1.4');Ws('50');Ws('2');
Ws('140');Ws('15.87');Ws('3');Ws('47');Ws('44');
end;
begin
MaxPerg:=max;
if lequi('nicas105.dat') then begin EncherMemoria(max);
L:=primeir^.proximo;LerArqNom(2932,3);LerArqNom(3212,1);LerAr
qNom(2958,1);
LerArqNom(3809,3);LerArqNom(3820,1);LerArqNom(3812,1);LerA
rqNom(2963,1);
LerArqNom(2941,1);LerArqNom(2940,1);LerArqNom(3814,3);LerA
rqNom(2895,2);
L:=primeir;
for i:=1 to max do begin if i=5 then Delete(L^.Nom,1,4) else
Delete(L^.Nom,1,5);str(i,s);
if i>=10 then s:=s+' - 'else s:=' '+s+' - ';Insert(s, L^.nom,1);
L:=L^.proximo;end;
L:=primeir;LerArqMsg(3111,1);LerArqMsg(2946,3);LerArqMsg(295
3,2);
LerArqMsg(3789,11);LerArqMsg(2897,2);
```

```pascal
exemplo;end;
posy:=1;posx:=2; IniciarTela(max);
repeat
textattr:=$1E;
with res1^do
case perg of
1: BEGIN gotoxy(2,posy);entrada:=str80D;Erro:=1;
str80D:=instring(msg,nom,[#0,#32..#255],[],(75-
length(nom)),0);end;
2..17: BEGIN gotoxy(2,posy);entrada:=str80D;Erro:=1;
str80D:=instring(msg,nom,['.','0'..'9'],[],(75-length(nom)),0);end;
max-1: BEGIN
cursoroff;gotoxy(2,posy);input:=1;entrada:=#0;entrada:=instring(msg,nom,[
#0],[],(75-length(nom)),0);cursoron;
if ch=#13 then sairagora;end;
max: BEGIN
cursoroff;gotoxy(2,posy);input:=1;entrada:=#0;entrada:=instring(msg,nom,[
#0],[],(75-length(nom)),0);
cursoron;if ch=#13 then begin ch:=#63;exemplo;end;end;end;
case ch of
#2:begin OndY(max);if ch=#13 then sairagora;if ch=#63 then begin
exemplo;irfinal(max);end;end;
#63,#64: IrFinal(max);
#72: previousact(max);
#80,#13: nextact(max);
end;
until ch in
[#27,#45,#23{,#47,#19,#31,#75,#77,#83,#72,#80,#71,#73,#81,
#13,#9,#82,#8 ,#63,#64,#65,#66}];
(* esc x i   r s L  R DEL up  dn home pgu pgd ent tab ins
bsp f5 f6  f7  f8 *)

if (ch in [#27,#45]) then begin limpmemoini;halt;end;
saitxt(max,'nilso105.txt'); toquivi('nicas105.dat');limpmemoini;
end;
procedure calculo;
begin
ex:=mom/cto; tx:=dca/100/2;
if ex<tx then begin str(ex:10:2,s);str(tx:10:2,s1);
writeln(arq,' Excentricidade é pequena: ',tiranulo(s),' mm. (
pequena até:',tiranulo(s1),' mm ).')
end else begin
writeln(arq,' Excentricidade é grande, calcule no outro bloco.');exit;
end;
msd:=cto*csc*dca/100/2-(mom*csm);

if  rco<=180 then ftk:=tac/10 else ftk:=0.06*tac+7;
```

```
        asl:=msd/(ftk/csa*dca/100);
        as:=cto*csn/(tac/10/1.15)-asl;
        tx:=as+asl;
        ta:=cto/tx;
        tx:=tx/(lax*lay);

        case trunc(tac) of 40:nb:=1.2;50:nb:=1.5;60:nb:=1.8;else
nb:=1;end;
        w:=dal/(10*(2*nb-0.75))*ta/2100*(4/tx+45);
        str(w:10:2,s);
        writeln(arq,' A fissura máxima é : ',tiranulo(s),' mm.');

        {write('as:',as:10:3,' asl:',asl:10:3,' ta:',ta:10:3,'
w:',w:10:3);readkey;halt; }
        str(as:10:2,s);
        writeln(arq,' A área de aço no combate a tração é : ',tiranulo(s),'
cM2.');

        tx:=pi*sqr(dal/10)/4;
        csn:=as/tx;if frac(csn)<>0 then csn:=trunc(csn+1);
        n:=0;repeat inc(n);val(at[n,2],tx,erro);until tx>=dal;
        str(csn:10:3,s);

        writeln(arq,' Isto corresponde a : ',tiranulo(s),' barras de aço. barra
= ',at[n,1],'".');
        str(asl:10:2,s);
        writeln(arq,' A área de aço no lado oposto é : ',tiranulo(s),' cM2.');

        tx:=pi*sqr(dal/10)/4;
        csn:=asl/tx;if frac(csn)<>0 then csn:=trunc(csn+1);
        n:=0;repeat inc(n);val(at[n,2],tx,erro);until tx>=dal;
        str(csn:10:3,s);
        writeln(arq,' Isto corresponde a : ',tiranulo(s),' barras de aço. barra
= ',at[n,1],'".');

        writeln(arq,'obs.:');
        writeln(arq,'=====');
        writeln(arq,'- fissura máxima de 0.1mm p/ pecas não protegidas ,
em meio agressivo.');
        writeln(arq,'- fissura áaxima de 0.3mm p/ pecas não protegidas ,
em meio não agressivo.');
        writeln(arq,'- se a fissura for maior que a prevista então aumente a
seção de concreto.');
        writeln(arq,'- ou diminua o diâmetro da armadura.');
        end;
        procedure nils105.entradado;
```

```
begin inicio;
assign(arq,'nilso105.txt');append(arq);
calculo;close(arq);iniciartextoarq(false,'nilso105.txt');
end;
end.
{
BEGIN
if not getparamstr then exit;clrscr;ESCREVERODAPE;
DadoIniMouse;WINDOW(2,5,79,22);textattr:=$70;clrscr;
entrada:='';entrada2:='';entrada1:='';
entradado;leituraarquivotexto('nilso105.txt');
END.              }
```

{program nilso106; { tirante com grande excentricidade   aderson}

```
unit nilso106;
interface
uses
crt,nilson30,nilson36,nilson38,nilson35,nilson32,nilson73,nilson39,nilson7
0,
        nilson74,nilson71,nilson94,nilson99,nilson87,nilson90;

type
ptr_nils106 =^nils106;
nils106 = object
PROCEDURE ENTRADADO;
end;
var k106:ptr_nils106;
implementation
var
cto,lax,lay,mom,tac,cat,dip,csm,cop,coa,dca,csc,csa,csn,rco,dal,com,ex,
        msd,as,asl,tx,ftk,ta,nb,w,mi,fi:real;
        s,s1:str25;
        procedure inicio;
        const  max=19;
        procedure sairAgora;
        begin res1:=primeir^.proximo;
        cto:=wiv;lax:=wiv;lay:=wiv;com:=wiv;mom:=wiv;csc:=wiv;csa:=wiv;c
sm:=wiv;csn:=wiv;tac:=trunc(wiv);
        cat:=trunc(wiv);rco:=wiv; dal:=wiv;cop:=wiv;coa:=wiv;dca:=wiv;
        if (tac>=25) and (tac<=60) and((cat=1) or (cat=2))and
(rco>=110)and( rco<=260)
        then else erro:=1;
        if (erro<>0) then begin iniciartela(max);exit;end;
```

```
      ch:=#23;
      end;
      procedure exemplo;
      begin
      res1:=primeir;res1^.str80D:='TIRANTE - grande excentricidade-
submar-praia.Comandante Atila';
      Ws('20');Ws('20');Ws('80');Ws('280');Ws('29.2');Ws('1.4');Ws('1.15');
Ws('1.4'); Ws('1.4');Ws('50');Ws('2');
      Ws('196');Ws('15.87');Ws('3');Ws('77');Ws('74');
      end;
      begin
      MaxPerg:=max;
      if lequi('nicas106.dat') then begin EncherMemoria(max);
      L:=primeir^.proximo;LerArqNom(2932,3);LerArqNom(3212,1);LerAr
qNom(2958,1);
      LerArqNom(3809,3);LerArqNom(3820,1);LerArqNom(3812,1);LerA
rqNom(2963,1);
      LerArqNom(2941,1);LerArqNom(2940,1);LerArqNom(3814,3);LerA
rqNom(2895,2);
      L:=primeir;
      for i:=1 to max do begin if i=5 then Delete(L^.Nom,1,4) else
Delete(L^.Nom,1,5);str(i,s);
      if i>=10 then s:=s+' - 'else s:=' '+s+' - ';Insert(s, L^.nom,1);
      L:=L^.proximo;end;
      L:=primeir;LerArqMsg(3111,1);LerArqMsg(2946,3);LerArqMsg(295
3,2);
      LerArqMsg(3789,11);LerArqMsg(2897,2);
      exemplo;end;
      posy:=1;posx:=2; IniciarTela(max);
      repeat
      textattr:=$1E;
      with res1^do
      case perg of
      1: BEGIN gotoxy(2,posy);entrada:=str80D;Erro:=1;
      str80D:=instring(msg,nom,[#0,#32..#255],[],(75-
length(nom)),0);end;
      2..17: BEGIN gotoxy(2,posy);entrada:=str80D;Erro:=1;
      str80D:=instring(msg,nom,['.','0'..'9'],[],(75-length(nom)),0);end;
      max-1: BEGIN
cursoroff;gotoxy(2,posy);input:=1;entrada:=#0;entrada:=instring(msg,nom,[
#0],[],(75-length(nom)),0);cursoron;
      if ch=#13 then sairagora;end;
      max: BEGIN
cursoroff;gotoxy(2,posy);input:=1;entrada:=#0;entrada:=instring(msg,nom,[
#0],[],(75-length(nom)),0);
      cursoron;if ch=#13 then begin ch:=#63;exemplo;end;end;end;
      case ch of
```

```
     #2:begin OndY(max);if ch=#13 then sairagora;if ch=#63 then begin
exemplo;irfinal(max);end;end;
     #63,#64: lrFinal(max);
     #72: previousact(max);
     #80,#13: nextact(max);
     end;
     until ch in
[#27,#45,#23{,#47,#19,#31,#75,#77,#83,#72,#80,#71,#73,#81,
#13,#9,#82,#8 ,#63,#64,#65,#66}];
     (*  esc x  i    r  s  L  R  DEL  up   dn home pgu pgd ent tab ins
bsp f5  f6  f7  f8 *)


     if (ch in [#27,#45]) then begin limpmemoini;halt;end;
     saitxt(max,'nilso106.txt'); toquivi('nicas106.dat');limpmemoini;
     end;
     procedure calculo;
     begin
     ex:=mom/cto; tx:=dca/100/2;
     if ex>tx then begin str(ex:10:2,s);str(tx:10:2,s1);
     writeln(arq,' Excentricidade é grande: ',tiranulo(s),' mm.  ( pequena
até:',tiranulo(s1),' mm ).')
     end else begin
     writeln(arq,' Excentricidade é pequena, calcule no outro
bloco.');exit; end;
     msd:=mom*csm-(cto*csn*dca/100/2);
     mi:=msd/(lax/100*sqr(coa/100)*10*rco/csc);
     n:=2;while tab21[n,3]<mi do inc(n);
     fi:=regrade3(tab21[n,3],mi,tab21[n-1,3],tab21[n,2],tab21[n-1,2]);
     alfa:=fi*tac/csa;
     if  rco<=180 then ftk:=tac/10 else ftk:=0.06*tac+7;

     asl:=msd/(ftk/csa*dca/100);
     as:=msd*1000/(alfa*coa)+(cto*csn)/(tac/10/1.15);
     tx:=as+asl;
     ta:=cto/tx;
     tx:=tx/(lax*lay);

     case trunc(tac) of 40:nb:=1.2;50:nb:=1.5;60:nb:=1.8;else
nb:=1;end;
     w:=dal/(10*(2*nb-0.75))*ta/2100*(4/tx+45);
     str(w:10:2,s);
     writeln(arq,' A fissura máxima é : ',tiranulo(s),' mm.');

     {write('asl:',asl:10:3,' as:',as:10:3,' alfa:',alfa:10:3,'
fi:',fi:10:3);readkey;halt; }
     str(as:10:2,s);
```

```
        writeln(arq,' A área de aço no combate a tração é : ',tiranulo(s),'
cM2.');

        tx:=pi*sqr(dal/10)/4;
        csn:=as/tx;if frac(csn)<>0 then csn:=trunc(csn+1);
        n:=0;repeat inc(n);val(at[n,2],tx,erro);until tx>=dal;
        str(csn:10:3,s);

        writeln(arq,' Isto corresponde a : ',tiranulo(s),' barras de aço. barra
= ',at[n,1],'".');
        str(asl:10:2,s);
        writeln(arq,' A área de aço no lado oposto é : ',tiranulo(s),' cM2.');

        tx:=pi*sqr(dal/10)/4;
        csn:=asl/tx;if frac(csn)<>0 then csn:=trunc(csn+1);
        n:=0;repeat inc(n);val(at[n,2],tx,erro);until tx>=dal;
        str(csn:10:3,s);
        writeln(arq,' Isto corresponde a : ',tiranulo(s),' barras de aço. barra
= ',at[n,1],'".');

        writeln(arq,'obs.:');
        writeln(arq,'=====');
        writeln(arq,'- fissura máxima de 0.1mm p/ pecas não protegidas ,
em meio agressivo.');
        writeln(arq,'- fissura áaxima de 0.3mm p/ pecas não protegidas ,
em meio não agressivo.');
        writeln(arq,'- se a fissura for maior que a prevista então aumente a
seção de concreto.');
        writeln(arq,'- ou diminua o diâmetro da armadura.');
        end;
        procedure nils106.entradado;
        begin inicio;
        assign(arq,'nilso106.txt');append(arq);
        calculo;close(arq);iniciartextoarq(false,'nilso106.txt');
        end;
        end.          {

        BEGIN
        if not getparamstr then exit;clrscr;ESCREVERODAPE;
        DadoIniMouse;WINDOW(2,5,79,22);textattr:=$70;clrscr;
        entrada:='';entrada2:='';entrada1:='';
        entradado;leituraarquivotexto('nilso106.txt');
        END.          }
```

{program nilso107;   poligonal de base }

```
unit nilso107;
interface
uses
crt,nilson30,nilson36,nilson38,nilson35,nilson32,nilson73,nilson39,nilson7
0,
        nilson74,nilson71,nilson94,nilson99,nilson87,nilson90,nilso001;

        type
        ptr_nils107 =^nils107;
        nils107 = object
        PROCEDURE ENTRADADO;
        end;
        var k107:ptr_nils107;
        implementation

        type
        ptr_est = ^est;
        est = record
        pie,piv,ail,def,res,rem,rei:str40;
        prox,ant:ptr_est;
        end;
        ptr_est1 = ^est1;
        est1 = record
        pie,piv:str40;ext:str5;
        ail,def,azi,Res,rem,rei,dh,rum,x,y:real;
        prox,ant:ptr_est1;
        end;

        var
        prim,qua,aux:ptr_est;pri,qu,au:ptr_est1; azimute,s:str25;
        Maxp,tip:integer;H,xx,yy,coi,cof:real;
        (*
        ' Angulo tipo 1 = 239 55.5   2 = 239.925   3 = 239 55 30.0 : ',
        ' Posição do Rumo 1= N  2=S  3=E  4=W  5=NE  6=NW  7=SE
8=SW : ',    *)
        function entr(st:str25):real;
        begin
        case tip of
        1:entr:=EStrReal1(st);
2:entr:=EStrReal2(st);3:entr:=EStrReal3(st);end;
        end;
        function strval(s:str25):real;begin val(s,fck,erro);strval:=fck;end;
        function valstr(s:real):str25; begin
str(s:20:10,escolha);valstr:=escolha;end;
        function Posr(savex:byte):str5;
        begin
        case savex of
  - 138 -
```

```
          1:posr:='N';
2:posr:='S';3:posr:='E';4:posr:='W';5:posr:='NE';6:posr:='NW';7:posr:='SE';
8:posr:='SW';end;
        end;
        procedure MemEst;
        begin  ML:=true;new(qua);aux:=qua;prim:=qua;
        for i:=2 to maxp do begin
new(qua);qua^.ant:=aux;aux^.prox:=qua;aux:=qua;end;
        prim^.ant:=qua;qua^.prox:=prim;
        qua:=prim ;repeat with qua^ do begin
        pie:='';piv:='';ail:='';def:='';res:='';rem:='';rei:=''; end;
        qua:=qua^.prox;          until qua=prim
        end;
        procedure LimpMemEst;
        begin qua:=prim^.prox;
        repeat aux:=qua^.prox;dispose(qua);qua:=aux;until
qua=prim;dispose(qua);
        end;

        procedure inicio;
        const  max=17;
        procedure sairAgora;
        begin azimute:=tiranulo(azimute);
        qua:=prim;   repeat
        if  (qua^.ail='')or (qua^.def='')or (not ML)
        then begin iniciartela(max);exit;end;qua:=qua^.prox;until qua=prim;
        ch:=#23;

        end;
        procedure carga;
        begin
        res1:=primeir;str(maxp:2,s);ws(s);ws(qua^.res);ws(qua^.rem);
        ws(qua^.rei);str(tip,s);ws(tiranulo(s));ws(qua^.ail);
        str(coi:12:8,s);ws(tiranulo(s));
        str(cof:12:8,s);ws(tiranulo(s));ws(qua^.def);
        ws(azimute);ws(qua^.piv);ws(qua^.pie);
        end;

        procedure exemplo;

        procedure We(pe,pv,rs,rm,ri,al,df:str40);
        begin qua^.pie:=pe;qua^.piv:=pv;qua^.res:=rs;
        qua^.rem:=rm;qua^.rei:=ri;qua^.ail:=al;qua^.def:=df;qua:=qua^.prox
;end;

        begin  if ML then LimpMemEst;maxp:=8;tip:=1;coi:=0;cof:=100;
        azimute:='148 40.0';MemEst;qua:=prim;
```
- 139 -

```
        we('Mp','1','1.305','1.1525','1.0','1 30.0','101 29.0');
        we('1','2','1.52','1.26','1.0','2 28.0','-28 28.0');
        we('2','3','1.42','1.21','1.0','2 20.0','33 09.0');
        we('3','4','1.23','1.115','1.0','1 08.0','105 52.0');
        we('4','5','1.47','1.235','1.0','2 14.0','60 46.0');
        we('5','6','1.48','1.24','1.0','2 30.0','-53 08.0');
        we('6','7','1.3','1.15','1.0','1 02.0','49 49.0');
        we('7','MP','1.57','1.285','1.0','1 30.0','90 28.0');
        primeir^.str80D:='Poligonal base LULA DA SILVA - submar-praia.
General Figueiredo-Cruz';
        carga;
        end;
        begin       azimute:=";tip:=1;  ML:=false;
        MaxPerg:=max;
        if lequi('nicas107.dat') then begin EncherMemoria(max);
        L:=primeir^.proximo;k:=L;LerArqNom(3824,1);k^.nom:=Copy(k^.no
m,1,23);
        k:=L;LerArqNom(3825,1);L^.nom:=Copy(k^.nom,26,23);L:=L^.proxi
mo;
        L^.nom:=Copy(k^.nom,48,25);k^.nom:=Copy(k^.nom,1,25);L:=L^.pr
oximo; k:=L;LerArqNom(3822,1);
        k:=L;LerArqNom(3827,1);L^.nom:=Copy(k^.nom,35,31);k^.nom:=C
opy(k^.nom,1,34);L:=L^.proximo;
        LerArqNom(3828,1);k:=L;LerArqNom(3836,1);
        k^.nom:=Copy(k^.nom,1,46);k:=L;LerArqNom(3272,1);k^.nom:='
'+k^.nom;k:=L;LerArqNom(3821,1);
        L^.nom:=Copy(k^.nom,19,19);k^.nom:=Copy(k^.nom,1,19);
        L:=L^.proximo;k:=L;LerArqNom(3821,1);k^.nom:=Copy(k^.nom,52,
25);k:=L;LerArqNom(3824,1);
        k^.nom:=Copy(k^.nom,24,25);
        LerArqNom(2895,2);
        L:=primeir;
        for i:=1 to max do begin str(i,s);
        if i>=10 then s:=s+' - 'else s:=' '+s+' - ';Insert(s, L^.nom,1);
        L:=L^.proximo;end;
        L:=primeir;LerArqMsg(3111,1);k:=L;LerArqMsg(3252,1);k^.msg:=C
opy(k^.msg,1,45);LerArqMsg(3829,3);
        LerArqMsg(3822,1);LerArqMsg(3253,1);LerArqMsg(3834,2);LerArq
Msg(3836,1);LerArqMsg(3290,1);
        LerArqMsg(3252,1);LerArqMsg(3252,1);LerArqMsg(3263,2);LerArq
Msg(2897,2);
        exemplo;end;
        posy:=1;posx:=2; IniciarTela(max);
        repeat
        textattr:=$1E;
        with res1^do
        case perg of
```

```pascal
1: BEGIN gotoxy(2,posy);entrada:=str80D;Erro:=1;
str80D:=instring(msg,nom,[#0,#32..#255],[],(75-
length(nom)),0);end;
2..11: BEGIN
gotoxy(2,posy);entrada:=str80D;nomePilar:=str80D;Erro:=1;
str80D:=instring(msg,nom,[#32,'.','-','0'..'9'],[],(75-length(nom)),0);
case perg of
2:begin delete(str80D,Pos('.', Str80D),length(str80D));
if (not ML) and (maxp>3) then begin
val(tiranulo(str80D),maxP,erro); memEst end else str80D:=nomePilar;end;
3:qua^.res:=str80D;4:qua^.rem:=str80D;5:qua^.rei:=str80D;
6:begin delete(str80D,Pos('.',
Str80D),length(str80D));val(str80D,tip,erro);if (tip>3)or (tip<1) then
str80D:=";end;
7:qua^.ail:=str80D;8:val(str80D,coi,erro);
9:val(str80D,cof,erro);10:qua^.def:=str80D; 11:azimute:=str80D;
end;end;
12,13: BEGIN gotoxy(2,posy);entrada:=str80D;if length(str80D)>40
then entrada:=#0;Erro:=1;
str80D:=instring(msg,nom,[#0,#32..#255],[],(75-length(nom)),0);
if perg=12 then qua^.piv:=str80D else qua^.pie:=str80D end;
14,15: BEGIN
cursoroff;gotoxy(2,posy);input:=1;entrada:=#0;entrada:=instring(msg,nom,[
#0],[],(75-length(nom)),0);cursoron;
if (perg=14) and (ch=#13) then begin
qua:=qua^.prox;carga;IniciarTela(max); end;
if (perg=15) and (ch=#13) then begin
qua:=qua^.ant;carga;IniciarTela(max); end;end;
max-1: BEGIN
cursoroff;gotoxy(2,posy);input:=1;entrada:=#0;entrada:=instring(msg,nom,[
#0],[],(75-length(nom)),0);cursoron;
if ch=#13 then sairagora;end;
max: BEGIN
cursoroff;gotoxy(2,posy);input:=1;entrada:=#0;entrada:=instring(msg,nom,[
#0],[],(75-length(nom)),0);
cursoron;if ch=#13 then begin ch:=#63;exemplo;end;end;end;
case ch of
#2:begin OndY(max);if ch=#13 then sairagora;if ch=#63 then begin
exemplo;irfinal(max);end;end;
#63,#64: IrFinal(max);
#72: previousact(max);
#80,#13: nextact(max);
end;
until ch in
[#27,#45,#23{,#47,#19,#31,#75,#77,#83,#72,#80,#71,#73,#81,
#13,#9,#82,#8 ,#63,#64,#65,#66}];
```

```
(* esc x i    r s L R DEL up  dn home pgu pgd ent tab ins
bsp f5  f6  f7  f8 *)

      if (ch in [#27,#45]) then begin limpmemoini;halt;end;
      saitxt(max-2,'nilso107.txt'); toquivi('nicas107.dat');limpmemoini;
      end;
      procedure LimpMemEst1;
      begin qu:=pri^.prox;
      repeat au:=qu^.prox;dispose(qu);qu:=au;until qu=pri;dispose(qu);
      end;
      procedure MemEst1;
      begin
      qua:=prim; for i:=1 to maxp do begin
      new(qu);  if i=1 then pri:=qu else begin
qu^.ant:=au;au^.prox:=qu;end;
      qu^.pie:=qua^.pie;qu^.piv:=qua^.piv;qu^.ail:=entr(tiranulo(qua^.ail))
;qu^.def:=entr(tiranulo(qua^.def));
      val(tiranulo(qua^.res),qu^.res,erro);val(tiranulo(qua^.rem),qu^.rem,
erro);val(tiranulo(qua^.rei),qu^.rei,erro);
      aux:=qua;if i<>maxp then qua:=qua^.prox;dispose(aux);au:=qu;
      end; pri^.ant:=qu;qu^.prox:=pri;
      end;


      procedure HM;
      begin
      if (qu^.rem<>0) and (qu^.rei<>0) then H:=(qu^.rem-qu^.rei)*2;
      if (qu^.res<>0) and (qu^.rei<>0) then H:=qu^.res-qu^.rei;
      if (qu^.res<>0) and (qu^.rem<>0) then H:=(qu^.res-qu^.rem)*2;
      end;

      procedure calcDh;
      var ail:real;
      begin
      qu:=pri;      repeat
      HM;  ail:=(qu^.ail*2*pi)/360;
      if ail=0 then qu^.dh:=cof*H+coi else
qu^.dh:=cof*H*sqr(cos(ail))+abs((coi*cos(ail)));
      {writeln(Erealstr(qu^.ail,2),' ',qu^.dh:10:2,' ',qu^.ail:5:4);}
      qu:=qu^.prox;   until qu=pri; { LimpMemEst1;readkey;halt;}
      end;

      procedure calcAzi;
      begin
      qu:=pri;qu^.azi:=entr(azimute); for i:=1 to maxp do begin
qu:=qu^.prox;
      qu^.azi:=qu^.def+qu^.ant^.azi;
```

```
        if qu^.azi>360 then qu^.azi:=qu^.azi-360; if qu^.azi<0 then
qu^.azi:=360-qu^.azi;
        { writeln(Erealstr(qu^.azi,2));}
        end;{ readkey;halt;  }
        end;
        procedure correAzi;
        begin
        xx:=entr(azimute);yy:=pri^.azi; { writeln(EerealStr(xx,2),'
',erealstr(yy,2)); }
        if (xx-yy)<>0 then xx:=xx-yy;yy:=xx/(maxP-1);   {
writeln(ErealStr(xx,2),' ',erealstr(yy,2));}
        qu:=pri^.prox; repeat
        qu^.azi:=qu^.azi+yy;                { writeln(Erealstr(qu^.azi,2)); }
        qu:=qu^.prox;
        until qu=pri;qu^.azi:=entr(azimute);          { readkey;halt;   }
        end;

        procedure calcRum;
        begin
        qu:=pri; repeat
        if qu^.azi<=90 then begin qu^.rum:=qu^.azi;qu^.ext:='NE';if
qu^.azi=90 then qu^.ext:='E';
        if qu^.azi=0 then qu^.ext:='N';end;
        if (qu^.azi>90) and (qu^.azi<=180) then begin qu^.rum:=180-
qu^.azi;qu^.ext:='SE';
        if qu^.azi=180 then qu^.ext:='S';end;
        if (qu^.azi>180) and (qu^.azi<=270) then begin qu^.rum:=qu^.azi-
180;qu^.ext:='SW';
        if qu^.azi=270 then qu^.ext:='W';end;
        if (qu^.azi>270) and (qu^.azi<=360) then begin qu^.rum:=360-
qu^.azi;qu^.ext:='NW';
        if qu^.azi=360 then qu^.ext:='N';end;

        {writeln(Erealstr(qu^.azi,2),' ',Erealstr(qu^.rum,2),' ',qu^.ext); }

        qu:=qu^.prox;        until qu=pri;  { readkey;halt;}
        end;
        procedure calcXeY;
        begin
        qu:=pri; repeat
        qu^.x:=qu^.dh*sin(qu^.rum*2*pi/360);
        qu^.y:=qu^.dh*cos(qu^.rum*2*pi/360);
        {if (ext='NE') or (ext='E') or (ext='N') then }
        if (qu^.ext='SE') or (qu^.ext='S') then qu^.y:=-qu^.y;
        if (qu^.ext='SW') or (qu^.ext='W') then begin qu^.y:=-qu^.y;qu^.x:=-
qu^.x;end;
        if (qu^.ext='NW') then qu^.x:=-qu^.x;
```

```
         { writeln(qu^.x:10:2,' ',qu^.y:10:2); }
         qu:=qu^.prox;           until qu=pri; { readkey;halt;}
         end;
         procedure menorXeY;
         begin
         qu:=pri;xx:=qu^.x;yy:=qu^.y;  repeat  qu:=qu^.prox;
         if qu^.x<xx then  xx:=qu^.x;if qu^.y<yy then yy:=qu^.y;
         until qu=pri;{ writeln(xx:10:2,' ',yy:10:2); }
         qu:=pri;       repeat
         qu^.x:=qu^.x+abs(xx); qu^.y:=qu^.y+abs(yy); {
writeln(qu^.x:10:2,qu^.y:10:2); }
         qu:=qu^.prox; until qu=pri;           { readkey;halt;}
         end;

         procedure relat;
         begin
         writeln(arq,' Piquete Estacao     ***     Piquete Visado');
         writeln(arq,' Reticulo : superior    medio    superior');
         writeln(arq,' alfa    deflecao    azimute    rumo    E      N');

         qu:=pri;               repeat
         writeln(arq,'
===========================================================
==============');
         writeln(arq,qu^.pie,' *** ',qu^.piv);
         writeln(arq,qu^.res:6:3,qu^.rem:6:3,qu^.rei:6:3);
         writeln(arq,Erealstr(qu^.ail,2),' ',Erealstr(qu^.def,2),' ',
         Erealstr(qu^.azi,2),' ',Erealstr(qu^.rum,2),qu^.ext,' ',qu^.x:4:2,'
',qu^.y:4:2 );

         qu:=qu^.prox;          until qu=pri;
         writeln(arq);
         writeln(arq,' OBS. o erro foi distribuido por todos os vertices
menos');
         writeln(arq,'o azimute de partida E e N refere-se ao vertice nos
extremos');
         writeln(arq,'o que e importante para calcular a area da oligonal.
');

         end;
         procedure calculo;
         begin
         memEst1;calcDh;calcAzi;correAzi;calcRum;calcXeY;menorXeY;rel
at;
         end;
         procedure nils107.entradado;
         begin inicio;
   - 144 -
```

```
assign(arq,'nilso107.txt');append(arq);
calculo;close(arq);iniciartextoarq(false,'nilso107.txt');
end;
end.
{
BEGIN
if not getparamstr then exit;clrscr;ESCREVERODAPE;
DadoIniMouse;WINDOW(2,5,79,22);textattr:=$70;clrscr;
entrada:=";entrada2:=";entrada1:=";
entradado;leituraarquivotexto('nilso107.txt');
END.                              }
```

{program nilso108;   poligonal aberta   }

```
unit nilso108;
interface
uses
crt,nilson30,nilson36,nilson38,nilson35,nilson32,nilson73,nilson39,nilson7
0,
    nilson74,nilson71,nilson94,nilson99,nilson87,nilson90,nilso001;

type
ptr_nils108 =^nils108;
nils108 = object
PROCEDURE ENTRADADO;
end;
var k108:ptr_nils108;
implementation

type
ptr_est = ^est;
est = record
piquetest,piquetvis:str40;
extV,extR:str5;
tip:byte;
Raux:str25;
Rv,Rr,Azv,Azr:real;
prox,ant:ptr_est;
end;

var
prim,qua,aux:ptr_est; s:str25;Maxp:integer;
function entr(st:str25):real;
begin
case qua^.tip of
```
- 145 -

```
        1:entr:=EStrReal1(st);
   2:entr:=EStrReal2(st);3:entr:=EStrReal3(st);end;
        end;
        function Posr(savex:byte):str5;
        begin
        case savex of
        1:posr:='N';
   2:posr:='S';3:posr:='E';4:posr:='W';5:posr:='NE';6:posr:='NW';7:posr:='SE';
   8:posr:='SW';end;
        end;
        procedure MemEst;
        begin  ML:=true;new(qua);aux:=qua;prim:=qua;
        for i:=2 to maxp do begin
   new(qua);qua^.ant:=aux;aux^.prox:=qua;aux:=qua;end;
        prim^.ant:=qua;qua^.prox:=prim;
        end;
        procedure LimpMemEst;
        begin qua:=prim^.prox;
        repeat aux:=qua^.prox;dispose(qua);qua:=aux;until
   qua=prim;dispose(qua);
        end;


        procedure inicio;
        const  max=11;
        procedure sairAgora;
        begin
        qua:=prim;repeat if (qua^.raux='') or (qua^.extv='') or not ML then
   begin iniciartela(max);exit;end;
        qua:=qua^.prox;until qua=prim;
        ch:=#23;
        end;
        procedure carga;
        begin
        res1:=primeir;str(maxp:2,res1^.proximo^.str80D);res1:=res1^.proxi
   mo;
        ws(qua^. piquetest);ws(qua^.piquetvis);
        str(qua^.tip:1,res1^.str80D);res1:=res1^.proximo;ws(qua^.raux);ws(
   qua^.extv);
        end;
        procedure exemplo;
        procedure We(pe,pv,ru:str40;ev:str5);
        begin qua^.tip:=1;
   qua^.raux:=ru;qua^.extv:=ev;qua^.piquetest:=pe;qua^.piquetvis:=pv;qua:=
   qua^.prox;end;
        begin  if ML then
   LimpMemEst;ML:=true;maxp:=8;MemEst;qua:=prim;
```

```
        we('1','2','2340.0','SE');we('2','3','4550.0','SW');we('3','4','8910.0','N
W');
        we('4','5','1040.0','NW');we('5','6','5820.0','SW');we('6','7','3450.0','N
W');
        we('7','8','2840.0','NE');we('8','9','0000.0','S');
        res1:=primeir;res1^.str80D:='Poligonal Aberta submar-praia-
discriminado. General Figueiredo-Cruz';
        ws('8');ws('estac.1');ws('visado 2');ws('3');ws('23 40.0');ws('7');
        end;
        begin
        MaxPerg:=max;        ML:=false;
        if lequi('nicas108.dat') then begin EncherMemoria(max);
        L:=primeir^.proximo;k:=L;LerArqNom(3824,1);k^.nom:=Copy(k^.no
m,1,23);k:=L;LerArqNom(3821,1);
        L^.nom:=Copy(k^.nom,1,19);k^.nom:=Copy(k^.nom,19,19);L:=L^.pr
oximo;
        LerArqNom(3822,1);k:=L;LerArqNom(3821,1);k^.nom:=Copy(k^.no
m,37,16);LerArqNom(3823,1);
        k:=L;LerArqNom(3821,1);k^.nom:=Copy(k^.nom,52,25);k:=L;LerAr
qNom(3824,1);
        k^.nom:=Copy(k^.nom,24,25);LerArqNom(2895,2);
        L:=primeir;
        for i:=1 to max do begin str(i,s);
        if i>=10 then s:=s+' - 'else s:=' '+s+' - ';Insert(s, L^.nom,1);
        L:=L^.proximo;end;
        L:=primeir;LerArqMsg(3111,1);k:=L;LerArqMsg(3252,1);k^.msg:=C
opy(k^.msg,1,45);LerArqMsg(3252,1);
        LerArqMsg(3252,1);LerArqMsg(3822,1);LerArqMsg(3254,1);LerArq
Msg(3823,1);
        LerArqMsg(3342,1);LerArqMsg(3342,1);LerArqMsg(2897,2);
        exemplo;end;
        posy:=1;posx:=2; IniciarTela(max);
        repeat
        textattr:=$1E;
        with res1^do
        case perg of
        1: BEGIN gotoxy(2,posy);entrada:=str80D;Erro:=1;
        str80D:=instring(msg,nom,[#0,#32..#255],[],(75-
length(nom)),0);end;
        2: begin gotoxy(2,posy);entrada:=str80D;Erro:=1;
        entrada:=instring(msg,nom,['0'..'9'],[],(75-length(nom)),0);
        if not ML then begin
val(tiranulo(entrada),maxP,erro);memEst;str80D:=entrada;end; end;
        3,4: BEGIN gotoxy(2,posy);entrada:=str80D;if length(str80D)>40
then entrada:=#0;Erro:=1;
        str80D:=instring(msg,nom,[#0,#32..#255],[],(75-length(nom)),0);
```

```
              if perg=3 then qua^.piquetest:=str80D else qua^.piquetvis:=str80D
end;
          5: BEGIN  gotoxy(2,posy);entrada:=str80D;Erro:=1;
          entrada:=tiranul(instring(msg,nom,['1'..'3'],[],(75-
length(nom)),0));val(entrada,savex,erro);
          if (savex>=1) and (savex <=3) then begin
qua^.tip:=savex;str80D:=entrada;end;end;
          6: BEGIN  gotoxy(2,posy);entrada:=str80D;Erro:=1;if
length(str80D)>25 then entrada:=#0;
          str80D:=tiranul(instring(msg,nom,['.','0'..'9'],[],(75-length(nom)),0));
          qua^.raux:=str80D;end;
          7: BEGIN  gotoxy(2,posy);entrada:=str80D;Erro:=1;
          entrada:=tiranul(instring(msg,nom,['1'..'8'],[],(75-length(nom)),0));
val(entrada,savex,erro);
          if (savex>=1) and (savex <=8)then
qua^.extv:=posr(savex);str80D:=entrada;end;
          8,9: BEGIN
cursoroff;gotoxy(2,posy);input:=1;entrada:=#0;entrada:=instring(msg,nom,[
#0],[],(75-length(nom)),0);cursoron;
          if (perg=8) and (ch=#13) then begin
qua:=qua^.prox;carga;IniciarTela(max); end;
          if (perg=9) and (ch=#13) then begin
qua:=qua^.ant;carga;IniciarTela(max); end;end;
          max-1: BEGIN
cursoroff;gotoxy(2,posy);input:=1;entrada:=#0;entrada:=instring(msg,nom,[
#0],[],(75-length(nom)),0);cursoron;
          if ch=#13 then sairagora;end;
          max: BEGIN
cursoroff;gotoxy(2,posy);input:=1;entrada:=#0;entrada:=instring(msg,nom,[
#0],[],(75-length(nom)),0);
          cursoron;if ch=#13 then begin ch:=#63;exemplo;end;end;end;
          case ch of
          #2:begin OndY(max);if ch=#13 then sairagora;if ch=#63 then begin
exemplo;irfinal(max);end;end;
          #63,#64: IrFinal(max);
          #72: previousact(max);
          #80,#13: nextact(max);
          end;
          until ch in
[#27,#45,#23{,#47,#19,#31,#75,#77,#83,#72,#80,#71,#73,#81,
#13,#9,#82,#8 ,#63,#64,#65,#66}];
          (*  esc x i    r s L R DEL up  dn home pgu pgd ent tab ins
bsp f5  f6  f7  f8 *)

          if (ch in [#27,#45]) then begin limpmemoini;halt;end;
          saitxt(max-2,'nilso108.txt'); toquivi('nicas108.dat');limpmemoini;
          end;
```

```pascal
procedure rre;
begin   qua^.rv:=entr(qua^.raux);qua^.rr:=qua^.rv;
if (qua^.extv='NE') or (qua^.extv='N') then begin
qua^.azv:=qua^.rv; qua^.azr:=360-qua^.rv;
qua^.extr:='SW'; if qua^.extv='N' then qua^.extr:='S';
end;
if (qua^.extv='SE') or (qua^.extv='E') then begin
qua^.azv:=180-qua^.rv; qua^.azr:=qua^.rv + 180;
qua^.extr:='NW'; if qua^.extv='E' then qua^.extr:='W';
end;
if (qua^.extv='SW') or (qua^.extv='S') then begin
qua^.azv:=qua^.rv+180; qua^.azr:=180-qua^.rv;
qua^.extr:='NE'; if qua^.extv='S' then qua^.extr:='N';
end;
if (qua^.extv='NW') or (qua^.extv='W') then begin
qua^.azv:=360 - qua^.rv; qua^.azr:=qua^.rv ;
qua^.extr:='SE'; if qua^.extv='W' then qua^.extr:='E';
end;
end;
procedure relat;
begin
writeln(arq,' Piquete Estacao      ***      Piquete Visado');
writeln(arq,'Digitado = Rumo Vante    Rumo Re    Az. Direita
Az. Esquerda');
qua:=prim;
repeat
writeln(arq,'
============================================================
===============');
writeln(arq,qua^.piquetest,' *** ',qua^.piquetvis);
writeln(arq,qua^.raux,qua^.extv,' = ',ERealStr(qua^.rv,1),qua^.extv,'
',ERealStr(qua^.rr,1),qua^.extr,
' ',ERealStr(qua^.azv,1),' ',ERealStr(qua^.azr,1)); qua:=qua^.prox;
until qua=prim;
end;
procedure nils108.entradado;
begin inicio; qua:=prim;repeat rre;qua:=qua^.prox;until qua=prim;
assign(arq,'nilso108.txt');append(arq);
relat;close(arq);iniciartextoarq(false,'nilso108.txt');
end;
end.
{
BEGIN
if not getparamstr then exit;ESCREVERODAPE;
DadoIniMouse;WINDOW(2,5,79,22);textattr:=$70;clrscr;
entrada:='';entrada2:='';entrada1:='';
```

```
entradado;leituraarquivotexto('nilso108.txt');
END.              }
```

{program nilso109;   teodolito }

```
unit nilso109;
interface
uses
crt,nilson30,nilson36,nilson38,nilson35,nilson32,nilson73,nilson39,nilson7
0,
      nilson74,nilson71,nilson94,nilson99,nilson87,nilson90,nilso001;

type
ptr_nils109 =^nils109;
nils109 = object
PROCEDURE ENTRADADO;
end;
var k109:ptr_nils109;
implementation
var
res,rem,rei,cop,ali,ail,coi,aof,H,M,DH,DN:real; s:str25;tip:byte;

procedure inicio;
const  max=12;
function entr(st:str25):real;
begin
case tip of
1:entr:=EStrReal1(st);
2:entr:=EStrReal2(st);3:entr:=EStrReal3(st);end;
end;
procedure sairAgora;
begin res1:=primeir^.proximo;
      res:=wiv;rem:=wiv;rei:=wiv;cop:=wiv;ali:=wiv;tip:=trunc(wiv);ail:=ent
r(res1^.str80D);wiv;coi:=wiv;aof:=wiv;

      if (erro<>0) or not((tip>=1) and (tip <=3)) then begin
iniciartela(max);exit;end;
      ch:=#23;
      end;
procedure exemplo;
begin
      res1:=primeir;res1^.str80D:='Visada de teodolito piquete
Comandante Brasil a Gen. Newton Cruz';
      Ws('');Ws('1.518');Ws('0.417');Ws('584.025');Ws('1.50');Ws('2');Ws('
-5.5');Ws('0'); Ws('100');
      end;
```
   - 150 -

```
begin
MaxPerg:=max;
if lequi('nicas109.dat') then begin EncherMemoria(max);
L:=primeir^.proximo;k:=L;LerArqNom(3825,1);L^.nom:=Copy(k^.no
m,26,23);L:=L^.proximo;
L^.nom:=Copy(k^.nom,48,25);k^.nom:=Copy(k^.nom,1,25);L:=L^.pr
oximo; k:=L;
LerArqNom(3826,1);L^.nom:=Copy(k^.nom,35,31);k^.nom:=Copy(k
^.nom,1,35);L:=L^.proximo;
LerArqNom(3822,1);k:=L;LerArqNom(3827,1);L^.nom:=Copy(k^.no
m,35,31);k^.nom:=Copy(k^.nom,1,34);L:=L^.proximo;
LerArqNom(3828,1); LerArqNom(2895,2);
L:=primeir;
for i:=1 to max do begin str(i,s);
if i>=10 then s:=s+' - 'else s:=' '+s+' - ';Insert(s, L^.nom,1);
L:=L^.proximo;end;
L:=primeir;LerArqMsg(3111,1);LerArqMsg(3829,5);LerArqMsg(382
2,1);LerArqMsg(3253,1);LerArqMsg(3834,2);
LerArqMsg(2897,2);
exemplo;end;
posy:=1;posx:=2; IniciarTela(max);
repeat
textattr:=$1E;
with res1^do
case perg of
1: BEGIN gotoxy(2,posy);entrada:=str80D;Erro:=1;
str80D:=instring(msg,nom,[#0,#32..#255],[],(75-
length(nom)),0);end;
2..10: BEGIN gotoxy(2,posy);entrada:=str80D;Erro:=1;
str80D:=instring(msg,nom,['.',',','-','0'..'9'],[],(75-length(nom)),0);end;
max-1: BEGIN
cursoroff;gotoxy(2,posy);input:=1;entrada:=#0;entrada:=instring(msg,nom,[
#0],[],(75-length(nom)),0);cursoron;
if ch=#13 then sairagora;end;
max: BEGIN
cursoroff;gotoxy(2,posy);input:=1;entrada:=#0;entrada:=instring(msg,nom,[
#0],[],(75-length(nom)),0);
cursoron;if ch=#13 then begin ch:=#63;exemplo;end;end;end;
case ch of
#2:begin OndY(max);if ch=#13 then sairagora;if ch=#63 then begin
exemplo;irfinal(max);end;end;
#63,#64: IrFinal(max);
#72: previousact(max);
#80,#13: nextact(max);
end;
```

```
        until ch in
[#27,#45,#23{,#47,#19,#31,#75,#77,#83,#72,#80,#71,#73,#81,
#13,#9,#82,#8 ,#63,#64,#65,#66}];
        (* esc x i    r s L R DEL up  dn home pgu pgd ent tab ins
bsp f5  f6  f7  f8 *)

        if (ch in [#27,#45]) then begin limpmemoini;halt;end;
        saitxt(max,'nilso109.txt'); toquivi('nicas109.dat');limpmemoini;
        end;
        procedure HM;
        begin
        if (rem<>0) and (rei<>0) then begin H:=(rem-rei)*2;m:=rem;end;
        if (res<>0) and (rei<>0) then begin H:=(res-rei);m:=(res+rei)/2;end;
        if (res<>0) and (rem<>0) then begin H:=(res-rem)*2;m:=rem;end;
        end;
        procedure calculo;
        begin  HM;  ail:=(ail*2*pi)/360;

        if ail=0 then dh:=(aof*h)+coi else
dh:=aof*h*sqr(cos(ail))+abs((coi*cos(ail)));
        str(dh:10:3,s);
        writeln(arq,' A distancia entre os piquetes e de :',tiranulo(s),' M.');

        if ail=0 then writeln(arq,' Só o conhecimento "in loco" do terreno
informa se aclive ou declive.')
        else begin
        dn:=aof/2*H*sin(2*ail)-m+ali;
        str(dn:10:3,s);
        writeln(arq,' O desnivel entre os piquetes e de:',tiranulo(s),' M.');
        cop:=cop+dn;
        str(cop:10:3,s);
        if ail<>0 then writeln(arq,' O piquete visado tem cota
de:',tiranulo(s),' M.');
        end;   end;

        procedure nils109.entradado;
        begin inicio;
        assign(arq,'nilso109.txt');append(arq);
        calculo;close(arq);iniciartextoarq(false,'nilso109.txt');
        end;

        end.
        {
        BEGIN
        if not getparamstr then exit;ESCREVERODAPE;
        DadoIniMouse;WINDOW(2,5,79,22);textattr:=$70;clrscr;
        entrada:='';entrada2:='';entrada1:='';
```

```
entradado;leituraarquivotexto('nilso109.txt');
END.              }
```

{program nilso110;   area de poligonos ou dentro de uma poligonal - metodo de Gauss}

```
unit nilso110;
interface
uses
crt,nilson30,nilson36,nilson38,nilson35,nilson32,nilson73,nilson39,nilson7
0,
      nilson74,nilson71,nilson94,nilson99,nilson87,nilson90,nilso001;

type
ptr_nils110 =^nils110;
nils110 = object
PROCEDURE ENTRADADO;
end;
var k110:ptr_nils110;
implementation

type
ptr_est = ^est;
est = record
x,y:str25;
prox,ant:ptr_est;
end;
ptr_est1 = ^est1;
est1 = record
x,y:real;
prox,ant:ptr_est1;
end;
var
prim,qua,aux:ptr_est;pri,qu,au:ptr_est1;s:str25;
xx,yy:real;maxp:integer;
function strval(s:str25):real;begin val(s,fck,erro);strval:=fck;end;
function valstr(s:real):str25; begin
str(s:20:10,escolha);valstr:=escolha;end;
procedure MemEst;
begin  ML:=true;new(qua);aux:=qua;prim:=qua;
qua^.x:='';qua^.y:='';
      for i:=2 to maxp do begin
new(qua);qua^.x:='';qua^.y:='';qua^.ant:=aux;aux^.prox:=qua;aux:=qua;en
d;
```

```pascal
      prim^.ant:=qua;qua^.prox:=prim;
      end;
      procedure LimpMemEst;
      begin qua:=prim^.prox;
      repeat aux:=qua^.prox;dispose(qua);qua:=aux;until
 qua=prim;dispose(qua);
      end;

      procedure inicio;
      const  max=8;
      procedure sairAgora;
      begin if not ML then begin iniciartela(max);exit;end;ch:=#23;end;
      procedure carga;
      begin
      res1:=primeir;str(maxp:2,s);ws(s);ws(qua^.x);ws(qua^.y);
      end;

      procedure exemplo;

      procedure We(xx,yy:str25);
      begin qua^.x:=xx;qua^.y:=yy;qua:=qua^.prox;end;

      begin  if ML then LimpMemEst;maxp:=8;MemEst;qua:=prim;
      we('57.59','12.72');
      we('102.43','-13.38');
      we('121.23','-50.85');
      we('98.64','-55.15');
      we('68.44','-19.20');
      we('20.58','-21.83');
      we('0.00','0.00');
      we('41.75','38.75');
      primeir^.str80D:='Area base LULA DA SILVA - submar-praia.
General Figueiredo-Cruz';
      carga;
      end;
      begin
      MaxPerg:=max;  ML:=false;
      if lequi('nicas110.dat') then begin EncherMemoria(max);
      L:=primeir^.proximo;k:=L;LerArqNom(3824,1);k^.nom:=Copy(k^.no
m,1,23);
      L^.nom:=' 3 -  x: ';L:=L^.proximo;l^.nom:=' 4 -  y : ';L:=L^.proximo;
      K:=L;LerArqNom(3821,1);k^.nom:=Copy(k^.nom,52,25);k:=L;LerAr
qNom(3824,1);
      k^.nom:=Copy(k^.nom,24,25);
      LerArqNom(2895,2);
      L:=primeir;
      for i:=1 to max do begin str(i,s);
```

```
if i>=10 then s:=s+' - 'else s:=' '+s+' - ';Insert(s, L^.nom,1);
L:=L^.proximo;end;
L:=primeir;LerArqMsg(3111,1);k:=L;LerArqMsg(3252,1);k^.msg:=C
opy(k^.msg,1,45);
k:=L;LerArqMsg(3252,1);k^.msg:=Copy(k^.msg,1,45);K:=L;LerArq
Msg(3252,1);k^.msg:=Copy(k^.msg,1,45);
LerArqMsg(3263,2);LerArqMsg(2897,2);exemplo;end;
posy:=1;posx:=2; IniciarTela(max);
repeat
textattr:=$1E;
with res1^do
case perg of
1: BEGIN gotoxy(2,posy);entrada:=str80D;Erro:=1;
str80D:=instring(msg,nom,[#0,#32..#255],[],(75-
length(nom)),0);end;
2..4: BEGIN
gotoxy(2,posy);entrada:=str80D;nomePilar:=str80D;Erro:=1;
str80D:=instring(msg,nom,['.','-','0'..'9'],[],(75-length(nom)),0);
case perg of
2:begin delete(str80D,Pos('.', Str80D),length(str80D));
if (not ML) then begin
val(tiranulo(str80D),maxP,erro);memEst;str80D:=entrada;end else
str80D:=nomePilar;end;
3:qua^.x:=str80D;4:qua^.y:=str80D;
end;end;
5,6: BEGIN
cursoroff;gotoxy(2,posy);input:=1;entrada:=#0;entrada:=instring(msg,nom,[
#0],[],(75-length(nom)),0);cursoron;
if (perg=5) and (ch=#13) then begin
qua:=qua^.prox;carga;IniciarTela(max); end;
if (perg=6) and (ch=#13) then begin
qua:=qua^.ant;carga;IniciarTela(max); end;end;
max-1: BEGIN
cursoroff;gotoxy(2,posy);input:=1;entrada:=#0;entrada:=instring(msg,nom,[
#0],[],(75-length(nom)),0);cursoron;
if ch=#13 then sairagora;end;
max: BEGIN
cursoroff;gotoxy(2,posy);input:=1;entrada:=#0;entrada:=instring(msg,nom,[
#0],[],(75-length(nom)),0);
cursoron;if ch=#13 then begin ch:=#63;exemplo;end;end;end;
case ch of
#2:begin OndY(max);if ch=#13 then sairagora;if ch=#63 then begin
exemplo;irfinal(max);end;end;
#63,#64: IrFinal(max);
#72: previousact(max);
#80,#13: nextact(max);
end;
```

```
        until ch in
[#27,#45,#23{,#47,#19,#31,#75,#77,#83,#72,#80,#71,#73,#81,
#13,#9,#82,#8 ,#63,#64,#65,#66}];
        (* esc x i    r  s  L  R  DEL  up   dn home pgu pgd ent tab ins
bsp f5  f6  f7  f8 *)

        if (ch in [#27,#45]) then begin limpmemoini;halt;end;
        saitxt(max-2,'nilso110.txt'); toquivi('nicas110.dat');limpmemoini;
        end;
        procedure LimpMemEst1;
        begin qu:=pri^.prox;
        repeat au:=qu^.prox;dispose(qu);qu:=au;until qu=pri;dispose(qu);
        end;
        procedure MemEst1;
        begin
        qua:=prim; for i:=1 to maxp do begin
        new(qu);  if i=1 then pri:=qu else begin
qu^.ant:=au;au^.prox:=qu;end;
        val(tiranul(qua^.x),qu^.x,erro);val(tiranul(qua^.y),qu^.y,erro);
        aux:=qua;if i<>maxp then qua:=qua^.prox;dispose(aux);au:=qu;
        end; pri^.ant:=qu;qu^.prox:=pri;
        end;
        procedure calculo;
        begin  MemEst1;xx:=0;yy:=0;  qu:=pri;
        for i:= 1 to maxp do begin
        xx:=xx-(qu^.x*qu^.prox^.y);
        yy:=yy+(qu^.y*qu^.prox^.x);
        qu:=qu^.prox;end;
        xx:=(yy+xx)/2;
        writeln(arq,'Area total do poligono : ',xx:10:3);

        writeln(arq,'identificacao: (coordenadas x , coordenadas y ');
        qu:=pri;for i:=1 to maxp do begin  str(i:0,s);
        write(arq,s,' - (',qu^.x:8:3,' ',qu^.y:8:3, ') ');
        if frac(i/3)=0 then writeln(arq);
        qu:=qu^.prox;              end;

        end;
        procedure nils110.entradado;
        begin inicio;
        assign(arq,'nilso110.txt');append(arq);
        calculo;close(arq);iniciartextoarq(false,'nilso110.txt');
        end;
        end.
        {
        BEGIN
        if not getparamstr then exit;clrscr;ESCREVERODAPE;
```

```
DadoIniMouse;WINDOW(2,5,79,22);textattr:=$70;clrscr;
entrada:=";entrada2:=";entrada1:=";
entradado;leituraarquivotexto('nilso110.txt');
END.              }
```

{program nilso111;   medida aproximada de vazao em tubo horizotaln}

```
unit nilso111;
interface
uses
crt,nilson30,nilson36,nilson38,nilson35,nilson32,nilson73,nilson39,nilson7
0,
        nilson74,nilson71,nilson94,nilson99,nilson87,nilson90;

type
ptr_nils111 =^nils111;
nils111 = object
PROCEDURE ENTRADADO;
end;
var k111:ptr_nils111;
implementation
var dja,dit,vazao:real;
s,s1:str25;
procedure inicio;
const  max=5;
procedure sairAgora;
begin res1:=primeir^.proximo;
dja:=wiv;dit:=wiv;
if (erro<>0) then begin iniciartela(max);exit;end;
ch:=#23;
end;
procedure exemplo;
begin
res1:=primeir;res1^.str80D:='Experiência: A vazão que sai de tubo
horizontal.';
        Ws('50');Ws('10');
end;
begin
MaxPerg:=max;
if lequi('nicas111.dat') then begin EncherMemoria(max);
L:=primeir^.proximo;K:=L;LerArqNom(3837,1);L^.nom:=Copy(k^.no
m,50,28);L^.msg:=L^.nom;k^.nom:=Copy(k^.nom,1,50);L:=L^.proximo;
        LerArqNom(2895,2);
        L:=primeir;
```

```
        for i:=1 to max do begin str(i,s);
        if i>=10 then s:=s+' - 'else s:=' '+s+' - ';Insert(s, L^.nom,1);
        L:=L^.proximo;end;
        L:=primeir;LerArqMsg(3111,1);LerArqMsg(3839,1);L:=L^.proximo;L
erArqMsg(2897,2);
        exemplo;end;
        posy:=1;posx:=2; IniciarTela(max);
        repeat
        textattr:=$1E;
        with res1^do
        case perg of
        1: BEGIN gotoxy(2,posy);entrada:=str80D;Erro:=1;
        str80D:=instring(msg,nom,[#0,#32..#255],[],(75-
length(nom)),0);end;
        2,3: BEGIN gotoxy(2,posy);entrada:=str80D;Erro:=1;
        str80D:=instring(msg,nom,['.','0'..'9'],[],(75-length(nom)),0);end;
        max-1: BEGIN
cursoroff;gotoxy(2,posy);input:=1;entrada:=#0;entrada:=instring(msg,nom,[
#0],[],(75-length(nom)),0);cursoron;
        if ch=#13 then sairagora;end;
        max: BEGIN
cursoroff;gotoxy(2,posy);input:=1;entrada:=#0;entrada:=instring(msg,nom,[
#0],[],(75-length(nom)),0);
        cursoron;if ch=#13 then begin ch:=#63;exemplo;end;end;end;
        case ch of
        #2:begin OndY(max);if ch=#13 then sairagora;if ch=#63 then begin
exemplo;irfinal(max);end;end;
        #63,#64: IrFinal(max);
        #72: previousact(max);
        #80,#13: nextact(max);
        end;
        until ch in
[#27,#45,#23{,#47,#19,#31,#75,#77,#83,#72,#80,#71,#73,#81,
#13,#9,#82,#8 ,#63,#64,#65,#66}];
        (* esc x i    r s  L  R DEL up  dn home pgu pgd ent tab ins
bsp f5  f6  f7  f8 *)

        if (ch in [#27,#45]) then begin limpmemoini;halt;end;
        saitxt(max,'nilso111.txt'); toquivi('nicas111.dat');limpmemoini;
        end;
        procedure calculo;
        begin
        vazao:=12.5*dja*sqr(dit); str(vazao:10:1,s);
        writeln(arq,' A vazão é : ',tiranulo(s),' litros/hora.');
        end;
        procedure nils111.entradado;
        begin inicio;
```

```
assign(arq,'nilso111.txt');append(arq);
calculo;close(arq);iniciartextoarq(false,'nilso111.txt');
end;
end.
{
BEGIN
if not getparamstr then exit;clrscr;ESCREVERODAPE;
DadoIniMouse;WINDOW(2,5,79,22);textattr:=$70;clrscr;
entrada:='';entrada2:='';entrada1:='';
entradado;leituraarquivotexto('nilso111.txt');
END.                 }
```

{program nilso112;   medida aproximada de vazao em tubo vertical}

```
unit nilso112;
interface
uses
crt,nilson30,nilson36,nilson38,nilson35,nilson32,nilson73,nilson39,nilson70,
      nilson74,nilson71,nilson94,nilson99,nilson87,nilson90;

type
ptr_nils112 =^nils112;
nils112 = object
PROCEDURE ENTRADADO;
end;
var k112:ptr_nils112;
implementation
var hja,dit,vazao:real;
s,s1:str25;
procedure inicio;
const  max=5;
procedure sairAgora;
begin res1:=primeir^.proximo;
hja:=wiv;dit:=wiv;
if (erro<>0) then begin iniciartela(max);exit;end;
ch:=#23;
end;
procedure exemplo;
begin
res1:=primeir;res1^.str80D:='Experiência: A vazão que sai de tubo
vertical.';
Ws('50');Ws('10');
end;
```

```
                begin
                MaxPerg:=max;
                if lequi('nicas112.dat') then begin EncherMemoria(max);
                L:=primeir^.proximo;K:=L;LerArqNom(3837,1);L^.nom:=Copy(k^.no
m,50,28);L^.msg:=L^.nom;
                K^.nom:=' Altura atingida pelo jato (cM) : ';L:=L^.proximo;
                LerArqNom(2895,2);
                L:=primeir;
                for i:=1 to max do begin str(i,s);
                if i>=10 then s:=s+' - 'else s:=' '+s+' - ';Insert(s, L^.nom,1);
                L:=L^.proximo;end;
                L:=primeir;LerArqMsg(3111,1);LerArqMsg(3839,1);L:=L^.proximo;L
erArqMsg(2897,2);
                exemplo;end;
                posy:=1;posx:=2; IniciarTela(max);
                repeat
                textattr:=$1E;
                with res1^do
                case perg of
                1: BEGIN gotoxy(2,posy);entrada:=str80D;Erro:=1;
                str80D:=instring(msg,nom,[#0,#32..#255],[],(75-
length(nom)),0);end;
                2,3: BEGIN gotoxy(2,posy);entrada:=str80D;Erro:=1;
                str80D:=instring(msg,nom,['.','0'..'9'],[],(75-length(nom)),0);end;
                max-1: BEGIN
cursoroff;gotoxy(2,posy);input:=1;entrada:=#0;entrada:=instring(msg,nom,[
#0],[],(75-length(nom)),0);cursoron;
                if ch=#13 then sairagora;end;
                max: BEGIN
cursoroff;gotoxy(2,posy);input:=1;entrada:=#0;entrada:=instring(msg,nom,[
#0],[],(75-length(nom)),0);
                cursoron;if ch=#13 then begin ch:=#63;exemplo;end;end;end;
                case ch of
                #2:begin OndY(max);if ch=#13 then sairagora;if ch=#63 then begin
exemplo;irfinal(max);end;end;
                #63,#64: IrFinal(max);
                #72: previousact(max);
                #80,#13: nextact(max);
                end;
                until ch in
[#27,#45,#23{,#47,#19,#31,#75,#77,#83,#72,#80,#71,#73,#81,
#13,#9,#82,#8 ,#63,#64,#65,#66}];
                (*  esc  x  i      r  s  L  R  DEL  up  dn home pgu pgd ent tab ins
bsp f5  f6  f7  f8 *)

                if (ch in [#27,#45]) then begin limpmemoini;halt;end;
                saitxt(max,'nilso112.txt'); toquivi('nicas112.dat');limpmemoini;
```

```
end;
procedure calculo;
begin
vazao:=125*sqrt(hja)*sqr(dit); str(vazao:10:1,s);
writeln(arq,' A vazão é : ',tiranulo(s),' litros/hora.');
end;
procedure nils112.entradado;
begin inicio;
assign(arq,'nilso112.txt');append(arq);
calculo;close(arq);iniciartextoarq(false,'nilso112.txt');
end;
end.
{
BEGIN
if not getparamstr then exit;clrscr;ESCREVERODAPE;
DadoIniMouse;WINDOW(2,5,79,22);textattr:=$70;clrscr;
entrada:='';entrada2:='';entrada1:='';
entradado;leituraarquivotexto('nilso112.txt');
END.
}

{program nilso113;   medida aproximada de vazao em registro}

unit nilso113;
interface
uses
crt,nilson30,nilson36,nilson38,nilson35,nilson32,nilson73,nilson39,nilson7
0,
nilson74,nilson71,nilson94,nilson99,nilson87,nilson90;

type
ptr_nils113 =^nils113;
nils113 = object
PROCEDURE ENTRADADO;
end;
var k113:ptr_nils113;
implementation
var pcr,dit,are,vazao:real;
s,s1:str25;
procedure inicio;
const  max=6;
procedure sairAgora;
begin res1:=primeir^.proximo;
pcr:=wiv;dit:=wiv;are:=wiv;
if (erro<>0) then begin iniciartela(max);exit;end;
ch:=#23;
end;
```

```pascal
        procedure exemplo;
        begin
        res1:=primeir;res1^.str80D:='Experiência: A vazão que atravessa
um registro instalado em tubo .';
        Ws('40');Ws('20');Ws('5');
        end;
        begin
        MaxPerg:=max;
        if lequi('nicas113.dat') then begin EncherMemoria(max);
        L:=primeir^.proximo;K:=L;LerArqNom(3838,1);L^.proximo^.nom:=C
opy(k^.nom,31,41);k^.nom:=Copy(k^.nom,1,30);
        K:=L;LerArqNom(3837,1);K^.nom:=Copy(K^.nom,50,31);
        L:=L^.proximo;
        LerArqNom(2895,2);
        L:=primeir;
        for i:=1 to max do begin str(i,s);
        if i>=10 then s:=s+' - 'else s:=' '+s+' - ';Insert(s, L^.nom,1);
        L:=L^.proximo;end;
        L:=primeir;LerArqMsg(3111,1);K:=L;LerArqMsg(3838,1);k^.msg:=C
opy(k^.msg,1,30);
        K:=L;LerArqMsg(3837,1);k^.msg:=Copy(k^.msg,50,31);
LerArqMsg(3840,1);
        LerArqMsg(2897,2);
        exemplo;end;
        posy:=1;posx:=2; IniciarTela(max);
        repeat
        textattr:=$1E;
        with res1^do
        case perg of
        1: BEGIN gotoxy(2,posy);entrada:=str80D;Erro:=1;
        str80D:=instring(msg,nom,[#0,#32..#255],[],(75-
length(nom)),0);end;
        2,3,4: BEGIN gotoxy(2,posy);entrada:=str80D;Erro:=1;
        str80D:=instring(msg,nom,['.','0'..'9'],[],(75-length(nom)),0);end;
        max-1: BEGIN
cursoroff;gotoxy(2,posy);input:=1;entrada:=#0;entrada:=instring(msg,nom,[
#0],[],(75-length(nom)),0);cursoron;
        if ch=#13 then sairagora;end;
        max: BEGIN
cursoroff;gotoxy(2,posy);input:=1;entrada:=#0;entrada:=instring(msg,nom,[
#0],[],(75-length(nom)),0);
        cursoron;if ch=#13 then begin ch:=#63;exemplo;end;end;end;
        case ch of
        #2:begin OndY(max);if ch=#13 then sairagora;if ch=#63 then begin
exemplo;irfinal(max);end;end;
        #63,#64: IrFinal(max);
        #72: previousact(max);
  - 162 -
```

```pascal
            #80,#13: nextact(max);
        end;
        until ch in
[#27,#45,#23{,#47,#19,#31,#75,#77,#83,#72,#80,#71,#73,#81,
#13,#9,#82,#8 ,#63,#64,#65,#66}];
        (* esc x i   r s L R DEL up  dn home pgu pgd ent tab ins
bsp f5  f6  f7  f8 *)

        if (ch in [#27,#45]) then begin limpmemoini;halt;end;
        saitxt(max,'nilso113.txt'); toquivi('nicas113.dat');limpmemoini;
        end;
        procedure calculo;
        begin   pcr:=pcr/100;dit:=dit/100;are:=are/100;
        vazao:=sqr(pi*sqr(dit)/4);
        vazao:=3600*1000*2.1*sqrt(pcr*vazao*9.81*(exp(3*ln(are/dit))));
str(vazao:10:1,s);
        writeln(arq,' A vazão é : ',tiranulo(s),' litros/hora.');
        end;
        procedure nils113.entradado;
        begin inicio;
        assign(arq,'nilso113.txt');append(arq);
        calculo;close(arq);iniciartextoarq(false,'nilso113.txt');
        end;
        end.
        {
        BEGIN
        if not getparamstr then exit;clrscr;ESCREVERODAPE;
        DadoIniMouse;WINDOW(2,5,79,22);textattr:=$70;clrscr;
        entrada:='';entrada2:='';entrada1:='';
        entradado;leituraarquivotexto('nilso113.txt');
        END.                }
```

{program nilso114;   formula de hazen-willians}

```pascal
        unit nilso114;
        interface
        uses
crt,nilson30,nilson36,nilson38,nilson35,nilson32,nilson73,nilson39,nilson7
0,
        nilson74,nilson71,nilson94,nilson99,nilson87,nilson90;

        type
        ptr_nils114 =^nils114;
        nils114 = object
```

```
PROCEDURE ENTRADADO;
end;
var k114:ptr_nils114;
implementation
var pca,dit,vaz,cru,vel,aux:real;
s,s1:str25;
procedure inicio;
const  max=8;
procedure sairAgora;
begin res1:=primeir^.proximo;
pca:=wiv;dit:=wiv;vaz:=wiv; cru:=wiv;vel:=wiv;
if (erro<>0) then begin iniciartela(max);exit;end;
ch:=#23;
end;
procedure exemplo;
begin
res1:=primeir;res1^.str80D:='Utilizacao da formula de hazen-
willians, com 3 dados acha-se o 4o e 5o.';
Ws('0');Ws('180');Ws('6.9');Ws('80');Ws('0');
end;
begin
MaxPerg:=max;
if lequi('nicas114.dat') then begin EncherMemoria(max);
L:=primeir^.proximo;K:=L;LerArqNom(3841,1);k^.nom:=Copy(k^.no
m,49,25);
K:=L;LerArqNom(3837,1);K^.nom:=Copy(K^.nom,50,33);
K:=L;LerArqNom(3842,1);L^.nom:=Copy(K^.nom,1,29);L^.proximo^
.nom:=Copy(K^.nom,30,23);
K^.nom:=Copy(K^.nom,52,22);
L:=L^.proximo^.proximo;
LerArqNom(2895,2);
L:=primeir;
for i:=1 to max do begin str(i,s);
if i>=10 then s:=s+' - 'else s:=' '+s+' - ';Insert(s, L^.nom,1);
L:=L^.proximo;end;
L:=primeir;LerArqMsg(3111,1);K:=L;LerArqmsg(3841,1);k^.msg:=C
opy(k^.msg,50,25);LerArqmsg(3844,1);
K:=L;LerArqmsg(3843,1);LerArqmsg(3843,1);LerArqmsg(3842,1);
LerArqMsg(2897,2);
exemplo;end;
posy:=1;posx:=2; IniciarTela(max);
repeat
textattr:=$1E;
with res1^do
case perg of
1: BEGIN gotoxy(2,posy);entrada:=str80D;Erro:=1;
```

```
        str80D:=instring(msg,nom,[#0,#32..#255],[],(75-
length(nom)),0);end;
        2..6: BEGIN gotoxy(2,posy);entrada:=str80D;Erro:=1;
        str80D:=instring(msg,nom,['.','0'..'9'],[],(75-length*nom)),0);if
str80D=" then str80D:='0';end;
        max-1: BEGIN
cursoroff;gotoxy(2,posy);input:=1;entrada:=#0;entrada:=instring(msg,nom,[
#0],[],(75-length(nom)),0);cursoron;
        if ch=#13 then sairagora;end;
        max: BEGIN
cursoroff;gotoxy(2,posy);input:=1;entrada:=#0;entrada:=instring(msg,nom,[
#0],[],(75-length(nom)),0);
        cursoron;if ch=#13 then begin ch:=#63;exemplo;end;end;end;
        case ch of
        #2:begin OndY(max);if ch=#13 then sairagora;if ch=#63 then begin
exemplo;irfinal(max);end;end;
        #63,#64: IrFinal(max);
        #72: previousact(max);
        #80,#13: nextact(max);
        end;
        until ch in
[#27,#45,#23{,#47,#19,#31,#75,#77,#83,#72,#80,#71,#73,#81,
#13,#9,#82,#8 ,#63,#64,#65,#66}];
        (* esc x i    r s L R DEL up   dn home pgu pgd ent tab ins
bsp f5  f6  f7  f8 *)

        if (ch in [#27,#45]) then begin limpmemoini;halt;end;
        saitxt(max,'nilso114.txt'); toquivi('nicas114.dat');limpmemoini;
        end;
        procedure calculo;
        begin                          { writemsg(textattr,'aqui
1',2,2);readkey;halt;}
        if (dit<>0) and (pca<>0) and (cru<>0) then begin
pca:=pca/100;dit:=dit/100;
        vaz:=0.2785*cru*exp(2.63*ln(dit))*exp(0.54*ln(pca));
vel:=0.3546*cru*exp(0.63*ln(dit))*exp(0.54*ln(pca));end else
        if (dit<>0) and (vaz<>0) and (cru<>0) then begin dit:=dit/100;
        pca:=10.6432*exp(1.85*ln(vaz/cru))*exp(-4.87*ln(dit));
vel:=1.2732*vaz*exp(-2*ln(dit));end else
        if (dit<>0) and (vel<>0) and (cru<>0) then begin dit:=dit/100;
        pca:=6.8243*exp(1.852*ln(vel/cru))*exp(-1.167*ln(dit));
vaz:=0.785*vel*sqr(dit);end else
        if (vel<>0) and (vaz<>0) and (cru<>0) then begin
        dit:=1.1284*exp(0.5*ln(vaz/vel)); pca:=5.9099*exp(-
1.85*ln(cru))*exp(-0.585*ln(vaz))*exp(2.435*ln(vel));end else
        if (vaz<>0) and (pca<>0) and (cru<>0) then begin pca:=pca/100;
        dit:=1.6259*exp(0.38*ln(vaz/cru))*exp(-0.205*ln(pca));
```

```pascal
            vel:=0.4816*exp(0.76*ln(cru))*exp(0.24*ln(vaz))*exp(0.41*ln(pca));
end else
        if (vel<>0) and (pca<>0) and (cru<>0) then begin
pca:=pca/100;aux:=10;
        repeat
        dit:=1/(0.6742*exp(0.38*ln(cru/vel))*exp(0.2053*ln(pca)))*exp(0.76
05*ln(aux));
        if aux>dit then aux:=aux-((aux-dit)/2) else aux:=aux+((dit-aux)/2);
        until abs(dit-aux)<0.00000000001;
        vaz:=0.785*vel*sqr(dit);
        end else
        if (vaz<>0) and (dit<>0) and (pca<>0) then begin
pca:=pca/100;dit:=dit/100;
        cru:=3.5907*vaz*exp(-2.63*ln(dit))*exp(-0.54*ln(pca));
vel:=1.2732*vaz*exp(-2*ln(dit));end else
        begin writeln(arq,' A digitação nao foi correta é preciso pelo menos
3 preenchidos dos 5 itens .');exit;end;

        pca:=pca*100;dit:=dit*100;
        str(pca:10:5,s);
        writeln(arq,' A perda de carga : ',tiranulo(s),' cM/M.');
        str(dit:10:0,s);
        writeln(arq,' O diâmetro da tubulação : ',tiranulo(s),' cM');
        str(vaz:10:4,s);
        writeln(arq,' a vazão : ',tiranulo(s),' M3/seg');
        str(cru:10:0,s);
        writeln(arq,' O coeficiente de rugosidade : ',tiranulo(s));
        str(vel:10:2,s);
        writeln(arq,' a velocidade da água na tubulação : ',tiranulo(s),'
M/seg');
        end;
        procedure nils114.entradado;
        begin inicio;
        assign(arq,'nilso114.txt');append(arq);
        calculo;close(arq);iniciartextoarq(false,'nilso114.txt');
        end;
        end.
        {
        BEGIN
        if not getparamstr then exit;clrscr;ESCREVERODAPE;
        DadoIniMouse;WINDOW(2,5,79,22);textattr:=$70;clrscr;
        entrada:='';entrada2:='';entrada1:='';
        entradado;leituraarquivotexto('nilso114.txt');
        END.          }
```

{program nilso115;   condutos circulares livres secao plena ou meia secao}

```
unit nilso115;
interface
uses
crt,nilson30,nilson36,nilson38,nilson35,nilson32,nilson73,nilson39,nilson7
0,
        nilson74,nilson71,nilson94,nilson99,nilson87,nilson90;

        type
        ptr_nils115 =^nils115;
        nils115 = object
        PROCEDURE ENTRADADO;
        end;
        var k115:ptr_nils115;
        implementation
        var dit,dec,rug,vazao:real;
        s,s1:str25;
        procedure inicio;
        const  max=6;
        procedure sairAgora;
        begin res1:=primeir^.proximo;
        dit:=wiv;dec:=wiv;rug:=wiv;
        if (erro<>0) then begin iniciartela(max);exit;end;
        ch:=#23;
        end;
        procedure exemplo;
        begin
        res1:=primeir;res1^.str80D:='Conduto circular livre a meia e plena
seção - fórmula de Bazin.';
        Ws('20');Ws('1');Ws('0.16');
        end;
        begin
        MaxPerg:=max;
        if lequi('nicas115.dat') then begin EncherMemoria(max);
        L:=primeir^.proximo;K:=L;LerArqNom(3837,1);k^.nom:=Copy(k^.no
m,50,29);
        K:=L;LerArqNom(3835,1);k^.nom:=Copy(k^.nom,49,19);
        K:=L;LerArqNom(3842,1);K^.nom:=Copy(K^.nom,1,29);
        LerArqNom(2895,2);
        L:=primeir;
        for i:=1 to max do begin str(i,s);
        if i>=10 then s:=s+' - 'else s:=' '+s+' - ';Insert(s, L^.nom,1);
        L:=L^.proximo;end;
```

```pascal
        L:=primeir;LerArqMsg(3111,1);K:=L;LerArqMsg(3837,1);k^.msg:=C
opy(k^.msg,50,28);
        K:=L;LerArqMsg(3835,1);k^.msg:=Copy(k^.msg,50,15);
LerArqMsg(3845,1);
        LerArqMsg(2897,2);
        exemplo;end;
        posy:=1;posx:=2; IniciarTela(max);
        repeat
        textattr:=$1E;
        with res1^do
        case perg of
        1: BEGIN gotoxy(2,posy);entrada:=str80D;Erro:=1;
        str80D:=instring(msg,nom,[#0,#32..#255],[],(75-
length(nom)),0);end;
        2..4: BEGIN gotoxy(2,posy);entrada:=str80D;Erro:=1;
        str80D:=instring(msg,nom,['.','0'..'9'],[],(75-length(nom)),0);end;
        max-1: BEGIN
cursoroff;gotoxy(2,posy);input:=1;entrada:=#0;entrada:=instring(msg,nom,[
#0],[],(75-length(nom)),0);cursoron;
        if ch=#13 then sairagora;end;
        max: BEGIN
cursoroff;gotoxy(2,posy);input:=1;entrada:=#0;entrada:=instring(msg,nom,[
#0],[],(75-length(nom)),0);
        cursoron;if ch=#13 then begin ch:=#63;exemplo;end;end;end;
        case ch of
        #2:begin OndY(max);if ch=#13 then sairagora;if ch=#63 then begin
exemplo;irfinal(max);end;end;
        #63,#64: IrFinal(max);
        #72: previousact(max);
        #80,#13: nextact(max);
        end;
        until ch in
[#27,#45,#23{,#47,#19,#31,#75,#77,#83,#72,#80,#71,#73,#81,
#13,#9,#82,#8 ,#63,#64,#65,#66}];
        (*  esc  x  i     r  s  L  R  DEL  up   dn home pgu pgd ent tab ins
bsp f5  f6  f7  f8 *)

        if (ch in [#27,#45]) then begin limpmemoini;halt;end;
        saitxt(max,'nilso115.txt'); toquivi('nicas115.dat');limpmemoini;
        end;
        procedure calculo;
        begin   dit:=dit/100;dec:=dec/100;
        vazao:=87/(1+(rug/sqrt(dit/4)))*sqrt((dit/4)*dec);
        vazao:=vazao*pi*sqr(dit)/8;
        str(vazao:10:5,s); str((vazao*1000):10:2,s1);
        writeln(arq,' A vazão na metade da secao é : ',tiranulo(s),' m3/seg.
ou ',tiranulo(s1),' litros/seg.');
```

```
    str((2*vazao):10:5,s); str((2*vazao*1000):10:2,s1);
    writeln(arq,' A vazão total na secao é : ',tiranulo(s),' m3/seg. ou
',tiranulo(s1),' litros/seg.');
    end;
    procedure nils115.entradado;
    begin inicio;
    assign(arq,'nilso115.txt');append(arq);
    calculo;close(arq);iniciartextoarq(false,'nilso115.txt');
    end;
    end.
    {
    BEGIN
    if not getparamstr then exit;clrscr;ESCREVERODAPE;
    DadoIniMouse;WINDOW(2,5,79,22);textattr:=$70;clrscr;
    entrada:='';entrada2:='';entrada1:='';
    entradado;leituraarquivotexto('nilso115.txt');
    END.                                }
```

{program nilso116;   canal retangular - formula de Bazin}

```
    unit nilso116;
    interface
    uses
crt,nilson30,nilson36,nilson38,nilson35,nilson32,nilson73,nilson39,nilson7
0,
    nilson74,nilson71,nilson94,nilson99,nilson87,nilson90;

    type
    ptr_nils116 =^nils116;
    nils116 = object
    PROCEDURE ENTRADADO;
    end;
    var k116:ptr_nils116;
    implementation
    var lar,alt,dec,rug,vazao:real;
    s,s1:str25;
    procedure inicio;
    const  max=7;
    procedure sairAgora;
    begin res1:=primeir^.proximo;
    lar:=wiv;alt:=wiv;dec:=wiv;rug:=wiv;
    if (erro<>0) then begin iniciartela(max);exit;end;
    ch:=#23;
    end;
```

```
procedure exemplo;
begin
res1:=primeir;res1^.str80D:='Canal retangular - fórmula de Bazin.';
Ws('200');Ws('100');Ws('0.5');Ws('0.46');
end;
begin
MaxPerg:=max;
if lequi('nicas116.dat') then begin EncherMemoria(max);
L:=primeir^.proximo;
K:=L;LerArqNom(3038,1);Delete(k^.nom,13,19);Delete(k^.nom,1,4)
;
     LerArqNom(3041,1);Delete(k^.proximo^.nom,13,12);
Delete(k^.proximo^.nom,1,4);
     K:=L;LerArqNom(3835,1);k^.nom:=Copy(k^.nom,49,19);
     K:=L;LerArqNom(3842,1);K^.nom:=Copy(K^.nom,1,29);
     LerArqNom(2895,2);
     L:=primeir;
     for i:=1 to max do begin str(i,s);
     if i>=10 then s:=s+' - 'else s:=' '+s+' - ';Insert(s, L^.nom,1);
     L:=L^.proximo;end;
     L:=primeir;LerArqMsg(3111,1);
     K:=L;LerArqMsg(3038,1);Delete(k^.Msg,13,19);Delete(k^.Msg,1,4);
     LerArqMsg(3041,1);Delete(k^.proximo^.Msg,13,12);
Delete(k^.proximo^.Msg,1,4);
     K:=L;LerArqMsg(3835,1);k^.msg:=Copy(k^.msg,50,15);
     LerArqMsg(3845,1);
     LerArqMsg(2897,2);
     exemplo;end;
     posy:=1;posx:=2; IniciarTela(max);
     repeat
     textattr:=$1E;
     with res1^do
     case perg of
     1: BEGIN gotoxy(2,posy);entrada:=str80D;Erro:=1;
     str80D:=instring(msg,nom,[#0,#32..#255],[],(75-
length(nom)),0);end;
        2..5: BEGIN gotoxy(2,posy);entrada:=str80D;Erro:=1;
        str80D:=instring(msg,nom,['.','0'..'9'],[],(75-length(nom)),0);end;
        max-1: BEGIN
cursoroff;gotoxy(2,posy);input:=1;entrada:=#0;entrada:=instring(msg,nom,[
#0],[],(75-length(nom)),0);cursoron;
     if ch=#13 then sairagora;end;
     max: BEGIN
cursoroff;gotoxy(2,posy);input:=1;entrada:=#0;entrada:=instring(msg,nom,[
#0],[],(75-length(nom)),0);
     cursoron;if ch=#13 then begin ch:=#63;exemplo;end;end;end;
     case ch of
```

```
        #2:begin OndY(max);if ch=#13 then sairagora;if ch=#63 then begin
exemplo;irfinal(max);end;end;
        #63,#64: IrFinal(max);
        #72: previousact(max);
        #80,#13: nextact(max);
        end;
        until ch in
[#27,#45,#23{,#47,#19,#31,#75,#77,#83,#72,#80,#71,#73,#81,
#13,#9,#82,#8 ,#63,#64,#65,#66}];
        (*  esc  x  i    r  s  L  R  DEL  up   dn home pgu pgd ent tab ins
bsp f5  f6  f7  f8 *)

        if (ch in [#27,#45]) then begin limpmemoini;halt;end;
        saitxt(max,'nilso116.txt'); toquivi('nicas116.dat');limpmemoini;
        end;
        procedure calculo;
        begin   lar:=lar/100;alt:=alt/100;dec:=dec/100;
        vazao:=(lar*alt)/(lar+(2*alt));
        vazao:=87/(1+(rug/sqrt(vazao)))*sqrt(vazao*dec);
        vazao:=vazao*lar*alt;
        str(vazao:10:5,s);
        writeln(arq,' A vazão  é : ',tiranulo(s),' m3/seg.');
        end;
        procedure nils116.entradado;
        begin inicio;
        assign(arq,'nilso116.txt');append(arq);
        calculo;close(arq);iniciartextoarq(false,'nilso116.txt');
        end;
        end.
        {
        BEGIN
        if not getparamstr then exit;clrscr;ESCREVERODAPE;
        DadoIniMouse;WINDOW(2,5,79,22);textattr:=$70;clrscr;
        entrada:='';entrada2:='';entrada1:='';
        entradado;leituraarquivotexto('nilso116.txt');
        END.              }
```

{program nilso117;   canal trapezoidal formula de Bazin}

```
        unit nilso117;
        interface
        uses
crt,nilson30,nilson36,nilson38,nilson35,nilson32,nilson73,nilson39,nilson7
0,
```

nilson74,nilson71,nilson94,nilson99,nilson87,nilson90;

```
type
ptr_nils117 =^nils117;
nils117 = object
PROCEDURE ENTRADADO;
end;
var k117:ptr_nils117;
implementation
var lar,alt,dec,rug,vazao,x,y:real;
s,s1:str25;
procedure inicio;
const  max=8;
procedure sairAgora;
procedure H;begin if erro<>0 then i:=1;end;
begin res1:=primeir^.proximo; i:=0;
Val(copy(res1^.str80D,1,pos('/',res1^.str80D)-1),y,erro);h;
Val(copy(res1^.str80D,pos('/',res1^.str80D)+1,5),x,erro);h;
res1:=res1^.proximo;
lar:=wiv;h;alt:=wiv;h;dec:=wiv;h;rug:=wiv;h;
if (i=1) then begin iniciartela(max);exit;end;
ch:=#23;
end;
procedure exemplo;
begin
res1:=primeir;res1^.str80D:='Canal retangular - fórmula de Bazin.';
Ws('3/2');Ws('100');Ws('70');Ws('0.0484');Ws('0.46');
end;
begin
MaxPerg:=max;
if lequi('nicas117.dat') then begin EncherMemoria(max);
L:=primeir^.proximo;
K:=L;LerArqNom(3844,1);Delete(k^.nom,1,32);
K:=L;LerArqNom(3038,1);Delete(k^.nom,13,19);Delete(k^.nom,1,4)
;Insert('no fundo ',k^.nom, 10);
LerArqNom(3041,1);Delete(k^.proximo^.nom,13,12);
Delete(k^.proximo^.nom,1,4);
K:=L;LerArqNom(3835,1);k^.nom:=Copy(k^.nom,49,19);
K:=L;LerArqNom(3842,1);K^.nom:=Copy(K^.nom,1,29);
LerArqNom(2895,2);
L:=primeir;
for i:=1 to max do begin str(i,s);
if i>=10 then s:=s+' - 'else s:=' '+s+' - ';Insert(s, L^.nom,1);
L:=L^.proximo;end;
L:=primeir;LerArqMsg(3111,1);
K:=L;LerArqMsg(3844,1);Delete(k^.Msg,1,32);
K:=L;LerArqMsg(3038,1);Delete(k^.Msg,13,19);Delete(k^.Msg,1,4);
```

```pascal
      LerArqMsg(3041,1);Delete(k^.proximo^.Msg,13,12);
Delete(k^.proximo^.Msg,1,4);
      K:=L;LerArqMsg(3835,1);k^.msg:=Copy(k^.msg,50,15);
      LerArqMsg(3845,1);
      LerArqMsg(2897,2);
      exemplo;end;
      posy:=1;posx:=2; IniciarTela(max);
      repeat
      textattr:=$1E;
      with res1^do
      case perg of
      1: BEGIN gotoxy(2,posy);entrada:=str80D;Erro:=1;
      str80D:=instring(msg,nom,[#0,#32..#255],[],(75-
length(nom)),0);end;
      2..6: BEGIN gotoxy(2,posy);entrada:=str80D;Erro:=1;
      str80D:=instring(msg,nom,['/','.','0'..'9'],[],(75-length(nom)),0);end;
      max-1: BEGIN
cursoroff;gotoxy(2,posy);input:=1;entrada:=#0;entrada:=instring(msg,nom,[
#0],[],(75-length(nom)),0);cursoron;
      if ch=#13 then sairagora;end;
      max: BEGIN
cursoroff;gotoxy(2,posy);input:=1;entrada:=#0;entrada:=instring(msg,nom,[
#0],[],(75-length(nom)),0);
      cursoron;if ch=#13 then begin ch:=#63;exemplo;end;end;end;end;
      case ch of
      #2:begin OndY(max);if ch=#13 then sairagora;if ch=#63 then begin
exemplo;irfinal(max);end;end;
      #63,#64: IrFinal(max);
      #72: previousact(max);
      #80,#13: nextact(max);
      end;
      until ch in
[#27,#45,#23{,#47,#19,#31,#75,#77,#83,#72,#80,#71,#73,#81,
#13,#9,#82,#8 ,#63,#64,#65,#66}];
      (*  esc x i    r  s  L  R  DEL  up   dn home pgu pgd ent tab ins
bsp f5  f6  f7  f8 *)

      if (ch in [#27,#45]) then begin limpmemoini;halt;end;
      saitxt(max,'nilso117.txt'); toquivi('nicas117.dat');limpmemoini;
      end;
      procedure calculo;
      begin   lar:=lar/100;alt:=alt/100;dec:=dec/100;

      x:=x/y*alt;y:=lar+(2*x);
      vazao:=((lar+y)/2)*alt;
      y:=sqrt(sqr(x)+sqr(alt));
      x:=lar+(2*y);
```

```
        y:=vazao;
        vazao:=vazao/x;
        vazao:=87/(1+(rug/sqrt(vazao)))*sqrt(vazao*dec);
        vazao:=vazao*y;
        str(vazao:10:5,s);  str((1000*vazao):10:2,s1);
        writeln(arq,' A vazão  é : ',tiranulo(s),' m3/seg. ou ',tiranulo(s1),'
litros/seg.');
        end;
        procedure nils117.entradado;
        begin inicio;
        assign(arq,'nilso117.txt');append(arq);
        calculo;close(arq);iniciartextoarq(false,'nilso117.txt');
        end;
        end.
        {
        BEGIN
        if not getparamstr then exit;clrscr;ESCREVERODAPE;
        DadoIniMouse;WINDOW(2,5,79,22);textattr:=$70;clrscr;
        entrada:='';entrada2:='';entrada1:='';
        entradado;leituraarquivotexto('nilso117.txt');
        END.            }
```

{program nilso118;   aplicacao da formula de manning condutos livres }

```
        unit nilso118;
        interface
        uses
crt,nilson30,nilson36,nilson38,nilson35,nilson32,nilson73,nilson39,nilson7
0,
        nilson74,nilson71,nilson94,nilson99,nilson87,nilson90;

        type
        ptr_nils118 =^nils118;
        nils118 = object
        PROCEDURE ENTRADADO;
        end;
        var k118:ptr_nils118;
        implementation
        var dit,dec,rug,vazao:real;
        s,s1:str25;
        procedure inicio;
        const  max=6;
        procedure sairAgora;
        begin res1:=primeir^.proximo;
```
- 174 -

```
dit:=wiv;dec:=wiv;rug:=wiv;
if (erro<>0) then begin iniciartela(max);exit;end;
ch:=#23;
end;
procedure exemplo;
begin
res1:=primeir;res1^.str80D:='formula de manning para condutos
livres - exemplo.';
Ws('15');Ws('0.30');Ws('0.013');
end;
begin
MaxPerg:=max;
if lequi('nicas118.dat') then begin EncherMemoria(max);
L:=primeir^.proximo;K:=L;LerArqNom(3837,1);k^.nom:=Copy(k^.no
m,50,29);
K:=L;LerArqNom(3835,1);k^.nom:=Copy(k^.nom,49,19);
K:=L;LerArqNom(3842,1);K^.nom:=Copy(K^.nom,1,29);
LerArqNom(2895,2);
L:=primeir;
for i:=1 to max do begin str(i,s);
if i>=10 then s:=s+' - 'else s:=' '+s+' - ';Insert(s, L^.nom,1);
L:=L^.proximo;end;
L:=primeir;LerArqMsg(3111,1);K:=L;LerArqMsg(3837,1);k^.msg:=C
opy(k^.msg,50,28);
K:=L;LerArqMsg(3835,1);k^.msg:=Copy(k^.msg,50,15);
LerArqMsg(3846,1);
LerArqMsg(2897,2);
exemplo;end;
posy:=1;posx:=2; IniciarTela(max);
repeat
textattr:=$1E;
with res1^do
case perg of
1: BEGIN gotoxy(2,posy);entrada:=str80D;Erro:=1;
str80D:=instring(msg,nom,[#0,#32..#255],[],(75-
length(nom)),0);end;
2..4: BEGIN gotoxy(2,posy);entrada:=str80D;Erro:=1;
str80D:=instring(msg,nom,['.','0'..'9'],[],(75-length(nom)),0);end;
max-1: BEGIN
cursoroff;gotoxy(2,posy);input:=1;entrada:=#0;entrada:=instring(msg,nom,[
#0],[],(75-length(nom)),0);cursoron;
if ch=#13 then sairagora;end;
max: BEGIN
cursoroff;gotoxy(2,posy);input:=1;entrada:=#0;entrada:=instring(msg,nom,[
#0],[],(75-length(nom)),0);
cursoron;if ch=#13 then begin ch:=#63;exemplo;end;end;end;
case ch of
```

```
    #2:begin OndY(max);if ch=#13 then sairagora;if ch=#63 then begin
exemplo;irfinal(max);end;end;
    #63,#64: IrFinal(max);
    #72: previousact(max);
    #80,#13: nextact(max);
    end;
    until ch in
[#27,#45,#23{,#47,#19,#31,#75,#77,#83,#72,#80,#71,#73,#81,
#13,#9,#82,#8 ,#63,#64,#65,#66}];
    (* esc x i    r s L  R DEL up  dn home pgu pgd ent tab ins
bsp f5 f6 f7 f8 *)

    if (ch in [#27,#45]) then begin limpmemoini;halt;end;
    saitxt(max,'nilso118.txt'); toquivi('nicas118.dat');limpmemoini;
    end;
    procedure calculo;
    begin   dit:=dit/100;dec:=dec/100;
    vazao:=0.397*exp(2/3*ln(dit))*exp(0.5*ln(dec))/rug;
    str(vazao:10:5,s);
    writeln(arq,' A velocidade na secao é : ',tiranulo(s),' M/seg. ');
    vazao:=vazao*pi*sqr(dit)/4;
    str(vazao:10:5,s);
    writeln(arq,' A vazão na secao é : ',tiranulo(s),' m3/seg. ');

    end;
    procedure nils118.entradado;
    begin inicio;
    assign(arq,'nilso118.txt');append(arq);
    calculo;close(arq);iniciartextoarq(false,'nilso118.txt');
    end;
    end.
    {
    BEGIN
    if not getparamstr then exit;clrscr;ESCREVERODAPE;
    DadoIniMouse;WINDOW(2,5,79,22);textattr:=$70;clrscr;
    entrada:='';entrada2:='';entrada1:='';
    entradado;leituraarquivotexto('nilso118.txt');
    END.
    }
```

{program nilso119; { maximo e minimo }

```
    unit nilso119;
    interface
    uses
crt,nilson30,nilson36,nilson38,nilson35,nilson32,nilson73,nilson39,nilson7
0,
```

nilson74,nilson71,nilson94,nilson99,nilson87,nilson90;

```
type
ptr_nils119 =^nils119;
nils119 = object
PROCEDURE ENTRADADO;
end;
var k119:ptr_nils119;
implementation
{Observação:
Projetos anteriores ao ser colocado na tela deve ser novamente
seleciona-
do a cidade de partida e a cidade de chegada
2- Apenas o exemplo que não é preciso selecionar a partida e a
chegada
embora possa trocar se a pessoa quiser.
3- Este programa faz o mínimo o máximo é só trocar na linha 222}
const sx=6;
type
p_min =^min;
min = record
nome:str25;
perg:byte;
no:array [1..sx] of str40;
dis:array[1..sx] of real;
boo:array[1..sx] of boolean;
cid:array[1..sx] of p_min;
prox,ant:p_min;
end;
var cheguei:boolean;maxp:integer;
ar:file of min;
flc,flp,partida,chegada,inic,fine,aux,aux2:p_min;
s,s1:str25;soma,parcial,parcial1:real;
procedure Toquiv(strquiv:str25);
begin
assign(ar,strquiv);rewrite(ar);flp:=inic;
repeat write(ar,flp^); flp:=flp^.prox; until flp=inic;
close(ar);
end;
function Lequ(strquiv:str25):boolean;
begin lequ:=true;
{$I-}assign(ar,strquiv);Reset(ar);{$I+}
if Ioresult<>0 then exit;maxp:=1;
new(flp);read(ar,flp^);flc:=flp;inic:=flp;
while not Eof(ar) do begin inc(maxp);new(flp);read(ar,flp^);
flc^.prox:=flp;flp^.ant:= flc;flc:=flp;
end;close(ar); lequ:=false;
```

```
        fine:=flp;inic^.ant:=fine;fine^.prox:=inic;ML:=true;
        end;


        procedure MemEst;
        begin  ML:=true;new(flp);aux:=flp;inic:=flp;
        for i:=2 to maxp do begin
new(flp);flp^.ant:=aux;aux^.prox:=flp;aux:=flp;end;
        fine:=flp;inic^.ant:=fine;fine^.prox:=inic;
        end;
        procedure LimpMemEst;
        begin flp:=inic^.prox;
        repeat aux:=flp^.prox;dispose(flp);flp:=aux;until
flp=inic;dispose(inic);
        end;
        procedure inicio;
        const  max=9+sx;
        procedure sairAgora;
        begin
        if not ML then exit;
        flp:=inic;repeat if (flp^.nome[1]=") then begin
iniciartela(max);exit;end;
        flp:=flp^.prox;until flp=fine;
        ch:=#23;
        end;
        procedure carga;
        begin
        res1:=primeir;str(maxp:2,res1^.proximo^.str80D);res1:=res1^.proxi
mo;ws(flp^.nome);
        ws(flp^.no[1]);ws(flp^.no[2]);ws(flp^.no[3]);ws(flp^.no[4]);ws(flp^.no[
5]);
        ws(flp^.no[6]);ws(partida^.nome);ws(chegada^.nome);

        end;
        procedure exemplo;
        procedure We(pn:str25;p1,p2,p3,p4,p5,p6:str40);
        begin flp^.nome:=pn;flp^.no[1]:=p1;
flp^.no[2]:=p2;flp^.no[3]:=p3;flp^.no[4]:=p4;flp^.no[5]:=p5;flp^.no[6]:=p6;
        flp:=flp^.prox;end;
        begin  if ML then
LimpMemEst;ML:=true;maxp:=9;MemEst;flp:=inic;partida:=inic;
        we('a','b=100','h=50','c=15',",",");we('b','a=100','h=20','d=100','e=18
0',",");we('c','a=15','h=20','d=45','f=90',",");
        we('d','c=45','h=50','b=100','e=45','i=50','f=100');we('e','d=45','b=18
0','g=101','i=50',",");
        we('f','c=90','d=100','g=120','i=50',",");
        chegada:=flp;we('g','f=120','i=50','e=101',",",");we('h','c=20','a=50','b
=20','d=50',",");
```

```
        we('i','f=50','d=50','e=50','g=50','','');
        res1:=primeir;res1^.str80D:='Programa de maximos e minimos -
Abordagem de Nilson Candido da Silva.';
        ws('9');ws('a');ws('b=100');ws('h=50');ws('c=15');for i:=1 to sx-3 do
ws('');ws('a');ws('g');
        end;
        begin
        MaxPerg:=max;          ML:=false;
        if lequi('nicas119.dat') then begin EncherMemoria(max);
        L:=primeir;LerArqMsg(3111,1);k:=L;LerArqNom(3848,1);k^.nom:=C
opy(k^.nom,57,17);k:=L;LerArqNom(3848,1);
        k^.nom:=Copy(k^.nom,1,10)+ ' : ';k:=L;
        LerArqNom(3847,1);k^.nom:=Copy(k^.nom,52,24); for i:=1 to sx-1
do begin
        L^.nom:=K^.nom;L:=L^.proximo;end;
        k:=L;LerArqNom(3848,1);k^.nom:=Copy(k^.nom,1,27)+ ' : ';
        k:=L;LerArqNom(3848,1);k^.nom:=Copy(k^.nom,29,26)+ ' : ';
        k:=L;LerArqNom(3847,1);k^.nom:=Copy(k^.nom,1,52);
        k:=L;LerArqNom(3210,1);k^.nom:='
'+K^.nom;k:=L;LerArqNom(2895,2);L:=K;LerArqMsg(2897,2);
        L:=primeir;
        for i:=1 to max do begin str(i,s);
        if i>=10 then s:=s+' - 'else s:=' '+s+' - ';Insert(s, L^.nom,1);
        L:=L^.proximo;end;exemplo;end;
        posy:=1;posx:=2; IniciarTela(max);
        repeat
        textattr:=$1E;
        with res1^do
        case perg of
        1: BEGIN gotoxy(2,posy);entrada:=str80D;Erro:=1;
        str80D:=instring(msg,nom,[#0,#32..#255],[],(75-
length(nom)),0);end;
        2:  begin gotoxy(2,posy);entrada:=str80D;Erro:=1;
        entrada:=instring(nom+str80D,nom,['0'..'9'],[],(75-length(nom)),0);
        if not ML then begin
val(tiranulo(entrada),maxP,erro);memEst;str80D:=entrada;end; end;
        3..max-sx: BEGIN gotoxy(2,posy);entrada:=str80D;Erro:=1;
        str80D:=instring(nom+str80D,nom,[#0,#32..#255],[],(75-
length(nom)),0);
        N:=length(str80D);while str80D[n]<>' 'do dec(N);
        if perg=3 then flp^.nome:=str80D else flp^.no[perg-3]:=str80D;end;
        max-5..max-2{10..13}: BEGIN
cursoroff;gotoxy(2,posy);input:=1;entrada:=str80D;
        entrada:=instring(nom+str80D,nom,[#0],[],(75-
length(nom)),0);cursoron; L:=res1;
        if (perg=10) and (ch=#71){home}then begin
partida:=flp;carga;IniciarTela(max);ch:=#0; end;
```

```
        if (perg=11) and (ch=#9){ tab } then begin
chegada:=flp;carga;IniciarTela(max);ch:=#0;end;
        if (perg=12) and (ch=#9){ tab }then begin
flp:=flp^.prox;carga;IniciarTela(max);res1:=L;posy:=perg; end;
        if (perg=12) and (ch=#71){home}then begin
flp:=flp^.ant;carga;IniciarTela(max);res1:=L;posy:=perg; end;
        if (perg=13) and (ch=#71){home}then begin
LimpMemEst;Lequ('nils119.dat');partida:=flp;carga;IniciarTela(max);
end;end;
        max-1: BEGIN
cursoroff;gotoxy(2,posy);input:=1;entrada:=#0;entrada:=instring(nom+msg
,nom,[#0],[],(75-length(nom)),0);
        cursoron;
        if ch=#13 then sairagora;end;
        max: BEGIN
cursoroff;gotoxy(2,posy);input:=1;entrada:=#0;entrada:=instring(nom+msg
,nom,[#0],[],(75-length(nom)),0);
        cursoron;if ch=#13 then begin ch:=#63;exemplo;end;end;end;
        case ch of
        #2:begin OndY(max);if ch=#13 then sairagora;if ch=#63 then begin
exemplo;irfinal(max);end;end;
        #63,#64: IrFinal(max);
        #72: previousact(max);
        #80,#13: nextact(max);
        end;
        until ch in
[#27,#45,#23{,#47,#19,#31,#75,#77,#83,#72,#80,#71,#73,#81,
#13,#9,#82,#8 ,#63,#64,#65,#66}];
        (* esc x i    r  s  L  R  DEL  up   dn home pgu pgd ent tab ins
bsp f5  f6  f7  f8 *)
        apresMsg('aguarde estou procurando.');
        if (ch in [#27,#45]) then begin limpmemoini;halt;end;
        saitxt(max-2,'nilso119.txt'); toquivi('nicas119.dat');limpmemoini;
        toquiv('nils119.dat');
        end;
        procedure darinicio;
        begin
        aux:=partida;
        for numint:=1 to maxp do begin for i:=1 to sx do begin
aux^.cid[i]:=nil;aux^.boo[i]:=false;end;aux^.perg:=0;aux:=aux^.prox;end;
        aux2:=partida;aux:=partida;
        for numint:=1 to maxp do begin
        for savex:=1 to maxp do  begin
        for i:=1 to sx do begin
        n:=length(aux^.no[i]);  while aux^.no[i][n]<>'=' do  dec(N);
        if tiranulo(copy(aux^.no[i],1,N-1))= tiranulo(aux2^.nome)
        then begin
```

```
        aux^.cid[i]:=aux2;aux^.boo[i]:=True;val(copy(aux^.no[i],N+1,length(
aux^.no[i])),aux^.dis[i],erro);
        end;
        end;
        aux:=aux^.prox;        end;
        aux2:=aux2^.prox;      end;
        for i:=1 to sx do if chegada^.cid[i]<>nil then begin
flc:=chegada^.cid[i];chegada^.boo[i]:=false;end;
        for i:=1 to sx do if partida^.cid[i]<>nil then begin
flp:=partida^.cid[i];partida^.boo[i]:=false;end;
        flc^.prox:=chegada;chegada^.ant:=flc;
flp^.ant:=partida;partida^.prox:=flp;
        partida^.perg:=2;flp^.perg:=2;chegada^.perg:=1;flc^.perg:=1;
        chegada^.prox:=nil;partida^.ant:=nil;
        end;

        procedure descob;
        begin
        cheguei:=false;
        while not cheguei do begin
        { está no vizinho?}
        for i:=1 to sx do if flp^.cid[i]^.perg=1 then begin
        flc:=flp^.cid[i]; flp^.prox:=flc;flc^.ant:=flp;exit;end;
        { fechar o caminho e achar o próximo}
        n:=0;aux2:=flp^.ant;
        for i:=1 to sx do if flp^.cid[i]=aux2 then flp^.boo[i]:=False;
        for i:=1 to sx do if flp^.boo[i]  then n:=i;
        {proximo caminho}
        if n<>0 then begin aux2:=flp^.cid[n];
flp^.boo[n]:=False;aux2^.ant:=flp;flp^.prox:=aux2;flp:=aux2;flp^.perg:=2;en
d;
        {não há caminho voltar}
        if n=0 then flp:=flp^.ant;
        { está no vizinho?}
        for i:=1 to sx do if flc^.cid[i]^.perg=2 then begin
        flp:=flc^.cid[i]; flp^.prox:=flc;flc^.ant:=flp;exit;end;
        { fechar o caminho e achar o próximo}
        n:=0;aux2:=flc^.prox;
        for i:=1 to sx do if flc^.cid[i]=aux2 then flc^.boo[i]:=False;
        for i:=1 to sx do if flc^.boo[i] then n:=i;
        {proximo caminho}
        if n<>0 then begin aux2:=flc^.cid[n];
flc^.boo[n]:=false;aux2^.prox:=flc;flc^.ant:=aux2;flc:=aux2;flc^.perg:=1;end;
        {não há caminho voltar}
        if n=0 then flc:=flc^.prox;
        end;              end;
```

```
procedure distancia;
begin   soma:=0;
flp:=partida;aux:=partida^.prox;
while flp<>chegada do begin for i:=1 to sx do if flp^.cid[i]=aux then
soma:=soma+flp^.dis[i];
flp:=flp^.prox;aux:=aux^.prox;
end;
end;
procedure menorcaminho;var auxS:real;
begin
auxS:=0;
while auxS<>soma do    begin auxS:=soma;flp:=partida;
aux:=chegada;
while flp<>chegada do         begin
while aux<>flp do begin
for i:=1 to sx do for j:=1 to sx do
if (flp^.cid[i]=aux^.cid[j])and (flp^.cid[i]<>nil)
and (flp^.cid[i]<>partida)and (flp^.cid[i]<>chegada)  then begin
parcial1:=flp^.dis[i]+aux^.dis[j];
aux2:=flp;parcial:=0;flc:=flp;
while flc <> aux do begin aux2:=aux2^.prox;
for n:=1 to sx do if flc^.cid[n]=aux2 then
parcial:=parcial+flc^.dis[n];flc:=flc^.prox;
end;
if parcial>parcial1 then begin aux2:=flp^.cid[i];   { para fazer o
máximo só trocar o sinal  de:parcial<parcial1}
flp^.prox:=aux2;aux2^.prox:=aux;aux^.ant:=aux2;aux2^.ant:=flp;
soma:=soma-parcial+parcial1;
end;                     end;
aux:=aux^.ant; end;
aux:=chegada;flp:=flp^.prox;end;
end;               end;
procedure result;
begin
writeln(arq,' O menor caminho encontrado por este programa é: ');
str(soma:10:5,s);
writeln(arq,' Distancia : ',tiranulo(s));
writeln(arq,' A lista das cidades por ordem de partida  é: ');
flp:=partida; i:=1;
while flp<>nil do begin  if i mod 5 = 0 then writeln;
write(arq,flp^.nome,'   ');flp:=flp^.prox;
end;
end;

procedure nils119.entradado;
begin inicio;darinicio;descob;distancia;menorcaminho;
assign(arq,'nilso119.txt');append(arq);result;
```

```
        close(arq);iniciartextoarq(false,'nilso119.txt');
        end;
        end.
        {
        BEGIN
        if not getparamstr then exit;clrscr;ESCREVERODAPE;
        DadoIniMouse;WINDOW(2,5,79,22);textattr:=$70;clrscr;
        entrada:='';entrada2:='';entrada1:='';
        entradado;leituraarquivotexto('nilso119.txt');
        END.          }
        program nilso120;
        {unit nilso120;                estou testando...................
        interface   }
        uses
crt,nilson36,nilson38,nilson35,nilson32,nilson74,nilson30,nilson71,
        nilson39,nilson73;     {
        type
        ptr_nils120 =^nils120;
        nils120 = object
        PROCEDURE ENTRADADO;
        end;
        var k120:ptr_nils120;
        implementation              }
        const    max=18;maxbuf=63;
        type
        str55=string[55];str7=string[7];

        ptr_endereco = ^endereco;
        endereco = record
        senha:str7;
        nome:array [1..max] of str55;
        proximo,anterior:ptr_endereco;
        end;
        bu=array[0..maxbuf-1] of endereco;
        ptr_bu=^bu;
        var chX:char;
        N:byte;
        item:ptr_endereco;
        arquivo: file;
        buf:ptr_bu;
        NumRead,NumWritten: Word;
        z,filesizeY:longint;
        procedure MaxCrip;var i,y,w:byte;ip,ip1:string; begin y:=0;
        for i:=2 to max do begin inc(y);ip:='';ip1:='';
        for w:=(ord(buf^[N].senha[y])-i+y) downto 0 do ip:=ip+chr(w);
        for w:=254 downto (ord(buf^[N].senha[y])-i+y+1) do ip:=ip+chr(w);
        for w:=0 to 254 do ip1:=ip1+ip[254-w];
```
- 183 -

```pascal
          for w:=1 to length(buf^[N].nome[i]) do
          if (w mod 2 = 0) then buf^[N].nome[i][w]:=ip[ord(buf^[N].nome[i][w])]
          else buf^[N].nome[i][w]:=ip1[ord(buf^[N].nome[i][w])];if y=6 then
y:=0;
          end;end;
          procedure MaxDescrip;var i,y,w:byte;ip,ip1:string; begin y:=0;
          for i:=2 to max do begin inc(y);ip:='';ip1:='';
          for w:=(ord(buf^[N].senha[y])-i+y) downto 0 do ip:=ip+chr(w);
          for w:=254 downto (ord(buf^[N].senha[y])-i+y+1) do ip:=ip+chr(w);
          for w:=0 to 254 do ip1:=ip1+ip[254-w];
          for w:=1 to length(buf^[N].nome[i]) do
          if (w mod 2 = 0) then
buf^[N].nome[i][w]:=chr(pos(buf^[N].nome[i][w],ip))
          else buf^[N].nome[i][w]:=chr(pos(buf^[N].nome[i][w],ip1));if y=6 then
y:=0;
          end; end;
          procedure Qexit(corfrente,corfundo:byte);
          begin
          quadradoV(corfrente,corfundo,69,20,79,22,'=','‖',' ⌐','⌐','⌐','⌐','⌐');
          writemsg(16*black+white,'EXIT ',70,21);
          end;
          procedure QNovo(corfrente,corfundo:byte);
          begin
          quadradoV(corfrente,corfundo,58,5,67,7,'=','‖',' ⌐','⌐','⌐','⌐','⌐');
          writemsg(16*black+white,' NOVO',59,6);
          end;
          procedure QVer(corfrente,corfundo:byte);
          begin
          quadradoV(corfrente,corfundo,69,5,79,7,'=','‖',' ⌐','⌐','⌐','⌐','⌐');
          writemsg(16*black+white,'  VER ',70,6);
          end;
          procedure QSalvar(corfrente,corfundo:byte);
          begin
          quadradoV(corfrente,corfundo,58,17,67,19,'=','‖',' ⌐','⌐','⌐','⌐','⌐');
          writemsg(16*black+white,' SALVAR',59,18);
          end;
          procedure QInicio(corfrente,corfundo:byte);
          begin
          quadradoV(corfrente,corfundo,58,14,67,16,'=','‖',' ⌐','⌐','⌐','⌐','⌐');
          writemsg(16*black+white,' INÍCIO',59,15);
          end;
          procedure QFinal(corfrente,corfundo:byte);
          begin
          quadradoV(corfrente,corfundo,69,14,79,16,'=','‖',' ⌐','⌐','⌐','⌐','⌐');
          writemsg(16*black+white,' ÚLTIMO ',70,15);
          end;
          procedure QCript(corfrente,corfundo:byte);
```

```
      begin
      quadradoV(corfrente,corfundo,58,8,67,10,'=','‖',' ╠','╗','╝','╚');
      writemsg(16*black+white,' CRIPT',59,9);
      end;
      procedure QDescript(corfrente,corfundo:byte);
      begin
      quadradoV(corfrente,corfundo,69,8,79,10,'=','‖',' ╠','╗','╝','╚');
      writemsg(16*black+white,' DESCRIPT',70,9);
      end;
      procedure QAnterior(corfrente,corfundo:byte);
      begin
      quadradoV(corfrente,corfundo,58,11,67,13,'=','‖',' ╠','╗','╝','╚');
      writemsg(16*black+white,'ANTERIOR',59,12);
      end;
      procedure QProximo(corfrente,corfundo:byte);
      begin
      quadradoV(corfrente,corfundo,69,11,79,13,'=','‖',' ╠','╗','╝','╚');
      writemsg(16*black+white,' PRÓXIMO ',70,12);
      end;
      procedure QRetirar(corfrente,corfundo:byte);
      begin
      quadradoV(corfrente,corfundo,69,17,79,19,'=','‖',' ╠','╗','╝','╚');
      writemsg(16*black+white,' RETIRAR ',70,18);
      end;
      procedure Qprinter(corfrente,corfundo:byte);
      begin
      quadradoV(corfrente,corfundo,69,20,79,22,'=','‖',' ╠','╗','╝','╚');
      writemsg(16*black+white,' PRINT',70,21);
      end;
      procedure QRg(corfrente,corfundo:byte);
      begin
      quadradoV(corfrente,corfundo,58,20,67,22,'=','‖',' ╠','╗','╝','╚');
      writemsg(16*black+white,' CHEKUP',59,21);
      end;
      function cl(s:str55):str55;var i:byte;
      begin for i:=1 to length(s) do if (s[i] in [#7..#13,#26]) then
s[i]:=#8;cl:=s;end;
      procedure reverte;
      begin      textattr:=$70;
      linhaV(7,7,2,posy+4,57,posy+4,' ');
      writemsg(16*7,cl(buf^[N].nome[posy]),2,posy+4);
      end;
      procedure iniciartela;
      var aux:byte;begin aux:=posy;for posy:=1 to 18 do reverte;
posy:=aux;
      end;
      procedure writeselection;
```

```
              begin          textattr:=$1E;
       entrada:=cl(buf^[N].nome[posy]); input:=length(entrada);
       writemsg(16+yellow,cl(buf^[N].nome[posy]),2,posy+4);
       gotoxy(1,posy);prompt:=cl(instring(msg^[posy],'',[#32..#255],[],55,0)
);axfunc43;
       if prompt<>cl(buf^[N].nome[posy]) then
buf^[N].nome[posy]:=prompt;
       end;
       procedure NewFile;var W:byte;u:word;
       begin rewrite(arquivo,SizeOf(endereco));i:=0;
       for u:=1 to 3{630} do begin   str(u:3,entrada);buf^[i].senha:=#0;
       for w:=1 to max do
       buf^[i].nome[w]:=' Nilson Candido da Silva - UERJ  C91218221 -
'+ entrada;
       inc(i);if u=3{(u mod maxbuf=0)} then begin BlockWrite(arquivo,
Buf^,3{maxbuf});i:=0;end;end;
       Reset(arquivo,sizeof(endereco));
       end;
       procedure pegaBuf;begin seek(arquivo,z);BlockRead(arquivo,buf^,
maxbuf,numRead);end;
       procedure ColocaBuf;begin
seek(arquivo,z+n);Blockwrite(arquivo,buf^[n],1);end;
       procedure PosArqIni;var U:longint;
       begin filesizeY:=FileSize(arquivo);z:=filesizeY div 2;U:=z;
       if filesizeY<=maxbuf then begin Z:=0;pegabuf;exit;end;
       while (z>0) or (z<filesizeY) do begin U:=U div 2; pegabuf;
       if (item^.nome[1] >= buf^[0].nome[1]) and (item^.nome[1] <=
buf^[numread-1].nome[1])then exit;
       if Z<=maxbuf-1 then begin Z:=0;pegabuf;exit;end;
       if (item^.nome[1] < buf^[0].nome[1]) then  Z:=(Z - U) else Z:=(Z +
U);
       if Z>=filesizeY-maxbuf then begin Z:=filesizeY-
maxbuf;pegabuf;exit;end;
       end;end;
       procedure ENCONTRAR; {encontra auxB que é igual a item}
       procedure achei;var auxN:byte; begin
       for auxN:=0 to numread-1 do begin N:=AuxN;
       if item^.nome[1] = buf^[auxN].nome[1] then begin
done:=true;exit;end;
       if item^.nome[1] < buf^[auxN].nome[1] then exit;end;N:=N+1;end;
       begin
       done:=false;
       if  ((item^.nome[1] >= buf^[0].nome[1]) and (item^.nome[1] <=
buf^[numread-1].nome[1])) then achei
       else begin posArqIni;achei;end;
       end;
       procedure armazenarBUF; var auxN:byte;
  - 186 -
```

```
        begin for auxN:=numread-2 downto N do
buf^[auxN+1]:=buf^[auxN];buf^[N]:=item^;
        Rewrite(arquivo,sizeof(endereco));
seek(arquivo,z);BlockWrite(arquivo,buf^,numRead+1,numWritten);
        Reset(arquivo,sizeof(endereco));posarqini;encontrar;done:=false;e
nd;

        procedure apagarBUF; var auxN:byte; { so apaga o que está
vendo}
        begin for auxN:=N to numread-2 do buf^[auxN]:=buf^[auxN+1];
        Rewrite(arquivo,sizeof(endereco));seek(arquivo,z);BlockWrite(arqu
ivo,buf^,numRead-1,numWritten);
        Reset(arquivo,sizeof(endereco));posarqini;encontrar;done:=false;e
nd;


        procedure armazenar; var auxZ,z1:longint;
        begin encontrar; if done then exit;
        if filesizeY<maxbuf then begin armazenarbuf;exit;end;
        Seek(arquivo,FileSize(arquivo));BlockWrite(arquivo,
item^,1);Reset(arquivo,sizeof(endereco));
        filesizeY:=filesize(arquivo);
        if ((Z+n+1)=filesizey) then begin
posarqini;encontrar;done:=false;exit;end;
        auxZ:=z+n;z:=filesizeY-maxbuf-1;if z<0 then z:=0;feito:=false;
        repeat pegabuf;
        if z<=auxZ then begin z1:=numread-(auxZ-
Z);z:=auxZ;pegabuf;numread:=z1;feito:=true;end;
        seek(arquivo,z+1);BlockWrite(arquivo, buf^, NumRead,
NumWritten); z:=z-maxbuf;
        until feito;seek(arquivo,auxZ);BlockWrite(arquivo, item^,1);
        posarqini;encontrar;done:=false;
        end;
        procedure apagar;  { so apaga o que está vendo}
        begin if n=0 then item^:=buf^[n+1] else item^:=buf^[n-1];
        if filesizeY<=maxbuf  then begin apagarbuf;exit;end;Z:=z+n+1;
        repeat pegabuf;
        seek(arquivo,z-1);BlockWrite(arquivo, buf^, NumRead,
NumWritten); Z:=z+maxbuf;
        until (NumRead = 0) or (NumWritten <> NumRead);
        seek(arquivo,FileSizeY-
1);truncate(arquivo);Reset(arquivo,sizeof(endereco));
        posArqIni;encontrar;
        end;
        procedure VerReg;
        begin   QVer(red,black);
        salveInfo(msg^[18],'Digite a primeira linha do registro procurado.',
        '',#13,#27,#45,2,5,57,6,55); item^.nome[1]:=entrada;  Porlinha(5,6);
 - 187 -
```

```pascal
        if (item^.nome[1]<>'') and (ch=#13) then begin encontrar; if
n=maxbuf then dec(n);
        if not done then begin salveinfo(msg^[19],'','Não encontrado. Não
existe. (Ok) ','o',#27,#13,2,5,57,6,1);Porlinha(5,6);end;end;
        iniciartela;ch:=#200;
        end;
        procedure Novo;
        var t:byte;
        begin   QNovo(red,black);item^.senha:=#0;for t:=1 to max do
item^.nome[t]:='';
        salveInfo(msg^[18],'Digite a primeira linha do registro novo.',
        '',#13,#27,#45,2,5,57,6,55);  Porlinha(5,6);item^.nome[1]:=entrada;
        if (item^.nome[1]<>'') and (ch=#13) then begin armazenar; if done
then
        begin
        salveinfo(msg^[19],'','Encontrei um registro igual. Vou colocá-lo na
tela.(Ok)','o',#27,#13,2,5,57,6,1);Porlinha(5,6);end;end;
        iniciartela;ch:=#200;
        end;
        procedure chek;
        var aux:str55;
        begin   QRg(red,black);str(filesizeY,aux);
        salveInfo(msg^[18],'Os registros que estão acumulados até este
momento,',
        'é de: '+aux+' registros. <enter>.',#13,#27,#45,2,5,57,6,1);
        Porlinha(5,6);iniciartela;ch:=#200;
        end;
        procedure printer;
        var aux1:ptr_endereco;antes,i,w:byte;aux:str55;
        begin
        Qprinter(red,black);
        salveInfo(msg^[18],'Vou criar um arquivo texto contendo até 63
registros.',
        'O que aparece na tela fará parte
(OK,Cancele).','o','c',#13,2,5,57,6,1);
        if prompt='O'then begin ASSIGN(arq,'nilso120.txt'); rewrite(arq);
        for i:=0 to numread-1 do begin
        for w:=1 to max do begin
        if (tiranul(buf^[i].nome[w]) <>'') then writeln(arq,buf^[i].nome[w]);
        if w=max then  writeln(arq,'--------------------=',z+i,'=--------------------
-----')
        end;
        end; close(arq);
        end; porlinha(5,6);ch:=#200;
        end;
        procedure rodape;
        begin
```

```
        writemsg(16*black+white,'use  '#26' '#27'      DEL  END  INS
PAGE UP   PAGE DOWN   ESC  EXIT ',2,23);
        end;
        procedure Salvar;
        begin
        QSalvar(red,black);
        salveinfo(msg^[0],'','Já está salvo  (Ok)? ','o',#27,#45,2,5,57,6,1);
QSalvar(white,black);porlinha(5,6);
        end;
        procedure{ nilso120.}entradado;         { envsiucdapr }
        begin textattr:=$07;clrscr;new(item);
        LerAr(3299,24);if (MaxAvail > (SizeOf(buf^))) then new(buf);{write
('U= ',U:4);readkey;halt;}
        RODAPE;ASSIGN(ARQUIVO,'nilso120.dat');{$I-}
Reset(arquivo,sizeof(endereco)); {$I+}
        if ioresult<>0 then
newfile;z:=0;pegabuf;item^:=buf^[0];PosArqIni;posy:=2;
        N:=0;iniciartela;QNovo(white,black);QVer(white,black);QSalvar(whi
te,black);QInicio(white,black);
        QFinal(white,black);QCript(white,black);QDescript(white,black);QA
nterior(white,black);
        QProximo(white,black);QRetirar(white,black);Qprinter(white,black);
QRg(white,black);
        erro:=2;
        repeat
        repeat
        writeselection;
        until ch
in[#59,#49,#60,#47,#65,#23,#66,#22,#61,#46,#62,#32,#63,#30,#67,#31,#
64,#25,
        #68,#19,#72,#13,#80,#81,#73,#27,#45,#18,#37,#38,#202];
        case chX of          { envsiucdapr }
        #37: QRg(white,black);
        #38: Qprinter(white,black);
        {nf1}#59,#49: QNovo(white,black);
        {Vf2}#60,#47: QVer(white,black);
        {if7}#65,#23:QInicio(white,black);
        {Uf8}#66,#22:QFinal(white,black);
        {Cf3}#61,#46:QCript(white,black);
        {Df3}#62,#32:QDesCript(white,black);
        {Af5}#63,#30,#81{pg dw}:QAnterior(white,black);
        {Pf6}#64,#25,#73{pg up}:QProximo(white,black);
        {Sf9}#67,#31: Salvar;
        {Rf10}#68,#19:QRetirar(white,black);end;  colocabuf;  chX:=ch;
        case ch of          { envsiucdapr }
        #37: chek;
        #38: printer;
```

```
        {nf1}#59,#49: novo;
        {Vf2}#60,#47: VerReg;
        {if7}#65,#23:begin
Qlnicio(red,black);z:=0;pegabuf;item^:=buf^[0];N:=0;iniciartela;end;
        {Uf8}#66,#22:begin QFinal(red,black);z:=filesizeY-
1;pegabuf;item^:=buf^[0];posarqini;encontrar;iniciartela;end;
        {Cf3}#61,#46:begin QCript(red,black);
        salveinfo(msg^[15],'Se houver senha e errar volta ao menu,
desistir:<esc>','Digite senha(6 digitos) Ok:<home>.',
        #71{home},#27,#13,2,5,57,6,6);porlinha(5,6);if ch=#71 then begin
        if (buf^[n].senha=entrada) or (buf^[n].senha=#0) then begin
buf^[n].senha:=entrada;MaxCrip;iniciartela;end
        else begin
dispose(buf);dispose(item);dispose(msg);halt;end;end;end;
        {Df3}#62,#32:begin QDesCript(red,black);
        salveinfo(msg^[15],'Se houver senha e errar volta ao menu,
desistir:<esc>','Digite senha(6 digitos) Ok:<home>. ',
        #71{home},#27,#13,2,5,57,6,6);porlinha(5,6);if ch=#71 then begin
        if (buf^[n].senha=entrada) or (buf^[n].senha=#0) then begin
buf^[n].senha:=entrada;MaxDescrip;iniciartela;end
        else begin
dispose(buf);dispose(item);dispose(msg);halt;end;end;end;
        {Af5}#63,#30,#81{pg dw}:begin QAnterior(red,black);if ((z+n)>0)
then begin IF N=0 then begin
        z:=z-1;pegabuf;item^:=buf^[numread-1];posarqini;encontrar;end
else  dec(N);
        iniciartela;end;end;
        {Pf6}#64,#25,#73{pg up}:begin QProximo(red,black);if
((z+n+1)<filesizeY) then begin
        if n>=numread-1 then begin
z:=z+1;pegabuf;item^:=buf^[0];posarqini;encontrar;
        end else inc(N);iniciartela;end;end;
        {Sf9}#67,#31: Salvar;
        {Rf10}#68,#19:begin QRetirar(red,black);
        if filesizeY=3 then begin
        salvelnfo(msg^[23],'Aumente a quantidade de registros, depois
apague.',
        '',#13,#27,#45,2,5,57,6,55);Porlinha(5,6); end else begin
        salveinfo(msg^[23],'','Quer deletar este registro. (Sim, Não)?
','s',#13,#27,2,5,57,6,1);
        if prompt='S' then APAGAR;porlinha(5,6);end;iniciartela;end;
        #202:begin reverte;posy:=(ymouse-4);erro:=xmouse-1;end;
        #72:begin reverte;if posy=2 then posy:=18 else dec(posy);end;
        #13,#80:begin reverte;if posy=18 then posy:=2 else
inc(posy);end;end;
        if ch in[#27,#45,#18] then begin
```

```
        salveinfo(msg^[17],'','Quer mesmo sair da agenda
(Sim,Não)?','S','N',#13,2,5,57,6,1);
        if (prompt[1]='S')then begin
dispose(buf);dispose(item);dispose(msg);
        close(arquivo);ch:=#254;end;porlinha(5,6);end;
        until {esc}ch=#254;
        end;
        {end.}
        BEGIN
        if not getparamstr then exit;clrscr;
        DadoIniMouse;WINDOW(2,5,79,22);textattr:=$70;clrscr;
        entrada:='';entrada2:='';entrada1:='';
        entradado;
        END.
```

program nilso121; { fundações profundas pag 260 volume 3- aderson   }

```
        {
        unit nilso121;
        interface        }
        uses
crt,nilson30,nilson36,nilson38,nilson35,nilson32,nilson73,nilson39,nilson7
0,
        nilson74,nilson71,nilson94,nilson99,nilso010;
        {
        type
        ptr_nils121 =^nils121;
        nils121 = object
        PROCEDURE ENTRADADO;
        end;
        var k121:ptr_nils121;
        implementation        }
        var db,pr,de,aa,ds,cs,rl,cg,spt:real;
        s:str25;
        procedure inicio;
        const  max=12;
        procedure sairAgora;
        begin res1:=primeir^.proximo;
        db:=wiv;pr:=wiv;de:=wiv;aa:=wiv;ds:=wiv;cs:=wiv;rl:=wiv;cg:=wiv;
spt:=wiv;
        if (erro<>0) then begin iniciartela(max);exit;end;
        ch:=#23;
        end;
        procedure exemplo;
        begin
        res1:=primeir;res1^.str80D:='ESTACA PROFUNDA (AÇO,
MADEIRA E CONCRETO) spt=0   Comandante Atila';
```

```
        Ws('0.40');Ws('10');Ws('0.25');Ws('35');Ws('1.6');Ws('0');Ws('6');Ws(
'3'); Ws('11');
        end;


        begin
        MaxPerg:=max;
        {if lequi('nicas121.dat') then begin} EncherMemoria(max);
        L:=primeir^.proximo;
        {2-} K:=L;LerArqNom(3872,1);k^.nom:=Copy(k^.nom,1,24);
        {3-} LerArqNom(3466,1);
        {5-} K:=L;LerArqNom(3872,1); L^.nom:=Copy(k^.nom,51,25);
        {4-} k^.nom:=Copy(k^.nom,25,26);
        {7-}
L:=L^.proximo;k:=L;LerArqNom(3873,1);L^.nom:=Copy(k^.nom,29,37);
        {6-} K^.nom:=Copy(k^.nom,1,29);
        {9-}
L:=L^.proximo;k:=L;LerArqNom(3874,1);L^.nom:=Copy(k^.nom,46,30);
        {8-}
K^.nom:=Copy(k^.nom,1,46);l:=L^.proximo;LerArqNom(3460,1);LerArqNo
m(2895,2);
        L:=primeir;
        for i:=1 to max do begin str(i,s); if (i=3) or (i=10) then
delete(I^.nom,1,4);
        if i>=10 then s:=s+' - 'else s:=' '+s+' - ';Insert(s, L^.nom,1);
        L:=L^.proximo;end;
        exemplo;{end;}
        posy:=1;posx:=2; IniciarTela(max);
        repeat
        textattr:=$1E;
        with res1^do
        case perg of
        1: BEGIN gotoxy(2,posy);entrada:=str80D;Erro:=1;
        str80D:=instring(msg,nom,[#0,#32..#255],[],(75-
length(nom)),0);end;
        2..10: BEGIN gotoxy(2,posy);entrada:=str80D;Erro:=1;
        str80D:=instring(msg,nom,['.','0'..'9'],[],(75-length(nom)),0);end;
        max-1: BEGIN
cursoroff;gotoxy(2,posy);input:=1;entrada:=#0;entrada:=instring(msg,nom,[
#0],[],(75-length(nom)),0);cursoron;
        if ch=#13 then sairagora;end;
        max: BEGIN
cursoroff;gotoxy(2,posy);input:=1;entrada:=#0;entrada:=instring(msg,nom,[
#0],[],(75-length(nom)),0);
        cursoron;if ch=#13 then begin ch:=#63;exemplo;end;end;end;
        case ch of
        #2:begin OndY(max);if ch=#13 then sairagora;if ch=#63 then begin
exemplo;irfinal(max);end;end;
```

```
        #63,#64: lrFinal(max);
        #72: previousact(max);
        #80,#13: nextact(max);
        end;
    until ch in
[#27,#45,#23{,#47,#19,#31,#75,#77,#83,#72,#80,#71,#73,#81,
#13,#9,#82,#8 ,#63,#64,#65,#66}];
        (* esc x i    r s L R DEL up  dn home pgu pgd ent tab ins
bsp f5 f6 f7 f8 *)

    if (ch in [#27,#45]) then begin limpmemoini;halt;end;
    saitxt(max,'nilso121.txt'); toquivi('nicas121.dat');limpmemoini;
    end;
    procedure calculo;
    function t641(st:real):real;
    begin for i:=1 to 15 do begin if (st>=tab641[1,i]) and
(st<=tab641[1,i+1]) then begin
        t641:=regrade3(tab641[1,i],st,tab641[1,i+1],tab641[2,i],tab641[2,i+1
]);exit;end;end;
    end;
    function t642(st:real):real;
    begin for i:=1 to 12 do begin if (st>=tab642[1,i]) and
(st<=tab642[1,i+1]) then begin
        t642:=regrade3(tab642[1,i],st,tab642[1,i+1],tab642[2,i],tab642[2,i+1
]);exit;end;end;
    end;
    function t643(st:real):real;
    begin for i:=1 to 15 do begin if (st>=tab643[1,i]) and
(st<=tab643[1,i+1]) then begin
        t643:=regrade3(tab643[1,i],st,tab643[1,i+1],tab643[2,i],tab643[2,i+1
]);exit;end;end;
    end;
    function t641L(st:real):real;
    begin for i:=1 to 12 do begin if (st>=tab641L[1,i]) and
(st<=tab641L[1,i+1]) then begin
        t641L:=regrade3(tab641[1,i],st,tab641L[1,i+1],tab641L[2,i],tab641L[
2,i+1]);exit;end;end;
    end;
    function t642L(st:real):real;
    begin for i:=1 to 13 do begin if (st>=tab642L[1,i]) and
(st<=tab642L[1,i+1]) then begin
        t642L:=regrade3(tab642L[1,i],st,tab642L[1,i+1],tab642L[2,i],tab642
L[2,i+1]);exit;end;end;
    end;
    function t643L(st:real):real;
    begin for i:=1 to 10 do begin if (st>=tab643L[1,i]) and
(st<=tab643L[1,i+1]) then begin
```

```pascal
      t643L:=regrade3(tab643L[1,i],st,tab643L[1,i+1],tab643L[2,i],tab643
L[2,i+1]);exit;end;end;
       end;
       begin
       if spt>10 then
       aa:=1.3*cs*t642(aa)+ds*0.6*t643(aa)*db/2+ds*pr*t641(aa) else
       aa:=1.3*cs*t642L(aa)+ds*0.6*t643L(aa)*db/2+ds*pr*t641L(aa);
       str(aa:10:2,s);
       writeln(arq,' A capacidade de resistência deste terreno é:
',tiranulo(s),' ton/M2.');
       aa:=pi*sqr(db)/4*aa;
       str(aa:10:2,s);
       writeln(arq,' A base da fundação resiste a: ',tiranulo(s),' ton.');
       rl:=pi*de*pr*rl;
       str(rl:10:2,s);
       writeln(arq,' Resistência devida ao atrito lateral é: ',tiranulo(s),'
ton.');
       aa:=aa+rl;
       str(aa:10:2,s);
       writeln(arq,' Resistência lateral + resistência da base =
',tiranulo(s),' ton.');
       aa:=aa/cg;
       str(aa:10:2,s);
       writeln(arq,' Com a segurança a resistência da estaca é:
',tiranulo(s),' ton.');
       end;
       procedure{ nils121.}entradado;
       begin inicio;
       assign(arq,'nilso121.txt');append(arq);
       calculo;
       close(arq);iniciartextoarq(false,'nilso121.txt');
       end;
       {end. }

       BEGIN
       if not getparamstr then exit;clrscr;ESCREVERODAPE;
       DadoIniMouse;WINDOW(2,5,79,22);textattr:=$70;clrscr;
       entrada:='';entrada2:='';entrada1:='';
       entradado;leituraarquivotexto('nilso121.txt');
       END.


   {program nilso121; {  fundações profundas pag 260 volume 3- aderson
}
         =========================================
         unit nilso121;
         interface
```

```
        uses
crt,nilson30,nilson36,nilson38,nilson35,nilson32,nilson73,nilson39,nilson7
0,
        nilson74,nilson71,nilson94,nilson99,nilso010;

        type
        ptr_nils121 =^nils121;
        nils121 = object
        PROCEDURE ENTRADADO;
        end;
        var k121:ptr_nils121;
        implementation
        var db,pr,de,aa,ds,cs,rl,cg:real;
        s:str25;
        procedure inicio;
        const  max=11;
        procedure sairAgora;
        begin res1:=primeir^.proximo;
        db:=wiv;pr:=wiv;de:=wiv;aa:=wiv;ds:=wiv;cs:=wiv;rl:=wiv;cg:=wiv;
        if (erro<>0) then begin iniciartela(max);exit;end;
        ch:=#23;
        end;
        procedure exemplo;
        begin
        res1:=primeir;res1^.str80D:='ESTACA PROFUNDA (AÇO,
MADEIRA E CONCRETO) spt=0   Comandante Atila';
        Ws('0.40');Ws('10');Ws('0.25');Ws('35');Ws('1.6');Ws('0');Ws('6');Ws(
'3');
        end;

        begin
        MaxPerg:=max;
        {if lequi('nicas121.dat') then begin} EncherMemoria(max);
        L:=primeir^.proximo;
        {2-}  K:=L;LerArqNom(3872,1);k^.nom:=Copy(k^.nom,1,24);
        {3-}  LerArqNom(3466,1);
        {5-}  K:=L;LerArqNom(3872,1); L^.nom:=Copy(k^.nom,51,25);
        {4-}  k^.nom:=Copy(k^.nom,25,26);
        {7-}
L:=L^.proximo;k:=L;LerArqNom(3873,1);L^.nom:=Copy(k^.nom,29,37);
        {6-} K^.nom:=Copy(k^.nom,1,29);
        {9-}
L:=L^.proximo;k:=L;LerArqNom(3874,1);L^.nom:=Copy(k^.nom,46,30);
        {8-}
K^.nom:=Copy(k^.nom,1,46);l:=L^.proximo;LerArqNom(2895,2);
        L:=primeir;
        for i:=1 to max do begin str(i,s); if i=3 then delete(l^.nom,1,4);
```

```
        if i>=10 then s:=s+' - 'else s:=' '+s+' - ';Insert(s, L^.nom,1);
        L:=L^.proximo;end;
        exemplo;{end;}
        posy:=1;posx:=2; IniciarTela(max);
        repeat
        textattr:=$1E;
        with res1^do
        case perg of
        1: BEGIN gotoxy(2,posy);entrada:=str80D;Erro:=1;
        str80D:=instring(msg,nom,[#0,#32..#255],[],(75-
length(nom)),0);end;
            2..9: BEGIN gotoxy(2,posy);entrada:=str80D;Erro:=1;
        str80D:=instring(msg,nom,['.','0'..'9'],[],(75-length(nom)),0);end;
        max-1: BEGIN
cursoroff;gotoxy(2,posy);input:=1;entrada:=#0;entrada:=instring(msg,nom,[
#0],[],(75-length(nom)),0);cursoron;
        if ch=#13 then sairagora;end;
        max: BEGIN
cursoroff;gotoxy(2,posy);input:=1;entrada:=#0;entrada:=instring(msg,nom,[
#0],[],(75-length(nom)),0);
        cursoron;if ch=#13 then begin ch:=#63;exemplo;end;end;end;
        case ch of
        #2:begin OndY(max);if ch=#13 then sairagora;if ch=#63 then begin
exemplo;irfinal(max);end;end;
        #63,#64: IrFinal(max);
        #72: previousact(max);
        #80,#13: nextact(max);
        end;
        until ch in
[#27,#45,#23{,#47,#19,#31,#75,#77,#83,#72,#80,#71,#73,#81,
#13,#9,#82,#8 ,#63,#64,#65,#66}];
        (*  esc x i    r  s  L  R  DEL up  dn home pgu pgd ent tab ins
bsp f5  f6  f7  f8 *)

        if (ch in [#27,#45]) then begin limpmemoini;halt;end;
        saitxt(max,'nilso121.txt'); toquivi('nicas121.dat');limpmemoini;
        end;
        procedure calculo;
        function t641(st:real):real;
        begin for i:=1 to 15 do begin if (st>=tab641[1,i]) and
(st<=tab641[1,i+1]) then begin
        t641:=regrade3(tab641[1,i],st,tab641[1,i+1],tab641[2,i],tab641[2,i+1
]);exit;end;end;
        end;
        function t642(st:real):real;
        begin for i:=1 to 12 do begin if (st>=tab642[1,i]) and
(st<=tab642[1,i+1]) then begin
```

```pascal
        t642:=regrade3(tab642[1,i],st,tab642[1,i+1],tab642[2,i],tab642[2,i+1
]);exit;end;end;
        end;
        function t643(st:real):real;
        begin for i:=1 to 15 do begin if (st>=tab643[1,i]) and
(st<=tab643[1,i+1]) then begin
        t643:=regrade3(tab643[1,i],st,tab643[1,i+1],tab643[2,i],tab643[2,i+1
]);exit;end;end;
        end;
        function t641L(st:real):real;
        begin for i:=1 to 12 do begin if (st>=tab641L[1,i]) and
(st<=tab641L[1,i+1]) then begin
        t641L:=regrade3(tab641L[1,i],st,tab641L[1,i+1],tab641L[2,i],tab641L[
2,i+1]);exit;end;end;
        end;
        function t642L(st:real):real;
        begin for i:=1 to 13 do begin if (st>=tab642L[1,i]) and
(st<=tab642L[1,i+1]) then begin
        t642L:=regrade3(tab642L[1,i],st,tab642L[1,i+1],tab642L[2,i],tab642
L[2,i+1]);exit;end;end;
        end;
        function t643L(st:real):real;
        begin for i:=1 to 10 do begin if (st>=tab643L[1,i]) and
(st<=tab643L[1,i+1]) then begin
        t643L:=regrade3(tab643L[1,i],st,tab643L[1,i+1],tab643L[2,i],tab643
L[2,i+1]);exit;end;end;
        end;
        begin
        if cs<=0 then
        aa:=1.3*cs*t642(aa)+ds*0.6*t643(aa)*db/2+ds*pr*t641(aa) else
        aa:=1.3*cs*t642L(aa)+ds*0.6*t643L(aa)*db/2+ds*pr*t641L(aa);
        str(aa:10:2,s);
        writeln(arq,' A capacidade de resistência deste terreno é:
',tiranulo(s),' ton/M2.');
        aa:=pi*sqr(db)/4*aa;
        str(aa:10:2,s);
        writeln(arq,' A base da fundação resiste a: ',tiranulo(s),' ton.');
        rl:=pi*de*pr*rl;
        str(rl:10:2,s);
        writeln(arq,' Resistência devida ao atrito lateral é: ',tiranulo(s),'
ton.');
        aa:=aa+rl;
        str(aa:10:2,s);
        writeln(arq,' Resistência lateral + resistência da base =
',tiranulo(s),' ton.');
        aa:=aa/cg;
        str(aa:10:2,s);
```

```
        writeln(arq,' Com a segurança a resistência da estaca é:
',tiranulo(s),' ton.');
        end;
        procedure {nils121.}entradado;
        begin inicio;
        assign(arq,'nilso121.txt');append(arq);
        calculo;
        close(arq);iniciartextoarq(false,'nilso121.txt');
        end;
        {end. }

        BEGIN
        if not getparamstr then exit;clrscr;ESCREVERODAPE;
        DadoIniMouse;WINDOW(2,5,79,22);textattr:=$70;clrscr;
        entrada:='';entrada2:='';entrada1:='';
        entradado;leituraarquivotexto('nilso121.txt');
        END.


        {************************************************}
        {                                              }
        { Turbo Directory Demo                         }
        { Copyright (c) 1985,90 by Borland International }
        {                                              }
        {************************************************}  (*

program DirDemo;
        { Demonstration program that shows how to use:

        Directory routines from DOS unit
        Procedural types (used by QuickSort)

        Usage:

        dirdemo [options] [directory mask]

        Options:

        -W      Wide display
        -N      Sort by file name
        -S      Sort by file size
        -T      Sort by file date and time

        Directory mask:

        Path, Filename, wildcards, etc. }
```

```
{$I-,S-}
{$M 8192,8192,655360}

uses Dos;
const
MaxDirSize = 512;
MonthStr: array[1..12] of string[3] = (
'Jan', 'Feb', 'Mar', 'Apr', 'May', 'Jun',
'Jul', 'Aug', 'Sep', 'Oct', 'Nov', 'Dec');
type
DirPtr  = ^DirRec;
DirRec  = record
Attr: Byte;
Time: Longint;
Size: Longint;
Name: string[12];
end;
DirList  = array[0..MaxDirSize - 1] of DirPtr;
LessFunc = function(X, Y: DirPtr): Boolean;
var
WideDir: Boolean;
Count: Integer;
Less: LessFunc;
Path: PathStr;
Dir: DirList;

function NumStr(N, D: Integer): String;
begin
NumStr[0] := Chr(D);
while D > 0 do
begin
NumStr[D] := Chr(N mod 10 + Ord('0'));
N := N div 10;
Dec(D);
end;
end;

{$F+}
function LessName(X, Y: DirPtr): Boolean;begin LessName :=
X^.Name < Y^.Name;end;
function LessSize(X, Y: DirPtr): Boolean;begin LessSize := X^.Size
< Y^.Size;end;
function LessTime(X, Y: DirPtr): Boolean;begin LessTime :=
X^.Time > Y^.Time;end;
{$F-}

procedure QuickSort(L, R: Integer);
```

```
      var
      I, J: Integer;
      X, Y: DirPtr;
      begin
      I := L;
      J := R;
      X := Dir[(L + R) div 2];
      repeat
      while Less(Dir[I], X) do Inc(I);
      while Less(X, Dir[J]) do Dec(J);
      if I <= J then
      begin
      Y := Dir[I];
      Dir[I] := Dir[J];
      Dir[J] := Y;
      Inc(I);
      Dec(J);
      end;
      until I > J;
      if L < J then QuickSort(L, J);
      if I < R then QuickSort(I, R);
      end;

      procedure GetCommand;
      var
      I,J:Integer; Attr:Word; S:PathStr; D:DirStr; N:NameStr; E:ExtStr;
F:File;
      begin
      WideDir := False;
      @Less := nil;
      Path := '';
      for I := 1 to ParamCount do
      begin
      S := ParamStr(I);
      if S[1] = '-' then
      for J := 2 to Length(S) do
      case UpCase(S[J]) of
      'N': Less := LessName;
      'S': Less := LessSize;
      'T': Less := LessTime;
      'W': WideDir := True;
      else
      WriteLn('Invalid option: ', S[J]);
      Halt(1);
      end
      else
      Path := S;
```

```
end;
Path := FExpand(Path);
if Path[Length(Path)] <> '\' then
begin
Assign(F, Path);
GetFAttr(F, Attr);
if (DosError = 0) and (Attr and Directory <> 0) then
Path := Path + '\';
end;
FSplit(Path, D, N, E);
if N = '' then N := '*';
if E = '' then E:='.*';
path:=D + N + E;
end;
procedure FindFiles;
var
F: SearchRec;
begin
Count := 0;
FindFirst(Path, ReadOnly + Directory + Archive, F);
while (DosError = 0) and (Count < MaxDirSize) do
begin
GetMem(Dir[Count], Length(F.Name) + 10);
Move(F.Attr, Dir[Count]^, Length(F.Name) + 10);
Inc(Count);
FindNext(F);
end;
end;
procedure SortFiles;
begin
if (Count <> 0) and (@Less <> nil) then
QuickSort(0, Count - 1);
end;

procedure PrintFiles;var
I,P:Integer;  Total:Longint;  T:DateTime;  N:NameStr;  E:ExtStr;
begin
WriteLn('Directory of ', Path);
if Count = 0 then
begin
WriteLn('No matching files');
Exit;
end;
Total := 0;
for I := 0 to Count-1 do
with Dir[I]^ do
begin
```

```
P := Pos('.', Name);
if P > 1 then
begin
N := Copy(Name, 1, P - 1);
E := Copy(Name, P + 1, 3);
end else
begin
N := Name;
E := '';
end;
Write(N, ' ': 9 - Length(N), E, ' ': 4 - Length(E));
if WideDir then
begin
if Attr and Directory <> 0 then
Write(' DIR')
else
Write((Size + 1023) shr 10: 3, 'k');
if I and 3 <> 3 then
Write(' ': 3)
else
WriteLn;
end else
begin
if Attr and Directory <> 0 then
Write('<DIR>   ')
else
Write(Size: 8);
UnpackTime(Time, T);
WriteLn(T.Day: 4, '-',
MonthStr[T.Month], '-',
NumStr(T.Year mod 100, 2),
T.Hour: 4, ':',
NumStr(T.Min, 2));
end;
Inc(Total, Size);
end;
if WideDir and (Count and 3 <> 0) then WriteLn;
WriteLn(Count, ' files, ', Total, ' bytes, ',
DiskFree(Ord(Path[1])-64), ' bytes free');
end;

begin
GetCommand;
FindFiles;
SortFiles;
PrintFiles;
end.                    *)
```

```pascal
    program ordmaladireta;
        type
        endereco = record
        nome:string[30];rua:string[40];cidade:string[20];estado:string[2];cep
:string[5];
        end;
        str80=string[80];dado=endereco;matriz_dados=array[1..80] of
dado;
        arq_end=file of endereco;
        var teste:dado;t,t2:integer;arq_teste:arq_end;
        function localiza(var fp:arq_end;i:integer):str80;
        var t:endereco;  begin  i:=i-1;seek(fp,i);read(fp,t);localiza:=t.nome;
end;
        procedure qsRand(var fp:arq_end;conta:integer);
        procedure qs(l,r:integer);
        var i,j,s:integer;x,y,z:dado;
        begin  i:=1;j:=r;s:=(l+r)div 2;seek(fp,s-1);read(fp,x);
        repeat while localiza(fp,i) < x.nome do i:=i+1;
        while x.nome < localiza(fp,j) do j:=j-1;
        if i<=j then      begin
        seek(fp,i-1);read(fp,y);seek(fp,j-1);read(fp,z);
        seek(fp,j-1);write(fp,y);seek(fp,i-1);write(fp,z);
        i:=i+1;j:=j-1;end;
        until i>j;if l<j then qs(l,j); if l<r then qs(i,r);
        end;
        begin {qsrand}qs(1,conta);end;
        begin{ordmaladireta}assign(arq_teste,'teste.dat');reset(arq_teste);t:
=1;
        while not eof(arq_teste) do begin read(arq_teste,teste);t:=t+1;end;
        t:=t+1; qsrand(arq_teste,t);
        end.
    program nilson07;  {$N+,E+}
        uses
crt,dos,nilson36,nilson38,nilson39,nilson31,nilson35,nilson32,nilson91,nils
o001,
        nilson96,nilson97,nilson98,nilso100,nilso101,nilso102,nilso103,nils
o104,nilso105,
        nilson73,nilson74,nilson30,nilson71,nilson92,nilson93,nilson95,
        nilso106,nilso107,nilso108,nilso109,nilso110;
        type str80=string[80];nilson1F1 = record Lstr80:str80;end;
        var arquiv:file of
nilson1F1;F1nilson1:nilson1F1;dosexit,erro:integer;
        begin
        if not getparamstr then exit;DadoIniMouse;
        ESCREVERODAPE;WINDOW(2,5,79,22);textattr:=$70;clrscr;
        entrada:='';entrada2:='';entrada1:='';
        {$I-}assign(arquiv,'nilson1.ncs');reset(arquiv) {$I+};
```

```
            if IOResult<>0 then exit;
    seek(arquiv,3512);read(arquiv,F1nilson1);Val(F1nilson1.Lstr80,dosexit,err
    o);close(arquiv);
            case dosexit of
            91:begin
    getmem(k91,sizeof(k91));k91^.entradado;freemem(k91,sizeof(k91));end;
            92:begin
    getmem(k92,sizeof(k92));k92^.entradado;freemem(k92,sizeof(k92));end;
            93:begin
    write(sizeof(k93));readkey;halt;getmem(k93,sizeof(k93));k93^.entradado;fr
    eemem(k93,sizeof(k93));end;
            95:begin
    getmem(k95,sizeof(k95));k95^.entradado;freemem(k95,sizeof(k95));end;
            96:begin
    getmem(k96,sizeof(k96));k96^.entradado;freemem(k96,sizeof(k96));end;
            97:begin
    getmem(k97,sizeof(k97));k97^.entradado;freemem(k97,sizeof(k97));end;
            98:begin
    getmem(k98,sizeof(k98));k98^.entradado;freemem(k98,sizeof(k98));end;
            100:begin
    getmem(k100,sizeof(k100));k100^.entradado;freemem(k100,sizeof(k100));
    end;
            101:begin
    getmem(k101,sizeof(k101));k101^.entradado;freemem(k101,sizeof(k101));
    end;
            102:begin
    getmem(k102,sizeof(k102));k102^.entradado;freemem(k102,sizeof(k102));
    end;
            103:begin
    getmem(k103,sizeof(k103));k103^.entradado;freemem(k103,sizeof(k103));
    end;
            104:begin
    getmem(k104,sizeof(k104));k104^.entradado;freemem(k104,sizeof(k104));
    end;
            105:begin
    getmem(k105,sizeof(k105));k105^.entradado;freemem(k105,sizeof(k105));
    end;
            106:begin
    getmem(k106,sizeof(k106));k106^.entradado;freemem(k106,sizeof(k106));
    end;
            107:begin
    getmem(k107,sizeof(k107));k107^.entradado;freemem(k107,sizeof(k107));
    end;
            108:begin
    getmem(k108,sizeof(k108));k108^.entradado;freemem(k108,sizeof(k108));
    end;
```

```
        109:begin
getmem(k109,sizeof(k109));k109^.entradado;freemem(k109,sizeof(k109));
end;
      ' 110:begin
getmem(k110,sizeof(k110));k110^.entradado;freemem(k110,sizeof(k110));
end;
        end;halt(20);
        END.
   program nilso114; { formula de hazen-willians}
        {
        unit nilso114;
        interface            }
        uses
crt,nilson30,nilson36,nilson38,nilson35,nilson32,nilson73,nilson39,nilson7
0,
        nilson74,nilson71,nilson94,nilson99,nilson87,nilson90;
        {
        type
        ptr_nils114 =^nils114;
        nils114 = object
        PROCEDURE ENTRADADO;
        end;
        var k114:ptr_nils114;
        implementation       }
        var pca,dit,vaz,cru,vel:real;
        s,s1:str25;
        procedure inicio;
        const  max=7;
        procedure sairAgora;
        begin res1:=primeir^.proximo;
        pca:=wiv;dit:=wiv;vaz:=wiv; cru:=wiv;
        if (erro<>0) then begin iniciartela(max);exit;end;
        ch:=#23;
        end;
        procedure exemplo;
        begin
        res1:=primeir;res1^.str80D:='Utilizacao da formula de hazen-
willians, com 3 dados acha-se o 4o.';
        Ws('0.210');Ws('100');Ws('');Ws('100');
        end;
        begin
        MaxPerg:=max;
        {if lequi('nicas114.dat') then begin} EncherMemoria(max);
        L:=primeir^.proximo;K:=L;LerArqNom(3841,1);k^.nom:=Copy(k^.no
m,49,25);
        K:=L;LerArqNom(3837,1);K^.nom:=Copy(K^.nom,50,33);
        K:=L;LerArqNom(3842,1);L^.nom:=Copy(K^.nom,1,29);
```

```
K^.nom:=Copy(K^.nom,52,22);
L:=L^.proximo;
LerArqNom(2895,2);
L:=primeir;
for i:=1 to max do begin str(i,s);
if i>=10 then s:=s+' - 'else s:=' '+s+' - ';Insert(s, L^.nom,1);
L:=L^.proximo;end;
L:=primeir;LerArqMsg(3111,1);K:=L;LerArqmsg(3841,1);k^.msg:=C
opy(k^.msg,50,25);LerArqmsg(3844,1);
K:=L;LerArqmsg(3843,1);LerArqmsg(3843,1);
LerArqMsg(2897,2);
exemplo;{end; }
posy:=1;posx:=2; IniciarTela(max);
repeat
textattr:=$1E;
with res1^do
case perg of
1: BEGIN gotoxy(2,posy);entrada:=str80D;Erro:=1;
str80D:=instring(msg,nom,[#0,#32..#255],[],(75-
length(nom)),0);end;
2..5: BEGIN gotoxy(2,posy);entrada:=str80D;Erro:=1;
str80D:=instring(msg,nom,['.','0'..'9'],[],(75-length(nom)),0);end;
max-1: BEGIN
cursoroff;gotoxy(2,posy);input:=1;entrada:=#0;entrada:=instring(msg,nom,[
#0],[],(75-length(nom)),0);cursoron;
if ch=#13 then sairagora;end;
max: BEGIN
cursoroff;gotoxy(2,posy);input:=1;entrada:=#0;entrada:=instring(msg,nom,[
#0],[],(75-length(nom)),0);
cursoron;if ch=#13 then begin ch:=#63;exemplo;end;end;end;
case ch of
#2:begin OndY(max);if ch=#13 then sairagora;if ch=#63 then begin
exemplo;irfinal(max);end;end;
#63,#64: IrFinal(max);
#72: previousact(max);
#80,#13: nextact(max);
end;
until ch in
[#27,#45,#23{,#47,#19,#31,#75,#77,#83,#72,#80,#71,#73,#81,
#13,#9,#82,#8 ,#63,#64,#65,#66}];
(* esc x i    r s L R DEL up  dn home pgu pgd ent tab ins
bsp f5 f6 f7 f8 *)

if (ch in [#27,#45]) then begin limpmemoini;halt;end;
saitxt(max,'nilso114.txt'); toquivi('nicas114.dat');limpmemoini;
end;
procedure calculo;
```

```pascal
        begin                           { writemsg(textattr,'aqui
1',2,2);readkey;halt;}
        if vaz=0  then begin pca:=pca*100;dit:=dit*100;
        vel:=0.355*cru*exp(0.63*ln(dit))*exp(0.54*ln(pca));
        vaz:=vel*(pi*sqr(dit)/4);end else
        if cru=0  then begin pca:=pca*100;dit:=dit*100;
        cru:=vel/(0.355*exp(0.63*ln(dit))*exp(0.54*ln(pca)));
        vaz:=vel/(pi*sqr(dit)/4);end else
        if dit=0  then begin pca:=pca*100;dit:=dit*100;
        dit:=exp(1/0.63*ln(vel/(0.355*cru*exp(0.54*ln(pca)))));
        vaz
        if pca=0  then begin pca:=pca*100;dit:=dit*100;
        pca:=exp(1/0.54*ln(0.355*cru*exp(0.63*ln(dit))));
        vel:=vaz/(pi*sqr(dit)/4);end else
        begin writeln(arq,' A digitação nao foi correta é preciso pelo menos
3 preenchidos dos 5 itens .');exit;end;

        pca:=pca/100;dit:=dit/100;
        str(pca:10:1,s);
        writeln(arq,' A perda de carga : ',tiranulo(s),' cM/M.');
        str(dit:10:1,s);
        writeln(arq,' O diâmetro da tubulação : ',tiranulo(s),' cM');
        str(vaz:10:1,s);
        writeln(arq,' a vazão : ',tiranulo(s),' M3/seg');
        str(cru:10:1,s);
        writeln(arq,' O coeficiente de rugosidade : ',tiranulo(s));
        str(vel:10:1,s);
        writeln(arq,' a velocidade da água na tubulação : ',tiranulo(s),'
M/seg');
        end;
        procedure {nils114.}entradado;
        begin inicio;
        assign(arq,'nilso114.txt');append(arq);
        calculo;close(arq);iniciartextoarq(false,'nilso114.txt');
        end;
        {end.}

        BEGIN
        if not getparamstr then exit;clrscr;ESCREVERODAPE;
        DadoIniMouse;WINDOW(2,5,79,22);textattr:=$70;clrscr;
        entrada:='';entrada2:='';entrada1:='';
        entradado;leituraarquivotexto('nilso114.txt');
        END.


        program nilso998;  {$N+,E+}
```

```
        uses crt,dos,nilson36,nilson38,nilson39,nilson31,nilson35,nilson32,
        nilson73,nilson74,nilson30,nilson71,nilson44,nilson43,nilson51,nils
on52,nilson56,
        nilson24,nilson47,nilson57,nilson58,nilson63;
        type str80=string[80];nilson1F1 = record Lstr80:str80;end;
        var arquiv:file of
nilson1F1;F1nilson1:nilson1F1;dosexit,erro:integer;
        begin
        if not getparamstr then exit;DadoIniMouse;
        ESCREVERODAPE;WINDOW(2,5,79,22);textattr:=$70;clrscr;
        entrada:='';entrada2:='';entrada1:='';
        {$I-}assign(arquiv,'nilson1.ncs');reset(arquiv) {$I+};
        if IOResult<>0 then exit;
seek(arquiv,3512);read(arquiv,F1nilson1);Val(F1nilson1.Lstr80,dosexit,err
o);close(arquiv);
        case dosexit of
        24:begin
getmem(k24,sizeof(k24));k24^.entradado;freemem(k24,sizeof(k24));end;
        {44:begin
getmem(k44,sizeof(k44));k44^.entradado;freemem(k44,sizeof(k44));end;}
        47:begin
getmem(kn47,sizeof(kn47));kn47^.entradado;freemem(kn47,sizeof(kn47));
        getmem(k47,sizeof(k47));k47^.entradado;freemem(k47,sizeof(k47)
);end;
        51:begin
getmem(k51,sizeof(k51));k51^.entradado;freemem(k51,sizeof(k51));end;
        52:begin
getmem(k52,sizeof(k52));k52^.entradado;freemem(k52,sizeof(k52));end;
        56:begin
getmem(k56,sizeof(k56));k56^.entradado;freemem(k56,sizeof(k56));end;
        57:begin
getmem(kn57,sizeof(kn57));kn57^.entradado;freemem(kn57,sizeof(kn57));
        getmem(k57,sizeof(k57));k57^.entradado;freemem(k57,sizeof(k57)
);end;
        58:begin
getmem(k58,sizeof(k58));k58^.entradado;freemem(k58,sizeof(k58));end;
        end;halt(20);
        END.

        {c'opia de seguranca uma nova maneira de diretorio}
        ========              programa original ====copia de seguranca===}
        unit nilson16;
        interface
        uses
crt,dos,nilson36,nilson38,nilson39,nilson31,nilson35,nilson30,nilson72,nils
on73;
```

```
type
ptr_nilso16 =^nilso16;
nilso16 = object
PROCEDURE ENTRADADO;
end;
ptr_ar16=^ar16;
ar16 = object
PROCEDURE entradado;
end;
var r16:ptr_ar16; k16:ptr_nilso16;
implementation
const
MonthStr: array[1..12] of string[3] = (
'Jan', 'Fev', 'Mar', 'Abr', 'Mai', 'Jun',
'Jul', 'Ago', 'Set', 'Out', 'Nov', 'Dez');
type
DirPtr   = ^DirRec;
DirRec   = record
Attr: Byte;
Time: Longint;
Size: Longint;
Name: PathStr;
level,count:integer;
pro,ant:dirPtr;
end;
LessFunc = function(var X, Y: DirPtr):Boolean;

var

WideDir: Boolean;
Less:LessFunc;
Path: PathStr;
arquivo:TEXT;  arch:file of DirRec;
function NumStr(N, D: Integer): String;  { N=53 e D=2 }
begin
NumStr[0] := Chr(D);                { tamanho da string=2 }
while D > 0 do              { D=2 }
begin
NumStr[D] := Chr(N mod 10 + Ord('0')); { Numstr[2]=chr[3+48]=3
Numstr[1]=chr[5+48]=5}
N := N div 10;                      {  N=5 }
Dec(D);                             { D=1}
end;
end;
{$F+}
function LessName(var X, Y: DirPtr): Boolean;begin LessName :=
X^.Name < Y^.Name;end;
```

```pascal
        function LessSize(var X, Y: DirPtr): Boolean;begin LessSize :=
X^.Size < Y^.Size;end;
        function LessTime(var X, Y: DirPtr): Boolean;begin LessTime :=
X^.Time < Y^.Time;end;
        {$F-}
        procedure QuickSort(var L, R: dirptr);
        var  I, J, X, Y: DirPtr;
        procedure achar( u:integer);begin I:=L;while I^.count<>u do
I:=I^.pro;Move(I^.Attr, X^, Length(I^.Name) + 14);end;
        procedure trocar;begin Move(I^.Attr, Y^, Length(I^.Name) +
14);Move(J^.Attr, I^, Length(J^.Name) + 14);
        Move(Y^.Attr, J^, Length(Y^.Name) + 14);I:=I^.pro;J:=J^.ant; end;
        begin  new(Y);new(X); achar((L^.count + R^.count) div 2); I := L; J
:= R;
        repeat
        while Less(I, X) do I:=I^.pro;
        while Less(X, J) do J:=J^.ant;
        if I^.count <= J^.count then trocar;
        until I^.count > J^.count; dispose(Y); dispose(X);
        if L^.count < J^.count then QuickSort(L, J);
        if I^.count < R^.count then QuickSort(I, R);
        end;
        procedure GetCommand;
        var
        I,J: Integer;  Attr: Word; auxPath: PathStr;N:namestr;D:dirStr; E:
ExtStr;  F: File;
        begin   write(' wait...  please.');
        WideDir := false; done:=false;Feito:=false; @Less := nil;
auxpath:=path;
        writeln(arquivo,' Na pesquisa pedida : ', Path);writeln(arquivo,'');

        if Pos('/',path)<>0  then for i:=(Pos('/',path)+1) to length(path) do
        case upcase(Path [i]) of
        'N': Less := LessName;
        'S': Less := LessSize;
        'T': Less := LessTime;
        'W': Widedir:=true;
        'F': feito:=true;
        else  done:=true;end;
        if done or  (Pos(':',path)=0) then begin
        writeln(arquivo,' Opção habilitada não existe ou file inexistente.');
        writeln(arquivo,' Volte em seguida para nova pesquisa. ');
        close(arquivo);iniciartextoarq(false,'nilson16.txt');Halt(20);
        end;
        if Pos('/',path)<>0  then  Delete(path,Pos('/',path),length(path));
        Path := FExpand(Path);
        if  (Path[Length(Path)] <> '\') then
```

```
        begin
        Assign(F, Path);
        GetFAttr(F, Attr);
        if  (DosError = 0) and (Attr and Directory <> 0)  then Path := Path +
'\';
        end;

        FSplit(Path, D, N, E);
        if N = '' then N := '*';
        if E = '' then E:='.*';
        Path := D + N + E;
        if auxpath<>path then begin  writeln(arquivo,' Semelhante a
pesquisa executada : ', Path);writeln(arquivo,'');end;
        end;
        procedure FindFiles;
        var  name:pathstr; Ld:byte; y,w,u,level:word;  F: SearchRec;
        Dir,pri,ult,adir,bdir,cdir,ddir,edir:dirptr;
        procedure Ldir;begin
        Ld:=0;for i:=length(path) downto 1 do if path[i]='\' then begin
Ld:=i+1;exit;end;end;
        procedure deldir;begin ldir;
        for i:=(ult^.level-1) downto adir^.level do repeat Delete(path,Ld-
1,1);dec(ld);until path[Ld-1]='\' ;ldir;end;
        begin
        level:=1;  U:=0; ASSIGN(arch,'nilson16.dat'); rewrite(arch);
        if (doserror in[3,5,6,10,11]) then begin close(arch);exit;end;
        repeat
        y:=0;w:=0;done:=false;
        FindFirst(Path, anyfile, F);
        while (doserror=0)                    do begin
        if f.name[1]<>'.' then                begin
        if MaxAvail < SizeOf(dirrec) then begin close(arch);exit;end;
        new(dir);Inc(u); dir^.ant:=nil;dir^.pro:=nil; dir^.level:=level;
        Move(F.Attr, Dir^, Length(F.Name) + 10);
        if f.attr<>directory  then  begin inc(y);dir^.count:=y;
        if y=1 then begin if u=1 then done:=true;pri:=dir;edir:=dir;end
        else begin dir^.ant:=edir;edir^.pro:=dir;edir:=dir;end;
        end else begin inc(w);dir^.count:=w;
        if w=1 then begin if u=1 then done:=true;ult:=dir;ddir:=dir;end
        else begin dir^.ant:=ult;ult^.pro:=dir;ult:=dir;end;
        end; end;
        FindNext(F);                              end;
        if (MaxAvail < 2*(SizeOf(dirrec))) or (doserror in[3,5,6,10,11]) then
begin close(arch);exit;end;

        if (y>1) and (@less<>nil) then begin
dir:=pri;bdir:=edir;quicksort(dir,bdir);end;
```

```pascal
        if (w>1) and (@less<>nil) then begin
dir:=ddir;bdir:=ult;quicksort(dir,bdir);end;
        if (y>0) and (w>0) then begin edir^.pro:=ddir;ddir^.ant:=edir;end;
        if (y>0) and (w=0)then ult:=edir; if (y=0) and (w>0) then pri:=ddir;
        if done then begin adir:=pri;cdir:=pri;end;

        if ((y>0) or (w>0)) and (not done) then begin dir:=adir^.pro;
        adir^.pro:=pri; pri^.ant:=adir; ult^.pro:=dir; dir^.ant:=ult;
adir^.name:=path;adir:=adir^.pro;
        end;
        while (u<>0) and (adir^.attr <> directory) and (adir<>nil) do
adir:=adir^.pro;

        if (u<>0) and(adir^.attr = directory) then begin   name:=adir^.name
+ '\';
        if  (adir^.level=Ult^.level) then begin
Ldir;insert(name,path,Ld);inc(level);end
        else begin Deldir;insert(name,path,Ld);level:=adir^.level+1;end;
        end;
        while (u<>0) and(cdir<>adir) do begin dir:=cdir^.pro;
write(arch,cdir^);dispose(cdir);cdir:=dir;end;

        until (adir=nil) or (feito) or (u=0);
        while (u<>0) and(cdir<>nil) do begin dir:=cdir^.pro;
write(arch,cdir^);dispose(cdir);cdir:=dir;end;
        close(arch);
        end;
        procedure PrintFiles;
        var dir:Dirptr;  l,k:Integer; Total: longint; T: DateTime; N: PathStr;
        E: ExtStr;  a: string; u:byte;
        begin
        ASSIGN(arch,'nilson16.dat'); Reset(arch);
        if filesize(arch) <> 0 then  writeln(arquivo,' foram encontrados os
seguintes arquivos: ')
        else  begin
        writeln(arquivo,' Não foi encontrado arquivo ou digitação errada.');
        Exit;
        end;
        Total := 0; l:=0;u:=0;k:=0;  new(dir);

        with Dir^ do   while not Eof(arch) do begin read(arcH,dir^);
        if (attr<>directory) then begin N := Copy(Name, 1, Pos('.', Name) -
1);E := Copy(Name,Pos('.', Name) + 1, 3); end
        else begin N := Name; E := ''; end;
        if WideDir then
        begin
```
- 212 -

```pascal
          if attr=directory then begin inc(k);if feito then begin inc(u);if u>3
then u:=0;end
          else begin if u<>0 then writeln(arquivo,'');u:=0;end;
          write(arquivo,'  [', N, ']',' ': 13 - Length(N));end
          else begin inc(l); inc(u);if u>3 then u:=0;
          write(arquivo,'   ', N, ' ': 9 - Length(N), E, ' ': 4 - Length(E));end;
          if (u <> 0) then  write(arquivo,' ': 3) else  writeln(arquivo);
          end else
          begin
          if attr=directory then begin inc(k);
          write(arquivo,' [', N, ']',' ': 13 - Length(N),'    <DIR>');end
          else begin inc(l);
          write(arquivo,' ', N, ' ': 9 - Length(N), E, ' ': 4 - Length(E));
          write(arquivo, Size: 12);end;
          UnpackTime(Time, T);
          writeln(arquivo, T.Day: 4, '/',
          MonthStr[T.Month], '/',
          T.Year,
          T.Hour: 4, ':',
          NumStr(T.Min, 2));
          end;inc(Total,Size); end;     close(arch);
          if l=1 then a:=' arquivo ' else a:=' arquivos '; writeln(arquivo);
          if l>0 then write(arquivo,' ',l,' ',a, Total , ' bytes');
          if k=1 then a:=' diretorio ' else a:=' diretorios '; writeln(arquivo);
          if k>0 then write(arquivo,' ',k,' ',a,DiskFree(Ord(Path[1])-64), ' bytes
livres');
          end;
          procedure ar16.entradado;
          begin
          path:=primeir^.str80D;  limpmemoini;
          end;
          procedure nilso16.entradado;
          begin
          ASSIGN(arquivo,'nilson16.txt');append(arquivo);
          GetCommand;
          FindFiles;
          PrintFiles;
          close(arquivo);iniciartextoarq(false,'nilson16.txt');
          end;
          end.

          program nilson;{$M 6144,0,0}
          uses crt,dos;
          type
          str80=string[80];nilson1F1 = record Lstr80:str80;end;
          var  i:word;OrigMode:Integer;arquiv:file of
nilson1F1;F1nilson1:nilson1F1;menustring:str80;
```

```pascal
begin
OrigMode:=LastMode;TextMode(CO80);CHECKBREAK:=FALSE;
menustring:='nilsonca.ndi';
repeat
SwapVectors;Exec(menustring,'Li20440Ma');SwapVectors;i:=dose
xitcode;{$I-}assign(arquiv,'nilson1.ncs');reset(arquiv) {$I+};
if IOResult=0 then begin seek(arquiv,3514);read(arquiv,F1nilson1);
menustring:=F1nilson1.Lstr80;close(arquiv);end;
case i of
20: menustring:='nilson01.ncs';
23: menustring:= menustring; else menustring:='nilsonca.ndi';end;
until i=42;
TextMode(OrigMode);CLRSCR;end.
```

```pascal
program nilson00;
uses crt,nilson30;
const
No=632;
{       Ã àã ÂâáÁéÉêÊíÍóÓõÕôÔúÚçÇ
extenções . Área Seção  SEÇÃO Ângulo}
Arr: ARRAY[1.. No] OF STRING[80]=                    {2894}
('    Dados completados ',
'    Rodar um exemplo ',
' Se está conforme gostaria então digite <enter>.',
' Aperte <enter> e rodará um exemplo.',
{Pnom : ', array [1..15] of str80 =    Telaprinc           2898}
' ==Seção retangular (flexo-compressão
Oblíqua)====================',
' 1 - Com 4 ferros.',
' 2 - Com 8 ferros.',
' 3 - Área de aço igual para os quatro lados.',
' 4 - Área de aço igual apenas em dois lados paralelos.',
' 5 - Dois lados opostos com três áreas de aço e dois lados com
uma área.',
' 6 - Três áreas de aço em um lado e uma área no lado oposto.',
' ===Seção circular na tração ou compressão
==========================',
' 7 - Maciça',
' 8 - Oca com recobrimento de 5% do diâmetro.',
' 9 - Oca com recobrimento de 10% do diâmetro.',
'10 - Oca com dois círculos de armações.',
' ===Seção retangular na tração ou compressão (flexão composta
reta)===',
'11 - Área de aço igual apenas em dois lados paralelos.',
'12 - Área de aço igual para os quatro lados.',{ 2913}
```

'Além da carga no topo do pilar, há ainda dois momentos no plano X e Y.',

'Este é o pilar mais simples, uma pequena carga e dois momentos pequenos.',

'Carga pouco maior que a anterior, assim como os dois momentos X e Y.',

'O pilar mais comum das construções, todo o aço distribuído por igual por lado.',

'Pilar-parede: 12cm por 60cm;22cm por 550cm, pilares associados T U L',

'Os momentos X e Y, originários do índice de esbeltez o qual é relação ...',

'...entre compr. de flambagem e raio de giração da seção na direção X ou Y.',

' Seção circular ou Pilar redondo. Melhor aplicado onde não exista flexão.',

' Área interna do pilar totalmente cheia e uma armadura em forma circular.',

' Pilar com a seção ôca com o recobrimento de armadura igual a 5% do diâmetro.',

' Seção ôca com o recobrimento de armadura igual a 10% do diâmetro.',

' Seção ôca e duas armadura em forma circular,interna e externa.',

' Quando a carga é pequena mas os momentos X e Y são grandes aparece a tração.',

' Muito utilizado na contenção de muros de arrimo, momento X >>> momentoY.',

' Pilar resistente a compressão e momentoX igual a momentoY.',

{Pnom : ', array [1..16] of str80 =   telaObliqua 30   2928}

' 1 - Nome do Pilar: ',

' 2 - Momento aplicado ao eixo X do Pilar(mt): ',

' 3 - Momento aplicado ao eixo Y do Pilar(mt): ',

' 4 - Carga aplicada no topo + peso próprio(t): ',

' 5 - Largura X (cm): ',

' 6 - Largura Y (cm): ',

' 7 - Recobrimento da armadura (cm): ',

' 8 - Cortante atuante nesta seção (t): ', { talwd}

' 9 - Tipo do aço a ser utilizado (25-40-50-60): ',

'10 - Categoria do aço (A=1 ou B=2): ',   {2938}

'11 - Diâmetro do Estribo (5,6.3,8,10mm): ',

'12 - Diâmetro do aço na armadura longitudinal (mm): ',

'13 - Resistência do concreto (110 até 260 kg/cm'#253'): ',

'14 - Diâmetro máximo do agregado(1 a 5 Cm) : ',   { 2942}

' Digite o nome pelo qual será identificado o seu pilar.',

'Forças de flambagem gera este momento comprimindo fibras de cima ou de baixo.',

'Momento comprimindo as fibras da esquerda ou da direita.',

'É toda a acarga que o pilar está suportando. O programa majora em 1.4.',

'Mínima=20 cm ou 1/25 da altura. Para lajes sem vigas: mínima= 30 cm ou ...',

'... 1/15 da altura ou distancia entre Pilares dividido por vinte.',

' espessifica o valor em cm que o concreto irá recobrir a armadura.',

' O cortante atuante neste ponto. Faça um diagrama do esforço para todo pilar.',

' Digite um tipo:CA-25A,CA-40A,CA-50A,CA-60A,CA-25B,CA-40B,CA-50B,CA-60B.',

' Digite um tipo:CA-25A,CA-40A,CA-50A,CA-60A,CA-25B,CA-40B,CA-50B,CA-60B.',

' O diâmetro mínimo do estribo é: 5 mm ou diâmetro longitudinal dividido por 4.',

' Os diâmetros são (mm):10,12.5,16,20,22.2,25,32.',

' Resistência a compressão(fck em kg/cm'#253'):110,135,150,180,200,220,240,260.',

' O diâmetro máximo da brita. Vigas e Lajes até 1.5 Cm em prédios. Geral < 5Cm.',

{ ' Se está conforme gostaria então digite <enter>.

' Aperte <enter> e rodará um exemplo . Mais explicações em Menu Pilares-F1.

Pnom : ', array [1..13] of str80 =   TelaCircMac   62 2956}

' 1 - Nome do Pilar: ',
' 2 - Momento aplicado (mt): ',
' 3 - Carga aplicada no topo (+tração) (- compressão) (t): ',
' 4 - Diâmetro do pilar (acima de 20cm): ',
' 5 - Recobrimento da armadura (cm): ',
' 6 - Tipo do aço a ser utilizado (25-40-50-60): ',
' 7 - Categoria do aço (A=1 ou B=2): ',   {2963}
' 8 - Diâmetro do Estribo (5,6.3,8,10mm): ',
' 9 - Diâmetro do aço na armadura longitudinal (mm): ',
'10 - Resistência do concreto (110 até 260 kg/cm'#253'): ',
'11 - Diâmetro máximo do agregado(1 a 5 Cm) : ',
{'12 - Dados completados
'13 - Rodar um exemplo

NomePilar MomentoXY Nd DiamEx recobri Tipo_aco categ DimEstribo DimAs fck DAgreg}

{ Pmsg: ', array [1..13] of str80 =   TelaCircMac   75 2967}

' Digite o nome pelo qual será identificado o seu pilar.',

' Este momento depende do comprimento de flambagem.',

' É toda a acarga que o pilar está suportando. O programa majora em 1.4.',

' É o diâmetro total, já incluído o recobrimento da armadura.',

' espessifica o valor em cm que o concreto irá recobrir a armadura.',

' Digite um tipo:CA-25A,CA-40A,CA-50A,CA-60A,CA-25B,CA-40B,CA-50B,CA-60B.',

' Digite um tipo:CA-25A,CA-40A,CA-50A,CA-60A,CA-25B,CA-40B,CA-50B,CA-60B.',

' O diâmetro mínimo do estribo é: 5 mm ou diâmetro longitudinal dividido por 4.',

' Os diâmetros são (mm):10,12.5,16,20,22.2,25,32.',

' Resistência a compressão(fck em kg/cm'#253'):110,135,150,180,200,220,240,260.',

' O diâmetro máximo da brita. Vigas e Lajes até 1.5 Cm em prédios. Geral < 5Cm.',

{ ' Se está conforme gostaria então digite <enter>.

' Aperte <enter> e rodará um exemplo. Mais explicações em Menu Pilares-F1.

Pnom : ', array [1..14] of str80 =   TelaCircOca   88   2978}

' 1 - Nome do Pilar: ',   { NomePilar}

' 2 - Momento aplicado (mt): ', { momentoXY}

' 3 - Carga aplicada no topo (+tração) (- compressão) (t): ',

' 4 - Diâmetro externo do pilar(cm): ',

' 5 - Diâmetro interno do pilar(cm): ',

' 6 - Recobrimento da armadura (cm): ',

' 7 - Tipo do aço a ser utilizado (25-40-50-60): ',

' 8 - Categoria do aço (A=1 ou B=2): ',

' 9 - Diâmetro do Estribo (5,6.3,8,10mm): ',

'10 - Diâmetro do aço na armadura longitudinal (mm): ',

'11 - Resistência do concreto (110 até 260 kg/cm'#253'): ',

'12 - Diâmetro máximo do agregado(1 a 5 Cm) : ',

{'13 - Dados completados

'14 - Rodar um exemplo

NomePilar MomentoXY Nd DiamEx DiamIn recobri Tipo_aco categ DimEstribo DimAs fck DAgreg}

{ Pmsg: array [1..14] of str80 = TelaCircOca   102   2990}

' Digite o nome pelo qual será identificado o seu pilar.',

' Forças de flambagem gera este momento comprimindo fibras de cima ou de baixo.',

' É toda a carga que o pilar está suportando. O programa majora em 1.4.',

' É o diâmetro total, já incluído o recorimento da armadura.',

' É o diâmetro interno da seção circular oca.',

' espessifica o valor em cm que o concreto irá recobrir a armadura.',

' Digite um tipo: CA-25A,CA-40A,CA-50A,CA-60A,CA-25B,CA-40B,CA-50B,CA-60B.',

' Digite um tipo: CA-25A,CA-40A,CA-50A,CA-60A,CA-25B,CA-40B,CA-50B,CA-60B.',

' O diâmetro mínimo do estribo é: 5 mm ou diâmetro longitudinal dividido por 4.',

' Os diâmetros são (mm): 10,12.5,16,20,22.2,25,32.',

'Resistência a compressão(fck em kg/cm'#253'): 110,135,150,180,200,220,240,260.',

' O diâmetro máximo da brita. Vigas e Lajes até 1.5 Cm em prédios. Geral < 5Cm.',

{ ' Se está conforme gostaria então digite <enter>.

' Aperte <enter> e rodará um exemplo. Mais explicações em Menu Pilares-F1.

Pnom : ', array [1..15] of str80 =   TelaReta   116   3002}

' 1 - Nome do Pilar: ',

' 2 - Momento ao Pilar(mt): ',

' 3 - Carga aplicada no topo (+tração) (- compressão) (t): ',

' 4 - Largura X (cM): ',

' 5 - Largura Y (cM): ',

' 6 - Recobrimento da armadura : ',

' 7 - Cortante atuante nesta seção (t): ',

' 8 - Tipo do aço a ser utilizado (25-40-50-60): ',

' 9 - Categoria do aço (A=1 ou B=2): ',

'10 - Diâmetro do Estribo (5,6.3,8,10mm): ',

'11 - Diâmetro do aço na armadura longitudinal (mm): ',

'12 - Resistência do concreto (110 até 260 kg/cm'#253'): ',

'13 - Diâmetro máximo do agregado(1 a 5 Cm) : ',

{'14 - Dados completados

'15 - Rodar um exemplo

NomePilar MomentoX Nd bwlargX bwlargY Recobri talwd Tipo_aco categ DimEstribo DimAs fck DAgreg}

{ Pmsg: array [1..15] of str80 = TelaReta   131   3015}

' Digite o nome pelo qual será identificado o seu pilar.',

'Este momento é o produzido por alguma força aplicada em um dos lados do pilar.',

' É toda a carga que o pilar está suportando. O programa majora em 1.4.',

' Mínima=20 cm ou 1/25 da altura. Para lajes sem vigas: mínima= 30 cm ou ...',

' ... 1/15 da altura ou distancia entre Pilares dividido por vinte.',

' espessifica o valor em cm que o concreto irá recobrir a armadura.',

' O cortante atuante neste ponto. Faça um diagrama do esforço para todo pilar.',

' Digite um tipo:CA-25A,CA-40A,CA-50A,CA-60A,CA-25B,CA-40B,CA-50B,CA-60B.',

' Digite um tipo:CA-25A,CA-40A,CA-50A,CA-60A,CA-25B,CA-40B,CA-50B,CA-60B.',

' O diâmetro mínimo do estribo é: 5 mm ou diâmetro longitudinal dividido por 4.',

' Os diâmetros são (mm):10,12.5,16,20,22.2,25,32.',
' Resistência a compressão(fck em kg/cm'#253'):
110,135,150,180,200,220,240,260.',
' O diâmetro máximo da brita. Vigas e Lajes até 1.5 Cm em
prédios. Geral < 5Cm.',
{ ' Se está conforme gostaria então digite <enter>.
' Aperte <enter> e rodará um exemplo. Mais explicações em Menu
Pilares-F1.
Pnom : ', array [1..21] of str80 = Viga27   146   3028}
' 1 - Nome da Viga: ',   { NomeViga}
' 2 - Momento aplicado relativo a todas as cargas (mt): ',
' 3 - Momento aplicado relativo a peso próprio + revestimento (mt):
',
' 4 - Cortante atuante nesta seção (t): ',
' 5 - Cortante atuante máximo na viga (t): ',
' 6 - Momento torsor (mt): ',
' 7 - Carga permanente (t/m): ',
' 8 - Sobrecarga (t/m): ',
' 9 - Comprimento da viga (Cm): ',
'10 - Largura(mesa) da viga será (Cm): ',
'11 - Espessura da mesa será (Cm): ',
'12 - Largura(base) da viga será (Cm): ',
'13 - Altura da viga será (Cm): ',
'14 - Tipo do aço a ser utilizado (25-40-50-60): ',
'15 - Diâmetro do Estribo (5,6.3,8,10mm): ',
'16 - Diâmetro do aço a ser utilizado na flexão(mm): ',
'17 - Resistência do concreto (110 até 260 kg/cm'#253'): ',
'18 - Recobrimento da armadura : ',
'19 - Diâmetro máximo do agregado(1 a 5 Cm) : ',
{'20 - Dados completados
'21 - Rodar um exemplo
NomeViga MomentoMd flechaMd talwd talwdViga mdtorc
PpRev,SCarg,comprviga
BwLarg espessLaj BwPeLarg AltViga Tipo_aco DimEstribo DimAs
fck Recobri DAgreg}
{Pmsg: array [1..21] of str80 =   Viga27   167   3047}
'Digite o nome pelo qual será identificada a sua viga.',
'Momento aplicado nesta seção da sua viga. Momento calculado
pelo método CROSS.',
'Momento calculado pelo método cross. Veja o menu. Aplicado
nesta posição.',
'O cortante atuante neste ponto. Faça um diagrama do esforço
para toda a viga.',
'O cortante atuante máximo. É o valor próximo ao apoio.',
'O momento torçor que existe em sua viga. Se não existe nada
digite.',

'Peso próprio consiste do peso da estrutura+revestimentos+carga permanente.',

'A sobrecarga são aquelas indicadas pela NB-1, para a qual a viga é calculada.',

'O comprimento que sua viga tem.',

'Digite a largura da parte superior (mesa) que a sua viga tem em centímetros.',

'Digite a espessura da parte superior(mesa) que a sua viga tem em centímetros.',

'Digite a largura da parte inferior (base) que a sua viga tem em centímetros.',

'Digite a altura que a sua viga tem em centímetros.',

'Digite um dos quatro tipos que são CA-25B,CA-40B,CA-50B e CA-60B.',

'O diâmetro do estribo é limitado em até 12.5mm pela NB-1.',

'Os diâmetros são (mm):5,6.3,8,10,12.5,16,20,22.2,25,32.',

'Resistência a compressão(fck em kg/cm'#253'): 110,135,150,180,200,220,240,260.',

'Espessifica o valor em cm que o concreto irá recobrir a armadura.',

'O diâmetro máximo da brita. Vigas e Lajes até 1.5 Cm em prédios. Geral < 5Cm.',

{ 'Se está conforme gostaria então digite <enter>.

'Aperte <enter> e rodará um exemplo. Mais explicações em Menu-F1.

Pnom : ', array [1..19] of str80 =   Viga29   188   3066}

' 1 - Nome da Viga: ',

' 2 - Momento aplicado relativo a todas as cargas (mt): ',

' 3 - Momento aplicado relativo a peso próprio + revestimento (mt): ',

'

' 4 - Cortante atuante nesta seção (t): ',

' 5 - Cortante atuante máximo na viga (t): ',

' 6 - Momento torsor (mt): ',

' 7 - Carga permanente (t/m): ',

' 8 - Sobrecarga (t/m): ',

' 9 - Comprimento da viga (Cm): ',

'10 - Largura da viga (Cm): ',

'11 - Altura da viga (Cm): ',

'12 - Tipo do aço a ser utilizado (25-40-50-60): ',

'13 - Diâmetro do Estribo (5,6.3,8,10mm): ',

'14 - Diâmetro do aço a ser utilizado na flexão(mm): ',

'15 - Resistência do concreto (110 até 260 kg/cm'#253'): ',

'16 - Recobrimento da armadura : ',

'17 - Diâmetro máximo do agregado(1 a 5 Cm) : ',

{'18 - Dados completados

'19 - Rodar um exemplo

NomeViga MomentoMd flechaMd talwd talwdViga mdtorc
PpRev,SCarg,comprviga
    BwLarg AltViga Tipo_aco DimEstribo DimAs fck Recobri DAgreg}
    { Pmsg: array [1..19] of str80= Viga29   207   3083}
    'Digite o nome pelo qual será identificada a sua viga.',
    'Momento aplicado nesta seção da sua viga. Momento calculado
pelo método CROSS.',
    'Momento calculado pelo método cross. Veja o menu. Aplicado
nesta posição.',
    'Cortante atuante neste ponto. Faça um diagrama do esforço para
toda a viga.',
    'Cortante atuante máximo. É o valor próximo ao apoio.',
    'Momento torçor que existe em sua viga. Se não existe nada
digite.',
    'Peso próprio consiste do peso da estrutura+revestimentos+carga
permanente.', {3090}
    'Sobrecarga são aquelas indicadas pela NB-1, para a qual a viga é
calculada.',
    'Comprimento que sua viga tem.',
    'Digite a largura que a sua viga tem em centímetros.',
    'Digite a altura que a sua viga tem em centímetros.',
    'Digite um dos quatro tipos que são CA-25B,CA-40B,CA-50B e
CA-60B.',
    'Diâmetro do estribo é limitado em até 12.5mm pela NB-1.',
    'Os diâmetros são (mm):5,6.3,8,10,12.5,16,20,22.2,25,32.',
    'Resistência a compressão(fck em kg/cm'#253'):
110,135,150,180,200,220,240,260.',
    'espessifica o valor em cm que o concreto irá recobrir a armadura.',
    'Diâmetro máximo da brita. Vigas e Lajes até 1.5 Cm em prédios.
Geral < 5Cm.',
    { 'Se está conforme gostaria então digite <enter>.
    'Aperte <enter> e rodará um exemplo. Mais explicações em Menu-
F1.
    Pnom : ', array [1..12] of str80 =   nilson8   226   3100}
    ' 1 - Nome do Projeto: ',
    ' 2 - Denominador da escala da carta = ',
    ' 3 - Denominador da escala da foto = ',
    ' 4 - Denominador da escala de restituição = ',
    ' 5 - Denominador da escala do gravado = ',
    ' 6 - Distância focal da câmera (mm) = ',
    ' 7 - Equidistância entre curvas de nível (m) = ',
    ' 8 - Inclinação média do terreno (1 a 59 graus) = ',
    ' 9 - Recobrimento longitudinal (0.60 a 0.90) = ',
    '10 - Recobrimento lateral (0.10 a 0.90) = ',
    {'11 - Dados completados
    '12 - Rodar um exemplo
    DECa DEF DER DEG DF EQU ALFA1 RECOLON RECOLAT }

{Pmsg: ', array [1..4] of str80 =   nilson8   238   3110}
'Digite o nome pelo qual será identificado o seu projeto.',
'Digite para modificar, utilize as setas, < F6 > < F5 > <ins> <del>
<end>.',
          {Pnom : ', array [1..10] of str80 =   nilson7   243   3112}
' 1 - Nome do Projeto: ',   { ProJNome}
' 2 - Denominador da escala da foto = ',
' 3 - Distância focal da câmera (mm) = ',
' 4 - Recobrimento longitudinal (0.60 a 0.90) = ',
' 5 - Recobrimento lateral (0.10 a 0.90) = ',
' 6 - Comprimento do terreno no sentido do vôo (km) = ',
' 7 - Largura do terreno (km) = ',
' 8 - Velocidade do avião (km/h) = ',
{ ' 9 - Dados completados
' 10 - Rodar um exemplo
DEF DF RECOLON RECOLAT ComprTerr LargTerr VelocAvi }

          {Pnom : ', array [1..6] of str80 =   nilson6   257   3120}
' Digite a sua senha (6 dígitos) : ',
' Qual o nome do arquivo ? : ',
' Cifrar ou Decifrar (C OU D) ? : ',
' Cifrar um exemplo : ',
' Dados completados : ',
' Decifrar um exemplo : ',
{ senha nome_ent   escolha}

          {Pmsg: ', array [1..6] of str80 =   nilson6   263   3126}
'Pode compor a senha que desejar com as teclas imprimíveis.',
'Digite o nome do arquivo, se estiver em outro diretório também
todo o path.',
'Pode cifrar ou decifrar quantas vezes quiser o mesmo arquivo.',
'A partir da primeira cifragem o nome do arquivo muda para
nilson6.txt.',
'Se está conforme gostaria então digite <enter>.',
'Primeiro cifre o exemplo. Depois poderá decifrar o exemplo. Veja
Menu-F1.',
          {Pnom : ', array [1..7] of str80 = nilson11   269   3132}
' 1 - Nome do projeto: ',
' 2 - Entrada em graus ou radianos (G ou R)? : ',
' 3 - Número de decimais para a saída (1 a 11): ',
' 4 - Valor da anomalia média : ',
' 5 - Valor da excentricidade : ',
{ ' 6 - Dados completados
' 7 - Rodar um exemplo
          Pnom : ', array [1..3] of str80 = nilso20.entradado 280
3137}
' 1 - Arquivo existente: ',
  - 222 -

' 2 - Novo nome: ',
' 3 - Dados completados ',
{Pmsg: ', array [1..3] of str80 = nilso20.entradado   283
3140}
'Enter directory path and file mask. Digite onde está e o nome do arquivo.',
'Digite o novo nome. Estará no diretório deste programa.',
'Se está conforme gostaria então digite <enter>.',
{Pnom : ', array [1..12] of str80 = nilso26.entradado   286
3143}
'Qual o arquivo que quer ler? : ',
'Enter directory path and file mask. Digite onde está e o nome do arquivo.',
'   OBSERVAÇÕES   ',
'   ========================   ',
' 1 - Se apertar <enter> será colocado na tela o "DIGITEME.DOC". ',
'   ou aperte <del> e digite o arquivo que queira ler.',
' 2 - Poderá ler qualquer arquivo de padrão MS-DOS. E todos os',
'   arquivos que tenham sido gerados neste programa.',
' 3 - São outros exemplos para a leitura de arquivos: ',
'
A:\JacaLima\Vasconce\MarGomes\OUTROS\CARTUERJ.DOC ',
'   C:\WINDOWS\CONFIG.TXT ',
'   D:\Destri\DSG.TXT ',
{Pnom : ', array [1..11] of str80 = nilso18.entradado   298
3155}
'Arquivo a apagar : ',
'Enter directory path and file mask. Digite onde está e o nome do arquivo.',
'   OBSERVAÇÕES   ',
'   ========================   ',
'1 - Exemplos: Se está no subdiretório MAMONAS e quer deletar',
'   AVIAOCAI.NAO   é so digitar AVIAOCAI.NAO ',
'   Se está no diretório MICHAELJAK e quer deletar ',
'   AVIAOCAI.NAO então tem que mostrar todo o path: ',
'
C:\BRASIL\SAOPAULO\CONGONHAS\MAMONAS\AVIAOCAI.NAO ',
'2 - Será eliminado um arquivo de cada vez, mas você pode voltar ',
'   quantas vezes quiser para eliminar outros arquivos.',
{Pnom : ', array [1..9] of str80 = nilson45.entradado   309
3166}
' As Lajes podem ser calculadas como vigas retangulares. Base de 1 metro.',
' Aperte <enter> e voltará ao Menu.',

'   As lajes podem ser calculadas como vigas retangulares.',
' Neste caso, calcule como uma viga retangular de 1 metro de base e',
' a altura será a espessura da laje que deseja calcular.   A armação',
' a ser utilizada será as da flexão simples. Em uma laje de formato ',
' quadrado, calcule para as duas direções: X e Y.',
'   ',
' VOLTAR AO MENU.   ',
{Pnom : ', array [1..17] of str80 = nilson16.entradado   318 3175}

' Qual o comando? : ',
'   SUGESTÕES PARA O COMANDO ',
'   ========================= ',
' 1 - c:*.*   Mostra todos os arquivos e subdiretórios existentes',
'   no diretório root C, por todo o computador.',
' 2 - c:\jogos*.*/f Mostra todos os arquivos e subdiretórios exis-',
'   tentes no subdiretório jogos, exclusivamente.',
' 3 - c:\jogos/wn   Mostra todos os arquivos e subdiretórios exis-
',
'   tentes no subdiretório jogos e apresenta no',
'   formato wide. Os nomes vem em ordem ASCII crescente ',
' 4 - c:\Projetos\nilso??.*/swf Mostra todos os arquivos Nilso+2 dígitos',
'   + todas extensões existentes, que estive-',
'   rem no subdiretório projetos. por tamanho e wide.',
' 5 - c: Mostra todos os arquivos e subdiretórios que estiverem no',
'   subdiretório default. ',
' Vale o mesmo para root A, root D, et alli. Além do formato: ',
' wide (w); name(N), size(S), Time(T), Fast(F) ou combinados.',
{3192}

{Ms: ',array [1..18] of str80= nilson47.entradado   335}
'Nó (Engaste,Rótula,contínua) Engaste=■ Rotula=# contínua=c. ',
'Comprimento determinado vindo desta direção especificada.',
'Momento fletor calculado existente neste nó vindo desta direção especificada.',
'Rigidez da barra ou um valor relativo a todas as barras do projeto.',
'Utilize papel milimetrado para lançar os nós e fornecer os dados.',
'Os momentos podem ser calculados no menu-carga.',
'A precisao é 0.0001 unidade de comprimento por unidade de peso.',
'Cada nó poderá ou não se ligar aos nós que estão em volta dele .',

'Numere os nós no seu papel milimetrado para controlar a entrada de dados.',
'Rigidez de cada barra pode ser a verdadeira ou um valor relativo ao conjunto.',
'Todos os esforços sao aplicados na parte superior das barras.',
'Os momentos serao negativos ou positivos conforme a aplicação das cargas.',
'Informo o nó em que se esta neste momento para permitir conferir o seu papel.',
'Com <page up> dirija-se ao nó seguinte e <page down> ao nó anterior.',
'Confira o resultado final da entrada de dados com os dados de saída.',
'Digite <enter> e sera colocado a entrada anterior, modifique altere e etc...',
'Movimentar o seu mapa <F1>='#26' <F2>= <F3>= <F4>= ',
'Coloca a sua disposição dados de projeto anterior, digite <home>.', { 3210}
{nm: ',array [1..18] of str80=   353}
'No tipo(■,c,#) : ',
'   Comprimento : ',
'   Momento : ',
'   Rigidez : ',
'DADOS A ESQUERDA DO NÓ ',
'DADOS A DIREITA DO NÓ ',
'DADOS ACIMA DO NÓ ',
'DADOS ABAIXO DO NÓ ',
'DADOS A NORDESTE DO NÓ ',
'DADOS A NOROESTE DO NÓ ',
'DADOS A SUDESTE DO NÓ ',
'DADOS A SUDOESTE DO NÓ ',
'Este nó é : ',
'OUTRO NÓ (<page up><page down>)',
' =======================',
'USAR OS DADOS DE NÓ ANTERIOR NESTE NÓ',
'MOVER O MAPA(<F1><F2><F3><F4>)',
'USAR OS DADOS DE PROJETO ANTERIOR',   {3228}
{nm: ',array[1..2] of str80=   }
'Base que está seu número : ',
'Nova base de seu número : ',   {   3230}
{ms: ',array[1..3] of str80= }
'Digite a base que está seu número, pode ser de 2 a 201.',
'Digite a nova base que terá seu número, pode ser de 2 a 201.',
'Nos items 4 a 16 digite um número que deseja transformar para a nova base.',{3233}
{ poli   nom : ',1 a 18}
'O nome desta estação[....] será : ',

'O angulo vertical '#225'(nivelamento a vante) : ',
'KL (niv. vante) : ',
'Altura do instrumento(niv. vante) : ',
'Altura da visada(niv.vante) : ',
'O angulo vertical '#225'(nivelamento a Ré) : ',
'KL (nivelamento a Ré) : ',
'Altura do instrumento(niv. Ré) : ',
'Altura da visada(niv. Ré) : ',
'A distância da anterior é : ',
'A variação de altura para esta estação é : ',
'O angulo alfa da estação é : ',
'Ângulo horizontal com círculo a direita(CD) é : ',
'Ângulo horizontal com círculo a esquerda(CE) é : ',
'Usar todos os dados de projeto anterior',
'Voltar estação anterior <home>',
'Ir próxima estação <home>',
'Toda a poligonal está completa',   {
3251 }
        {poli   msg: ',   1 a 12}
'Estação[n], n = 1 até último estacionamento. digite o nome dado a
estação.',
        'Leitura feita quando se quer determinar a distância e altura entre
estações.',
        'Retirado das constantes do aparelho utilizado.',
        'Conforme o estacionamento do aparelho é que se terá este
valor.',
        'Lida na mira estacionada na estação seguinte ou anterior conf. o
caso.',
        'Em cada estação mira-se a anterior ou seguinte conf. o caso.
Ângulo lido.', { 3257}
        { msg7=msg3 msg8=msg4 msg9=msg5}   { 3257}
'Quando se lê o ângulo vertical é porque não se tem distancia.
Digite se tiver',
        'Quando se lê o ângulo vertical é porque não se tem a altura.
Digite se tiver',
        'Se tiver digite. É calculado se for dada a leitura horizontal CD e
CE.',
        'Leitura feita quando não se tem o ângulo alfa, calculado com CE e
CD.',{3261}
        {msg14=msg13,}   {3261}
'Coloca a sua disposição dados de projeto anterior <home>.',
        'Com <home> dirija-se a estação seguinte e a estação anterior.', {
3263}
        {msg18 = msg19}   { 3263}
'Se passou todos os dados de todas as estações para as telas
então <enter>.',{ 3264}
        { inipoli   nom: ',   1 a 18}

'A tolerância Angular será (f alfa): ',
'A tolerância Linear (fS) será : ',
'A coordenada de partida Ep : ',
'A coordenada de partida Np : ',
'A coordenada EA : ',
'A coordenada NA : ',
'A coordenada de partida Hp : ',
'O azimute de partida Azp : ',
'A coordenada de chegada Ec : ',
'A coordenada de chegada Nc : ',
'A coordenada EB : ',
'A coordenada NB : ',
'A coordenada de chegada Hc : ',
'O azimute de chegada Azc : ',
'Nome da primeira estação a Ré(A): ',
'Nome da última estação a vante(B): ',
'Ir para a proxima tela <home>',
{3282}
        'Dados de projeto anterior <home>',
        {inipoli   msg de 1 a 14}
        'Tolerância depende dos equipamentos(aferição), alcance e
precisão do projeto.',
        'A Tolerância angular depende do equipamento, a linear da
distância percorrida',
        'Uma das coordenadas planas na primeira estação onde se
estacionou o teodolito', { 3285}
        {msg4= msg3,3285}
        'Coordenada da estacão a qual mirou o aparelho para constituir o
primeiro alfa',
        {msg6= msg5,3286}
        'Altitude ou altura da primeira estação onde se estacionou o
teodolito.',
        'Se tiver Ep, Np, EA e NA, o Azp será calculado pelo programa.',
        'Uma das coordenadas planas da última estação que se
estacionou o teodolito.',{3289}
        {msg10=msg9, 3289}
        'Coordenada da estacão a qual mirou o aparelho para constituir o
último alfa.', {3290}
        {msg12=msg11,3290}
        'Altitude ou altura da última estação onde se estacionou o
teodolito.',
        'Se tiver Ec, Nc, EB e NB, o Azc será calculado pelo programa.',
        'Nome da primeira estação mirada pelo aparelho.',
        'Nome da última estação mirada pelo aparelho.',
        'Com <home> dirija-se a esta seguinte e <page down> ao nó
anterior.',
   - 227 -

'Coloca a sua disposição dados de projeto anterior, digite <home>.', {3296}

'Se já digitou o necessário então <enter>. Mais perguntas na próxima tela.',

'Aperte <enter> e será executado um exemplo completo, imprima. Veja em F1.', {3298   }

{msg: ',array[0..23] of str78=   }

'O arquivo é ordenado segundo o que estiver escrito nesta linha. Ordem ASCII.',

'Porque não envia um donativo? O seu donativo dará o incentivo para a melhora.',

'Esta linha e as outras abaixo dela podem ser alteradas conforme quiser.',

'ALT combinado com N,V,C,D,A,P,I,F,S,R, isto é ALT+N ... dão acesso a funções.',

'Esta agenda terá o mínimo de três registros, digite os novos. Delete antigos',

'As teclas de funcões também podem ser utilizadas F1,F2...F10.',

'Na janela de comunição, se a pergunta tiver um OK responda com <enter> ou O.',

'Se você tem uma agenda grande, divida em várias. Assim aumenta a rapidez.',

'O nome do arquivo de dados da sua agenda é nilson43.dat',

'O nome do arquivo de relatório da agenda é nilson43.txt com até 62 registros.',

'O arquivo nilson43.txt deve ser carregado pelo word para imprimir.',

'Se necessitar do relatório anterior coloque novo nome nele, senão será apagado',

'Agilize a sua agenda tendo vários arquivos A a Z do arquivo nilson43.dat.',

'Esta agenda é polivalente, serve para tudo, Deve-se planejar a primeira linha.',

'Para procurar um determinado registro, pede-se o conteúdo da primeira linha.',

'As opções de criptografia faz com que a sua agenda seja inespugnável.',

'Porque não envia um donativo? O seu donativo dará o incentivo para a melhora.',

'Na Escola, na empresa, nas viagens, em casa, esta agenda ajudará a eficiência.',

'Digite todo o conteúdo da primeira linha do registro que procura.',

'O registro cuja primeira linha foi digitada não foi encontrado. Recomece.',

'Um registro é encontrado pela sua primeira linha, seja sábio para defini-la.',

'Se deseja trocar este registro melhor seria deletar (ALT+R), depois (ALT+N).',

'arquivo nilson43.txt, carregue para o WORD e imprima. Será apagado, renomeie.',

'O seu registro que quer retirar será retirado. Deletado Apagado desaparecido.',{ 3322 }

' Escolha o tipo de apoio que deseja com <>,<> e <ENTER> ',

' Escolha os tipos de cargas que deseja com <>,<> e <ENTER> ',

' Digite <HOME> e elimine o apoio, depois <F1> para escolher outro.',

' Selecione com <>,<> e elimine com <HOME>. ',

' Deve identificar o que está fazendo; dê nome ao pilar, viga, laje etc...',

' A unidade de peso do seu projeto (kilo, tonelada e etc..).',

' A unidade de comprimento do seu projeto (metro, polegada e etc...)',

' Digite o número adequado para se encontrar onde esteja o momento máximo.',

' Dados conforme indica o desenho do tipo da carga.',

' Use <>,<> para ir corrigir ou <ENTER> para prosseguir.',

' Digite <s> e em seguida <ENTER> para sair. <ENTER> e <ESC> para cancelar.',

' Digite <ENTER> para novos dados ou <F1>, <F2>, <F3>, <F4>.',
{   3334}

{no:array [2..6] of str80=(}

' 2 - Desnível entre os suportes do cabo (m) : ',

' 3 - Força que segura o cabo (t) : ',

' 4 - Usar cálculo anterior <home>.',

' 5 - Rode antes deste programa a aplicação em cargas. CIVIL-CARGAS.', { 3338}

' 6 - Se for rodar o exemplo rode antes Civil-Cargas-exemplo',
{MG: ARRAY [2..12] of str80=(}

'O valor é a diferença entre a altitude da direita menos a esquerda.',

'Máximo: resistência do cabo. Mínimo: cabo em repouso. médio: conf. flecha.',

'Para usar um cálculo anterior, é preciso que haja algum cálculo anterior.',

'Calcule no MENU-cargas, carga distribuída (peso próprio) e outras cargas.',

'Para que o exemplo funcione é preciso que primeiro rode CIVIL-CARGAS-EXEMPLO.', { 3344}

'Yl=Flecha no ponto considerado.',

'Ns=Forca normal atuante no cabo neste local.',

'Tg &=Angulo da tangente ao cabo com a horizontal no local.',

'Y=valor acima do eixo X que tangencia o suporte mais baixo.',

'Xc=comprimento do cabo a partir da esquerda na seção considerada.',

'Xp=comprimento no eixo X entre os suportes na seção considerada.',{ 3350 + 42}

```
'                              | simples | alvenaria            ',
'                  | sapata corrida |    | cantaria           ',
'                  | ou continua    | armada                 ',
'           | diretas |                                 ',
'           | ou      | sapata isolada | simples            ',
' fundações | rasas   |                | armada             ',
'           | radier                              ',
'                    | madeira                        ',
'           | estacas|             | mega ou de reação   ',
'  indiretas|        | aço         | vibradas            ',
'  ou       |        |        | pré-moldadas | centrifugadas   ',
'  profundas|        | concreto|         | protendidas    ',
'                    |             | s/camisa(broca)  ',
'                    | moldadas in loco|      | recuperadas',
'                    |             | c/camisa | perdidas  ',
'                    | cisterna                  ',
'           | céu aberto | chicago                  ',
'  tubulões |         | gow                    ',
'           | clássico-concreto             ',
'           | pneumático | equipamento Benoto         ',
' recuperadas:strauss,compressão,trão.              ',
' perdidas:Monotube,raymond.                  ',
'          Pressões sôbre o terreno           kg/cm2  ',
'          ======================== ',
```

'Rochas sem fissuras ou sinais de decomposição ....100',

'Rochas com fissuras e sinais de decomposição ....25',

'Compactos de matacões e pedras de várias rochas ....10',

'Solo concretado ....8',

'Mistura compacta de areia e pedregulhos ....5',

'Mistura compacta de areia e pedregulhos em decomposição ....3',

'Areia grossa e fina média compacidade ....2',

'Areia fina média compacidade ....1',

'Argila dura ....3',

'Argila rija ....2',

'Argila média ....1',

'Argila mole, aterros ....Ensaios Geotecnicos',
'   recomendações para o programa ',
'   ============================== ',

'Ao ser definido as dimensões da fundação, entao não importando, tipo que elas',

'venham a ter, calcule pelo menu-cargas uma viga bi-apoiada. Depois no ',
'menu-vigas calcule as seções de maior momento e ficará determinada as ferragens.',
'Para o fuste da fundação calcule as ferragens no menu-pilares.',{ 3392+67}

MAPEAMENTO DIGITAL(VALORES EM DÓLARES)

Tipo de Área	rural	rural	rural	rural	rural	rural
Escalas das fotos	1:60000	1:40000	1:70000	1:50000	1:70000	1:60000
Escala da planta	1:25000	1:25000	1:50000	1:50000	1:100000	1:100000
Curvas de nível	10m	10m	20m	20m	50m	50m
Vôo fotográfico	45	75	35	55	35	45
Planejamento	5	5	5	5	5	5
Apoio terrestre-GPS	35	45	25	40	20	25
Aerotriangulação	5	10	5	5	5	5
Restituição	60	60	20	20	10	10
Reambulação	65	65	20	20	10	10
Edição e Revisão	40	40	15	15	5	5
Plotagem a tinta	40	40	15	15	5	5
Valor Global(Km²)	295	340	140	175	95	110

rural	rural	rural	urbana	urbana	urbana	rural	rural
1:25000	1:20000	1:15000	1:25000	1:20000	1:15000	1:40000	1:30000
1:5000	1:5000	1:5000	1:5000	1:5000	1:5000	1:10000	1:10000
10m	5m	2.5m	10m	5m	2.50m	10m	10m
170	200	35	170	200	285	85	120
10	20	5	10	20	30	5	10
150	230	25	200	310	500	65	110
25	35	5	25	35	60	10	15
355	450	20	780	905	1245	70	95
225	225	20	290	290	290	75	75
165	290	15	400	580	985	50	75
70	70	15	100	100	100	50	50

'1170 | 1520 | 140 | 1975 | 2440 | 3495 | 410 | 550
',
' rural | urbana | urbana |urbana | rural | rural | rural |
urbana ',
' 1:25000| 1:40000 | 1:30000 | 1:25000 | 1:6000 | 1:5000
| 1:4000 | 1:6000 ',
' 1:10000| 1:10000 | 1:10000 | 1:10000 | 1:1000 | 1:1000
| 1:1000 | 1:1000 ',
' 5m | 10m | 10m | 5m | 1m | 1m | 1m | 1m
',
' 170 | 85 | 120 | 170 | 910 | 1.000 | 1.110 | 910
',
' 15 | 5 | 10 | 15 | 190 | 290 | 440 | 190 ',
' 150 | 80 | 140 | 205 | 1.050 | 1.240 | 1.880 | 1.350
',
' 25 | 10 | 15 | 25 | 390 | 570 | 890 | 390 ',
' 135 | 150 | 190 | 320 | 5.680 | 9.130 | 12.630 |
14.390 ',
' 75 | 110 | 110 | 110 | 890 | 890 | 890 | 1.100
',
' 95 | 95 | 125 | 215 | 3.650 | 6.440 | 9.980 | 8.640
',
' 50 | 80 | 80 | 80 | 510 | 510 | 510 | 780 ',
' 715 | 615 | 790 | 1150 | 13.270 | 20.070 | 28.330 |
27.750 ',
' urbana | urbana | rural | rural | rural | urbana | urbana |
urbana ',
' 1:5000 | 1:4000 | 1:10000 | 1:8000 | 1:6000 | 1:10000 | 1:8000
| 1:6000 ',
' 1:1000 | 1:1000 | 1:2000 | 1:2000 | 1:2000 | 1:2000 | 1:2000
| 1:2000 ',
' 1m | 1m | 2m | 1m | 1m | 2m | 1m | 1m
',
' 1.000 | 1.110 | 480 | 560 | 910 | 480 | 560 | 910
',
' 290 | 440 | 70 | 110 | 190 | 70 | 110 | 190
',
' 1.730 | 2.070 | 610 | 820 | 1.050 | 880 | 1.100 |
1.360 ',
' 570 | 890 | 140 | 220 | 390 | 140 | 220 | 390
',
' 17.990 | 22.270 | 3.100 | 4.550 | 5.740 | 5.370 | 8.380 |
10.700 ',
' 1.100 | 1.100 | 710 | 710 | 710 | 830 | 830 | 830
',
' 13.680 | 16.960 | 1.860 | 2.730 | 4.170 | 3.220 | 5.500 |
8.130 ',

'780 | 780 | 530 | 530 | 530 | 680 | 680 | 680

'37.140 | 45.620 | 7.500 | 10.330 | 13.690 | 11.670 | 17.380 | 23.190 ',
'   MAPEAMENTO DIGITAL ORTOFOTOCARTA(VALORES EM DÓLARES)   ',

'Tipo de Área	rural	urbana	rural	urbana	rural	urbana ',
'Escalas das fotos	1:30000	1:30000	1:15000	1:15000	1:6000	1:6000 ',
'Escala da planta	1:10000	1:10000	1:5000	1:5000	1:2000	1:2000 ',
'Curvas de nível	10m	10m	5m	5m	2m	2m
'Vôo fotográfico	120	120	285	285	910	910
'Planejamento	10	10	30	30	190	190
'Apoio terrestre-GPS	110	110	380	380	750	750 ',
'Aerotriangulação	15	15	60	60	390	390
'Restituição	35	45	125	250	2.700	5.700
'Reambulação	75	105	150	250	710	830
'Edição e Revisão	35	35	125	150	1.900	4.200 ',
'Plotagem a tinta	40	40	160	160	500	500
'Valor Global(Km²)	440	480	1.315	1.565	8.050	13.470 ',{3459 +8}

'2 - Número de golpes : ',
'3 - carga na fundação (t) : ',
'4 - Terreno arGiloso, areNoso e Outro (G,N,O) : ',
'5 - Lençol de água acima do plano inferior da sapata (m) : ',
'6 - Lençol de água abaixo do plano inferior da sapata (m) : ',
'7 - coeficiente de segurança : ',
'8 - Profundidade da fundação (m) : ',
'9 - Comprimento da sapata retangular ou quadrada (m): ',   { 3467 + 8}
'Que um pêso de 65 Kg em queda de 75 Cm, crava um tubo de 2", 30Cm no solo.',
'Peso próprio do pilar + pêso da estrutura no pilar + pêso da sapata.',
'N: 0.05 a 4.8mm s/ coesão, G: <0.005mm c/ coesão, silte:G + N, Digite o tipo.',

'Altura do lençol de água medida da parte inferior da sapata até nível acima.',

'Altura do lençol de água medida da parte inferior da sapata até nível abaixo.',

'Em fundações pouco profundas, como neste programa, é usual: argila=2, areia=3.',

'Medida da parte inferior da sapata até ao nível do solo em metros.',

'Uma das dimensões, haverá solução para os outros formatos de fundação.', {3475+14}

' 2 - ══════════════ engaste,engaste (Sim,Não) : ',

' 3 - ══════════════ engaste,apoio   (Sim,Não) : ',

' 4 - ══════════════ apoio,engaste (Sim,Não) : ',

' 5 - | mísula reta══════════| (Sim,Não) : ',

' 6 - | mísula parabólica══════════|
(Sim,Não) : ',

' 7 - | mísula reta══════════mísula reta|
(Sim,Não) : ',

' 8 - | mísula parabólica══════════mísula parabólica|
(Sim,Não) : ',

' 9 - ─────────a─────────   a(m) : ',

'10 -
──────────────────────|──────────────────────
─── l(m) : ',

'11 - ──b──p   b(m) :',

'12 - ══════════════ p(t) : ',

'13 - q ███████████   q(t/m) : ',

'14 - EJ min : ',

'15 - EJ max : ',   { 3489+13 }

'Este tipo de viga, em que, os dois lados, estão engastados.',

'Tipo de viga, em que, o lado a esquerda e um engaste e o da direita é apoio.',

'Tipo de viga, em que, o lado direito e um engaste e o esquerdo é apoio.',

'Do lado esquerdo há uma mísula reta e do lado direito uma viga sem mísula.',

'Do lado esquerdo há uma mísula parabólica, lado direito uma viga sem mísula.',

'Há uma mísula reta, do lado esquerdo e do lado direito.',

'Há uma mísula parabólica, do lado esquerdo e do lado direito.',

'Comprimento que a mísula tem na viga em metros.',

'Comprimento da viga em metros.',

'Cargas a partir do apoio esquerdo(m), e seu valor(t). Separe com ; máximo=25.',

'Carga distribuída por toda a viga em toneladas por metro.',

'Valores relativos como o exemplo ou rigidez = B x H3 / 12 .E=10 a sexta (t/m2)',

'Rigidez da seção maior junto ao engaste = B x H3 / 12 .   E=10 a sexta (t/m2)', { 3502 +3}

'   Tipo da viga: ',

'   Distribuição : ',

'   Transmissão : ',   {3505 + 3 }

'0 = Viga Reta, rigidez única. 1 = viga com mísula, rigidez variável.',

'Coeficiente de distribuição de momentos obtido no menu-mísulas, (Kd ou Ke).',

'Menu-mísulas (T12) e (T21). Não preencher rigidez tendo o anterior a este.',   {3508+15 }   { 3512 }

'0',{packtime}

'0', {lehora}

'ftf',{darofora,relog,sairprogr }

'0', { dosexit}

'0', { algo1}

'nilson16.ncs',   { menustring}

' Pesquisa em diretório ', { select}

'Arquivo',   { select1}

' Pesquisa em diretório ',

' cRoss   ',

'cáLculo do centro de perspectiva',

' cIrcuitos ',

' caNais   ',

' esTatística ',

' Sôbre   ',   { select8}   { 3523}

' 2 - Quantas linhas (x): 3 - Quantas colunas (y): Voltar projeto anterior.',

'As linhas são o número das equações. E as colunas são as incógnitas mais uma.',

' Voltar dados. Mais dados. Entre com os dados (x,y) da matriz.');

```
var i:integer;
begin  assign(arquivo,'nilson00.can');rewrite(arquivo);
for i:=0 to No do begin
F1nilson1.Lstr80:=arr[i];write(arquivo,F1nilson1);
end; close(arquivo);
end.
```

   programa nilson0 (onde estão os arquivos)

       00-06 ------------textos de varias entradas dos programas

       04   teste

       01-02-03-05-07 --exe--- aciona as outras unidades

       08 --------- unit nilson08 {entrada de dados para 20,18,26,45,16

}

09------unit--- nilson09.exe { para sair ou continuar }
1   ----f1----nilson1.txt {   mensagem1 geral,papa,Jesus

}

2   ----f1----nilson2.txt {apoio de campo }
3   ----f1----nilson3.txt { criptografia }
4   -----f1----nilson4.txt {continuação de mensagem1 }
5   -----f1----nilson5.txt { projeto de voo}
6 ------exe--- nilson6.exe {criptografia}
7-------exe--- nilson7.exe {grande arte dos executáveis}
8-------exe----nilson8.exe {apoio de campo}
9-------exe----nilson9.exe {agenda}
nilson9.dat   {dados armazenados para a agenda}
10------exe----nilson10.exe {centro de perspectiva}
11------exe----nilson11.exe   {gps - navstar}
12------f1-----nilson12.txt {gps-navstar}
13------f1-----nilson13.txt   {centro de perspectiva}
14------f1-----nilson14.txt   {ajude}
15------f1-----nilson15.txt   {estatística}
16-----exe-----nilson16.exe   {pesquisa em diretório}
17------f1 ----nilson17.txt   {pesquisa em diretório}
18-----exe----nilson18.exe { apagar arquivo}
19------f1---- nilson19.txt   {apagar arquivo}
20-----exe---- nilson20.exe { renomear arquivo}
21-----f1----- nilson21.txt { BEGIN END}
22------exe----nilson22.exe { estatística}
23------f1-----nilson23.txt {renomear arquivo}
24------exe----nilson24.exe {poligonal}
25------f1-----nilson25.txt { agenda }
26------exe----nilson26.exe { leitura de arquivo texto}
27------exe----nilson27.exe {   viga T   }
28------f1-----nilson28.txt {poligonal}
29------exe----nilson29.exe {viga retangular}
30------unit---nilson30.tpu {Texto para a unidade gráfica}
31------unit---nilson31.tpu { Constantes para engenharia civil}
32------unit---nilson32.tpu { Escrever para a memória de vídeo}
33------unit---nilson33.tpu { Controles de saída e entrada arquivo
de dados}
34------unit---nilson34.tpu {leitura do arquivo de dados entre
programas}
35------unit---nilson35.tpu {procedimentos e funções do mouse}
36------unit---nilson36.tpu {procedimentos e funçoes para ler
arquivo}
37------unit---nilson37.tpu {armazenamento de dados string e real}
38------unit---nilson38.tpu {entrada de dados e rodapé}
39------unit---nilson39.tpu { procedimentos para colocar textos e
desenho}

dados nilson39.dat {dados armazenados de nilson 7 8 e 10 e outros}

40------exe ---nilson40.exe { pilar}
41----- f1 ---nilson41.txt { pilar}
42------exe ---nilson42.exe { tela principal com menu}
43------exe----nilson43.exe {nova agenda}
dados nilson43.dat {dados para a nova agenda}
44------exe----nilson44.exe {cargas em eng. civil}
45-   exe   {primeiro a iniciar }
46 ------------nilson46.exe {substituiu o 10- {centro de perspectiva}
47 -----------nilson47.pas   { cross}
48------------nilson48.pas   { bases de 2 a 201}
49 -----unit   {ligado a nilson6.exe}
50 -----   nilson50.pas {editor de texto}
51   nilson51.pas {cabos}
52   nilson52.pas {fundação }
53-54-55-56   nilson53.pas   {formação de arquivo de vigas}
57   nilson57.pas { misula com cross}
58   nilson58.pas vigas elasticas}
59   nilson59.pas   {gauss}
60   nilson60.pas   {gauss-jordan}
61   nilson61.pas   {tabela periodica}
62   nilson62.pas   {criptografia}
63   nilson63.pas   {desenho graficos}
64   nilson64.pas   {calculadora}
65   nilson65.pas   {polinomios}
66   nilson66.pas   {arvores}
67-68-69   vazio
70------unit---nilson70.tpu { identificação da procedure DadosEntreProgr }
71------unit-- nilson71.tpu { apoio do mouse para programas exe.}
72------unit--nilson72.tpu { comecardigitar de (6,7,8,10,27,29,40)}
73------unit --nilson73.tpu {dados da tabela para pilares}
74 -----unit ---nilson74   {procedimentos para outras unit }
75 -----unit ----nilson75 {tabela de implementacao de lajes-marcus}
77 -----exe----nilson7.exe {trocou de lugar com nilson7 que foi usado em outra coisa}
78 -----exe --- nilson.78 {lajes momento segundo marcus livro do Aderson}
79-----unit --- nilson.79 {tabela de czerny - para ser utilizada no 80}
80------exe---- nilson80.exe   {utilizada para calculo de momentos czerny}
81 ---- exe ---nilson.81.pas {utilizada para calculo de altura de lajes}

82----- exe ---nilson82.pas {utilizada para calculo de lajes bordo livre}

83 ---- unit -- nilson83.pas {utilidado para dados de nilson82}

84 ---- exe --- nilson84.pas {utilizado para calculo de momentos em laje por ruptura}

85----- unit-- nilson85.pas {dados de nilson84}

86------exe -- nilson86.pas { viga com armadura simples}

87 ---- unit -- nilson87.pas{dados da tabela 20 e 21 para entrada de dados e nilson86}

88----- exe---- nilson88.pas {viga com armadura de compressao}

89----- exe -------nilson89; { calculo de viga T com armadura de compressao}

90{ dados para lage   }unit nilson90;

91 program nilson91; { calculo de armadura lajes}

92 program nilson92; { calculo de armadura de cisalhamento para vigas}

93 program nilson93; { aço de uso geral}

94 unit nilson94;   {dados da tabela sussekind para vigas}

95 program nilson95; { calculo de viga otima de armadura simples}

96 program nilson96; { calculo de viga T sussekind}

97 program nilson97; { calculo de viga com armadura de compressao}

98 program nilson98;   { calculo de viga T - sussekind- com armadura de compressao}

99 unit nilson99;   {dados da tabela sussekind para vigas T   pag. 146}

001 unit nilso001; { apoio a entrada de angulos}

002 unit nilso002;   {   apoio para nilson42.exe desmembrado de nilson33}

003...009 -exe--- aciona as outras unidades

010 unit nilso001; { apoio a fundações}

100 program nilso100; { calculo de pilar nb1 - aderson   }

101 program nilso102; { calculo de pilar cintado nb1 - aderson   }

102 program nilso102; { flexao composta com pequena excentricidade   aderson}

103 program nilso103; { flexao composta com grande excentricidade   aderson}

104 program nilso104; { calculo de tirantes pecas sujeitas a tracao axial - aderson }

105 program nilso105; { tirante com pequena excentricidade aderson}

106 program nilso106; { tirante com grande excentricidade aderson}

107 program nilso107; { poligonal de base }

108 program nilso108; { poligonal aberta}

109 program nilso109; { teodolito }

110 program nilso110; { area de poligonos ou dentro de uma poligonal - metodo de Gauss}

111 program nilso111; { medida aproximada de vazao em tubo horizotaln}

112 program nilso111; { medida aproximada de vazao em tubo vertical}

113 program nilso112; { medida aproximada de vazao em registro}

114 program nilso114; { formula de hazen-willians}

115 program nilso115; { condutos circulares livres secao plena ou meia secao}

116 program nilso116; { canal retangular}

117 program nilso117; { canal trapezoidal formula de Bazin}

118 program nilso118; { aplicacao da formula de manning condutos livres }

119 program nilso119; { maximo e minimo }

120 program nilso120; {agenda com escrita para o arquivo e zzzzzz no final do arquivo}

121 program nilso121; { fundações profundas pag 260 volume 3-aderson   }

```
program nilson01;
uses crt,nilson36,nilson33,nilson38,nilson30,nilso002;
var a1,a2,a3,a4:longint;a,d:str25;
BEGIN
if not getparamstr then exit;
{$I-}assign(arquiv,'nilson1.ncs');reset(arquiv) {$I+};
if IOResult<>0 then exit; seek(arquiv,3511);
read(arquiv,F1nilson1);relog:= F1nilson1.Lstr80[2]='t';
read(arquiv,F1nilson1);d:=F1nilson1.lstr80;
read(arquiv,F1nilson1);read(arquiv,F1nilson1);a:=f1nilson1.lstr80;close(arquiv);
{ a:='33510420000000.c00';}{
a:='00007340000000.c01';}{a:='38490223351042.c00';}{a:='15863553393067.c05';}
{ a:='nilson16.ncs'; d:='16';}{ a:='digiteme.doc';}
if (upcase(a[pos('.',a)+1])='C') and (length(a)>17) then  begin
val(Copy(a,1,4),a1,erro);val(Copy(a,5,3),a2,erro);
val(Copy(a,8,4),a3,erro);val(Copy(a,12,3),a4,erro);
ComecarLerDadosF1(a1,a2,a3,a4);halt;                    end;
if (upcase(a[pos('.',a)+1])='N') and (upcase(a[1])='N')then
if length(d)>2 then a:='nilso'+d+'.txt' else  a:='nilson'+d+'.txt';
ApresMsg('Arquivo: '+a+' que está no Hd. Mude o
nome,copie,imprima.');
leituraarquivotexto(a);
end.
program nilson1;
```

```
      uses crt,nilson30;

      CONST

      No=734;
      Arr:ARRAY[1.. No] OF STRING[78]=
```

```
              ('          O AUTOR                              ',
              '          =======                              ',
              '          Sou ex-aluno da Universidade do Estado do Rio de
Janei-        ',
              '          ro matrícula C91218221.                        ',
              '          Sou brasileiro e o avô de meu avô também é brasilei-
',
              '          ro. Sou negro. Tenho um metro e oitenta de altura.
',
              '          tenho excelente saúde e  compleição  atlética.  Sou
',
              '          formado por duas universidades e apesar disso...
',
              '          EXÉRCITO                              ',
              '          ========                              ',
              '          Certificado de isenção do serviço militar   expedido
',
              '          pelo  Regimento Floriano  (1o. RO-105),  assinado
',
              '          com "inabilitação para o serviço militar" pelo então
',
              '          coronel NEWTON CRUZ  com no. 128174.
',
              '          Em julho/93 pedi a  reabilitação  amparado  no artigo
',
              '          110, Atos do Poder Executivo da legislação do serviço
',
              '          militar, pedido registrado na  16'#166' Del Sm 1'#166'
CSM ',
              '          pelo 2'#167' TEN. IELDO TONASSI.                       ',
              '          Em setembro/93 fui chamado a VILA MILITAR setor'
              '          JISGu/VM - (PGuVM). Atendido pelo TEN. MÉDICO
              '          DOMENICO DE LUCA FILHO,  que me enviou com
o         ',
              '          pedido de exame no. 817 para o HOSPITAL
CENTRAL       ',
              '          DO EXÉRCITO, onde foi lavrado o protocolo de no.
',
```

8937 e fui então examinado pelo TEN. CEL. ALVARO

MOREIRA BELIAGO cujo diagnóstico foi:

ÊRRO MILITAR.
Recebi então um outro certificado de DISPENSA

de incorporação de no. 419473 - série D.
AERONÁUTICA
===========
O CENTRO DE INSTRUÇÃO E ADAPTAÇÃO DE

OFICIAIS Av.

Santa Rosa, 10 - Pampulha - Caixa Postal 2274 - tel.

491 22 11 - Belo Horizonte - MG CEP 31270-750.

Ficha de Inscrição n. 332154.
Carta de 24/jun/93 .
Informamos a V .Sa. que a sua inscrição foi
indeferida em virtude de: SUA INABILITAÇÃO PARA

O

SERVIÇO MILITAR, conforme o exército anotou no

seu

documento.
MARINHA
=======
Conforme o edital n. 001/93 e jornais de out/93.

Mais carta ao candidato assinado pela capitão-tenen-

te (CAF) Rosemar Gardel de Carvalho .
Fui um dos oito primeiros colocados. As provas foram

em duas etapas : 1- Centro de instrução almirante A-

lexandrino - Secretaria do Comando - Av. Brasil 10946

2- Setor DPCvM - Rua primeiro de Março

118 - 9. andar.
Acontece porém, que a marinha nem mesmo se

dignou

a informar qualquer coisa e continuo a esperar...

Sr. Comandante observe a lei 7716 de 05/jan/89,

e também a lei 9459 de 13/mai/97.

PRESIDÊNCIA DA REPÚBLICA BRASILEIRA

==

No primeiro semestre de 1997 enviei ao presidente da

República estas linhas que você está lendo, conforme

recomendações do art.119, capítulo XIX das leis do

serviço militar.

O mesmo foi também enviado ao ministro do Exército e

ao ministro da Marinha, o único a mandar resposta foi

a Presidência da República e que dizia:

"   PRES REP 28711 100945P/TBO

S/N GP BRASILIA.31 DE JULHO DE 1977 - IMCULBIU-ME

EXCELENTISSIMO SEHOR PRESIDENTE DA REPUBLICA REGISTRAR

RECEBIMENTO E AGRADECER GENTILEZA ENVIO DISQUETE.ATEN-

CIOSAMENTE. CINARA RIBEIRO SILVEIRA SECRETARIA DE DO-

CUMENTACAO HISTORICA GABINETE PESSOAL DO PRESIDENTE DA

REPUBLICA.

TR:101700P/TRO "

Juris et facto, a fortiori. . .

===

Bíblia (Miquéias 6:8)

Ele te declarou ó homem, o que é bom e que o Senhor pede de ti:

que pratiques a justiça, e ames a misericórdia, e andes humilde-

mente com o teu Deus.

===

Bíblia (João 7:24)

Não julgueis segundo a aparência, e sim pela reta justiça.

==
===========

Discurso de Rui Barbosa em 22 de novembro de 1910

... No Brasil não se organiza exército contra o estrangeiro; desenvolvem-se as instituições militares contra a ordem civil. Que vale neste país diante de qualquer impulso de oficiais, a vida de um de nós? ...

==
=======

"A vós, homens de ciência, a vós, técnicos, tenho

o dever de lembrar; a ética tem sempre primazia

sobre a técnica e o homem sobre as coisas."

S.S. Papa JOÃO PAULO II
(Salvador, Bahia, 07/07/80)

==
======

"The object of all science, whether natural science

or psychology, is co-ordinate our experiences and

bring them into a logical system."
ALBERT EINSTEIN
(Institute for Advanced Study at the
Princeton University)

==
=====

"O país que comete um êrro e não o corrige estará

cometendo outro êrro, daí para frente ninguém o

tomará por sério."
CONFÚCIO, 551 a 479 A.C.

==
=====

Existe um povo que a bandeira empresta

Pra cobrir tanta infâmia e cobardia ! ...
E deixa-a transformar-se nessa festa
Em manto impuro de bacante fria! ...
Meu Deus! meu Deus! mas que bandeira é esta,

Que impudente na gávea tripudia? ...
Silêncio ... Musa! chora, e chora tanto,
Que o pavilhão se lave no teu pranto! ...

Auriverde pendão de minha terra,
Que a brisa do Brasil beija e balança,
Estandarte que a luz do sol encerra
E as promessas divinas da esperança...
Tu, que da liberdade após a guerra
Fôste hasteado dos heróis na lança,
Antes te houvessem rôto em batalha,
Que servires a um povo de mortalha! ... (Castro Alves)

===
=========

== EU NÃO PEQUEI==
Nilson Candido da Silva

Eu não pequei, meus pais não pecaram.

Seria assim em algum outro país ?
Um astrólogo diria que já estava escrito .   Mas,

quero responder apenas para o seu coração, caro usuário,

não critique o soldado, pois, êle segue o manual, segue

o que seus superiores ordenaram e seus superiores foram

moldados pelo "sistema". Você, que agora estás a ler,

é uma parte elementar do sistema, e eu peço a você: pra-

tique a justiça, jogue fora seus preconceitos e viva

com retidão e amor, e peça a Deus que a sua vibração se

propague para outros, para seu benefício, para a salvação

de seus filhos, para a felicidade de seu próximo, para a

grandeza de sua pátria, para o benefício de toda a Terra.

Deus saberá que você fez o que tinha a fazer, do restante

Êle se encarregará, que a mão verdadeiramente amiga e o

braço verdadeiramente forte do Senhor seja seu escudo.

===

== A ARTE DA GUERRA ==
Maquiavel (1469 -1527)

Espero também que não se considere que um homem de condição humilde e obscura procure estudar e orientar o governo dos príncipes; da mesma forma como os pintores paisagistas se colocam nos vales para poder pintar montanhas e terrenos elevados, e sobem para ganhar uma boa visão das planícies, assim também é necessário ser príncipe para conhecer perfeitamente a natureza do povo, e pertencer ao povo para conhecer a natureza dos príncipes. E se baixar os olhos da sua posição altaneira para a situação modesta em que me encontro, reconhecerá os grandes e imerecidos sofrimentos que me foram impostos por um fado cruel.

===

5 Bíblia (isaías)   === AIS CONTRA OS PERVERSOS ===

8 Ai dos que ajuntam casa a casa, reúnem campo a campo, até que não haja mais lugar, e ficam como únicos moradores no meio da terra!

9 A meus ouvidos disse o Senhor dos Exércitos: Em verdade, muitas casas ficarão desertas, até as grandes e belas, sem moradores.

20 Ai dos que ao mal chamam bem e ao bem, mal; que fazem da escuridade luz e da luz, escuridade; poem o amargo por doce e o doce, por amargo!

23 os quais por suborno justificam o perverso e ao justo negam justiça!

```
==============================================================
===============
```

== MAL SECRETO ==
Raimundo Correa

Se a cólera que espuma, a dor que mora

Nalma, e destrói cada ilusão que nasce,
Tudo o que punge, tudo o que devora
O coração, no rosto se estampasse;

Se se pudesse, o espírito que chora,
Ver através da máscara da face,
Quanta gente, talvez, que inveja agora
Nos causa, então piedade nos causasse!

Quanta gente que ri, talvez, consigo
Guarda um atroz, recôndito inimigo,
Como invisível chaga cancerosa!

Quanta gente que ri, talvez existe,
Cuja ventura única consiste
Em parecer venturosa!

```
==============================================================
===
```

AS POMBAS
Raimundo correia

Vai-se a primeira pomba despertada..
vai-se outra mais... mais outra... enfim dezenas

De pombas vão-se dos pombais, apenas

Raia sangüínea e fresca a madrugada...

E à tarde, quando a rígida nortada

Sopra, aos pombais de nôvo elas, serenas,

Ruflando as asas, sacudindo as penas,
Voltam tôdas em bando e em revoada...

Também dos corações onde abotoam,

Os sonhos, um por um, céleres voam,
Como voam as pombas dos pombais;

No azul da adolescência as asas soltam,
Fogem... Mas aos pombais as pombas voltam,

E êles aos corações não voltam mais...

===
====

TRIUNFO SUPREMO
Cruz e Souza
Quem anda pelas lágrimas perdido,
Sonâmbulo dos trágicos flagelos,
É quem deixou para sempre esquecido

O mundo e os fúteis ouropéis mais belos!

É quem ficou do mundo redimido,
Expurgado dos vícios mais singelos
E disse a tudo o adeus indefinido
E desprendeu-se dos carnais anelos!

É quem entrou por tôdas as batalhas
As mãos e os pés e o flanco ensanguentando,

Amortalhado em tôdas as mortalhas.

Quem florestas e mares foi rasgando
e entre raios pedradas e metralhas,
Ficou gemendo, mas ficou sonhando!

===
=====

A LEOA
Raimundo correa

Não há quem a emoção não dobre e vença,

Lendo o episódio da leoa brava,
que, sedenta e famélica, bramava,
Vagando pelas ruas de Florença.

Foge a população espavorida,
E na cidade deplorável e êrma,
Topa a leoa, só, quase sem vida,
Uma infeliz mulher débil e enferma.

Em frente à fera, no estupor do assombro,
Não Já por si tremia ela, a mesquinha,
Porém, porque era mãe, e o pêso tinha,
Sempre caro pras mães, de um filho ao ombro,

Cegava-a o pranto, enrouquecia-a o chôro,

Desvairava-a o pavor!... e entanto, o lindo,
O tenro infante, pequenino e louro,
Plácido estava nos seus braços rindo.

E o olhar desfeito em pérolas celestes
Crava a mãe no animal, que pára e hesita,

Aquele olhar de súplica infinita,
que é só próprio das mães em transes dêstes.

Mas a leoa, como se entendesse
O amor de mãe, incólume deixou-a...
É que êsse amor até nas feras vê-se!
E é que era mãe talvez essa leoa!

===

FÁBULA
João Ribeiro

No outro tempo em Bagdá, Almançor, o califa,

Um palácio construiu todo de ouro; a alcatifa
De jaspe; a colunata em pórfiro, e o frontal,
De toda a pedraria asiática, oriental;
E em frente dêsse asilo, em piscinas de luxo

Choviam áurea poeira as fontes em repuxo.

Ora ali perto havia em frente ao monumento,

Uma choça mesquinha, esfarrapada ao vento,

Quase a cair, humilde e tristonha mansão
De um velho pobre, velho e simples tecelão.

Essa mísera casa, ao certo, transtornava
A suntuosa impressão do palácio. Causava

Não sei que dor, talvez asco. Desagradável,

Tanta riqueza ao pé de choça miserável!
Convinha, pois, destrui-la. E ao velho tecelão
Ofereceram dinheiro. E o velho disse: -"Não!

Guardai vosso ouro todo, essa casa que habito

Nunca será vendida, antes seja eu maldito;

Arrasai-a, porquanto é-vos fácil poder.
Nela morreu meu pai, e nela hei de eu morrer."

E à resposta do velho o califa Almançor
Estêve a meditar. Um dos servos:- "Senhor,

Sois poderoso e rei, vós podeis sem vexame

Essa casa arrasar, já e já, sem exame.
Pois vós! retroceder diante de um tecelão!"
Almançor, o califa, ergueu-se e disse:- "Não!

Eu não quero destruir a mesquinha choupana,

Quero-a de pé, bem junto a mim essa cabana,

Porquanto a geração dos meus filhos se expande,

E quero que cada um a refletir, sem custo,
Vendo o palácio, diga: - ave! Almançor foi grande!

E vendo a pobre choça: - Êle foi mais. Foi justo!

===
========

MEU NOME
Nilson Candido da Silva

Não sei se és capaz
Imaginar meu nome
Lindo!? creio que assaz...
Só que não o se come
Orgulho aos meus pais faz
Não o deixo que assome

Cada um nome tem sim
Ainda digo o meu
Não o aluso aqui assim
Deixo porém, pro fim
Intenso no ôlho teu
Dou uma fama de mim
Ouça e guarda o que leu

Descobriste-o? Não?
Agora digo então

Se reparar nos traços
Intróitos desses versos
Letras de dedos lassos
Verás ali submersos
Aí em estilhaços

===

MINHA MÃE
Nilson Candido da Silva

Quando vejo uma tarde enegrecida,
Uma solidão acende-me senhora!
Lembro-me de minha mãe querida.
Ah! Tão longe! Se estivesse aqui agora...

Amor de mãe é muito formoso eu sinto.
Jamais uma palavra eu lhe levante.
Deus me guie com o bom instinto,
Que não ma tire, logo neste instante!

Amor coisa que todo mundo sente,

Mas, amor materno, esse amor clemente,

Ainda há gente que os ousa ferir!

Ah! Quero que volte logo mãezinha,
Quando você chegar aqui mãe minha,

No aprêço a natureza irá florir.

===
=========

PERIGO
Nilson candido da Silva

Brincava sossegada a garotinha,
Com uma linda e peralta gatinha,
De repente, muito estática estaca.
Espreitando o alvo enruga a jararaca.

Parte da infante um grito magoante.
a porta abrindo range num instante...
A mãe apressada agride de vassoura
Pintada e horrivel cobra matadoura.

Sem tocar a presa a cobra fenece,
E a aventura a pequena logo esquece.
Há muita gente que são iguais a cobra.

Pensam às vêzes, que estamos absortos.

Atacam-nos. A honra é boa e são mortos,

É tarde demais depois que se dobra.

===
==========

A MORTE
Nilson Candido da Silva

O infante atirou-se às águas transbordantes,

Tinha a alma triste e leso o coração.
Tôda a orla sentiu esses últimos instantes,
Que teve naquela tétrica ação.

Há tristezas que a mente não imagina,
Como a do infante que vivera bruno

Em casa de gente muito ranzina.
Sofrendo como um reles e gatuno.

Gente há que ri, quando um fala em tristeza,

Talvez, porque em sua vida nada pensa,

Ou que viverá sempre na riqueza.

Tem que latejar a piedade às mentes,
É esta a nossa grande recompensa,
Porque ninguém viverá eternamente.

===
============

A VIDA
Nilson Candido da Silva

Sabemos nós que sempre não olharemos

Então, vamos viver fraternalmente.
Vamos com nossa vida, e com bons rumos

A outro ditoso orbe de todos crente.

Vida misteriosa e delicada!
E boa, que se vive neste mundo!
Penso, que seja ela de todo amada.
Que, a ama todo anoso de alento fundo.

Talvez seja este mundo em nós um teste,

Nêle há toda sorte de alegrias e tristezas,
Portanto, em nossas mãos estão as belezas.

Não há nesta idéia minha, alguém que conteste,

Estes singelos pensamentos meus:
Amor... Ser bom, labuta e Deus.

===
============

O MELHOR
Nilson Candido da Silva
Ó infante, tudo que vês é lindo:
Quando perscrutas o céu ou o sol luzindo,

Quando vês a água a rolar ou lindas flôres,
Ou o hino que, te moves, cheio de dôres.

Quando saberes tudo em tua mente,
Irás dar-me razão, já até contente;
Que, é que há, que achas, sereno e mais bonito?

Saberia o mais pobre pequenito.

Talvez, em tua casa tem conforto;
Teu sentimento voa quase morto;
Mas, se voltares com fervor à vida,

A ternura, em casa, acharás garrida,
Mesmo que te faltem os pães
Mas, lá é que se encontram todas as mães.

==
============

CONSELHOS AOS MOÇOS
Olavo Bilac

Não vos orgulhes do fulgor da vossa inteligência, mas contentai-vos da satisfação inteira que vos der o cumprimento do dever. A virtude é mais natural e mais bela do que o talento. A bondade é mais espontânea e mais fecunda do que a sabedoria. Nem todos os homens são capazes de ter gênio; mas todos os homens são, capazes de ter honra e misericórdia.

sêde bons, fortes e justos; e abnegai-vos! Devemos todos fluir e desaparecer, com a nossa abnegação, como os arroios se perdem nos rios e como os rios se dissipam no oceano.

Quando desaparecermos da terra, nela ficaremos, não com os nossos nomes passageiros e com as nossas fisionomias fugitivas, mas com o suor, o sangue, as lágrimas que tivermos deixado sôbre o grande seio da pátria, nossa mãe e nossa filha ao mesmo tempo, mãe pela vida que nos deu e filha pelo amparo que recebeu do nosso esfôrço carinhoso.

(* Praticai e ensinai o desinterêsse! O desinterêsse é é um maquinador de milagres. Grandes almas, verdadeiras almas, são as abnegadas, que se anulam e dissipam em outras. A alma, que em parte se suicida na vibração de outras, desdobra-se e multiplica-se. Dêsse desdobramento e dessa multiplicação de corações altruistas é que nascem as grandes pátrias.

Sêde bons e justos! E sêde, também, serenos, para que possais desprezar as injúrias e as calúnias com que os mesquinhos e os maus sempre procurarão deturpar o vosso pensamento, enlamear a vossa nobreza e infamar o vosso desprendimento.

Vivei, meus amigos, com o coração cheio de fé, com o cérebro cheio de luz, com o corpo cheio de saúde! *)

==

QUADRILHA
Carlos Drummond de andrade

João amava Tereza que amava Raimundo

que amava Maria que amava Joaquim que amava Lili

que não amava ninguém.
João foi para os Estados Unidos, Tereza para o convento,

Raimundo morreu de desastre. Maria ficou para tia.

Joaquim suicidou-se e Lili casou com J. Pinto Fernandes,

que não tinha entrado na história.

PAI JOÃO
Gregório de Matos

Quando Iô tava na minha tera
Iô chamava capitão,
Chega na tera dim baranco,
Iô mi chama - Pai João.

Quando Iô tava na minha tera
Comia minha garinha,
Chega na tera dim baranco,
Carne sêca co farinha.

Quando Iô tava na minha tera
Iô chamava generá,
Chega na tera dim baranco
Pega o ceto vai ganhá.

Dizoforo dim baranco
Nó si póri aturá,
Tá comendo, tá... drumindo,
Manda negro trabaiá.

Baranco - dize quando môre
Jezuchrisso que levou,
E o pretinho quando môre
Foi cachaxa que matou.

Quando baranco vai na venda
Logo dizi tá squentáro,
Nosso preto vai na venda
Acha copo tá viráro.

Baranco dizi - preto fruta,
Preto fruta corezão;
Sinhô baranco também fruta
Quando panha casião.

Nosso preto fruta garinha
Fruta saco de feijão;
Sinhô baranco quando fruta
Fruta prata e patacão.

Nosso preto quando fruta

Vai pará na coreção,
Sinhô baranco quando fruta
Logo sai sinhô barão.

==

O PRECURSOR
Gibran

Há sete séculos, sete pombas brancas levantaram vôo

de um vale profundo rumo aos cumes recobertos de neve. Um

dos homens que as viram, disse: "Vejo uma mancha preta

sôbre a asa da sétima pomba. " Hoje, no vale, o povo fala

de sete pombas pretas que levantaram vôo certo dia rumo

aos cumes recobertos de neve.

==
===

CARTA A WASHINGTON
Chefe indígena

... Mesmo o homem branco, a quem Deus acompanha, e com quem conver-

sa como amigo, não pode fugir a esse destino comum. talvez, apesar

de tudo, sejamos todos irmãos. Nós o veremos. De uma coisa sabemos

e talvez o homem branco venha a descobrir um dia: nosso Deus é o

mesmo Deus. Podeis pensar hoje que somente vós O possuís, como de-

sejais possuir a terra, mas não podeis. Êle é o Deus do Homem e

Sua compaixão é igual tanto para o homem branco quanto para o ho-

mem vermelho. Esta terra é querida Dele, e ofender a terra é in-

sultar o seu Criador. Os brancos também passarão; talvez mais

cedo do que as outras tribos. Contaminai a vossa cama, e vos

sufocareis numa noite no meio de vossos excrementos.

Mas no vosso parecer, brilhareis alto, iluminados pela força do Deus que vos trouxe a esta terra e por algum favor especial vos outorgou domínio sobre ela e sobre o homem vermelho. Este destino é um mistério para nós, pois não compreendemos como será o dia em que o último búfalo for dizimado e a visão das brilhantes colinas bloqueadas por fios falantes. Onde está a águia? Desapareceu. Onde estão nossas matas? Desapareceu. O fim do viver e o início do sobreviver.

===

TEMPORAIS
Gibran

Havia um bosque onde uma linda violeta vivia satisfeita entre suas companheiras.

Certa manhã viu uma rosa que se balançava bem mais acima dela radiante e orgulhosa.

Gemeu a violeta, dizendo: "Pouca sorte tenho eu, entre as flores! Humilde é o meu destino! Vivo pegada à terra, e não posso levantar a face para o sol como fazem as rosas."

A Mãe Natureza então disse a violeta que existe muito infortúnio atrás das aparentes grandezas, mas não conseguiu convencer a violeta. Então a Natureza estendeu sua mão mágica, e a violeta tornou-se uma rosa suntuosa.

Na tarde daquele dia, o céu escureceu-se, e os ventos e a chuva devastaram o bosque.

Então a rainha das violetas viu a rosa que tinha sido violeta, estendida no chão como morta. E disse:

- Vejam e meditem, minhas filhas, sôbre a sorte da violeta que as ambições iludiram. Que seu infortúnio lhes sirva de exemplo.

Ouvindo essas palavras, a rosa agonizante estremeceu e, apelando para tôdas suas fôrças, disse com voz entrecortada:

"Ouvi vós, ignorantes, satisfeitas, covardes. Ontem eu era como vós, humilde e segura. Mas a satisfação que me protegia também me limitava. Podia continuar a viver como vós, pegada à terra, até que o inverno me envolvesse em sua neve e me levasse para o silêncio eterno sem que soubesse dos segredos e glórias da vida mais do que as inúmeras gerações de violetas, desde que houve violetas.

Mas escutei no silêncio da noite e ouvi o Mundo superior dizer a êste mundo: "O alvo da vida é atingir o que há além da vida."

"Vivi uma hora como rosa. Vivi uma hora como rainha. Vi o mundo pelos olhos das rosas. Ouvi a melodia do éter com o ouvido das rosas. Acariciei a luz com as pétalas das rosas. Pode alguma de vós reclamar essa honra?

"Vou repetir para vocês, tolas violetas, o que ouvi de Theodore Roosevelt, presidente Norte Americano, êle dizia: O crédito pertence ao homem que está realmente na arena; cujo rosto está desfigurado pela poeira e pelo suor; que luta corajosamente; que erra e pode falhar repetidas vezes, pois não há esforço sem erros ou falhas; mas que realmente luta para realizar proezas, que demonstra realmente grande entusiasmo, grande devoção.

Os homens de fé viajam sempre por difíceis oceanos,

à busca de novos horizontes. Os submissos limitam-se a navegar pela costa ou a fundear suas inquietudes ao abrigo de portos limita-
dos, inadequados para "navios" dos audazes.

"Morro agora, levando na alma o que nenhuma alma de violeta jamais exerimentara. Morro, sabendo o que há atrás dos horizontes estreitos onde nascera. É êsse o alvo da vida."

(*

===

OS DOIS CAMINHOS
(Religião do Islam)

Se você estiver viajando só e se encontrar ante uma encruzilhada
de dois caminhos: um estreito, que sobe a montanha e o outro largo,
que desce até a planície; o primeiro, com dificuldades, pedras
soltas, espinhos e buracos que dificultam caminhar por êle. Porém,
há um anúncio, posto pelas autoridades, onde se lê:

"Este caminho, apesar da sua dificuldade, no princípio, é o caminho reto, o que leva á grande cidade e à meta pretendida. "

O segundo caminho está asfaltado, sombreado por árvores, com
flores e frutos, e dos lados há cafés e atrações, que agradam o coração, alegram a vista e dão prazer ao ouvido. Porém, há um aviso que
diz:

"Este é um caminho perigoso e fatal, seu final é um abismo, que
conduz à morte e à fatalidade certa. "

'   Por qual dos dois caminhos você se conduziria?

'

'   Sem dúvida, o ego do homem se inclina mais para o que é fácil ',

' do que para o que é difícil, para o gostoso do que para o doloroso,   ',

' deseja a liberdade e odeia a prisão. É uma tendência inata, pois ',

' Deus nos criou com tal natureza. Se o homem deseja que o seu ego ',

' e as suas pretensões atuem sôbre ele e o dominem, conduz-se pelo ',

' segundo caminho. Então intervém a razão, comparando entre o ',

' prazer passageiro e presente, ao que se seguirá uma grande dor, ',

' e uma dor momentânea e provisória, depois da qual virá um prazer ',

' permanente; elege o primeiro caminho.

',*)

'

===
========= ',

'   BÍBLIA (Daniel 5:13:31)   ',
'   Então, Daniel foi introduzido à presença do rei. Falou o rei e disse ',
' a Daniel: És tu aquele Daniel, dos cativos de Judá, que o rei, meu pai, ',
' trouxe de Judá?   ',
'   Tenho ouvido dizer a teu respeito que o espírito dos deuses está em ',
' ti, e que em ti se acham luz, inteligência e excelente sabedoria.
',

'   Acabam de ser introduzidos à minha presença os sábios e os encanta- ',
' dores, para lerem esta escritura e me fazerem saber a sua interpretação; ',
' mas não puderam dar a interpretação destas palavras.
',

'   Eu, porém, tenho ouvido dizer de ti que podes dar interpretações e ',
' solucionar casos difíceis; agora, se puderes ler esta escritura e fazer-me ',
' saber a sua interpretação, serás vestido de púrpura, terás cadeia de ouro ',
' ao pescoço e serás o terceiro no meu reino.

'

Então, respondeu Daniel e disse na presença do rei: Os teus presen- ',
' tes fiquem contigo, e dá os teus prêmios a outrem; todavia, lerei ao rei ',
' a escritura e lhe farei saber a interpretação.   '
Ó rei ! Deus, o Altíssimo, deu a Nabucodonosor, teu pai, o reino e ',
' grandeza, glória e majestade.   '
Por causa da grandeza que lhe deu, povos, nações e homens de todas ',
' as línguas tremiam e temiam diante dele; matava a quem queria e a quem ',
' queria deixava com vida; a quem queria exaltava e a quem queria abatia.   ',
Quando, porém, o seu coração se elevou, e o seu espírito se tornou ',
' soberbo e arrogante, foi derribado do seu trono real, e passou dele a sua ',
' glória.   '
Foi expulso dentre os filhos dos homens, o seu coração foi feito se- ',
' melhante ao dos animais, e a sua morada foi com os jumentos monteses; ',
' deram-lhe a comer erva como aos bois, e do orvalho do céu foi molhado o ',
' seu corpo, até que conheceu que Deus, o Altíssimo, tem domínio sobre o ',
' reino dos homens e a quem quer constitui sobre ele.
'
Tu, Belsazar, que és seu filho, não humilhaste o coração, ainda que ',
' sabias tudo isto.   '
E te levantaste, contra o Senhor do céu, pois foram trazidos os ',
' utensílios da casa dele perante ti, e tu, e os teus grandes, e as tuas mu- ',
' lheres, e as tuas concubinas bebestes vinho neles; além disso, deste lou- ',
' vores aos deuses de prata, de ouro, de bronze, de ferro, de madeira e de ',
' pedra, que não vêem, não ouvem, nem sabem; mas, a Deus, em cuja mão está a ',
' tua vida e todos os teus caminhos, a êle não glorificaste.
'
Então, da parte dele foi enviada aquela mão que traçou esta escritu- ',
' ra.   '

Esta, pois, e a escritura que se traçou: MENE, MENE, TEQUEL, PARSIM. ',

Esta é a interpretação daquilo: MENE: Contou Deus o teu reino e deu ',

' cabo dele.   ',

TEQUEL: pesado foste na balança e achado em falta.
',

PERES: Divido foi o teu reino e dado aos Medos e aos Persas. ',

Então, mandou Belsazar que vestissem Daniel de púrpura, e lhe puses- ',

' sem cadeia de ouro ao pescoço, e proclamassem que passaria a ser o tercei- ',

' ro no governo de seu reino.   ',

Naquela mesma noite, foi morto Belsazar, rei dos caldeus.
',

E Dario, o medo, com cerca de sessenta e dois anos, se apoderou do ',

' reino.   ',

=== ',

' BÍBLIA (SALMO 1)   ',
'
',

' Bem-aventurado o homem que não anda no conselho dos ímpios,   ',

' não se detém no caminho dos pecadores,
',

' nem se assenta na roda dos escarnecedores,
',

' antes o seu prazer está na lei do SENHOR,
',

' e na sua lei medita de dia e de noite.   ',
' ele é como a árvore plantada junto a corrente de águas,
',

' que, no devido tempo, dá o seu fruto, e cuja folhagem não murcha;   ',

' e tudo quanto êle faz será bem sucedido.   ',

' os ímpios não são assim; são porém como a palha que o vento dispersa.   ',

' por isso, os perversos não prevalecerão no juízo, nem os pecadores,   ',

' na congregação dos justos. Pois o SENHOR conhece o caminho dos justos,   ',

' mas os caminhos dos ímpios perecerá.   ',

===
=======

BÍBLIA (Mateus,Marcos,Joao e Lucas)

Bem-aventurados os pobres de espírito, porque deles é o reino dos céus.

Bem-aventurados os que choram, porque serão consolados.

Bem-aventurados os mansos, porque possuirão a terra.

Bem-aventurados os que têm fome e sede de justiça, porque serão saciados.

Bem-aventurados os misericordiosos, porque alcançarão misericórdia.

Bem-aventurados os limpos de coração, porque verão a Deus.

Bem-aventurados os pacíficos, porque serão chamados filhos de Deus.

Bem-aventurados os que sofrem perseguição por amor da justiça, porque deles é o reino dos céus.

Vocês pensam que merecem elogios só porque amam aqueles por quem são amados? Até os ímpios fazem isso! E se vocês emprestarem dinheiro sòmente a quem pode pagar de volta, que tem isso de bom? Até os piores pecadores fazem assim entre si!.

Amem seus inimigos! Façam-lhes o bem! Emprestem a êles! Não se preocupem com o fato de que eles não pagarão de volta. Assim a recompensa que virá do céu para vocês será muito grande, e verdadeiramente vocês estão agindo como filhos de Deus; porque Êle é bondoso com os mal-agradecidos e com aqueles que são muito maus. Procurem demonstrar tanta compaixão, como o seu Pai faz. Nunca critiquem nem condenem - senão tudo virá de volta sôbre vocês. Demonstrem perdão com os outros; assim êles farão o mesmo com

' vocês. Porque se vocês derem, receberão! Suas dádivas voltarão ',

' a vocês em medida cheia, e transbordante, apertada, sacudida para ',

' dar lugar a mais um pouco, até derramar. A medida que vocês usa- ',

' rem para dar, - grande ou pequena - será usada para medir o que ',

' lhes derem de volta". ',

' Não vos inquieteis, por vossa vida, com o que comereis ou com o que bebe-',

'reis, nem por vosso corpo, com o que vestireis. A vida não vale mais que a co-',

'mida e o corpo mais que a roupa? Olhai as aves no ar: não semeiam, não colhem,',

'nem fazem provisão nos celeiros, contudo vosso pai celeste as sustenta. Não ',

'valeis mais que elas? E quem de vós, por suas inquietudes, pode acrescentar ',

'dois palmos a sua altura? E por que vos inquietais com a roupa? Considerai os ',

'lírios do campo; não trabalham, nem fiam, entretanto digo-vos que nem salomão ',

'em toda a sua glória se vestiu como um deles.
',

' Pedi e vos será dado; buscai e achareis; batei e abrir-se-vos-á. Porque ',

'todo o que pede, recebe; e o que busca, encontra; e a quem bate, abrir-se-á. E',

'qual de vós dará uma pedra a seu filho se êste lhe pedir pão? E se lhe pedir ',

'peixe, dar-lhe-á uma serpente? Se, então, maus como sois, sabeis dar boas coi-',

'sas a vossos filhos, quanto mais vosso Pai que está nos céus que bens não dará',

'aos que lhe pedirem? ',

' Mas vem a hora, e já chegou, em que os verdadeiros adoradores adorarão o ',

'Pai em espírito e verdade; porque é dêsses adoradores que o Pai procura. ',

' Deus é espírito e em espírito e verdade é que o devem adorar os que O ',

'adoram. ',

' Orem assim: Pai nosso que estáis nos céus santificado seja o vosso nome. ',

'Venha a nós o vosso reino. Seja feita a vossa vontade assim na terra como no ', 'no céu. Dai-nos hoje o pão nosso de cada dia. Perdoai-nos as nossas dívidas ',

'assim como perdoamos os nossos devedores. E não nos deixeis cair em tentação. ',

'Mas livra-nos do mal. Amém.   ',

'   Amarás o Senhor teu Deus de todo o teu coração, de toda a tua alma e de ',

'todo teu espírito e amarás o teu próximo como a ti mesmo. Toda a lei e os pro-',

'fetas ensinam deste modo para ganhares a vida eterna.
',

'   Certo homem descia de Jerusalém para jericó e veio a cair em mãos de sal-',

'teadores, os quais, depois de tudo lhe roubarem e lhe causarem muitos ferimen-',

'tos, retiraram-se, deixando-o semi-morto. Casualmente, descia um sacerdote por',

'aquele caminho e, vendo-o, passou de largo. Semelhantemente, um levita descia ',

'por aquele lugar e, vendo-o, também passou de largo. Certo samaritano, que ',

'seguia o seu caminho, passou-lhe perto e, vendo-o, compadeceu-se dele. E, che-',

'gando-se, pensou-lhe os ferimentos, aplicando-lhes óleo e vinho; e, colocan ',

'do-o sôbre o seu próprio animal, levou-o para uma hospedaria e tratou dele. No',

'dia seguinte, tirou dois denários e os entregou ao hospedeiro, dizendo: Cuida ',

'deste homem, e, se alguma cousa gastares a mais, eu to indenizarei quando vol-',

'tar. Viva sempre a proceder na vida como a este samaritano. Pois quem não ama ',

'a uma pessoa que se pode ver, não ama a Deus que não vê.
',

'   Sêde perfeitos como vosso Pai celeste é perfeito.
',

'   Dai a quem pede e não fugi daquele que deseja pedir-vos emprestado.   ',

'   Tudo o que desejais que os homens vos façam, fazei-o também vós a êles. ',

'   Estes deveres humanos são mais importantes que as práticas religiosas, a ',

'despeito do que ensinam alguns homens da igreja, escribas e fariseus hipócritas, ',

'que impõem aos outros cargas difíceis de carregar.
',

'   Disse Jesus Cristo: Eu sou a Luz do mundo quem me segue não andará nas ',
'trevas; pelo contrário, terá a luz da vida. Eu sou a porta. Se alguém entrar ',
'por mim, será salvo...   ',
'   CONTINUA EM MENSAGEM-F1
',
'   '   ----------------------   ');


```
(*

var i:integer;

begin  assign(arquivo,'nilson1.can');rewrite(arquivo);
for i:=1 to No do begin
F1nilson1.Lstr80:=arr[i];write(arquivo,F1nilson1);
end; close(arquivo);
end.                         *)

procedure lerArquiv(strin:str80);
begin
assign(arquiv,strin);reset(arquiv);
while not eof(arquiv) do begin
read(arquiv,F1nilson1);write(arquivo,F1nilson1);end; close(arquiv);
end;

begin
assign(arquivo,'nilson1.ncs');rewrite(arquivo);
lerArquiv('nilson1.can' );
lerArquiv('nilson2.can' );
lerArquiv('nilson3.can');
lerArquiv('nilson4.can' );
lerArquiv('nilson5.can' );
lerArquiv('nilson12.can');
lerArquiv('nilson13.can');
lerArquiv('nilson15.can');
lerArquiv('nilson17.can');
lerArquiv('nilson19.can');
lerArquiv('nilson21.can'); {contem BEGIN e END}
lerArquiv('nilson25.can');
lerArquiv('nilson28.can');
lerArquiv('nilson00.can');
lerArquiv('nilson06.can');
close(arquivo);
end.
program nilson02;  {$N+,E+}
```

```
        uses crt,dos,nilson36,nilson38,nilson39,nilson31,nilson35,nilson32,
        nilson73,nilson74,nilson30,nilson71,nilson51,nilson52,nilson56,
        nilson24,nilson47,nilson57,nilson58;
        type str80=string[80];nilson1F1 = record Lstr80:str80;end;
        var arquiv:file of
nilson1F1;F1nilson1:nilson1F1;dosexit,erro:integer;
        begin
        if not getparamstr then exit;DadoIniMouse;
        ESCREVERODAPE;WINDOW(2,5,79,22);textattr:=$70;clrscr;
        entrada:='';entrada2:='';entrada1:='';
        {$I-}assign(arquiv,'nilson1.ncs');reset(arquiv) {$I+};
        if IOResult<>0 then exit;
seek(arquiv,3512);read(arquiv,F1nilson1);Val(F1nilson1.Lstr80,dosexit,err
o);close(arquiv);
        case dosexit of
        24:k24^.entradado;
        47:begin
getmem(kn47,sizeof(kn47));kn47^.entradado;freemem(kn47,sizeof(kn47));
        k47^.entradado;end;
        51:k51^.entradado;
        52:k52^.entradado;
        56:k56^.entradado;
        57:begin
getmem(kn57,sizeof(kn57));kn57^.entradado;freemem(kn57,sizeof(kn57));
        k57^.entradado;end;
        58:k58^.entradado;
        end;halt(20);
        END.                    {nilso998}


        PROGRAM nilson2;
        USES CRT,nilson30;

        CONST
        No=330;
        Arr:ARRAY[1.. No] OF STRING[78]=
```

('   A existência de planos diretores artigo 182 parágrafo 1o.
',
   '   é obrigatória para cidades com mais de 20.000 habitantes,isto
é o ',
   '   que diz a Constituição federal. Nas constituições estaduais
no ',
   '   caso a do Estado do Rio de Janeiro pelos artigos 226 e 239
das ',
   '   disposições transitórias, além da obrigatoriedade da
elaboração   ',

do plano, juntamente com a lei de diretrizes gerais para ocupação do Território, garante a função social da cidade e da propriedade. Constitui-se então uma excelente oportunidade para a cartografia, existe uma demanda e alguém deve supri-la.

A confecção de um plano diretor é a representação dos planos de modernização das cidades que captando a tendência de expansão dos centros urbanos pode a partir daí traçar os avanços necessários em termos de melhorias dos serviços e para qual direção a administração deva empenhar maiores esforços.

A partir do plano diretor é que a necessidade de investimentos em obras e serviços fica evidenciada e se existe a vontade política e a disponibilidade em recursos financeiros e se existe um sistema de representação cartográfica em escala cadastral e que tenha a precisão cartográfica exigida então ganha caráter permanente o avanço social.

Naturalmente tendo controle sôbre o solo e a aplicação das verbas municipais em obras que beneficiem a população, logo virão a otimização em impostos e taxas fonte principal da arrecadação municipal, todo o início possível pelo planejamento que a planta cadastral de posse da prefeitura municipal, permitiu ao administrador público: a avaliação , o controle e o dimensionamento do investimento.

Não se governa o que não se conhece, não se administra o

que não se tem dados suficientes, não se pode cobrar dividas sociais se não se tem uma base classificatória. A engenharia cartográfica representa esta base, a discriminalização dos investimentos públicos indicada pelo plano diretor,a economia e racionalidade nestes investimentos .

Um projeto cartográfico para qualquer município representa a aquisição de uma obra importantíssima de infra-estrutura administrativa, constituindo conjuntamente com outras fontes de informação um poderoso assessoramento a máquina administrativa municipal. Desta forma um município terá as ferramentas necessárias para aplicar a lei de Diretrizes Gerais de Ocupação do Território, que garante a função social da cidade e da propriedade.

Como não existem sistema de projeção que elimine todos os tipos de deformações, adota-se aquela que as minimizem e, na medida do possível, atenda integralmente uma das seguintes propriedades:

a) conformidade - Não deformação de angulos, mantendo em verdadeira grandeza a forma de pequenas áreas a serem representadas .

b) Equivalência - Inalterabilidade das dimensões relativas das áreas permitindo a obtenção de uma relação constante entre o valor da área na carta e no terreno.

c) Equidistância - Relação constante entre as distâncias dos pontos representados eas distâncias dos seus correspondentes.

Nos sistemas de projeção plana os paralelos e meridianos crescem rapidamente a medida que se afaste do ponto de tangência, ou secância, acarretando grandes deformações, não permitindo uma relação constante na representação de áreas, não apresenta boa utilização para escalas pequenas. Mas, em escalas grandes, de apoio a egenharia civil é a ideal.

Nos sistemas de projeção cônica pode-se obter conformidade, equivalência ou equidistância para áreas que se desenvolvem ao longo de um paralelo. Contudo não é boa norma adotar este sistema pois não haveria como dar-lhe referência no sistema de projeção cilíndrica como é o caso do brasileiro.

No brasil utiliza-se como sistema de representação cartográfica a projeção cilíndrica transversa ou projeção meridiana de Mercator ou cilíndrica conforme de Lambert-Gauss . Então neste sistema que devem ser referidas todas as cartas que venham a ser construidas no Brasil por comodidade para contribuir para que se forme o grande mosaico em variadas escalas para o território Brasileiro. Mas existe um limite para isso.

O limite são as obras de engenharia e cartas de cunho cadastral utilizadas pelos municípios. Pois uma carta em escala maior que 1:2000, sempre será utilizada para:

Cadastramento dos imóveis.
Planejamento urbano e regional de trânsito.

Construção do sistema viário (ônibus, trens, metrôs).

Planejamento do abastecimento e ampliação de energia e água.

Saneamento, qualquer obra civil e etc...

Então, para resolver o impasse diminui-se o fuso de 6 graus para 3, 2 ou 1 grau. Com isto diminui-se também a deformação provocada por uma superfície curvilínea transformada em uma superfície plana.

Ou também é comum utilizar-se do coeficiente kapa unitário com isto, esbabele-se um plano no meridiano central do fuso, tornando vantajoso para escalas grandes. Desta forma o município poderá atender todas as utilizações.

Grandes obras de engenharia civil, como a ponte Rio-Niterói e o aeroporto Internacional do Rio de Janeiro foram implementados com cartas plano-topográficas.

CONSTRUÇÃO DE CARTAS

===

Quando se constrói uma carta o que se espera dela é que atenda a escala que o contratante deseja e que ela obedeça o padrão de especificação cartográfica. Para o construtor da carta além de ter que entregar o produto como especificado procurará por uma questão de concorrência a relação Custo X benefício a qual indicará a escolha de métodos, processos, equipamentos e materiais . Assim o menor custo é a regra fundamental para a execução dos projetos.

Como demonstrado na parte que coube aos cálculos são vários os fatores que influenciam na obtenção de carta na escala que se quer. A escala da foto também é uma relação entre distância de projeção do instrumento restituidor e a altura de vôo (exemplo é o estereoplanígrafo c-8 onde a são é 0.15 por mil da altura de vôo).

O processo de cálculo é iterativo, pois escalas grandes gera um maior numero de fotos, os erros altimétricos são ponderantes e não podem ser maiores que os indicados drão de Especificação cartográfica. o menor custo de ção indica a carta que atenda ao PEC e tenha a menor possível.

A escala da fotografia aérea para a obtenção de tal carta, cujo cálculo passou pelo arrastamento, função do tipo Câmera e da velocidade do avião, passou pelo aparelho tuidor , função das limitações para teto de vôo e relação de engrenagens, e por fim pelas limitações do somatórios dos até obtenção da carta com padrão PEC.

Após estes cálculos a escala da fotografia será encontrada com a qual será construída a carta, verifica-se fazendo o cálculo reverso para conferir se o êrro e altimétrico estão dentro da PEC.

As escalas grandes são consideradas as de 1:20000 e res as escalas médias são consideradas as de 1:25000 1:50000, e as escalas pequenas 1:100000 e menores. Nas grandes o êrro planimétrico é muito maior em presença altimétrico, isto é, Ep >> Ea. Acontece o inverso se as escalas forem pequenas.

Além do êrro planimétrico e altimétrico que a carta irá apresentar tem-se sempre que levar em conta o menor que se poderá retirar ao examiná-la. Este menor detalhe não depende sòmente da escala da carta, mas também do conjunto câmera-filme-revelação.

A câmara fotogramétrica deverá estar calibrada, conjunto ótico compatível com a escala, com a altura de vôo, com as características da emulsão fotográfica, e montada na aeronave em apropriadas condições operacionais.

O filme deverá ser escolhido de modo a ter um arrastamento aceitável em função da resolução, deve ser observado o prazo de validade, o tempo de exposição, a melhor aplicação comprovada, temperatura, umidade. Como a revelação irá manusear os negativos esta fase tem que ser seguido o que diz o manual do fabricante, como o papel de reprodução etc...

Suponhamos que você tenha uma foto na escala 1:20000 e que tenha utilizado um filme de resolução de 50 linhas por milímetro, e isto quer dizer que em um espaço de 1 milímetro 50 definições da cena são reais, mas a ôlho nu só se pode ver 0,2milímetros isto aos 20 anos do ser humano de visão normal, e isto corresponde a 4 metros ou 10 linhas da resolução,o que significa que se você tiver uma lupa de ampliação até 10 vezes você poderá ver 1 linha da resolução ou seja 40cm.

Cálculo do erro planimétrico

```
==============================
```

$$Epl = \sqrt{sqr(Eoa) + sqr(Ei) + sqr(Ep) + sqr(Er) + sqr(Eg)}$$

sqrt(a) é a raiz quadrada de a
sqr(a) é a elevação ao quadrado de a
Eoa êrro devido a orientação absoluta do modelo

Ei êrro na identificação do ponto na aerotri
Ep êrro na projeção devido as deformações da ótica

Er êrro ao retocar as curvas de nível na restituição

Eg êrro na gravação para retoque final

Como os erros acima se referem a escala das cartas, o
de multiplicação dos institutos de pesquisas (geralmente
tares) têm utilizado na média são:
Eoa =40 microns multiplicado pela escala da foto, neste
caso para compensação em bloco, se a compensação
por faixa então utilizar 60 microns.
Ei = 30 microns na escala da foto.
Ep = 20 microns na escala da foto.
Er = 0.15 milímetros na escala da foto.
Eg = 0.10 milímetros na escala da carta.
Cabe uma observação nas escalas grandes, quanto mais
escala da carta o êrro Eg vai crescendo rapidamente a
a ponto de se tornar maior que todos os outros êrros
por isso é que no início desta exposição afirmo que em
las grandes os êrros planimétricos são preponderantes.

Como foi somado todos os possíveis erros tivemos um
para o êrro planimétrico que é o valor máximo que se
achar para a carta que estiver sendo analisada, entretanto
não se erra o tempo todo o mesmo valor do êrro,

fator
mili-
for
cresce a
ponto
juntos,
esca-
valor
poderia
pasmem, o

êrro que alguém comete também vai variar oscilando naqueles números antes apresentados, e surgiu alguém de nome Gauss e diz que se o êrro oscila, a "môsca", ou tendência de acerto está a 1,645 do Somatório dos êrros.

Isto significa que depois que achar o Epl você compara com o EP (Rode a opção CALCULO DE APOIO DE CAMPO tem uma tabela para as escalas de 1:1000 e 1:2000), para ser bom tem que ser menor ou no máximo igual. O valor Epl é multiplicado por 1,645 e terá encontrado o êrro planimétrico máximo que terá um ponto medido na sua carta, este valor tem que ser menor ou no máximo igual ao PEC, e isto define o padrão A, B ou C que a sua carta pertencerá.

Cálculo do êrro altimétrico
==============================

O êrro altimétrico está definido pela altura de vôo, pela paralaxe horizontal, pois o êrro advindo de retoque plani-métrico influenciará na paralaxe.

Ea= sqrt((sqt(Eir)+sqt(Eca))+(sqt(Eoa)+sqt(Ei)+sqt(Ep)+

+(sqt(Er)+sqt(Eg)) sqt(tang alfa))

Eir êrro do instrumento restituidor(.0001 a .00025)

a multiplicacar a altura de vôo

Eca devido a compensação na aerotri(.0002 a .00025)

Eoa este é o mesmo do planimétrico (veja mais acima

e os abaixo listados também).

Ei êrro na identificação do ponto na aerotri

Ep êrro na projeção devido as deformações da ótica

Er êrro ao retocar as curvas de nível na restituição

Eg êrro na gravação para retoque final
tang alfa é a inclinação média da cena

Estes êrros altimétricos se referem a pontos quaisquer que
se
queira obter sôbre a planta, Ea dividido por 1,645, of course.

Pontos que são colocados sôbre a planta não tem esta
sujeição
pois foram colocados ali vindo de nivelamentos obtidos no
cam-
po,se forem colocados com a cor sépia não foram
comprovados,
se a cor preta foram comprovados por nivelamento.

Estes foram os cálculos que permitiram escolher a
escala
da foto, pois a escala da carta foi ditada pelo contratante.

Suspirou aliviado? pensa que já acabou? Ainda não.

E os instrumentos que você tem será que êles podem
aten-
der a sua necessidade? Será que estará utilizando um
caminhão
com 22 rodas para levar uma pessoa da praia vermelha a
Botafo-
go? Ou o contrário você tem um tanque engesa avariado e
tem
que leva-lo a botafogo e só dispõe de um gurgel. Se não
for bem pensado pode acabar apontando um canhão para o
morro e
fazer casamata com sacos de areia em pleno alfalto da
cidade.
Precisões de alguns instrumentos fornecido pelos
fabrican-
tes. Pela precisão horizontal temos:

1- Estereoplanígrafo c-8 e autógrafo wild a-8
a precisão é de 10 microns vezes a escala da fotografia.

2- Kelsh

20 microns vezes a escala da fotografia
3- Balplex, wild B-8, PG-2(KERN)
.2mm vezes a escala da carta
4- multiplex e estereotopo zeiss
.3mm vezes a escala da carta

Pela precisão vertical temos:
1- Estereoplanígrafo C-8 e autógrafo wild A-8

.00015 vezes a altura de vôo
2- PG-2 (KERN), wild B-8, BALPLEX.
.0002 vezes a altura de vôo
3- Multiplex e estereotopo zeiss
.0005 vezes a altura de vôo
(fonte: artigo do major Notari à SBC)

E agora José? É só isso? não. Depois de verificar se entre alguns desses equipamentos está realmente o que devo utilizar, função do destino de utilização da carta, dos êrros planimétricos e altimétricos calculados, das características dos aparelhos restituidores. Mas a rapidez que cada um desses equipamentos trabalha? Qual o que demanda mais manutenção? A manutenção é nacional ou estrangeira? Vou parar neste ponto e esperando que amigos do saber enviem para mim material, veja como no menu ABOUT.

obs: Qualquer pessoa no Brasil que queira conhecer profunda - mente cartografia tem que estar afinada com o INSTITUTO MILITAR DE ENGENHARIA - IME.

Lá no IME os equipamentos são de última geração e o melhor que o dinheiro público pode comprar. Lá os professores es- tão o dia inteiro a disposição, com todos os livros (que não existem em livrarias, pobre de mim!) meios e

necessários, têm o interesse no bom aprendizado pois

nam a futuros colegas e colaboradores.

Na parte de cálculo os números parecerão frios,

os dados de entrada são a escala da fotografia a qual você

berá pelo estudo dos êrros como mostrado acima conferindo

êrros com a especificação cartográfica (não está a tabela

mas é fácil conseguir uma).

A escala da carta é determinada pelo contratante.

Será pedido a precisão do aparelho que será feita a resti-

tuição, este dado é para o objetivo do espaçamento do apoio

campo na formulação de Karara, juntamente com a

Para a formulação de J. C. Maia será pedido o êrro

métrico, e o êrro médio quadrático planimétrico.Que você já

calcular.

É de conhecimento geral que a formulação de karara é

quada apenas às escalas médias e pequenas tanto é que

utilizadas por organizações militares. A formulação de J.

Maia dá um espaçamento menor. Na prática é a mais

escalas grandes, entretanto é claro que podem haver

sias pois concludentes trabalhos científicos incluem tanto a

precisão dos equipamentos restituidores quanto êrros H e

nas escalas grandes abaixo de 1:5000 não há ainda nada

É um bom campo para o especulador.

materiais '
ensi- '
entretanto '
sa- '
êsses '
aqui '
de '
equidistância. '
plani- '
sabe '
ade- '
são mais '
C. '
utilizada nas '
controvér- '
V, e '
conclusivo. '

        É provável que o que vai acabar com a falácia é
GPS(Global Positioning system) NAVSTAR. Pois o processo de
poligonação a teodolito e distanciômetro eletrônico são demorados e caros.

        As coordenadas HV dadas pelo GPS aliadas a imagens
digita- lizadas por stélites aliados a restituidores analíticos, que
resolvem matematicamente as relações entre as
coordenadas de fo- to e as coordenadas de terreno, podem na virada do século,
agi- lizar e dar mais precisão a cartografia. E este programa
será peça de museu (o Nilson chegou atrasado. Não por culpa
dele, no jogo social chamado Brasil, o Nilson é obrigado a jogar sem
chu- teiras, e o juiz que é o presidente e seus auxiliares que são
os ministros, permitem o carrinho por trás. Quando o Nilson
reclama pagam rios de dinheiro na progaganda viciada, dizendo que
é falta de "empenho"). Voltando ao que interessa. E isto será uma
mara- vilha para quem está ao sul do equador, pois não terá que
tra- zer aqueles técnicos vermelhinhos e gordinhos do norte
que ganham uma "bába" , para fazer manutenção de aparelhos
(para quem não sabe o Brasil tem também terras no norte).

        Leia também a comparação entre duas cartas na opção
PROJETO DE VÔO - F1.

        Voltemos a explicação da saída do programa. A área do
mo- delo permitirá traçar um retículo sôbre a área a ser
mapeada, tem-se então o número de fotos o número de faixas a sua
exten-

'   são e etc... (O GABARITO) Isto apresentado é o coração,
parte   ',
'   do "sine qua non" o restante é apenas navegar pela
burocracia.   ');

```
        var i:integer;
        begin  assign(arquivo,'nilson2.can');rewrite(arquivo);
        for i:=1 to No do begin
        F1nilson1.Lstr80:=arr[i];write(arquivo,F1nilson1);
        end; close(arquivo);
        end.
        program nilson03;   {$N+,E+}
        uses
crt,nilson36,nilson38,nilson39,nilson31,nilson35,nilson32,nilson87,
        nilson73,nilson74,nilson30,nilson71,nilson78,nilson80,nilson81,nils
on82,nilson84,nilson86,
        nilson59,nilson60,nilson61,nilson62,nilson65,nilson66,nilson88,nils
on89;
        type str80=string[80];nilson1F1 = record Lstr80:str80;end;
        var arquiv:file of
nilson1F1;F1nilson1:nilson1F1;dosexit,erro:integer;
        begin
        if not getparamstr then exit;DadoIniMouse;ESCREVERODAPE;
        WINDOW(2,5,79,22);textattr:=$70;clrscr;
        entrada:='';entrada2:='';entrada1:='';
        {$I-}assign(arquiv,'nilson1.ncs');reset(arquiv) {$I+};
        if IOResult<>0 then exit;
seek(arquiv,3512);read(arquiv,F1nilson1);Val(F1nilson1.Lstr80,dosexit,err
o);close(arquiv);
        case dosexit of
        59:begin
getmem(k59,sizeof(k59));k59^.entradado;freemem(k59,sizeof(k59));end;
        60:begin
getmem(k60,sizeof(k60));k60^.entradado;freemem(k60,sizeof(k60));end;
        61:begin
getmem(k61,sizeof(k61));k61^.entradado;freemem(k61,sizeof(k61));end;
        62:begin
getmem(k62,sizeof(k62));k62^.entradado;freemem(k62,sizeof(k62));end;
        65:begin
getmem(k65,sizeof(k65));k65^.entradado;freemem(k65,sizeof(k65));end;
        66:begin
getmem(k66,sizeof(k66));k66^.entradado;freemem(k66,sizeof(k66));halt;e
nd;
        78:begin
getmem(k78,sizeof(k78));k78^.entradado;freemem(k78,sizeof(k78));end;
        80:begin
getmem(k80,sizeof(k80));k80^.entradado;freemem(k80,sizeof(k80));end;
```

```pascal
          81:begin
getmem(k81,sizeof(k81));k81^.entradado;freemem(k81,sizeof(k81));end;
          82:begin
getmem(k82,sizeof(k82));k82^.entradado;freemem(k82,sizeof(k82));end;
          84:begin
getmem(k84,sizeof(k84));k84^.entradado;freemem(k84,sizeof(k84));end;
          86:begin
getmem(k86,sizeof(k86));k86^.entradado;freemem(k86,sizeof(k86));end;
          88:begin
getmem(k88,sizeof(k88));k88^.entradado;freemem(k88,sizeof(k88));end;
          end;halt(20);
          END.
          program nilson3;
          USES CRT,nilson30;
          CONST
          No=61;
          Arr:ARRAY[1.. No] OF STRING[78]=
          (*
          (' (*                        CRIPTOGRAFIA                         ',
          '               =========================
',
          '                                                              ',
          '               A criptografia está presente nas organizações
humanas        ',
          '          desde a pré-história, inicialmente a linguagem é que
diferen-        ',
          '          ciavam os grupos, como estes grupos ficavam maiores
então para      ',
          '          uma comunicação reservada mudava-se a linguagem. O
mesmo acon-        ',
          '          tece hoje, mesmo na era da informática. Dificilmente um pai
irá        ',
          '          entender o que quer dizer seu filho funkeiro  para  outro fun-
',
          '          keiro. Para se manter o diálogo entre dois interlocutores dis-
',
          '          tantes inventou-se a escrita.   No trajeto a escrita pode cair
',
          '          em mãos estranhas, e numa situação de planos de guerra...
',
          '                                                              ',
          '               Na mesopotâmia foram encontradas tábuas de barro
vi-        ',
          '          drado, e numa delas uma fórmula codificada, para a
obtenção de      ',
          '          verniz, provàvelmente para não cair na mão da
concorrência.        ',
```

Todos os povos que dominaram a região do neo utilizaram criptografia para que mensagens de guerra fossem decifradas, caso caíssem nas mãos do inimigo.

O exército romano usava textos cifrados para a nicação com Roma. Durante a idade média os religiosos usuários mais frequentes. Nesta época os textos cifrados eram muito complexos pois também dependiam do esforço dificação, e é claro também poderiam ser decodificados nimigo.

Nos dias atuais além das situações óbvias militares também tem-se que proteger outros bens como a sua conta ria, e até mesmo toda a idéia contida neste programa, que está utilizando agora. E voltando onde tudo começou, conhecimentos industriais.

Na primeira guerra mundial as nações em conflito construíram máquinas para cifrar mensagens, e do outro tinha que haver outra máquina para decifrar, então a de conhecer as mensagens do inimigo é interceptar o te delas. Há caso de pessoas que decifraram códigos de ços diplomáticos mesmo sem as máquinas decodificadoras. casos se basearam em tabelas de frequência de repetição cábulos, características da língua. Todos já viram um tador de televisão que dá prêmios para quem ficar 1 respondendo a suas perguntas sem falar: é,não,porquê.

mediterrâ-
não

comu-
são os
não
de deco-
pelo i-

bancá-
você
proteger

lado
maneira
transpor-
servi-
Nestes
de vo-
apresen-
minuto

Não há códigos que não possam ser decifrados.

Até mesmo arquivos exe podem ser decifrados por engenharia reversa. Se você precisa apenas enviar um para obter uma cópia deste programa para quê gastar tanto esfôrço na engenharia reversa?.

Estamos vivendo outros tempos com outras dificuldades. Uma rêde de computadores do serviço de inteligência tânico foi penetrada por um hacker, que violou o principal banco de dados, na falha mais grave de segurança que a Inglaterra viu nos últimos anos, conforme noticiou; na sua página, o jornal Independent, em novembro de 1994. Endereços, telefones e informações foram copiados e depois transportados pela Internet. Qualquer um corre o mesmo risco, pessoa ou jurídica. Cá entre nós, meu amigo, se o serviço de inteligência britânico usasse êsse programa de criptografia, o hacker não iria saber de nada. E provavelmente você agora lendo os escritos de Sir Nilson.

Para cifrar ou decifrar sua mensagem por este programa você precisa de um arquivo texto com o padrão MS-DOS, todos os processadores de texto trazem esta possibilidade.

Coloque seu disquete com o arquivo texto na unidade A:, e siga as instruçoes do menu iluminado. Será criado um arquivo no seu disco rígido de nome ncs_crp.txt e poderá copiá-lo pelo comando copy no prompt do DOS.

Com a utilização de uma senha só você poderá deci-
frá-lo e ninguém mais nem mesmo o criador deste
programa.
Os fatos relatados abaixo são fantasiosos, se houver
correspondente na realidade é mera coincidência.

"Sendo secretário do presidente de uma república
bananas, um país que todos querem levar vantagem sem
jar as mãos de graxa, onde os escândalos de corrupção
constante e em grande número, onde a discriminação é
nalizada no próprio estado. Pode-se dizer que este país é
belíndia miserabunda, Bélgica + Índia +..., e, é claro, os
estão na parte Bélgica estão pendurados nas têtas do

Neste tal país fica o paraíso dos ladrões, até mesmo
ladrões e bandidos do cinema fogem para êle e depois dão
vista a TV e jornais como se fossem heróis, pois sabem
nemhum deles, incluindo os locais, não irão para a cadeia.

Sendo o secretário de tal presidente é melhor tomar
cuidado com a correspondência e criptografar tudo,
carta abaixo:

CARTA A NELSON MANDELA

=====================================

Caro Mandela estou contente que tenha saído da
e tenha sido o presidente, respeitado e amado por todos.
sua, no país daqui, o contestador sai da cadeia para o

de
suar ou su-
é uma
instituci-
uma
que
govêrno.
os
entre-
que

inclusive a

cadeia
Sorte
cemité-

não ',
as fo- ',
 ',
indi- ',
os ',
esportistas ',
es- ',
lhes da- ',
que ',
como ',
pra- ',
dis- ',
só lhe ',
fí- ',
porte ',
êle ',
não ',
regulamentos ',
raça", ',
corremos a ',
enganar ',
direitos e ',

rio. Somos mais inovadores que os de língua inglesa, aqui deixamos nenhum negro florescer, vamos lhes arrancando lhas devagar e quando frutificar, se frutificar, o produto final não terá mercado. Só não temos como impedir valores viduais, para profissões individualistas, como a música e esportes. Mesmo assim quando encontramos um destes ou músicos, nossa polícia faz o trabalho "sujo", quando não traçalhamos o carro deles a bala (Robson Caetano), nós mos tiros nos pés (Maguila jul/98). Somos tão inovadores nenhuma autoridade pública, vai a público pedir desculpas, como é comum de países sérios.

Quando vemos uma possibilidade de valor, o que é ticamente quase impossível, devido aos baixos salários e a criminação, nós acabamos com êle de maneira bem fácil é entregar o primeiro documento com os dizeres "insuficiência sica para o serviço militar", claro que pode ter até mesmo de atleta, mas, quem irá nos contestar? Daí para a frente não fará parte da Bélgica, e nos lugares que fará parte terá acesso, nem mesmo conhecimento, às leis e do Estado para exigir direitos.

Em época de eleições, dizemos que somos "da "sou mulatinho", não podemos ver um pretinho e logo fazer bilu-bilu nele. É uma boa parcela de votos para com promessas, embora êles peçam apenas igualdade de

```
'              é claro, daremos apenas sete palmos no latifúndio.
'
'                                                      ',
'              Saudação ,                              ';
'                         "O Mulatinho"               ';
'                                                      ,
'              Que explosão! Para vocÊ, secretário do presidente, o
melhor  a   ',
'              fazer é mandar criptografado use o programa NILSON. "
');
       var i:integer;
       begin  assign(arquivo,'nilson3.can');rewrite(arquivo);
       for i:=1 to No do begin
       F1nilson1.Lstr80:=arr[i];write(arquivo,F1nilson1);
       end; close(arquivo);
       end.
       program teste;
       uses crt,dos,nilson33,nilson34;
       var
       arquiva:file of entr_nilson7;
       NILSO7:ENTR_NILSON7;
       nilso8:entr_nilson8;
       nilso10:entr_nilson10;
       ANO,MES,DIA,D_S,hora,minuto,seg,censeg:WORD;
       sairja:boolean;
       i:activities;
       ntime:entr_nilson;
       selecion:entr_selecao;
       DirInfo: SearchRec;  arq:file;
       procedure escreverarquivo;
       type
       entr_selecao=record
       select,select1,select2,select3,select4,select5,select6,select7,menu
string:string[40];
       darofora,relog,sairprogr,algo1:boolean;
       end;
       entr_nilson=record
       year,month,day,hour,min,seg,censeg:word;proximo:entr_selecao;
       end;

       entr_nilson10 = record
       resp1,resp2,resp3,resp4,resp5,resp6,resp7,resp8,resp9,resp10,
       resp11,resp12,resp13,resp14,resp15,resp16,resp17,resp18,resp19
,resp20,
       resp21,resp22,resp23,resp24,resp25,resp26,resp27,resp28,resp29
,resp30,
```

```
          resp31,resp32,resp33,resp34,resp35,resp36,resp37,resp38,resp39
,resp40,
          resp41,resp42,resp43,resp44,resp45,resp46,resp47,resp48,resp49
,resp50,
          resp51,resp52,resp53,resp54,resp55,resp56,resp57:real;proximo:
Entr_nilson;
        end;
        entr_Nilson8 = record
        resp1, resp2, resp3, resp4, resp5, resp6:real;
        resp7, resp8, resp9:real;proximo:Entr_nilson10;
        end;
        entr_Nilson7 = record
        resp1, resp2, resp3, resp4, resp5, resp6,
        resp7:real;proximo: Entr_Nilson8;
        end;
        var arquiv:file of entr_nilson7;
        NILSO:ENTR_NILSON7;
        nilso18:entr_nilson8;
        nilso110:entr_nilson10;
        begin
        ASSIGN(ARQUIV,'c:\nilso\nilson39.dat');RESET(ARQUIV);
        READ(ARQUIV,Nilso); close(arquiv);

        ASSIGN(ARQUIVa,'nilson39.dat');REwrite(ARQUIVa);
        nilso18:= nilso.proximo;
        nilso110:=nilso.proximo.proximo;
        nilso10.resp1:=nilso110.resp1;nilso10.resp2:=nilso110.resp2;
        nilso10.resp3:=nilso110.resp3;nilso10.resp4:=nilso110.resp4;
        nilso10.resp5:=nilso110.resp5;nilso10.resp6:=nilso110.resp6;
        nilso10.resp7:=nilso110.resp7;nilso10.resp8:=nilso110.resp8;
        nilso10.resp9:=nilso110.resp9;nilso10.resp10:=nilso110.resp10;
        nilso10.resp11:=nilso110.resp11;nilso10.resp12:=nilso110.resp12;
        nilso10.resp13:=nilso110.resp13;nilso10.resp14:=nilso110.resp14;
        nilso10.resp15:=nilso110.resp15;nilso10.resp16:=nilso110.resp16;
        nilso10.resp17:=nilso110.resp17;nilso10.resp18:=nilso110.resp18;
        nilso10.resp19:=nilso110.resp19;nilso10.resp20:=nilso110.resp20;
        nilso10.resp21:=nilso110.resp21;nilso10.resp22:=nilso110.resp22;
        nilso10.resp23:=nilso110.resp23;nilso10.resp24:=nilso110.resp24;
        nilso10.resp25:=nilso110.resp25;nilso10.resp26:=nilso110.resp26;
        nilso10.resp27:=nilso110.resp27;nilso10.resp28:=nilso110.resp28;
        nilso10.resp29:=nilso110.resp29;nilso10.resp30:=nilso110.resp30;
        nilso10.resp31:=nilso110.resp31;nilso10.resp32:=nilso110.resp32;
        nilso10.resp33:=nilso110.resp33;nilso10.resp34:=nilso110.resp34;
        nilso10.resp35:=nilso110.resp35;nilso10.resp36:=nilso110.resp36;
        nilso10.resp37:=nilso110.resp37;nilso10.resp38:=nilso110.resp38;
        nilso10.resp39:=nilso110.resp39;nilso10.resp40:=nilso110.resp40;
        nilso10.resp41:=nilso110.resp41;nilso10.resp42:=nilso110.resp42;
```

```
nilso10.resp43:=nilso110.resp43;nilso10.resp44:=nilso110.resp44;
nilso10.resp45:=nilso110.resp45;nilso10.resp46:=nilso110.resp46;
nilso10.resp47:=nilso110.resp47;nilso10.resp48:=nilso110.resp48;
nilso10.resp49:=nilso110.resp49;nilso10.resp50:=nilso110.resp50;
nilso10.resp51:=nilso110.resp51;nilso10.resp52:=nilso110.resp52;
nilso10.resp53:=nilso110.resp53;nilso10.resp54:=nilso110.resp54;
nilso10.resp55:=nilso110.resp55;nilso10.resp56:=nilso110.resp56;
nilso10.resp57:=nilso110.resp57;
nilso8.resp1:=nilso18.resp1;nilso8.resp2:=nilso18.resp2;
nilso8.resp3:=nilso18.resp3;nilso8.resp4:=nilso18.resp4;
nilso8.resp5:=nilso18.resp5;nilso8.resp6:=nilso18.resp6;
nilso8.resp7:=nilso18.resp7;nilso8.resp8:=nilso18.resp8;
nilso8.resp9:=nilso18.resp9;
nilso7.resp1:=nilso.resp1;nilso7.resp2:=nilso.resp2;
nilso7.resp3:=nilso.resp3;nilso7.resp4:=nilso.resp4;
nilso7.resp5:=nilso.resp5;nilso7.resp6:=nilso.resp6;
nilso7.resp7:=nilso.resp7;

  selecion.dosexit:=0;
  getdate(ANO,MES,DIA,D_S); gettime(hora,minuto,seg,censeg);
  selecion.select:=activity[SAIR].menustring;selecion.select1:=activit
y[ARQUIVO].menustring;
  selecion.select2:=activity[PESQUISAEMDIRETORIO].menustring;s
elecion.select3:=activity[CROSS].menustring;
  selecion.select4:=activity[CALCULOCENTRODEPERSPECTIVA].
menustring;selecion.select5:=activity[ESTATISTICA].menustring;
  selecion.select6:=activity[SOBRE].menustring;selecion.select7:=ac
tivity[AJUDA].menustring;

  selecion.menustring:=";selecion.darofora:=false;selecion.relog:=tru
e;selecion.sairprogr:=true;selecion.algo1:=false;
  selecion.dosexit:=0;

  ntime.year:=ano; ntime.month:=mes; ntime.day:=dia;
ntime.hour:=hora;
  ntime.min:=minuto; ntime.seg:=seg; ntime.censeg:=censeg;
ntime.lehora:=0;

  nilso7.proximo:=nilso8;
  NILSO7.PROXIMO.PROXIMO:=nilso10;
  nilso7.proximo.proximo.proximo:=ntime;
  NILSO7.PROXIMO.PROXIMO.proximo.PROXIMO:=selecion;

  write(ARQUIVa,Nilso7); close(arquiva);
  end;
  procedure queroler;
  begin
```
- 288 -

```pascal
        iniprogr;
        write(' menustring=',selecion.menustring,'
darofora=',selecion.darofora,' relog=',selecion.relog,
        ' sairprogr=',selecion.sairprogr,' selecion.algo1=',selecion.algo1,
        ' select=',selecion.select,' select1=',selecion.select1,'
select2=',selecion.select2,' select3=',selecion.select3,
        ' select4=',selecion.select4,' select5=',selecion.select5,'
select6=',selecion.select6,
        ' select7=',selecion.select7,'
ntime.lehora:',ntime.lehora);readkey;end;
        begin escreverarquivo; queroler;
        end.
        program nilson4;
        USES CRT,nilson30;

        CONST

        No=461;
        Arr:ARRAY[1.. No] OF STRING[78]=

        ('               == CONTINUAÇÃO DE MENSAGEM-ENTER ==
',
        '                                                          ',
        '                   BÍBLIA (JEREMIAS 13:13)                ',
        ' Aí daquele que edifica a sua casa com injustiça e os seus
aposentos, sem   ',
        ' direito!  Que se vale do seu próximo, sem paga, e não lhe dá o
salário;    ',
        '
=========================================================
==============    ',
        '                   BÍBLIA (JOÃO 11:25,27)                 ',
        ' Disse Jesus:"Sou Eu quem levanta os mortos e dá a eles uma
nova vida.   ',
        ' Todo aquele que crê em Mim, mesmo que morra como qualquer
outro, vive-   ',
        ' rá novamente. Porque tem a vida eterna por crer em Mim, e
nunca morrerá.   ',
        '
=========================================================
===============    ',
        '                   == OS REIS MAGOS ==                    ',
        '                   Olavo Bilac (patrono do serviço militar)   ',
        '       Diz a sagrada Escritura                      ',
        '       Que, quando Jesus nasceu,                    ',
        '       No céu, fulgurante e pura,                   ',
        '       Uma estrêla apareceu.                        ',
```

Estrêla nova... Brilhava
Mais do que as outras; porém
Caminhava, caminhava
Para os lados de Belém.

Avistando-a, os três reis Magos
Disseram: "Nasceu Jesus!"
Olhavam-na com afagos,
Seguiram a sua luz.

E foram andando, andando,
Dia e noite a caminhar;
Viam a estrêla brilhando,
Sempre o caminho a indicar.

Ora, dos três caminhantes,
Dois eram brancos; o sol
Não lhes tisnara os semblantes
Tão claros como o arrebol.

Era o terceiro sòmente
Escuro de fazer dó...
Os outros iam na frente;
Êle ia afastado e só.

Nascera assim negro, e tinha
A cor da noite na tez:
Por isso tão triste vinha...
Era o mais feio dos três!

Andaram. E, um belo dia,
Da jornada o fim chegou;
E, sôbre uma estrebaria,
A estrêla errante parou

E os Magos viram que, ao fundo
Do presepe, vendo-os vir,
O salvador dêste mundo
Estava, lindo, a sorrir.

Ajoelharam-se, rezaram
Humildes, postos no chão;
E ao Deus-Menino beijaram
A alva e pequenina mão.

E Jesus os contemplava

A todos com o mesmo amor,
Porque, olhando-os não olhava
a diferença da cor...

==
==================

AMOR DE ARTISTA
Aluísio de azevedo

Dois amantes tenho, olé!
Um é rico e outro não é! ...

Um é lindo, louro e nobre,
Veste à moda e gasta cobre
Com certo chique ideal,
    Muito ideal!
O outro é feio no entretanto;
Seu nariz tem outro tanto
    Do nariz.
Do nariz do seu rival.

Dois amantes tenho, pois,
Qual escolherei dos dois? ...

Sobre ser o mais formoso,
O primeiro é carinhoso,
É pacato e é bom rapaz ...
    Bem bom rapaz!
O segundo ... Virgem santa!
Pinta o sete! pinta a manta!
    Faz de mim ...
Faz de mim ... o que lhe apraz!

Dois amantes tenho, pois,
Qual escolherei dos dois? ...

O primeiro é todo sério,
Fala pouco e com critério,
Tem ares de confessor!
    Que confessor!
Já do outro direi contra:
Nunca vi maior bilontra!
    Que bilontra!
Que bilontra,meu senhor!

Dois amantes tenho, pois,
Qual escolherei dos dois? ...

O primeiro dá-me tudo,
é ouro, é seda, é veludo
E o mais que me apetecer,
   Se apetecer!
O segundo não escorrega!
a não ser com alguma esfrega
   Dessas tais,
Dessas tais de embambecer!

Dois amantes tenho, pois,
qual escolherei dos dois? ...

O primeiro, francamente,
O que tem gasta com a gente,
E não é pouco o que tem!
   Olá se tem!
E todavia o segundo
Não passa de um vagabundo,
   Que anda sempre,
Que anda sempre sem vintém!

Dois amantes tenho, pois,
Qual escolherei dos dois? ...

O primeiro, nos seus dias,
Nunca vem com as mãos vazias,
Traz presentes e bem bons!
   Oh! se são bons!
O outro o que traz é fome,
E tudo o que pilha - come,
   Sem me dar,
Sem me dar ... satisfações!

Dois amantes tenho, pois,
Qual escolherei dos dois? ...

O primeiro, que prudência!
Nunca teve uma exigência,
Nem comigo se agastou!
   Qual agastou!
O segundo - que contraste!
Quanto mais dou, mais o traste
   Quer que lhe dê!
Quer que lhe dê, e eu lhe dou!

Dois amantes tenho, pois,

Qual escolherei dos dois? ...

Mas é tão tolo o primeiro;
E o segundo é tão brejeiro,
Tem tanta graça o ladrão!
    Ai! que ladrão!
Que apesar de esbodegado,
Desordeiro e malcriado,
    Quero este,
Quero este, e o outro não!

Dois amantes tenho, pois,
Prefiro o pior dos dois!

==

samba
Noel Rosa

A gente não quer peitar ninguém, Ordem e Progresso,

A gente só quer mostrar que tem samba também...

O povo já pergunta com maldade.
Onde está a Honestidade?
Onde está a honestidade?

==

fragmentos
Castro Alves

O povo é como o sol! Da treva escura
Rompe um dia co"a destra iluminada,
Como o Lázaro, estala a sepultura!...

Oh! Temei-vos da turba esfarrapada,
Que salva o berço à geração futura,
Que vinga a campa a geração passada.

==

Publicado na Inglaterra no século
XVII por poeta anônimo.

Homens Afro-americanos, por que arar
Para os senhores que vos mantêm na miséria?

Por que tecer com esforço e cuidado
As ricas roupas que vossos tiranos vestem?

Por que alimentar, vestir e abrigar
Do berço até o túmulo,
Esses parasitas ingratos que
Exploram vosso suor - Ah, que bebem vosso sangue?

Por que abelhas africanas, forjar
Muitas armas, cadeias e açoites
Para que esses vagabundos possam desperdiçar

O produto forçado do vosso trabalho?

Tendes acaso ócio, conforto, calma,
Abrigo, alimento, o bálsamo gentil do amor?

Ou o que é que comprais a tal preço
Com vosso sofrimento e com vosso temor?

Acaso tendes insuficiência física?
Mas, onde? Se ganhais guerras para os ditadores?

Acaso tendes pouca inteligência?
Mas, como? Se generais não fazem o que fazeis?

Os filhos dos tiranos vivem pendurados
Nas têtas do govêrno, o melhor da instrução

e equipamentos, ótimo soldo, aposentadoria integral

Para seus filhos, abelhas, à favela Naval

Nos concursos que sobressais,
Tendo que saber muita barafunda,
É certo que levarão um pé na Bu...
No lugar entrarão os filhos dos generais.

A semente que semeais, outro colhe
A riqueza que descobris, fica com outro.
As roupas que teceis, outro veste.
As armas que forjais, outro usa.

Semeai - mas que o tirano não colha.
Produzi riqueza - mas que o impostor não a guarde.

Tecei roupas - mas que o ocioso não as vista.

Forjai armas - que usareis em vossa defesa.

===

SONHO INUTIL
psicografia de Chico Xavier

Em minha juventude estive à espera
De um malogrado sonho superior.
Esperança divina que eu quisera
Ver aureolada por um grande amor!

Mas não pude esperar quanto devera
Nos carreiros aspérrimos da dor
Sem fé, que era aos meus olhos a quimera

Do pensamento mistificador.

Meu erro foi descrer, porque, deserto
O coração, somente acreditei
Na Morte, o grande abismo, o nada incerto!...

Oh! o maior dos enganos perpetrados !
Pois no meu sonho altíssimo de rei
Achei a dor dos grandes condenados!

===
===========

O MONSTRO
Antero de Quental -em 1935-
Vi um monstro pairando sobre a Terra
Como um corvo de garras infinitas
Cobrindo multidões, tristes e aflitas
Visão de luto e lágrimas que aterra!

Vi-o de vale em vale, serra em serra
E disse: - "Quem és tu que abres e excitas
Os pavores e as cóleras malditas?"
E o monstro respondeu:-"Eu sou a guerra!

Não há forças no mundo que me domem

Sou o retrato fiel do próprio homem,
Que destrói e luta e mata e vocifera!

Venho das trevas densas, da voragem,
dos abismos de dor e da sacanagem,
Para mostrar ao homem que êle é fera!...

===

Os Egípcios
Cheikh Anta Diop(do Senegal)

Os egípcios antigos foram negros. O fruto moral da

sua civilização está para ser contado entre os bens

do mundo negro. Ao invés de se apresentar à história

como um devedor insolvente, este mundo negro

é o próprio iniciador da civilização "ocidental"
ostentada diante dos nossos olhos. Matemática pitagórica

a teoria dos quatro elementos de Thales de Mileto,

materialismo de Epicureano, idealismo platônico,

judaismo, islamismo, e a ciência moderna, estão

enraizados nos preceitos e ciência egípcia.

===

Jornal Pasquim set/79
Quanto foi roubado dos negros! Conheço cinco famílias

que perderam todas suas terras para o Governo

em Salvador na Bahia.
Temos aqui uma pequena amostra do cerco de destituições
levantado
pela sociedade dominante em torno do descendente africano.

'À destituição das terras dos negros, seguem-se o desemprego, a fome, o genocídio. No Brasil atual o negro vive à margem do sistema empregatício ou degradado no camelódromo e subemprego. Recusado pelo governo, nas três forças armadas, conheço um.

===
=====

REFLEXÃO (Recolhido em uma igreja na rua Santana)

Vinde de novo, Senhor, nascer nesta pobre terra,

Neste chão de miséria, onde a verdade não chove.

Vinde acender as estrelas que o egoísmo apagou,

Vinde semear a esperança nos campos onde secou.

Vinde vencer os soberbos em seus tronos instalados

e devolver aos que sofrem o valor de seu trabalho.

Vinde como luz de aurora depois da noite tão longa

Iluminar as estrêlas onde os homens se ignoram.

Vinde juntar os irmãos em torno à mesma fogueira.

Vinde rasgar novas veredas ao sangue das nossas veias.

Vinde de novo, Senhor, nascer nesta pobre terra,

neste chão de miséria, onde a verdade não chove.

===
====

HISTÓRIA DA RIQUEZA DO HOMEM

Leo Huberman

O primeiro inglês a imaginar a idéia de que podia ganhar muito dinheiro apoderando-se, pelo rapto, de negros africanos e os vendendo para as plantações do Novo Mundo foi John Hawkins. Contou a idéia na alta sociedade local e todos gostaram muito e se tornaram contribuintes e liberais participantes da ação. Para tal objetivo arranjaram três navios abastecidos... ...Dirigiu-se então a Serra Leoa, pela força e rapto, acorrentou 300 e pegou pelo saque mais mercadorias; a venda deu um lucro fabuloso e os contribuintes da alta sociedade inglesa foram muito bem remunerados. A rainha Elisabete impressionou-se com aqueles lucros e participou de todas as expedições macabras posteriores, e na segunda expedição Deu a Hawkins o título de Cavalheiro e um navio e o brasão de Sir Hawkins era um negro acorrentado. Neste mesmo navio, enquanto as mulheres negras eram estupradas em alto mar sob a luz das estrelas, e negros insubmissos eram açoitados no tombadilho, de suas costas e pulsos acorrentados deixavam um rastro de sangue no mar. Cada negro ao procurar apoio nas divindades do céu, viam o nome dado ao navio pelos ingleses "JESUS". Não é por acaso que S.S. PAPA pediu perdão aos negros publicamente. General por que não faz o mesmo? Você teria a coragem de regis-

trar seu filho com o nome: HITLER?   Corre o mesmo risco

com o seu nome general.

==

IDEM

Em 1840 O professor H. Merivale pronunciou uma série de

conferências em Oxford sobre   "Colonização e Colônias".

No curso de uma dessas conferências, formulou duas per-

guntas importantes,   e deu-lhes uma resposta igualmente

importante: "O que transformou Liverpool e Manchester de

cidades provincianas em cidades gigantescas? O que man-

tem sua indústria sempre ativa, e sua rápida acumulação

de riqueza? ... ... A opulência se deve ao trabalho e

sofrimento do negro, como se suas mãos tivessem constru-

ído as docas e fabricado as máquinas a vapor". Em 1998

continua a exploração: salários de fome, a polícia a es-

pancar pelo tom da pele, a exclusão institucionalizada.

Exagero? Veja em Mensagem-enter.

==

Ana em Veneza
João Silvério Trevisan
...Nem se compara com a insana tarefa desses negros que

enriqueceram o Brasil por séculos, fazendo todo tipo de

trabalho. E qual a herança que receberam?   A gloriosa

liberdade, sem sequer um pedaço de terra como indeniza-

ção, nem qualquer plano de instrução que os preparasse

melhor para ganhar a vida. Ao contrário foram jogados

num imoral estado de abandono, por uma nação que sim-

plesmente lavou as mãos ante o destino desses milhões

de desgraçados, de quem ela quisera ter se desvencilha-

do. Enquanto os imigrantes europeus têm recebido todo o

apoio para trabalhar a terra, os negros libertos preci-

saram refugiar-se nas cidades, abandonados que foram à

própria sorte. Quanta crueldade contra uma raça inteira

de dedicados trabalhadores! (Pensa que é coisa do pas-

sado? Veja em help-mensagem e em arquivo-apagar.)

===

Idem

... Este Brasil não é nossa Pátria, nem nossa Mátria menos

ainda Frátria, mas a má Madrasta, o nosso castigo, os

negros que o digam, nós sabemos e fazemos de conta que

não

foi brutal a carga de maldição que o Brasil fez cair em

suas costas, dos negros, e eu me pergunto se eles se liber-

taram, ah, eu sei, a minúscula liberdade que os pretos do

Brasil conseguiram foi às custas deles próprios e não da

princesa Isabel, ah graças sejam dadas, os pretos se li-

bertaram precisamente através da sua música e espiritualidade, que é celebração e redenção, os negros cantam e

dançam até mesmo pra rezar como se fazia nas suas tribos

e nos tempos antigos quando o sagrado ainda permeava o

quotidiano dos povos, então os negros deram de graça para

o Brasil uma estirpe musical de extraordinária variedade

que vai do Anacleto de Medeiros a Jorge Ben, de Chiquinha

Gonzaga a Angela Maria, de Pixinguinha a Gilberto Gil, de

Cartola a Milton Nascimento, de Elizeth Cardoso a Clementi-

na de Jesus, de Jamelão a Sandra de Sá, de Agostinho dos

Santos a Noite Ilustrada, do Trio Esperança a Luis Melodia,

de Tim Maia aos Golden Boys e a Nilo Amaro e seus

cantores

de ébano, ah os Cantores de Ébano eu pergunto como

podem

ter sumido, para qual recanto da memória brasileira a sau-

dade os levou. Porque nós jamais poderemos agradecer sufi-

cientemente aos antigos escravos e seus filhos netos bis-

netos a maneira generosa com que brindam a este país em

contrapartida as desgraças que a história do Brasil impin-

giu e ainda continua impingindo ao seu povo jogado nos

guetos das favelas tratado como bicho, eu até me pergunto

se não existiria uma cultura negra uma organização psíqui-

ca especial, muito mais ancestral que talvez funcione me-

lhor que o nosso padrão ocidental e foi ela que permitiu

aos africanos sobreviver à longa escravidão de ontem e à

miséria de hoje criando música comendo poesia, então os pretos estão ajudando o Brasil a voltar para si mesmo, ou seria o ocidente inteiro? Na verdade eu não sei o que seria do mundo sem a luminosa energia dos negros sua grandeza alma e a alegria de viver com que redimem tudo e ensinam ocidente essa arte de resgatar, basta ver o rockn"roll preto pretíssimo de origem e a salsa e blues o jazz o merengue a lambada, então que seria da música moderna se fossem as raízes africanas?. E mesmo assim as instituições do Brasil ainda excluem os negros. Surpreso?

===

A LEI DO TRIUNFO
Napoleon Hill

Quando a aurora da inteligência tiver espalhado as suas asas sobre o horizonte do progresso, e a ignorância e a superstição tiverem deixado as suas últimas pegadas nas areias do Tempo, será registrado no livro dos crimes e erros do homem que o pecado mais grave foi a intolerância.
A intolerância mais acerbada nasce dos preconceitos religiosos e das diferenças de opinião, como resultado da educação. Por quanto tempo, ó Senhor dos destinos humanos, os pobres mortais, viveremos ainda sem compreender loucura procurar destruir um ao outro, por divergências de dogmas e credos e outras questões superficiais?

```
    '           A nossa vida é apenas um breve momento!
',
    '           Como uma vela,'ardemos, brilhamos por um instante e logo
nos       ',
    '           extinguimos. Por que  não podemos  fazer esta  breve
jornada      ',
    '           terrestre de tal  maneira que,  quando a grande  caravana
da         ',
    '           morte anunciar que está terminada a  nossa visita,
estejamos        ',
    '           prontos para dobrar as nossas tendas e silenciosamente,
como      ',
    '           os árabes do deserto, seguir a grande caravana para as tre-
',
    '           vas do desconhecido, sem medo e sem tremor?
',
    '           Espero não encontrar judeus nem gentios,  católicos nem
pro-       ',
    '           testantes, alemães nem ingleses,  franceses ou russos,
bran-       ',
    '           cos ou pretos, vermelhos ou amarelos, quando tiver
cruzado a       ',
    '           fronteira para o além.                              ',
    '           Então, espero encontrar apenas  almas humanas, todos
irmãos,       ',
    '           sem distinção de raça, credo ou cor; desejo que não haja
en-        ',
    '           tão intolerância, pois quero repousar em paz, livre da igno-
',
    '           rância, da superstição e das incompreensões  mesquinhas
que       ',
    '           tornam a nossa  vida  terrestre um caos de tristeza e sofri-
',
    '           mento.                                          ');
var i:integer;
begin  assign(arquivo,'nilson4.can');rewrite(arquivo);
for i:=1 to No do begin
F1nilson1.Lstr80:=arr[i];write(arquivo,F1nilson1);
end; close(arquivo);
end.


program nilson05;  {$N+,E+}
uses
crt,dos,nilson36,nilson38,nilson39,nilson31,nilson35,nilson32,nilson73,nils
on74,nilson30,nilson71,
```
- 303 -

```pascal
          nilson08,nilson10,nilson46,nils48,nilson6,nils6,nilson8,nilson77,nils
8,nilson11,nilson16,
          nilson29,nils29,nilson40,nils40,nilson48,nilson50,nilson59,nilson60
;

          type str80=string[80];nilson1F1 = record Lstr80:str80;end;
          var arquiv:file of
nilson1F1;F1nilson1:nilson1F1;dosexit,erro:integer;
          begin
          if not getparamstr then exit;DadoIniMouse;ESCREVERODAPE;
          WINDOW(2,5,79,22);textattr:=$70;clrscr;
          entrada:='';entrada2:='';entrada1:='';
          {$I-}assign(arquiv,'nilson1.ncs');reset(arquiv) {$I+};
          if IOResult<>0 then exit;
seek(arquiv,3512);read(arquiv,F1nilson1);Val(F1nilson1.Lstr80,dosexit,err
o);close(arquiv);
          case dosexit of
          6:begin
getmem(kn6,sizeof(kn6));kn6^.entradado;freemem(kn6,sizeof(kn6));
          getmem(r6,sizeof(r6));r6^.entradado;freemem(r6,sizeof(r6));
          getmem(k6,sizeof(k6));k6^.entradado;freemem(k6,sizeof(k6));end;
          7:begin
getmem(kn7,sizeof(kn7));kn7^.entradado;freemem(kn7,sizeof(kn7));
          getmem(r7,sizeof(r7));r7^.entradado;freemem(r7,sizeof(r7));
          getmem(k7,sizeof(k7));k7^.entradado;freemem(k7,sizeof(k7));end;
          8:begin
getmem(kn8,sizeof(kn8));kn8^.entradado;freemem(kn8,sizeof(kn8));
          getmem(r8,sizeof(r8));r8^.entradado;freemem(r8,sizeof(r8));
          getmem(k8,sizeof(k8));k8^.entradado;freemem(k8,sizeof(k8));end;
          10:begin
getmem(kn10,sizeof(kn10));kn10^.entradado;freemem(kn10,sizeof(kn10));
          getmem(r10,sizeof(r10));r10^.entradado;freemem(r10,sizeof(r10));
          getmem(k10,sizeof(k10));k10^.entradado;freemem(k10,sizeof(k10)
);end;
          11:begin
getmem(kn11,sizeof(kn11));kn11^.entradado;freemem(kn11,sizeof(kn11));
          getmem(r11,sizeof(r11));r11^.entradado;freemem(r11,sizeof(r11));
          getmem(k11,sizeof(k11));k11^.entradado;freemem(k11,sizeof(k11)
);end;
          16:begin
getmem(kn16,sizeof(kn16));kn16^.entradado;freemem(kn16,sizeof(kn16));
          getmem(r16,sizeof(r16));r16^.entradado;freemem(r16,sizeof(r16));
          getmem(k16,sizeof(k16));k16^.entradado;freemem(k16,sizeof(k16)
);end;
          18:begin
getmem(k18,sizeof(k18));k18^.entradado;freemem(k18,sizeof(k18));end;
          20:begin
getmem(k20,sizeof(k20));k20^.entradado;freemem(k20,sizeof(k20));end;
```

```
        26:begin
getmem(k26,sizeof(k26));k26^.entradado;freemem(k26,sizeof(k26));end;
        27:begin
getmem(kn27,sizeof(kn27));kn27^.entradado;freemem(kn27,sizeof(kn27));
        getmem(r27,sizeof(r27));r27^.entradado;freemem(r27,sizeof(r27));
        getmem(k27,sizeof(k27));k27^.entradado;freemem(k27,sizeof(k27)
);end;
        29:begin
getmem(kn29,sizeof(kn29));kn29^.entradado;freemem(kn29,sizeof(kn29));
        getmem(r29,sizeof(r29));r29^.entradado;freemem(r29,sizeof(r29));
        getmem(k29,sizeof(k29));k29^.entradado;freemem(k29,sizeof(k29)
);end;
        40:begin
getmem(kn40,sizeof(kn40));kn40^.entradado;freemem(kn40,sizeof(kn40));
        getmem(r40,sizeof(r40));r40^.entradado;freemem(r40,sizeof(r40));
        getmem(k40,sizeof(k40));k40^.entradado;freemem(k40,sizeof(k40)
);end;
        45:begin
getmem(k45,sizeof(k45));k45^.entradado;freemem(k45,sizeof(k45)); halt;
end;
        48:begin
getmem(kn48,sizeof(kn48));kn48^.entradado;freemem(kn48,sizeof(kn48));
        getmem(k48,sizeof(k48));k48^.entradado;freemem(k48,sizeof(k48)
);end;
        50:begin
getmem(k50,sizeof(k50));k50^.entradado;freemem(k50,sizeof(k50));halt;e
nd;
        end;halt(20);
        end.program nilson5;
        USES CRT,nilson30;

        CONST
        No=355;
        Arr:ARRAY[1.. No] OF STRING[78]=

        ('                  PROJETO DE VÔO                        ',
        '              =================                         ',
        '              A finalidade de projetar um vôo é obter fotografias
',
        '       aéreas verticais com a câmera especialmente projetada para
isso     ',
        '       e estando a bordo de uma aeronave.                ',
        '              Nos cálculos em momento algum foi  mencionado a
es-     ',
        '       cala da carta, a verdade é que, para se ter uma escala de
foto,     ',
```

- 305 -

parte-se da escala da carta que se deseja. Precisa-se saber
primeiro a que fim se destina a carta, e isto vai definir a
precisão que se deseja dela. Se for uma escala pequena predomina a precisão horizontal, se for grande predomina a vertical,
(veja CÁLCULO DE APOIO DE CAMPO - F1).

Naturalmente, já sabendo qual precisão é a importante, calcula-se o êrro quadrático médio desde a locação de pontos, orientação, aerotriangulação, desenho e impressão. Em
seguida compara-se o erro médio quadrático com a precisão dos
diversos equipamentos disponíveis, e escolhe-se o mais apropria-
do. Cada equipamento tem um "range", uma faixa de valores para o
qual pode ser escolhida a escala da foto. Ufa! chegamos na foto.
Mas não terminou, para a qualidade da foto, é necessário escolher bem o filme e o filtro a empregar.
No Brasil quem tem QI (Quem Indica), vai estudar
nos EUA onde o fator C, o qual, é uma função da equidistância
da carta e a altura de vôo, é o utilizado para calcular a escala
da foto. Mas, os equipamentos mais utilizados como wild são da
Europa cujos manuais escolhem a escala da foto pela precisão
vertical do instrumento combinado com a equidistância. O outro
é o método do êrro quadrático inicialmente explicado.

A aeronave deve possuir as características essenci-
ais para o trabalho, assim como a câmera, o filme, o filtro.

É usual para que se tenha a visão estereoscópica do

terreno, cada fotografia avance sôbre a seguinte na direção de vôo de mais ou menos (superposição) 60% (4% a mais ou menos). A superposição lateral de 30% +-4% (este é o cálculo prático).

Embora, só se possa assegurar que esteja perfeito, quando se levanta o perfil e neste reproduza as tomadas aéreas, de forma que, não se tenha buracos estereoscópicos. Este é o fato em que em regiões montanhosas as superposições são maiores.

A direção de vôo será N-S (norte sul), ou E-W (leste - oeste) e também vice-versa, As razões são a necessidade futura de unir a outros mapeamentos e a economia em fotos ao proceder a articulação de fôlhas de mapas.

Deve-se ter 20% de estereoscopia fora dos limites do terreno.

A tomada de fotografia deve-se proceder quando o sol estiver a 30 graus no horizonte e "céu de brigadeiro".

É bom fazer um teste com o conjunto avião-câmara com 20 fotografias, com as variáveis calculadas para o vôo projetado.

Seguir as recomendaçoes do fabricante em relação ao filme escolhido.

Antes de decolar é preciso ter:
- Início e direção das faixas amarradas a detalhes importantes do terreno.
- De que aeroporto de apoio partir e como chegar a área a ser recoberta.
- Altitude de vôo para a escala calculada, lembrando que é com-

posta de altura de vôo calculada mais a altitude média da área a ser recoberta.

- superposição longitudinal e lateral desejada.
- número de faixas, número de fotos por faixa e o total de fotografias.
- Quantidade de filme necessária.

Tudo isso traçado em uma carta, antes de decolar. E se não houver carta? Uma região não mapeada? Fácil, faz-se um vôo com uma escala menor, colam-se as fotografias, e tem-se assim uma imagem do terreno, traça-se então as faixas e todos os dados emcima como se fosse uma carta.

Nos cálculos, em momento algum, foi cogitado o arrastamento provocado na fotografia, ocasionado pelo movimento da câmera, no momento da tomada da foto, sòmente câmeras pré-históricas, ainda em funcionamento no Brasil, ocasionam este fenômeno. Modernas câmeras, tipo RC-30 da Wild em diante, possuem a compensação interna, isto é, no momento da tomada da fotografia, a câmera acompanha a cena que está sendo registrada. Com isto o arrastamento é zero.

CARACTERÍSTICA DA CÂMERA RC-10

================================

Formato da foto 23 X 23 cm
Recobrimento de 5 % em 5% até 90%

Intervalo mínimo entre exposições de 1.5 segundos

Disparo manual ou automático intercalado no tempo

Tempo de exposição regulável 1/100 a 1/1000 do segundo

Filme com 120 a 150 metros, conforme a espessura

distância focal de 88 mm ângulo de campo de 120 graus

distância focal de 152 mm ângulo de campo de 90 graus

LEGISLAÇÃO SOBRE O ASSUNTO

===========================

Decreto Federal n. 1177 de 21/06/71 e Portaria do EMFA 4172/fa-51 de 03/dez/80.

Indagações mais comuns:
1 - Uma empresa de engenharia de projetos, não inscrita no EMFA (ESTADO MAIOR DAS FORÇAS ARMADAS), mas que tenha aparelhos restituidores e operadores gabaritados pode efetuar uma restituição para apoio a alguns de seus projetos?

Resposta: não pode.

Art. 8   Esta empresa pertence a categoria C. Por-
======   tanto pode ser inscrita no EMFA. Se ela

estiver consorciada com outra, essa outra
então deverá ter o registro e pedirá ao
EMFA autorização para consorciar-se ; conf.

art. 16 $2 (pág.75).

Art. 8   O EMFA somente concederá inscrição à
======   nização Especializada Privada que satisfi-

zer às seguintes condições:
I- ter personalidade jurídica de direito
   privado.
II- estar constituida sob forma de socie-
    dade anônima.
III- ter como objetivo principal a execu-
     ção de operações de levantamento.

- 309 -

IV- ter o seu capital social dividido em
ações nominativas subscritas e inte-
gralizadas por:
a) brasileiros
b) sociedades anônimas cujos acionis-
tas sejam em sua totalidade brasileiros;
c) sociedades por quotas de responsa-
bilidade limitada, cuja totalidade
dos sócios quotistas seja constituida por brasileiros.
V- ter sede e foro no país.
VI- ter toda a sua diretoria constituida
por brasileiros.
VII- ter, pelo menos, dois ter;os de seu
corpo técnico-administrativo, em todos os níveis, integrado por brasileiros.
VIII-estar adequadamente capacitada para

as operações de aerolevantamento que

pretenda executar.
IX- não conter em qualquer documento pú-

blico ou privado da Organização, que
regulamente sua estrutura, organização ou funcionamento, disposição que
assegure a grupo minoritário privilé-
gios ou poder de decisão, total ou
parcial, em matéria de qualquer natureza.

2 - Quem controla a execução de aerolevantamentos no território nacional? Por que?
Resposta: O Estado Maior da Forças Armadas (EMFA).

Art. 4 Compete ao EMFA autorizar e controlar a execução de
====== aerolevantamentos no território brasileiro, respeita-
da a competência do Ministério da Aeronáutica para

controle e aprovação final dos vôos.
Art.6 Afirma que a inscrição da empresa no EMFA é ato-condi-

===== ção para se efetuar aerolevantamentos.

3 - Uma empresa estrangeira de aerolevantamentos pode efetuar trabalhos desse gênero no Brasil?
Resposta: Não pode, a não ser que satisfaça a resposta 1.
art. 28 Só em caso excepcional, e, interesse público. Por

======= proposta do EMFA. Casos extras a ser definido no EMFA.
Em caso de consórcio a representante brasileira é quem
pedirá autorização. as normas que se dará o consórcio
encontra-se no art. 57 e 56.

4 - Uma empresa que não dispõe de avião encontra-se na categoria A?
Resposta: Não.
art.8 Combinando com o art.3, define-se categoria A como em-
===== presa executante de todas as fases do aerolevantamento
(do vôo até apresentação de produto final). Se esta
empresa possuir habilitação técnica poderá enquadrar-se
na categoria C. Reveja resposta 1.

5 - As empresas de categoria A devem dispor de laboratório?
resposta: Sim
art.38 A organização especializada privada ou de govêrno

====== inscrita na categoria A ou B deverá, além das condições
previstas nestas instruções, possuir laboratórios com
instalações dotadas dos requisitos de segurança e controle ambiental e aparelhado para as atividades de decor-
processamento do original, obtenção de produtos
rentes e quarda e conservação do original do aerolevantamento. Os produtos são considerados de sigilo e só

podem ser fornecidos a terceiros mediante
autorização   ',

do EMFA conf. arts. 38, 39, 40 e 41.   ',

6 - Uma empresa que vence uma concorrência para execução
de um aero- ',

levantamento no Brasil, pode iniciar a execução do trabalho
ime- ',

diatamente?   ',
Resposta: Não.   ',
art. 19 Sem prévia autorização do EMFA nada poderá ser
feito.   ',

Mesmo na assinatura do contrato, deve anexar uma
decla- ',

ração de habilitação técnica que é expedida pelo
EMFA.   ',

Mais os dispositivos do art. 26 e art. 28.   ',
7 - A empresa de aerolevantamentos, após a aconclusão dos
trabalhos, ',

precisa fornecer informações ao EMFA?
',

resposta: sim.   ',
art. 19 Após cada aerolevantamento, a empresa é obrigada
a envi- ',

======= ar ao EMFA dados e se pedido produtos
decorrentes. ',

art. 35 Enviar ao EMFA sem ônus: datas, coordenadas,
cópias, ',

======= cartas, relatórios, diagrama de articulação de
fôlhas, ',

e cartas produzidas.   ',
8 - O que é o RSAS?   ',
Resposta: Regulamento e Salvaguarda de Assuntos
Sigilosos, com a ',

finalidade de segurança nacional.   ',
art. 2   As Instalações Importantes para a Segurança
Nacional ',

======= (IISN), são áreas em que os produtos de
aerolevntamentos ',

são confidenciais.   ',
9 - Por que o conhecimento das (IISN) é tão importante?
',

Resposta: Implica na autorização dos vôos.
',

art. 2   Neste artigo e seus parágrafos reforça o caráter
confi- ',

====== dencial .   ',

10 - Com quem fica o original do aerolevantamento?

Resposta: Com quem o EMFA indicar.

art. 25 Ficará com a empresa que fez o aerolevantamento. Mas ',
======= quando conveniente o EMFA arbitra quem terá a guarda do ',
material. Para guardar o material fora dos limites da empresa o EMFA deverá ser consultado conf. art. 27, 37 ',
e 54.

UM EXEMPLO COMPLETO
====================
' Vamos considerar duas escalas de foto 1:8000, na qual você calculou, ',
' e outra de 1:15000 existente de um vôo anterior. Rode as duas opções ',
' PROJETO DE VÔO e também CÁLCULO DE APOIO DE CAMPO, use os dados: ',
' DENOMINADOR DA ESCALA DA CARTA = 2000

' DENONIMADOR DA ESCALA DA FOTO = 8000   e 15000 (existente) ',
' DENOMINADOR DA ESCALA DE RESTITUIÇÃO = 2000

' DENOMINADOR DA ESCALA DO GRAVADO = 2000

' DISTÂNCIA FOCAL DA CÂMERA   (MILÍMETROS) = 153

' EQUIDISTÂNCIA ENTRE CURVAS DE NÍVEL (METROS) = 1

' INCLINAÇÃO MÉDIA DO TERRENO (1 A 59 GRAUS) = 30

' RECOBRIMENTO LONGITUDINAL (0.60 A 0.90) = 0.60

' RECOBRIMENTO LATERAL (0.10 A 0.90) = 0.30

' Fazer um vôo sôbre uma determinada área exige conhecimento técnico a ',
' partir do gabinete, as equipes de vôo têm que possuir um excelente ',
' treinamento. A câmera deverá ser adaptada ao avião e não são todas ',

' as aeronaves em que isto é possível.   ',
'
' Em conseqüência o vôo fotogramétrico tem um custo que gira em
torno de   ',
' 20% a 40% do custo total do projeto(entrega da carta).
',
'   '
'
' Quando se tem um vôo existente o custo fica
',
' um pouco mais baixo, para adquirir estas fotos é preciso uma
consulta ao   ',
' EMFA (Estado Maior das Forças Armadas), como já foi
explicado. Sendo ',
' feita a restituição a partir da foto de 1:15000 os erros
planimétricos   ',
' e altimétricos serão maiores na escala da carta 1:2000, Algumas
vezes   ',
' dependendo para qual objetivo a carta é construída; o
produto   ',
' final, a carta, estará fora da   ',
' especificação cartográfica .   ',
'
' EXAMINANDO O RANGE DO EQUIPAMENTO
',
'
' ===================================
'
' O cálculo de range será feito com o estéreoplanígrafo C-8
'
' apenas pelo fato de estar disponível no departamento de
engenharia   ',
' cartográfica da UERJ (Universidade do Estado do Rio de
Janeiro) .   ',
'
' Vamos ao cálculo.   ',
'
' Conforme digitação em qualquer um das duas opções
',
' PROJETO DE VÔO   e   CÁLCULO DE APOIO DE CAMPO
',
' a altura de vôo é 2295 metros para a escala de foto 1:15000.
',
' Como a altitude da área é 572, então a altura de vôo será pela
',
' média. Assim a altura de vôo sôbre a planície será 2581 metros
',
' A altura de vôo sôbre o local mais alto será 2009 metros.
',

' O range do aparelho conforme seu manual é de 0.170 a 0.605.   ',
' A escala mínima do modelo (formado internamente opticamente)   ',
' será 1:15182.   ',
' Compensando o porta placas a escala máxima será 1:6325.

',

'   '
,
' Então a faixa que poderá ser formado o modelo pelo contador

'
' existente na base do aparelho será de 1:4000 a   1: 15:000.

'
' Com a tabela de transmissão de engrenagens, contida no manual,   ',
' as escalas possíveis de formar-se o modelo

'
' são: 1:7500, 1:8000, 1:10000, 1:12000 1:15000.

'
' Examinando a tabela com esses valores

'
' É POSSÍVEL RESTITUIR   na escala de 1:2000 com a foto

'
' de 1:15000 e as engrenagens utilizadas será o par de engrenagens   ',
' de 115 dentes e 23 dentes. Portanto Fica provado que este

'
' aparelho pode restituir a partir das escalas de foto 1:15000.

'
' Para a escala da foto 1:8000, para obter uma carta na escala de

'
' 1:2000, as engrenagens serão 112 e 28 dentes.

'
'   ',
' Entretanto, nos últimos tempos os fabricantes, impuseram a este   ',
' equipamento um periférico informatizado, o computador. Quando o   ',
' modelo é formado na visada do operador geralmente uma escala maior   ',
' ou igual ao da foto, esta escala de modelo é enviada ao pantógrafo,   ',
' através impulso de servo motores a corrente contínua, donde as   ',
' engrenagens no pantógrafo ampliam ou reduzem a escala do modelo,   ',
' a qual será registrada no pantógrafo, de onde sairá a escala da
'
'

```
'    carta.                                              ',
'    Os impulsos vindo do instrumento em corrente contínua, podem
ser        ',
'    convertidos por um transformador de tensão e corrente, para
níveis     ',
'    parecidos com os do telefone, a partir daí via modem, o
computador        ',
'    recebe os impulsos que são transformados em coordenadas
através de       ',
'    software. Os êrros advindo das engrenagens do pantógrafo e
espessura      ',
'    da tinta na caneta impressora,agora inexistente, tornam o
',
'    equipamento mais preciso.                          ',
'
',
' Sendo a restituição feita pelo Estereoplanígrafo  c - 8   se a
escala da   ',
' foto for 1:15000  e a escala da carta for 1:2000  tem-se  pela
listagem    ',
' de saída do programa no item  9.5. O êrro que este equipamento
propaga.     ',
'
',
' No item 9.54  mostra que este equipamento apresentará um
produto final, a   ',
' carta, com  uma precisão  na planimetria em torno de 59.776
centímetros.    ',
' No item 9.55  mostra que ao utilizar a teoria dos êrros de Gauss,
onde       ',
' baseou-se na estatística, a qual fornece a Curva de Gauss como
',
' representação do comportamento dos êrros acidentais, e 90% da
curva        ',
' corresponde a 1,645, então o êrro quadrático médio , segue esta
',
' tendência .                                           ',
'
',
' Desta forma  pelo item 9.56, e 9.57 , uma  dimensão qualquer
',
' medida em qualquer ponto na carta deverá  conter um êrro menor
que 138.12   ',
' centímetros na planimetria e 84.06 na altimetria.  ( o assunto
sôbre a      ',
' curva de gauss pode ser encontrada em   NOTARI, J. M.  -
DISTRIBUIÇÃO DE   ',
' PONTOS DE APOIO - IME . )                             ',
'
',
```

' Da mesma forma para um vôo projetado de escala da 1:8000, tem-se para os ',

' mesmos dados acima: ',

' 9.57 - O Erro altimétrico que se espera encontrar na carta é menor que ',

' 58.98 centímetros no terreno. ',

' 9.56 - O Êrro planimétrico que se espera encontrar na carta é menor que ',

' 88.03 Centímetros no terreno. ',

' ',

' Resumindo, os maiores êrros que podem ser encontrados no terreno é: ',

' 1 - Vôo projetado: 88.03Cm (na planimetria) e 58.98Cm na altimetria. ',

' Padrão de Exatidão Cartográfica para 1:2000 classe A. ',

' ',

' 2- Vôo existente: 138.12Cm (na planimetria   e 84.06Cm na altimetria. ',

' Padrão de Exatidão Cartográfica para 1:2000 Classe C. ',

' ',

' ',

' Agora as escolhas estão juntas e é fácil fazer um julgamento. Se as ',

' necessidades de contruir uma carta for , por exemplo, objetivos cadastrais ',

' a carta construída a partir de um vôo existente atende perfeitamente e ',

' em muito diminui o custo final da carta. ',

' ',

' Examinando a tabela de exatidão cartográfica   que está no programa CÁLCULO ',

' DE APOIO DE CAMPO, lá encontra-se PEC (Padrão de ',

' ',

' Especificação Cartográfica) e EP (Êrro Padrão). O Êrro padrão está no ',

' item 9.55 e item 9.54, então: ',

' 1 - Vôo projetado: 53,52Cm (na planimetria) e 39.48Cm na altimetria. ',

' 2- Vôo existente: 83.96Cm (na planimetria)   e 59.76Cm na altimetria. ',

' ',

' Portanto o vôo projetado possui a classificação PEC-A na escala 1:2000. ',

' Da mesma forma o vôo existente está na classificação de PEC-C na escala ',

' de 1:2000. ',

' ',

' Com o exposto acima pode-se afirmar que uma carta ampliada quatro vezes, ',
' em relação a fotografia, vai estar sempre na faixa PEC-A, e se a amplia- ',
' ção for de oito vezes vai estar na faixa PEC-C. Como exemplo, se tenho ',
' uma foto de 1:40000 e restituir a 1:10000 vou ter classe A, e se restitu- ',
' ir a 1:5000, vou ter classe C.   ',
'   ',
' Leia também CÁLCULO DE APOIO DE CAMPO - F1 para complementar.   ',
'   ',
' Veja que mesmo utilizando um vôo existente ainda assim o produto final   ',
' ainda está na especificação cartográfica, o que é naturalmente um argumento ',
' bastante forte para que faça com que o cliente decida pois, ao rodar   ',
' este programa, pode determinar todo o essencial, e é claro, o seu cliente   ',
' ainda não terminou de tomar o cafezinho.
');
        var i:integer;
        begin assign(arquivo,'nilson5.can');rewrite(arquivo);
        for i:=1 to No do begin
        F1nilson1.Lstr80:=arr[i];write(arquivo,F1nilson1);
        end; close(arquivo);
        end.

        program nilson06;
        uses crt,nilson30;
        const
        No=347;
        {   ÃàãÂâáÁéÉêÊíÍóÓõÕôÔúÚçÇ extenções . Área}
        Arr: ARRAY[1.. No] OF str80=   { 3527}
        ('Hidrogênio H 1.00797 1 2.1 ',   {3528}
        'Hélio   He 4.0026 2 -   ',
        'Lítio   Li 6.939   3 1.0 ',
        'Berílio   Be 9.0122 4 1.5 ',
        'Boro   B 10.811   5 2.0 ',
        'Carbono   C 12.011156 2.5 ',
        'Nitrogênio N 14.0067 7 3.0 ',
        'Oxigênio   O 15.9994 8 3.5 ',
        'Flúor   F 18.9984 9 4.0 ',
        'Neônio   Ne 20.183 10 -   ',
        'Sódio   Na 22.9898 11 -0.9 ',
- 318 -

'Magnésio   Mg 24.312   12 1.2 ',
'Alumínio   Al 26.9815 13 1.5 ',
'Silício   Si 28.086   14 1.8 ',
'Fósforo   P 30.9738 15 2.1 ',
'Enxofre   S 32.064   16 2.5 ',
'Cloro   Cl 35.453   17 3.0 ',
'Argônio   Ar 39.948   18 -   ',
'Potássio   K 39.102   19 -0.9 ',
'Cálcio   Ca 40.08   20 1.0 ',
'Scândio   Sc 44.9   21 1.3 ',
'Titânio   Ti 47.9   22 1.4 ',
'Vanádio   V 47.9   23 1.5 ',
'Cromo   Cr 52.0   24 1.6 ',
'Manganês   Mn 54.9   25 1.6 ',
'Ferro   Fe 55.8   26 1.7 ',
'Cobalto   Co 58.9   27 1.7 ',
'Níquel   Ni 58.7   28 1.8 ',
'Cobre   Cu 63.5   29 1.8 ',
'Zinco   Zn 65.4   30 1.6 ',
'Gálio   Ga 69.72   31 1.7 ',
'Germânio   Ge 72.6   32 1.9 ',
'Arsênio   As 74.9   33 2.1 ',
'Selênio   Se 78.9   34 2.4 ',
'Bromo   Br 79.9   35 2.8 ',
'Criptônio Kr 83.8   36 -   ',
'Rubídio   Rb 85.5   37 -0.9 ',
'Estrôncio Sr 87.6   38 1.0 ',
'ítrio   Y 88.9   39 1.2 ',
'Zircônio   Zr 91.2   40 1.3 ',
'Nióbio   Nb 92.9   41 1.5 ',
'Molibdênio Mo 95.7   42 1.6 ',
'Tecnécio   Tc 98.9   43 1.7 ',
'Rutênio   Ru 101.1   44 1.8 ',
'Ródio   Rh 102.9   45 1.8 ',
'Paládio   Pd 106.4   46 1.8 ',
'Prata   Ag 107.9   47 1.6 ',
'Cádmio   Cd 112.4   48 1.6 ',
'Índio   In 114.8   49 1.6 ',
'Estanho   Sn 118.7   50 1.8 ',
'Antimônio Sb 121.8   51 1.8 ',
'Telúrio   Te 127.6   52 2.1 ',
'Iôdo   I 126.9   53 2.5 ',
'Xenônio   Xe 131.3   54 -   ',
'Césio   Cs 132.9   55 -0.8 ',
'Bário   Ba 137.3   56 1.0 ',
'Lantânio   La 138.9   57 1.1 ',
'Cério   Ce 140.1   58 -   ',

'Praseodímio Pr 140.9   59 -   ',
'Neodímio   Nd 144.2   60 -   ',
'Promécio   Pm 145   61 -   ',
'Samário   Sm 150.4   62 -   ',
'Európio   Eu 152.0   63 -   ',
'Gadolínio   Gd 157.3   64 -   ',
'Térbio   Tb 158.9   65 -   ',
'Disprosio   Dy 162.5   66 -   ',
'Hólmio   Ho 164.9   67 -   ',
'Érbio   Er 167.3   68 -   ',
'Túlio   Tm 168.9   69 -   ',
'Itérbio   Yb 173.0   70 -   ',
'Lutécio   Lu 175.0   71 -   ',
'Háfnio   Hf 178.5   72 1.3   ',
'Tantálio   Ta 180.9   73 1.4   ',
'Tungstênio W 183.8   74 1.5   ',
'Rênio   Re 186.2   75 1.7   ',
'Ósmio   Os 190.2   76 1.9   ',
'Irídio   Ir 192.2   77 1.9   ',
'Platina   Pt 195.1   78 1.8   ',
'Ouro   Au 197.0   79 1.9   ',
'Mercúrio   Hg 200.6   80 1.7   ',
'Tálio   Tl 204.4   81 1.6   ',
'Chumbo   Pb 207.2   82 1.7   ',
'Bismuto   Bi 209.0   83 1.8   ',
'Polônio   Po 209   84 1.9   ',
'Astato   At 210   85 2.1   ',
'Radônio   Ra 222   86 -   ',
'Francio   Fr 223   87 -0.8   ',
'Rádio   Ra 226   88 1.0   ',
'Actínio   Ac 227   89 1.1   ',
'Tório   Th 223.0   90 -   ',
'Protactínio Pa 231   91 -   ',
'Urânio   U 238.0   92 -   ',
'Netúnio   Np 237   93 -   ',
'Plutônio   Pu 244   94 -   ',
'Amerício   Am 243   95 -   ',
'Curió   Cm 247   96 -   ',
'Berquélio   Bk 247   97 -   ',
'Califórnio   Cf 251   98 -   ',
'Enstênio   Es 252   99 -   ',
'Férmio   Fm 257   100 -   ',
'Medelévio   Md 258   101 -   ',
'Nobélio   No 259   102 -   ',
'lawrêncio   Lr 260   103 -   ',
'RutherfórdioRf -   104 -   ',
'Dúbnio   Db -   105 -   ',

'Seabórguio Sg -   106 -   ',
'Bóhrio   Bh -   107 -   ',
'Hássio   Hs -   108 -   ',
'Metinério Mt -   109 -   ',
'Ununílio   Uun-   110 -   ',
'Ununínio   Uuu-   111 -   ',
'Unúnbio   Uub-   112 -   ',   { 3639}
'Combustível para foguete, hidrogenação de gorduras, enchimento
de   ',
'balões, dessulfurização de petróleo, amoníaco, água.',{hidrogênio}
{1}
'Balão dirigível, gás engarrafado para mergulho, gás para testar
vazamentos,',
'laser, atmosfera inerte, meio pra refrigerar reatores atômicos.',
{2}
'Combustível para foguete, bateria para marcapasso, material para
atividades',
'espaciais, aditivos para graxas, vidros, remédios.',   {3}
'Material para desacelerar neutrons em reatores atômicos, janela
para tubos ',
'raios X, mola (para relógios), ferramentas antifaiscantes.',
{4}
'Bastão de regulagem para reatores atômicos, raquete de tênis,
vidro   ',
'refratário, desinfetante para olhos, aditivos alvejantes para
detergentes. ',{5}
'Filtros para água e ar, aço, aço pra pneus, diamante, grafite para
lápis e',
'eletrodos, material para desacelerar partículas no reator atômico,
gasolina.',{6}
'Criocirurgia, líquido para conservação de sêmem, preparação de
amoníaco, ',
'explosivos, adubos, combustível para foguetes.',
{7}
'Processos de queima, preparação de aço, digestão, purificação
de água,   ',
'areia, água, cimento.',   {8}
'Enriquecimento de urânio, meio de refrigeração para geladeira,
propelente ',
'para aerosol, compostos fluorados, gravação em vidro, pasta de
dente.', {9}
'Iluminação para propaganda, lâmpada para neblina, tubo de TV,
laser, teste ',
'para tensão elétrica, líquido para refrigeração.',   {10}
'Sínteses orgânicas, iluminação para estradas, refrigeração para
reator ato-',

'mico, acumulador, sal de cozinha, soda cáustica, vidro.',
{11}
'Fogos de sinalização, flash, veículos leves, avião, tijolo refratário, pig-',
'mentos, material de enchimento, rodas de liga leve.',
{12}
'Janelas, portas, caixilho de janela, panelas, tubo, cabos, fogos de artifí- ',
'cio, automóvel, foguete, avião, cimento, obturação de dentes.',
{13}
'Chip eletrônico, célula solar, ferramentas, areia/vidro, quartzo, cimento/ ',
'concreto, óleos e borracha de silicone.',   {14}
'Fogos de artificio, fósforos, adubos químicos, artigos de limpeza, pasta de',
'dente, artigos bélicos, cerâmica.',   {15}
'Fósforo, fogos de artificio, pólvora acumulador, ácido sulfúrico, ',
'vulcanização da borracha, conservantes, líquidos para fazer permanente. ',{16}
'Desinfetante de água, branqueador, acido clorídrico, plástico PVC, ',
'removedor de manchas, artigos bélicos.',   {17}
'Gás para lâmpada, lâmpada fluorescente, contador Geiger, laser, gás inerte ',
'para solda, cromatografia de fase gasosa.',   {18}
'Adubo químico, Vidro, lente, fósforo, pólvora, máscara de oxigênio, sal ',
'dietético.',   {19}
'Preparação de metais, revestimento para cabo, acumulador, adubo químico, ',
'gesso, cimento/concreto, material de carga para papel e tinta.',
{20}
'Detector para vazamento, circuito elétrico, material para atividades espa-',
'ciais, germinação de sementes.',   {21}
'Catalizador para polimerização, trocadores especiais de calor, motor de ',
'avião, pino para fratura, próteses, pigmentos para tintas e papel.',
{22}
'Material para construção, ferramentas, motor a jato, catalisador para produ-',
'ção de ácido sulfúrico.',   {23}
'Proteção de superfícies metálicas, aço, ferramentas, faca, catalisador para',
'preparação do metanol, tinta para camuflagem laser, fita de áudio e vídeo. ',{24}

'Aço, trilho, ferramentas, eixo de roda, cofre, arado, acumulador, vidro, ',

'pigmento preto.', {25}

'Veículos, pontes, estruturas, aço, máquinas, imãs, latas, ferramentas, pa- ',

'rafuso, catalizador para polimerização, bateria carregável.', {26}

'Fonte de radiação beta, lâmina de aço, imã permanente, catalisador de gás ',

'de escape, pigmentos.', {27}

'Moeda, latão para leite, talheres, ouro branco, cadinhos, catalisador para ',

'polimerização, bateria carregável.', {28}

'Arame, cabo elétrico, circuitos impressos, medalhas, panelas, tubos, regis- ',

'tros, válvulas, torneiras, hélice para navios, sino carrilhão.', {29}

'Proteção para metais, acumulador, calha, peças para automóveis, torneiras ',

'para água e gás, pigmento branco, aditivos para borracha.', {30}

'Termômetro de quartzo, memória para computador, circuitos integrados, tela ',

'de televisão, transistor, diodo para laser, detector de tumores.', {31}

'Prisma infravermelho, refletor de projetor, lente para câmara fotográfica ',

'transistor, diodo, odontologia.', {32}

'Chumbo para caça, metal para espelho, vidro, laser, diodo emissor de luz, ',

'remédios.', {33}

'Fotômetro, copiadora, célula solar, corante para vidro vermelho, xampu anti',

'caspa.', {34}

'Purificador de água, gás lacrimogênio, retardador de chamas, desinfetante, ',

'papel fotográfico, filme.', {35}

'Tubo de luz, lâmpada fluorescente, gás para teste de vazamento, comprimento',

'de onda padrão, raio laser, ultravioleta.', {36}

'Célula fotoelétrica, receptor de gás em tubo de vácuo, exame dos músculos ',

'do coração.', {37}

'Bateria nuclear, bóia luminosa, estação de tempo, fonte de radiação beta ',

'tinta fluorescente, fogos de artifícios.', {38}

'Tv em cores, filtro para laser, radar, lente para câmara fotográfica, pedra',

'refrataria, medidor de oxigênio.', {39}

'Revestimento para metais, catalisador de gás de escape, espoleta de detona-',

'ção de munição, revestimento de fornos, medidor de oxigênio.', {40}

'Ferramentas de corte, tubulação, super-imã, eletrodo de solda elétrica, me- ',

'dalhas.', {41}

'Aquecedor elétrico, fonte de radioisótopos, motor para foguete, turbina, ',

'lubrificantes, catalisador para a petroquímica.', {42}
{3719 }

'Fonte de radiação para exames médicos.', {43}
{3720}

'Radiação para tratamento dos olhos, medidor de espessura, ponta da pena de ',

'caneta tinteiro, contato elétrico, resistência elétrica.', {44}

'Refletor de faróis, relê para telefone, ponta da pena de caneta-tinteiro ',

'catalisador de gás de escape, vela para motor de avião.', {45}

'Catalisador de gás de escape, produção de hidrogênio nascente, odontologia,',

'coroas para dentes, balancim do relógio, relé para telefone.', {46}

'Espelho, bateria, catalisador, talheres, jóias, papel fotográfico, filme, ',

'vidro corante.', {47}

'Bateria recarregável, proteção anticorrosiva para porcas e parafusos, vara ',

'de regulagem para reator atômico, fotômetro, pigmento vermelho-amarelado.',{48}

'Célula solar, espelho, solda para vidro, mancais, vara de regulagem para ',

'reator atômico, fotocélula, transistor, exames de sangue e pulmões.', {49}

'Lata, solda, moeda, artigos de decoração, tubos para orgão, tinta ',

'antiadesiva, vidro fosco, esmaltados.', {50}

'Solda, tipos de imprensa, chumbo para acumulador, maçaneta, detector infra-',

'vermelho, sombra para olhos na maquiagem, remédios contra tosse.', {51}

'Espoleta, vulcanização de borracha, proteção para chumbo de acumuladores, ',

'fio de resistência elétrica, termopares.', {52}
{3738}
'Tintura de iodo, radiação, lâmpada de iodo, pigmento para tinta, sal iodado', {53}{3739}
'Lâmpada ultravioleta, luz para bronzeamento, teste para pigmentos,   ',
'corantes lâmpada de projeção, raio laser, ultravioleta.', {54}
'Célula fotoelétrica, fonte de radiação gama, relógio atômico, lâmpada   ',
'infravermelha, combustível.', {55}
'Vela para motor, tubo de vácuo, pigmento para papel, fogos de artifício,   ',
'chapas do estômago, lâmpada fluorescente.', {56}
'Pedra de isqueiro, estocagem de hidrogênio, eletrodo de bateria, catalisa- ',
'dor de gás de escape, lente para câmara fotográfica.', {57} {3747}
'Submarino atômico, controle de reator atômico, gás em tubo de vácuo.', {72} {3748}
'Componentes eletrônicos e condensador, fio aquecedor do tubo de vácuo',
'ferramentas de corte, pesos de balança, lente para câmara fotográfica.', {73}
'Eletrodo de solda, fio para lâmpada, tv, tanque de guerra, granada, bala, ',
'tubo de jato de foguete, ferramenta de corte e de perfuração.', {74}
'Fio de forno elétrico, catalisador para preparação de gasolina azul, camada ',
'de proteção para jóias, eletrodo, termopares.', {75}
'Catalisador para preparação de amônia, ponta da pena de caneta-tinteiro,   ',
'agulha de bússola, mancal de relógio, bijuteria.', {76}
'Radiação para câncer, agulha para injeção, régua métrica padrão, vela para ',
'helicóptero, ponta da pena de caneta-tinteiro.', {77}
'Catalisador para preparação de ácido nítrico, cadinhos de laboratório,   ',
'cunha para fundição de vidro, odontologia, jóias, tratamento de tumores.',{78}
'Jóias, medalhas, contato elétrico, odontologia, tratamento de reumatismo   ',
'aplicações financeiras.', {79}
'Barômetro, termômetro, iluminação, luz terapêutica, baterias, odontologia, ',

        'desinfetantes.',   {80} { 3764 }
        'Enchimento de termômetro, vidro com baixo ponto de
amolecimento, detector ',
        'infravermelho, exame dos músculos, decoração, vermífugo.',
{81}
        'Proteção contra radiação, acumulador, solda, munição, gasolina
com alta   ',
        'octanagem, zircão, secante para tinta.',   {82}
        'Catalisador para preparação da borracha, fusíveis do tipo diazed,
sprinkler',
        'vidro, cerâmica, atadura contra queimaduras.',   {83}
{ 3770}
        'Bateria nuclear, fonte de neutrons, fotografia.',   {84}
        'Elemento sintetizado artificialmente.',   {85}
        'Sismógrafo, fonte medicinal.',   {86}
        ' 2 - Laje lados: lx= ═══════   ly= ═══════   (S,N): ',
{nilson78.pas} {3778}
        ' 3 -   ═══════════   ═══════════   (S,N):',
        ' 4 -   ═══════════   ═══════════   (S,N):',
        ' 5 -   ═══════════   ═══════════   (S,N):',
        ' 6 -   ═══════════   ═══════════   (S,N):',
        ' 7 -   ═══════════   ═══════════   (S,N):',
{3783}
        ' 8 - Peso proprio(ton/M) = ',
        ' 9 - Pavimentação (ton/M) = ',
        '10 - Sobrecarga (ton/M) = ',
        '11 - Vão Lx (M) = ',
        '12 - Vão Ly (M) = ',
        ' ═══════ apoio ═══════ engaste neste programa nenhum valor foi
majorado. ',{ 3789}
        'parapeito: 80 kg/M horizontal e 200 kg/M na vertical. ',
        'redução de carga: 20% no 4. Andar, 40% no 5. e 60% a partir do
6. ',
        'a altura de laje em edifícios varia de 5 a 12 cM. ',
        ' ═══════ apoio ═══════ engaste cargas de prédios: NB-5. ',
        'Mais de duas lajes calcule com e sem sobrecarga e adota-se
maiores valores.',
        'concreto:2500kg/M3 argamassa:1500 kg/M3
enchimento:1000kg/M3. ',
        'tijolo maciço:1600kg/M3 furado:1200kg/M3 ladrilhado:80kg/M3
taco:50kg/M3.',
        'fôrro(50kg/M3) sala(150) escritório(200) salão(300)
bailes(500kg/M3) ',
        'linha de centro no apoio ou vão+espessura da laje. ',
        'kN/M2 = 100 kg/M2 = 0.1 ton/M2   kN=100kg MPA=10kg/cM2
MPA=1000kN/M2. ', {3799}
    - 326 -

' 2 - Laje lados: lx= ============   ly= ============
(S,N): ',   {nilson780.pas}
' 3 -   ============   ============
(S,N):',
' 4 -   ============   ============
(S,N):',
' 5 -   ============   ============
(S,N):',
' 6 -   ============   ============
(S,N):',
' 7 -   ============   ============
(S,N):',
' 8 -   ============   ============
(S,N):',
' 9 -   ============   ============
(S,N):',
'10 -   ============   ============
(S,N):', {3808}
' 4 - Coef. de segurança no concreto : ',
' 4 - Coef. de segurança no aço : ',
' 4 - Coef. de segurança no momento : ',   { 3811}
' 8 - Tipo do aço a ser utilizado (25-32-40-50-60): ',
'10 - Resistência do concreto (90 até 220 kg/cm²): ',
' 4 - Cobrimento da L.C. a face próxima (Cm) : ',
' 4 - Cobrimento da L.C. a face afastada (Cm) : ',
' 4 - Distância entre centros de armadura (Cm) : ',
'   Área de aço longitudinal (cm²): ',   { 3817}
' Esta é a área de aço que foi calculada para o momento fletor
atuante.',
'   Área de aço :   Ferro a utilizar : ',
' 4 - Coef. de segurança na carga : ',   {3820}
' Piquete a Vante : Piquete Estação : Rumo a Vante : Próximo
piquete estação : ',
' Angulo tipo 1 = 239'+#248+' 55.5'+#39+' 2 = 239.925'+#248+' 3
= 239'+#248+' 55'+#39+' 30.0'+#34' : ',
' Posição do Rumo 1= N 2=S 3=E 4=W 5=NE 6=NW 7=SE
8=SW : ',
' Total das Estações :   Anterior piquete estação : ',
' Retículo superior (M) : Retículo médio (M) : Retículo inferior (M)
: ',
' Cota do piquete da estação (M) : Altura do instrumento (M) : ',
{3826}
' Ângulo da inclinação da luneta : Constante do instrumento : ',
' Constante ocular em relação ao foco : ',
'Lido na mira estes fazem com que os retículos horizontais
interceptam a mira',
- 327 -

'em intervalos diferentes, enquanto o retículo vertical confere a verticali-',

'dade da mira ou estadia que é a regua graduada, estabelecendo fórmulas.',

'Um plano qualquer referido ao plano médio dos mares (altitude).', {3832}

'Altura do solo até o eixo da luneta, (+)ascendente, (-)descendente.',

'Constante de reichembach: Alática (25 a 30 cM), analática (0 cM).',

'É de fabricação podem ser de 100, 150 e outros. Declividade (%) : ',

' Deflexão esquerda(-) Deflexão direita(+) : Azimute : ',   {3836}

' Distância em que o jato de água cai 25 cM (cM) : Diâmetro int. do tubo (cM): ',

' Perda de carga no registro (cM/M) : Altura de abertura do registro (cM) : ',

'Água sai de um tubo cheio e a partir da bôca em direção ao jato, medir.',

' A altura é a quantidade de abertura do registro dentro do cano.(W J Tudor)', {3840}

' Vazão Coeficiente de rugosidade da tubulação : Perda de carga (cM/M) : ',

' Coeficiente de rugosidade : Velocidade (M/seg) : Vazão (M3/seg) : ',

' barro:100,chumbo,cobre,latao,ferro novo:130,concreto:120,vidro,plástico:140',

' para diâmetros de 50 a 3500 mm Inclinação da parede do canal (y/x) : ',

'pvc,aco=.06;ff,manilha=.16;alvenaria=0.46;pedra=0.85;pedra e terra=1.30; ',{ 3845}

'pvc,aco=.011;ff,manilha=.013;alvenaria=0.016;pedra=0.03;pedra e terra=0.04; ',

' Cidade anterior [home] Próxima cidade [tab] Liga a = Distância : ',

' Cidade de partida [home] Cidade de chegada [tab] Nº de cidades : ',

', { 3849}

Tipo de	res. a	C	coef.aderência	coeficiente de segurança
argila	penetr.	ton/M2	mad. concr.	aço	sensibil. perm. temp.
M.mole	2	1.25	1.25	1.25	alta	3	2.5
mole	2	1.25	1.25	1.25	média	2.7	2
	4	2.50	2.40	2.30	baixa	2.5	1.8

| média | 4 | 2.50 | 2.40 | 2.30 | M.baixa | 2.2 | 1.6 |
| | 8 | 5.0 | 3.75 | | | | |

3.50|

Rija	8	5.0	3.75	3.50	coeficiente de atrito
	15	10.0	4.75	3.60	para argila
M.Rija	15	10.0	4.75	3.60	aço tang 0.2 a 0.3
	30	20.0	6.50	3.75	concr. tang 0.3 a 0.4

```
'              Resistência lateral ton/m2
' argila m. mole   1.2 0.0  0.6  argila firme  5   3   4
' tabatinga("mud") 1.2 0.2  1.2  argila firme  5.5 3.5 4.5
' silt            2.5 0.5  1.5  argila densa  7.5 4.5 6
' arqila mole      3   1    2   argila dura   9.5 5.5 7.5
' argila siltosa   4   2    3   argila m. dura 20  10  15
' argila media     4   2   3.5  areia fofa    0.7 0.3 0.5
' silte arenoso    5   3    4   areia média   3   2   2.5
' areia m. densa   5.5 3.5 4.5  areia pura    8.5 3.5 6
' areia e cascalho 15  5   10   cascalho     17.5 10  12.5
' Diâmetro da base (M) :  Diâmetro da estaca (M) :  Ângulo de
atrito : ',
' Densidade do solo (t/M3) :  Coeficiente de coesão do solo : ',
' Coeficiente de resistência lateral (t/M2) :  Coeficiente de
segurança : '); {3874}


var i:integer;
begin  assign(arquivo,'nilson06.can');rewrite(arquivo);
for i:=0 to No do begin
F1nilson1.Lstr80:=arr[i];write(arquivo,F1nilson1);
end; close(arquivo);
end.
```

unit nilson6; { Criptografa seu arquivo }

```
interface
uses
crt,nilson36,nilson38,nilson39,nilson31,nilson35,nilson30,nilson72,nilson7
3;
type
ptr_nilso6 = ^nilso6;
nilso6 = object
PROCEDURE entradado;
end;
ptr_ar6=^ar6;
ar6 = object
```

```
PROCEDURE entradado;
end;
var k6:ptr_nilso6;r6:ptr_ar6;
implementation


type str240=array[0..255] of char;
VAR
ARQ_ENT,ARQ_SAI:file;
NumRead, NumWritten: Word;
j:longint;
buf:array [0..1023] of char;
NOME_ENT:STRING[67];
escolha,senha: STRING[6];
CAR:CHAR;
ARRAY1,ARRAY2,ARRAY3,ARRAY4,ARRAY5,ARRAY6:str240;
PROCEDURE COBRIR(var strArray1:str240);VAR
I:INTEGER;BEGIN
FOR I:=0 TO 255 DO BEGIN
IF (strArray1[I] = CAR )THEN BEGIN car:=chr(I);EXIT; END
;END;END;
PROCEDURE DESCOBRIR(var strArray1:str240);begin
car:=strarray1[ord(car)];end;


FUNCTION NUMBERCAR(CONTE:INTEGER):INTEGER;
BEGIN  erro:=ord(senha[conte])+conte;
if (conte>1) and (senha[conte]=senha[(conte-1)]) then
erro:=ord(senha[conte])-conte;
if (erro>=255) or (erro<=0) then erro:=128+conte; numbercar:=erro;
END;


PROCEDURE ORGAR(NUMBERCAR1:INTEGER; var
strarray1:str240);
VAR I,B:INTEGER;
BEGIN B:=0 ;
for I:=(numbercar1-1) downto 0 do BEGIN
strArray1[I]:=chr(B);inc(B);END;
FOR I:=255 DOWNTO NUMBERCAR1 DO BEGIN
strArray1[I]:=chr(B);inc(B);END;
END;                        (*
procedure cifra; begin case j of
0..80:cobrir(array1);
81..159:cobrir(array2);160..237:cobrir(array3);
238..314:cobrir(array4);315..390:cobrir(array5);391..465:cobrir(arra
y6);
466..540:cobrir(array1);541..615:cobrir(array2);616..690:cobrir(arra
y3);
```

```
        691..765:cobrir(array4);766..835:cobrir(array5);836..905:cobrir(arra
y6);
        906..950:cobrir(array1);951..980:cobrir(array2);981..1000:cobrir(arr
ay3);1001..1023:cobrir(array4);end;
      str(j:4,senha); case senha[length(senha)] of
'1':cobrir(array1);'3':cobrir(array2);
        '4':cobrir(array3);'5':cobrir(array4);'8':cobrir(array5);'9':cobrir(array6)
;end;
      end;
      procedure decifra; begin
      str(j:4,senha); case senha[length(senha)] of
'1':desCobrir(array1);'3':desCobrir(array2);
        '4':desCobrir(array3);'5':desCobrir(array4);'8':desCobrir(array5);'9':d
esCobrir(array6);end;
      case j of
      0..80:desCobrir(array1);
81..159:desCobrir(array2);160..237:desCobrir(array3);
        238..314:desCobrir(array4);315..390:desCobrir(array5);391..465:d
esCobrir(array6);
        466..540:desCobrir(array1);541..615:desCobrir(array2);616..690:d
esCobrir(array3);
        691..765:desCobrir(array4);766..835:desCobrir(array5);836..905:d
esCobrir(array6);
        906..950:desCobrir(array1);951..980:desCobrir(array2);981..1000:
desCobrir(array3);1001..1023:desCobrir(array4);end;
      end;                        *)
      procedure cifra; begin
      str(j:4,senha);case senha[length(senha)]
of'0':Cobrir(array1);'1':Cobrir(array2);
        '2':Cobrir(array3);'3':Cobrir(array4);'4':Cobrir(array5);'5':Cobrir(array
6);
        '6':Cobrir(array1);'7':Cobrir(array2);'8':Cobrir(array3);'9':Cobrir(array
4);end;
      case senha[length(senha)-1] of'0':Cobrir(array6);'1':Cobrir(array5);
        '2':Cobrir(array4);'3':Cobrir(array3);'4':Cobrir(array2);'5':Cobrir(array
1);
        '6':Cobrir(array5);'7':Cobrir(array4);'8':Cobrir(array3);'9':Cobrir(array
2);end;
      end;
      procedure decifra; begin
      str(j:4,senha);
      case senha[length(senha)-1]
of'0':DesCobrir(array6);'1':DesCobrir(array5);
        '2':DesCobrir(array4);'3':DesCobrir(array3);'4':DesCobrir(array2);'5':
DesCobrir(array1);
        '6':DesCobrir(array5);'7':DesCobrir(array4);'8':DesCobrir(array3);'9':
DesCobrir(array2);end;
```

```
            case senha[length(senha)]
of'0':DesCobrir(array1);'1':DesCobrir(array2);
      '2':DesCobrir(array3);'3':DesCobrir(array4);'4':DesCobrir(array5);'5':
DesCobrir(array6);
      '6':DesCobrir(array1);'7':DesCobrir(array2);'8':DesCobrir(array3);'9':
DesCobrir(array4);end;
      end;
      procedure ar6.entradado;
      begin { esta memoria nao foi limpa por isso nao precisou de
lequi(nicasi6.txt)}
      res1:=primeir;senha:=res1^.str80D;
      res1:=res1^.proximo;nome_ent:=res1^.str80D;
      res1:=res1^.proximo;escolha:=res1^.str80D; limpmemoini;
      end;
      procedure nilso6.entradado;
      BEGIN
      ORGAR(numbercar(1),array1);ORGAR(numbercar(2),array2);ORG
AR(numbercar(3),array3);
      ORGAR(numbercar(4),array4);ORGAR(numbercar(5),array5);ORG
AR(numbercar(6),array6);
      ASSIGN(ARQ_ENT,NOME_ENT);{$I-
}RESET(ARQ_ENT,1);{$I+};if IOResult <> 0 then halt;
      ASSIGN(ARQ_SAI,'nilson.txt');REWRITE(ARQ_SAI,1);
      repeat
      BlockRead(ARQ_ENT, Buf, SizeOf(Buf), NumRead);
      j:=0;
      while (j<=Numread) and (numread<>0) do begin {write('escolha:
',upcase(escolha[1])); readkey;halt;}
      car:=buf[j];if upcase(escolha[1])='C'then Cifra else decifra;
buf[j]:=car;inc(j);end;
      BlockWrite(arq_sai, Buf, NumRead, NumWritten);
      until (NumRead = 0) or (NumWritten <> NumRead);

      CLOSE(ARQ_ENT);
      CLOSE(ARQ_SAI);

      ASSIGN(ARQ_ent,'nilson6.TXT');{$I-} RESET(ARQ_ent); {$I+}
      IF IORESULT<>0 THEN begin
      assign(arq_sai,'nilson.txt');RENAME(ARQ_SAI,'nilson6.TXT');end
else begin
      CLOSE (ARQ_ent);ERASE(ARQ_ent);
      assign(arq_sai,'nilson.txt');RENAME(ARQ_SAI,'nilson6.TXT');end;
      end;
      end.
   program nilson07;  {$N+,E+}
   - 332 -
```

```
      uses
crt,dos,nilson36,nilson38,nilson39,nilson31,nilson35,nilson32,nilson91,nils
o001,
        nilson96,nilson97,nilson98,nilso100,nilso101,nilso102,nilso103,nils
o104,nilso105,nilso118,
        nilson73,nilson74,nilson30,nilson71,nilson92,nilson93,nilson95,nils
o115,nilso116,nilso117,
        nilso106,nilso107,nilso108,nilso109,nilso110,nilso111,nilso112,nils
o113,nilso114,nilso119,
        nilso121;
      type str80=string[80];nilson1F1 = record Lstr80:str80;end;
      var arquiv:file of
nilson1F1;F1nilson1:nilson1F1;dosexit,erro:integer;
      begin
      if not getparamstr then exit;DadoIniMouse;
      ESCREVERODAPE;WINDOW(2,5,79,22);textattr:=$70;clrscr;entra
da:='';entrada2:='';entrada1:='';
        {$I-}assign(arquiv,'nilson1.ncs');reset(arquiv) {$I+};
      if IOResult<>0 then exit;
seek(arquiv,3512);read(arquiv,F1nilson1);Val(F1nilson1.Lstr80,dosexit,err
o);close(arquiv);

      case dosexit of
      91:k91^.entradado;92:k92^.entradado;93:k93^.entradado;95:k95^.
entradado;
        96:k96^.entradado;97:k97^.entradado;98:k98^.entradado;100:k100
^.entradado;
      101:k101^.entradado;102:k102^.entradado;103:k103^.entradado;
      104:k104^.entradado;105:k105^.entradado;106:k106^.entradado;
      107:k107^.entradado;108:k108^.entradado;109:k109^.entradado;
      110:k110^.entradado;111:k111^.entradado;112:k112^.entradado;1
13:k113^.entradado;
        114:k114^.entradado;115:k115^.entradado;116:k116^.entradado;1
17:k117^.entradado;
        118:k118^.entradado; 119:k119^.entradado;121:k121^.entradado;
      end;halt(20);
      END.

      program nilson7;  {$N+,E+}
      uses
crt,nilson36,nilson38,nilson39,nilson31,nilson35,nilson34,nilson16,
        nilson37,nilson72,nilson73,nilson29,nilson40,nilson77,nilson8,nilso
n6,nilson10,nilson11,
      nils47,nilson47,nils48;
      BEGIN
      if not  GETPARAMSTR then exit;DadosEntreProgr; {
menustring:='nilson40.pas'; }
```

```
      prompt := copy(menustring,pos('.',menustring)-
2,2);val(prompt,dosexit,erro);
      if erro<>0 then begin delete(prompt,1,1);
val(prompt,dosexit,erro);end;
      case dosexit of
      6: begin comecardigitar6;
      getmem(k6,sizeof(k6));k6^.entradado;freemem(k6,sizeof(k6));end;
      7:begin comecardigitar7;
      getmem(k7,sizeof(k7));k7^.entradado;freemem(k7,sizeof(k7));end;
      8:begin comecardigitar8;
      getmem(k8,sizeof(k8));k8^.entradado;freemem(k8,sizeof(k8));end;
      10:begin comecardigitar10;
      getmem(k10,sizeof(k10));k10^.entradado;freemem(k10,sizeof(k10)
);end;
      11:begin comecardigitar11;
      getmem(k11,sizeof(k11));k11^.entradado;freemem(k11,sizeof(k11)
);end;
      16:begin comecardigitar16;
      getmem(k16,sizeof(k16));k16^.entradado;freemem(k16,sizeof(k16)
);end;
      27:begin comecardigitar27;
      getmem(k27,sizeof(k27));k27^.entradado;freemem(k27,sizeof(k27)
);end;
      29:begin comecardigitar29;
      getmem(k29,sizeof(k29));k29^.entradado;freemem(k29,sizeof(k29)
);end;
      40:begin comecardigitar40;
      getmem(k40,sizeof(k40));k40^.entradado;freemem(k40,sizeof(k40)
);end;
      48:begin
      getmem(kn48,sizeof(kn48));kn48^.entradado;freemem(kn48,sizeof
(kn48));end;
      end;halt(20);
      END.
      unit nilson08;
      interface
      uses
crt,nilson36,nilson38,nilson39,nilson31,nilson35,nilson72,nilson73,nilson3
0;
      type
      ptr_nilso20 = ^nilso20;
      nilso20 = object
      PROCEDURE ENTRADADO;
      end;
      ptr_nilso18 = ^nilso18;
      nilso18 = object
      PROCEDURE ENTRADADO;
```

```pascal
end;
ptr_nilso26 = ^nilso26;
nilso26 = object
PROCEDURE ENTRADADO;
end;
ptr_nilso45 = ^nilso45;
nilso45 = object
PROCEDURE ENTRADADO;
end;
ptr_nilso16 = ^nilso16;
nilso16 = object
PROCEDURE ENTRADADO;
end;
var
k20:ptr_nilso20;k18:ptr_nilso18;k26:ptr_nilso26;k45:ptr_nilso45;kn16:ptr_n
ilso16;
implementation
procedure nilso20.entradado;
const  max=3;
procedure sairAgora;
var i:integer;
begin
if (pos('.',primeir^.str80D)<>(length(primeir^.str80D)-3))
or
(pos('.',primeir^.proximo^.str80D)<>(length(primeir^.proximo^.str80D)-3))
then begin iniciartela(max);exit;end;ch:=#23;
end;
var i :byte;
begin
MaxPerg:=3;EncherMemoria(max);
L:=primeir;LerArqNom(3137+1,3);
L:=primeir;LerArqMsg(3140+1,3);
posy:=1;posx:=2; IniciarTela(trunc(maxPerg));
repeat   textattr:=$1E;
with res1^do
case perg of
1..2: BEGIN gotoxy(2,posy);entrada:=str80D;Erro:=1;
str80D:=instring(msg,nom,[#0,#32..#255],[],(75-length(nom)),0);
if (pos('.',str80D)<>(length(str80D)-3)) then str80D:=#0; end;
max: BEGIN
repeat gotoxy(2,posy);
write(nom);input:=1;entrada:=#0;entrada:=instring(msg,'',[#0],[],(75-
length(nom)),0);
until ch in [#2,#27,#45,#72,#80,#13,#63,#64] ;
if (ch=#13) then sairagora;end;end;
case ch of
#2:begin OndY(max);if ch=#13 then sairagora;end;
```

```
         #72: previousact(max);
         #80,#13: nextact(max);
         end;
         until ch in
[#27,#45,#23{,#47,#19,#31,#75,#77,#83,#72,#80,#71,#73,#81,
#13,#9,#82,#8 ,#63,#64,#65,#66}];
         { esc x i    r s L R DEL up  dn home pgu pgd ent tab ins
bsp f5 f6 f7 f8 }
         if (ch in [#27,#45]) then halt;
         saitxt(max+1,'nilson20.txt');
         ASSIGN(arq,primeir^.str80D);
         {$I-} Reset(arq); {$I+}; if ioresult<>0 then halt;
close(arq);rename(arq,primeir^.proximo^.str80D);
         assign(arq,'nilson20.txt');append(arq);
         writeln(arq,' O arquivo ');
         writeln(arq,' ',primeir^.str80D);
         writeln(arq,' mudou de nome quem existe agora é o');
         writeln(arq,' ',primeir^.proximo^.str80D);
         CLOSE(ARQ);
         iniciartextoarq(false,'nilson20.txt');  limpmemoini;
         end;{nilson20}
         procedure nilso26.entradado;
         const  max=1;st=13;
         type str80=string[80];nilson1F1 = record Lstr80:str80;end;
         var arquiv:file of nilson1F1;F1nilson1:nilson1F1;
         i :byte;
         begin   MaxPerg:=12;EncherMemoria(12);
         L:=primeir;LerArqNom(3143+1,12);
         res1:=primeir^.proximo^.proximo;
         posx:=2;posy:=1;for i:=3 to 12 do begin
reverte(res1);res1:=res1^.proximo;inc(posy);end;
         WINDOW(2,22,79,22);
textbackground(MAGENTA);clrscr;textcolor(yellow);
         gotoxy(2,12); write(res1^.nom);
         antes:=textattr;textattr:=$4E;
         gotoxy(savex,savey); input:=0;entrada:='DIGITEME.DOC';
write(entrada);
         ENTRADA1:='DIGITEME.DOC';ENTRADA2:='DIGITEME.DOC';
textattr:=antes;
         repeat
         textbackground(MAGENTA);textcolor(yellow);
         gotoxy(Length(res1^.nom)+1,1);Erro:=0;
         primeir^.str80D:=instring(primeir^.proximo^.nom,'',[#0,#32..#255],[],
(75-length(res1^.nom)),0);
         if (ch in [#27,#45]) then halt;
         if pos('.',entrada)<>(length(entrada)-3) then begin
ch:=#79;entrada:=#0;end;
   - 336 -
```

```
        until ch in [#13{,#47,#19,#31,#75,#77,#83,#72,#80,#71,#73,#81,
#13,#9,#82,#8 ,#63,#64,#65,#66}];
        { esc x i    r s L R DEL up  dn home pgu pgd ent tab ins
bsp f5  f6  f7  f8 }

        assign(arquiv,'nilson1.ncs');reset(arquiv) ;
        seek(arquiv,3514);
        F1nilson1.Lstr80:=primeir^.str80D;
write(arquiv,F1nilson1);close(arquiv);limpmemoini;
        end;{nilson26}
        procedure nilso18.entradado;
        var i :byte;
        begin MaxPerg:=11;EncherMemoria(11);
        L:=primeir;LerArqNom(3155+1,11);
        res1:=primeir^.proximo^.proximo;
        posx:=2;posy:=1;for i:=3 to 11 do begin
reverte(res1);res1:=res1^.proximo;inc(posy);end;
        WINDOW(2,22,79,22);
textbackground(MAGENTA);clrscr;textcolor(yellow);
        write(primeir^.nom);
        repeat
        gotoxy(Length(primeir^.nom)+1,1);Erro:=0;
        primeir^.str80D:=instring(primeir^.proximo^.nom,'',[#0,#32..#255],[],
(75-length(primeir^.nom)),0);
        if (ch in [#27,#45]) then halt;
        if pos('.',entrada)<>(length(entrada)-3) then begin
ch:=#79;entrada:=#0;end;
        until ch in [#13{,#47,#19,#31,#75,#77,#83,#72,#80,#71,#73,#81,
#13,#9,#82,#8 ,#63,#64,#65,#66}];
        { esc x i    r s L R DEL up  dn home pgu pgd ent tab ins
bsp f5  f6  f7  f8 }
        ASSIGN(arq,primeir^.str80D);
        {$I-} Reset(arq); {$I+}; if ioresult<>0 then halt;
close(arq);erase(arq);
        saitxt(3,'nilson18.txt');
        assign(arq,'nilson18.txt');append(arq);
        writeln(arq,' O arquivo ');
        writeln(arq,' ',primeir^.str80D);
        writeln(arq,' que queria apagar já está
apagado,eliminado,deletado.');
        CLOSE(ARQ);
        iniciartextoarq(false,'nilson18.txt'); limpmemoini;
        end;{nilson18}
        procedure nilso45.entradado;
        const max=7;
        var i :byte;
        begin
  - 337 -
```

```
        cursorOff; posx:=2;
        MaxPerg:=max;EncherMemoria(max);
        L:=primeir;LerArqNom(3168+1,7);
        L:=primeir;LerArqMsg(3166+1,2);
        posy:=1;posx:=2; iniciartela(max);
        repeat
        textattr:=$1E;
        with res1^do
        case perg of
        1..max-1: BEGIN
        repeat gotoxy(2,posy);
write(nom);input:=1;entrada:=#0;entrada:=instring(primeir^.msg,'',[#0],[],(7
5-length(nom)),0);
        until ch in [#2,#27,#45,#72,#80,#13] ;if (ch=#13) then ch:=#80;end;
        max: BEGIN
        repeat gotoxy(2,posy);
write(nom);input:=1;entrada:=#0;entrada:=instring(primeir^.proximo^.msg,''
,[#0],[],(75-length(nom)),0);
        until ch in [#2,#27,#45,#72,#80,#13];if (ch=#13) then ch:=#23;
        end;end;
        case ch of
        #2:OndY(max);
        #72: previousact(max);
        #80,#13: nextact(max);
        end;
        until ch in
[#27,#45,#23{,#47,#19,#31,#75,#77,#83,#72,#80,#71,#73,#81,
#13,#9,#82,#8 ,#63,#64,#65,#66}];
        { esc x i    r s L R DEL up  dn home pgu pgd ent tab ins
bsp f5 f6 f7 f8 }
        limpmemoini; cursorON;
        end;{nilson45}
        procedure nilso16.entradado;
        const st=14;var i :byte;
        begin MaxPerg:=17;EncherMemoria(17);
        L:=primeir;LerArqNom(3175+1,17);L:=primeir;LerArqMsg(2896+1,1
);
        res1:=primeir^.proximo;
        posx:=2;posy:=2;for i:=2 to 17 do begin
reverte(res1);res1:=res1^.proximo;inc(posy);end;
        WINDOW(2,22,79,22);
textbackground(MAGENTA);clrscr;textcolor(yellow);
        write(primeir^.nom);
        repeat
        gotoxy(Length(primeir^.nom)+1,1);Erro:=0;
        primeir^.str80D:=instring(primeir^.msg,'',[#0,#32..#255],[],(75-
length(primeir^.nom)),0);
```

```
        if (ch in [#27,#45]) then halt;
        until ch in [#13{,#47,#19,#31,#75,#77,#83,#72,#80,#71,#73,#81,
#13,#9,#82,#8 ,#63,#64,#65,#66}];
        { esc x i     r s L  R  DEL  up   dn home pgu pgd ent tab ins
bsp f5  f6  f7  f8 }
        saitxt(3,'nilson16.txt');
        end;{nilson16}
        end.                        (*
        unit nilson08;
        interface
        uses
crt,nilson36,nilson38,nilson39,nilson31,nilson35,nilson34,nilson72,nilson7
3,nilson30;
        type
        ptr_nilso08 = ^nilso08;
        nilso08 = object
        PROCEDURE ENTRADADO;
        end;
        var k08:ptr_nilso08;
        implementation
        procedure nilso20;
        const  max=3;
        procedure sairAgora;
        var i:integer;
        begin
        if (pos('.',primeir^.str80D)<>(length(primeir^.str80D)-3))
        or
(pos('.',primeir^.proximo^.str80D)<>(length(primeir^.proximo^.str80D)-3))
        then begin iniciartela(max);exit;end;ch:=#23;
        end;
        var i :byte;
        begin
        MaxPerg:=3;EncherMemoria(max);
        L:=primeir;LerArqNom(3137+1,3);
        L:=primeir;LerArqMsg(3140+1,3);
        posy:=1;posx:=2; IniciarTela(trunc(maxPerg));
        repeat   textattr:=$1E;
        with res1^do
        case perg of
        1..2: BEGIN gotoxy(2,posy);entrada:=str80D;Erro:=1;
        str80D:=instring(msg,nom,[#0,#32..#255],(75-length(nom)),0);
        if (pos('.',str80D)<>(length(str80D)-3)) then str80D:=#0; end;
        max: BEGIN
        repeat gotoxy(2,posy);
write(nom);input:=1;entrada:=#0;entrada:=instring(msg,'',[#0],(75-
length(nom)),0);
        until ch in [#2,#27,#45,#72,#80,#13,#63,#64] ;
```

```
if (ch=#13) then sairagora;end;end;
case ch of
#2:begin OndY(max);if ch=#13 then sairagora;end;
#72: previousact(max);
#80,#13: nextact(max);
end;
until ch in
[#27,#45,#23{,#47,#19,#31,#75,#77,#83,#72,#80,#71,#73,#81,
#13,#9,#82,#8 ,#63,#64,#65,#66}];
      { esc  x  i      r  s  L  R  DEL  up   dn home pgu pgd ent tab ins
bsp f5  f6  f7  f8 }
      if (ch in [#27,#45]) then halt;
      saitxt(max+1,'nilson20.txt');
      ASSIGN(arq,primeir^.str80D);
      {$I-} Reset(arq); {$I+}; if ioresult<>0 then halt;
close(arq);rename(arq,primeir^.proximo^.str80D);
      assign(arq,'nilson20.txt');append(arq);
      writeln(arq,' O arquivo ');
      writeln(arq,' ',primeir^.str80D);
      writeln(arq,' mudou de nome quem existe agora é o');
      writeln(arq,' ',primeir^.proximo^.str80D);
      CLOSE(ARQ);
      iniciartextoarq(false,'nilson20.txt');  limpmemoini;
      end;{nilson20}
      procedure nilso26;
      const  max=1;st=13;
      var i :byte;
      begin   MaxPerg:=12;EncherMemoria(12);
      L:=primeir;LerArqNom(3143+1,12);
      res1:=primeir^.proximo^.proximo;
      posx:=2;posy:=1;for i:=3 to 12 do begin
reverte(res1);res1:=res1^.proximo;inc(posy);end;
      WINDOW(2,22,79,22);
textbackground(MAGENTA);clrscr;textcolor(yellow);
      gotoxy(2,12); write(res1^.nom);
      antes:=textattr;textattr:=$4E;
      gotoxy(savex,savey); input:=0;entrada:='DIGITEME.DOC';
write(entrada);
      ENTRADA1:='DIGITEME.DOC';ENTRADA2:='DIGITEME.DOC';
textattr:=antes;
      repeat
      textbackground(MAGENTA);textcolor(yellow);
      gotoxy(Length(res1^.nom)+1,1);Erro:=0;
      primeir^.str80D:=instring(primeir^.proximo^.nom,",[#0,#32..#255],(7
5-length(res1^.nom)),0);
      if (ch in [#27,#45]) then halt;
```

```
        if pos('.',entrada)<>(length(entrada)-3) then begin
ch:=#79;entrada:=#0;end;
        until ch in [#13{,#47,#19,#31,#75,#77,#83,#72,#80,#71,#73,#81,
#13,#9,#82,#8 ,#63,#64,#65,#66}];
        { esc x i    r s L R DEL up  dn home pgu pgd ent tab ins
bsp f5 f6 f7 f8 }
        dadosEntreprogr;menustring:=primeir^.str80D;GraveEntreProgr;
limpmemoini;
        end;{nilson26}
        procedure nilso18;
        var i :byte;
        begin MaxPerg:=11;EncherMemoria(11);
        L:=primeir;LerArqNom(3155+1,11);
        res1:=primeir^.proximo^.proximo;
        posx:=2;posy:=1;for i:=3 to 11 do begin
reverte(res1);res1:=res1^.proximo;inc(posy);end;
        WINDOW(2,22,79,22);
textbackground(MAGENTA);clrscr;textcolor(yellow);
        write(primeir^.nom);
        repeat
        gotoxy(Length(primeir^.nom)+1,1);Erro:=0;
        primeir^.str80D:=instring(primeir^.proximo^.nom,'',[#0,#32..#255],(7
5-length(primeir^.nom)),0);
        if (ch in [#27,#45]) then halt;
        if pos('.',entrada)<>(length(entrada)-3) then begin
ch:=#79;entrada:=#0;end;
        until ch in [#13{,#47,#19,#31,#75,#77,#83,#72,#80,#71,#73,#81,
#13,#9,#82,#8 ,#63,#64,#65,#66}];
        { esc x i    r s L R DEL up  dn home pgu pgd ent tab ins
bsp f5 f6 f7 f8 }
        ASSIGN(arq,primeir^.str80D);
        {$I-} Reset(arq); {$I+}; if ioresult<>0 then halt;
close(arq);erase(arq);
        saitxt(3,'nilson18.txt');
        assign(arq,'nilson18.txt');append(arq);
        writeln(arq,' O arquivo ');
        writeln(arq,' ',primeir^.str80D);
        writeln(arq,' que queria apagar já está
apagado,eliminado,deletado.');
        CLOSE(ARQ);
        iniciartextoarq(false,'nilson18.txt'); limpmemoini;
        end;{nilson18}
        procedure nilso45;
        const max=7;
        var i :byte;
        begin
        cursorOff; posx:=2;
```

```
        MaxPerg:=max;EncherMemoria(max);
        L:=primeir;LerArqNom(3168+1,7);
        L:=primeir;LerArqMsg(3166+1,2);
        posy:=1;posx:=2; iniciartela(max);
        repeat
        textattr:=$1E;
        with res1^do
        case perg of
        1..max-1: BEGIN
        repeat gotoxy(2,posy);
write(nom);input:=1;entrada:=#0;entrada:=instring(primeir^.msg,",[#0],(75-
length(nom)),0);
        until ch in [#2,#27,#45,#72,#80,#13] ;if (ch=#13) then ch:=#80;end;
        max: BEGIN
        repeat gotoxy(2,posy);
write(nom);input:=1;entrada:=#0;entrada:=instring(primeir^.proximo^.msg,"
,[#0],(75-length(nom)),0);
        until ch in [#2,#27,#45,#72,#80,#13];if (ch=#13) then ch:=#23;
        end;end;
        case ch of
        #2:OndY(max);
        #72: previousact(max);
        #80,#13: nextact(max);
        end;
        until ch in
[#27,#45,#23{,#47,#19,#31,#75,#77,#83,#72,#80,#71,#73,#81,
#13,#9,#82,#8 ,#63,#64,#65,#66}];
        { esc x i    r s L  R DEL up  dn home pgu pgd ent tab ins
bsp f5  f6  f7  f8 }
        limpmemoini; cursorON;
        end;{nilson45}
        procedure nilso16;
        const st=14;var i :byte;
        begin MaxPerg:=17;EncherMemoria(17);
        L:=primeir;LerArqNom(3175+1,17);L:=primeir;LerArqMsg(2896+1,1
);
        res1:=primeir^.proximo;
        posx:=2;posy:=2;for i:=2 to 17 do begin
reverte(res1);res1:=res1^.proximo;inc(posy);end;
        WINDOW(2,22,79,22);
textbackground(MAGENTA);clrscr;textcolor(yellow);
        write(primeir^.nom);
        repeat
        gotoxy(Length(primeir^.nom)+1,1);Erro:=0;
        primeir^.str80D:=instring(primeir^.msg,",[#0,#32..#255],(75-
length(primeir^.nom)),0);
        if (ch in [#27,#45]) then halt;
```

```
        until ch in [#13{,#47,#19,#31,#75,#77,#83,#72,#80,#71,#73,#81,
#13,#9,#82,#8 ,#63,#64,#65,#66}];
        { esc x i    r  s  L  R  DEL  up   dn home pgu pgd ent tab ins
bsp f5  f6  f7  f8 }
        saitxt(3,'nilson16.txt');
        end;{nilson16}
        procedure nilso08.entradado;
        begin
        case dosexit of
        16:nilso16;18:nilso18;20:nilso20;26:nilso26;45:nilso45;end;end;
        end.                                          *)

        unit NILSON8; {$N+,E+}
        interface
        uses
crt,nilson36,nilson38,nilson39,nilson31,nilson35,nilson72,nilson73,nilson3
0;
        type
        ptr_nilso8 =^nilso8;
        nilso8 = object
        PROCEDURE ENTRADADO;end;
        ptr_ar8=^ar8;
        ar8 = object
        PROCEDURE entradado;
        end;
        var r8:ptr_ar8;k8:ptr_nilso8;
        implementation


        const  nomearq='nilson39.dat';
        VAR
        S,S1,COMPR,LARG,FAIXAA,FAIXAB,
        A,B,C,D,E,F,A1,B1,afoto,dfoto:REAL;      x,y:byte;
        arquivo:TEXT;
        NILSON2, NILSON1,ALFA,HV,ALFA1,MPT6, MPT4,MI,MD1,
MD2,MPP,ERRDESBL ,
        DER,DEG,basealtura,ERRDESBL1,G,H,I,DECa,DEF,EAV,EQU,D
F,W,RECOLON,RECOLAT:REAL;
        FUNCTION AVERT( MO:REAL):REAL;

        VAR
        AV,ARL,L,K,F :REAL;
        A,B,C,D,DELTA,R1,R2,RECLON:REAL;

        BEGIN
        AV:=(DF*DEF);
        L:= (0.5*EQU/1.66);
```

```pascal
        ARL:=((1-RECOLON)*0.23*DEF);
        K:=((MO*SQR(AV))/(ARL*DF));
        F:=(K*2.304);
        G:=(K*(-0.506));
        H:=(K*0.250);
        I:=(-(F-L));
        C:=I;
        B:=G;
        A:=H;
        DELTA:= (SQR (B) - (4*A*C));
        IF DELTA <0  THEN BEGIN
        GOTOXY(3,5);  CLRSCR;gotoxy(3,5);
        WRITELN('RAIZES IMAGINÁRIAS : IMPOSSIBILIDADE DE
CÁLCULO');
        WRITELN('SINTO MUITO MAS SEUS DADOS NAO ESTÃO
CORRETOS. ');
        WRITELN;WRITELN;
        WRITELN;
        WRITELN;
        WRITELN('VOCÊ IRÁ PARA O MENU E REÇOMECAR');


        WRITELN;WRITELN;WRITELN;
        WRITELN('                    APERTE        ENTER');
        READ;



        HALT;
        END;

        IF DELTA >0  THEN BEGIN
        R1:=((-B+SQRT(DELTA))/(2*A));
        R2:=((-B-SQRT(DELTA))/(2*A));
        END;
        IF DELTA = 0 THEN
        EAV:=R1;


        IF R1>R2 THEN
        EAV:=R1;
        IF R1<R2 THEN  EAV:=R2;
        AVERT:=EAV;
        END;


        {    precisões planimétricas   }
        function PrecC8A8Plan:real; {   A precisão do A/8 = C/8    }
```

```pascal
        begin
        precC8A8Plan:= 0.000010 * DEF;
        end;
        function PrecKelshPlan:real;
        begin
        PrecKelshPlan:=0.000020 * DEF;
        end;
        function PrecBalB8Pg2Plan:real;
        begin
        PrecBalB8Pg2Plan:=0.000020*DEF;          {         }
        end;
        function PrecMultiEsterePlan:real;
        begin
        PrecMultiEsterePlan:=0.0003*DECa;        {O MESMO QUE
0.000075*DEF}
        end;
        function PrecPlanicPlan:real;
        begin
        PrecPlanicPlan:=0.000002*DEF;
        end;

        {    Precisões altimétricas    }
        function PrecC8A8Vert:real; {   A precisão do A/8 = C/8    }
        begin
        precC8A8Vert:= 0.00015 * HV;
        end;
        function PrecPlanicVert:real;
        begin
        PrecPlanicVert:=0.000025*HV;
        end;
        function PrecKelshVert:real;
        begin
        PrecKelshVert:=0.00015 * HV;
        end;
        function PrecBalB8Pg2Vert:real;
        begin
        PrecBalB8Pg2Vert:=0.00012*HV;
        end;
        function PrecMultiEstereVert:real;
        begin
        PrecMultiEstereVert:=0.0005*HV;
        end;
        {       A SER UTILIZADO PARA A TÉCNICA DO SCRIBE  }

        function ErrQuadrPlanBL(md1,md2,mpp:real):real; {
Md1=0.000100 Md2=0.000100}
        { erro quadratico da panimetria Md1 é o instrumento em questão  }
```
- 345 -

```pascal
      { Md1   é o êrro planimétrico do instrumento sôbre a escala da
carta }
      var
      Mpc,Mpt,Mi,Mp:real;
      begin
      Mpc:=0.000100*DECa; Mpc:=sqr(Mpc);
      Mpt:=0.000040*DEF ; Mpt:=sqr(Mpt);
      Mpp:=sqr(Mpp);
      Mi:= 0.000030*DEF ; Mi:= sqr(Mi);
      Md1:=md1*DECa; Md1:=sqr(Md1);
      Md2:=md2*DECa; Md2:=sqr(Md2);
      ErrQuadrPlanBL:= sqrt(Mpc+Mpt+Mpp+Mi+Md1+Md2);
      end;
      function ErrQuadrPlanFx(md1,md2,mpp:real):real;
      { erro quadratico da panimetria Md1 é o instrumento em questão }
      { Md1   é o êrro planimétrico do instrumento sôbre a escala da
carta }
      var
      Mpc,Mpt,Mi,Mp:real;
      begin
      Mpc:=0.000100*DECa; Mpc:=sqr(Mpc);
      Mpt:=0.000060*DEF ; Mpt:=sqr(Mpt);
      Mpp:=sqr(Mpp);
      Mi:= 0.000030*DEF ; Mi:= sqr(Mi);
      Md1:=md1*DECa; Md1:=sqr(Md1);
      Md2:=md2*DECa; Md2:=sqr(Md2);
      ErrQuadrPlanFx:= sqrt(Mpc+Mpt+Mpp+Mi+Md1+Md2);
      end;


      function ErrQuadrPlanAuxB(md1,md2,mpp:real):real;
      { igual ao anterior apenas sem mi para uso na altimetria}
      { usado na função para ErrQuadrVert    }
      var
      Mpc,Mpt,Mp:real;
      begin
      Mpc:=0.000100*DECa; Mpc:=sqr(Mpc);
      Mpt:=0.000040*DEF ; Mpt:=sqr(Mpt);
      Mpp:=sqr(Mpp);
      Md1:={0.000150}md1*DECa;md1:=sqr(Md1);
      Md2:={0.000150}md2*DECa; Md2:=sqr(Md2);
      ErrQuadrPlanAuxB:= sqrt(Mpc+Mpt+Mpp+Md1+Md2);
      end;
      function ErrQuadrPlanAuxF(md1,md2,mpp:real):real;
      { igual ao anterior apenas sem mi para uso na altimetria}
      { usado na função para ErrQuadrVert    }
      var
```

```
        Mpc,Mpt,Mi,Mp:real;
        begin
        Mpc:=0.000100*DECa; Mpc:=sqr(Mpc);
        Mpt:=0.000060*DEF ; Mpt:=sqr(Mpt);
        Md1:={0.000150}md1*DECa; Md1:=sqr(Md1);
        Md2:={0.000150}md2*DECa; Md2:=sqr(Md1);
        Mpp:=sqr(Mpp);
        ErrQuadrPlanAuxF:= sqrt(Mpc+Mpt+Mpp+Md1+Md2);
        end;


        function ErrQuadrVertBL(md1,md2,Mpp,Mhi:real):real;
        { erro quadratico vertical Md1 é o instrumento em questão }
        { Mh1   é o êrro vertical instrumento sôbre a escala da carta }

        var  Mhc,Mht,Mlp,Mp,Mi,alfa,aux:real;
        begin
        Mhc:= EQU/20;      Mhc:=sqr(Mhc);
        Mhi:=sqr(Mhi);
        Mht:=0.000025*HV ; Mht:=sqr(Mht);   Mi:= 0.000030*DEF ;
        Mlp:=ErrQuadrPlanauxB(md1,md2,Mpp);
        aux:=sqr(Mlp*NILSON2)
;ErrQuadrVertBL:=sqrt(Mhc+Mhi+Mht+aux);
        end;

        function ErrQuadrVertFX(md1,md2,Mpp,Mhi:real):real;
        { erro quadratico vertical Md1 é o instrumento em questão }
        { Mh1   é o êrro vertical instrumento sôbre a escala da carta }

        var  Mhc,Mht,Mlp,Mp,Mi,alfa,aux:real;
        begin
        Mhc:= EQU/20;      Mhc:=sqr(Mhc);
        Mhi:=sqr(Mhi);
        Mht:=0.000025*HV ; Mht:=sqr(Mht);
        Mlp:=ErrQuadrPlanauxF(md1,md2,Mpp);
        aux:=sqr(Mlp*NILSON2)
;ErrQuadrVertFX:=sqrt(Mhc+Mhi+Mht+aux);
        end;
        function Mhmaxvert(equidistancia:real):real;
        begin
        Mhmaxvert:=equidistancia / 20;
        end;
        function Mpmaxpla(erroaparelho:real):real;
        var Erromod,errotrans:real;
        begin
        Erromod:=5; errotrans:=20;
        Mpmaxpla:=sqrt(sqr(Erroaparelho)+sqr(errotrans)+sqr(Erromod));
```

```
end;
Function JCMaiaplan(Pop:real):real;
var    Fmaxp:real;
begin
Fmaxp:=27.06;
JcMaiaplan:=4*(Fmaxp - 0.85*Pop) / Pop;
end;
{JCMaiaplan(Mpmaxpla(erroaparelho em microns=0.000020));
Assim colocar na frase }
Function JCMaiavert(HV,equidistancia,precisaoaparelho:real):real;
var  Poh,Fmaxh:real;
begin      Poh:=((sqrt(sqr(0.05)+sqr(precisaoaparelho)))/1000)*HV;
Fmaxh:=sqrt(3)*Mhmaxvert(equidistancia);
JCMaiavert:=(Fmaxh-(0.65*Poh)) / (0.27*Poh);         {
JCMaiavert(HV,EQU,0.025):5:2,  }
end;
function EAP:real;
{function EAP(precisaoaparelho:real):real; }
var  Mo,Fmaxh,Mp,precisaoaparelho:real;
begin
Mo:=((sqrt(sqr(0.05)+sqr(precisaoaparelho)))/1000)*HV;{ igual a
Poh}
Mp:=108.25;  { mm}
{ EAP:= 0.047* SQRT((Mp*1000*DECa) / (DEF*Mo));  }
EAP:= 0.047* SQRT((25000*DECa) / DEF);
end;


procedure fazfigura2;  var
xa,xb,xc,xd,xi,ye,yf,yg,yh,yj,i,j,antes:byte;
tela: array[1..78,1..31] of char;
aux,xr,xn,yl,ym,AUX1:real;
procedure linha(x1,y1,x2,y2:byte); var i:byte ;begin for i:=x1 to x2
do begin tela[i,y1]:=#196;end;end;
procedure linhadupla(x1,y1,x2,y2:byte); var i:byte ;begin for i:=x1
to x2 do begin tela[i,y1]:=#205;end;end;
procedure coluna(x1,y1,x2,y2:byte); var i:byte ;begin for i:=y1 to y2
do begin tela[x1,i]:=#179;end;end;
procedure quadrado( x1,y1,x2,y2:byte); begin tela[x1,y1]:=
#218;tela[x1,y2]:=#192;
linha(x1+1,y1,x2-1,y1);tela[x2,y1]:=#191;coluna(x2,y1+1,x2,y2-
1);tela[x2,y2]:=#192;
linha(x1+1,y2,x2-1,y2);tela[x2,y2]:=#217;coluna(x1,y1+1,x1,y2-1);
end;
procedure escreva( mensagem:string;x1,y1:byte);
var i,k:byte;
begin i:=1;
for i:=1 to length(mensagem) do
```

```
            tela[x1+i,y1]:=mensagem[i];
            end;
            procedure escreverTAB;
            CONST
A=2;B=12;C=16;D=28;E=40;F=52;G=64;H=76;I=3;J=5;K=8;L=10;M=12;N
=14;O=16;P=18;Q=20;R=22;S=24;T=26;U=28;V=30;
            begin


       escreva('ESCALA',A+2,I+1);escreva('CLASSE',B+3,I+1);
escreva('PLANIMÉTRICO',d+5,I); escreva('ALTIMÉTRICO',F+5,I);
       escreva('CARTA',D+2,J);escreva('TERRENO',E+2,J);escreva('CA
RTA',F+2,J);escreva('TERRENO',G+2,J);
       escreva('(mm)',D+3,J+1);escreva('(m)',E+4,J+1);escreva('(equidis.)
',F+1,J+1);escreva('(m)',G+4,J+1);
       escreva('PEC',C+2,K);escreva('0.5',D+2,K);escreva('1.0',E+2,K);es
creva('1/2',F+2,K);escreva('0.5',G+2,K);
       escreva('A',B+2,K+1);
       escreva('EP',C+2,L);escreva('0.3',D+2,L);escreva('0.6',E+2,L);escr
eva('1/3',F+2,L);escreva('0.33',G+2,L);
       escreva('PEC',C+2,M);escreva('0.8',D+2,M);escreva('1.6',E+2,M);e
screva('3/5',F+2,M);escreva('0.6',G+2,M);
       escreva('1:2000',A+2,M+1);escreva('B',B+2,M+1);
       escreva('EP',C+2,N);escreva('0.5',D+2,N);escreva('1.0',E+2,N);esc
reva('2/5',F+2,N);escreva('0.4',G+2,N);
       escreva('PEC',C+2,O);escreva('1.0',D+2,O);escreva('2.0',E+2,O);e
screva('3/4',F+2,O);escreva('0.75',G+2,O);
       escreva('C',B+2,O+1);
       escreva('EP',C+2,P);escreva('0.6',D+2,P);escreva('1.2',E+2,P);escr
eva('1/2',F+2,P);escreva('0.5',G+2,P);
       escreva('PEC',C+2,Q);escreva('0.5',D+2,Q);escreva('5.0',E+2,Q);e
screva('1/2',F+2,Q);escreva('2.5',G+2,Q);
       escreva('A',B+2,Q+1);
       escreva('EP',C+2,R);escreva('0.3',D+2,R);escreva('3.0',E+2,R);esc
reva('1/3',F+2,R);escreva('1.67',G+2,R);
       escreva('PEC',C+2,S);escreva('0.8',D+2,S);escreva('8.0',E+2,S);es
creva('3/5',F+2,S);escreva('3.0',G+2,S);
       escreva('1:10000',A+1,S+1);escreva('B',B+2,S+1);
       escreva('EP',C+2,T);escreva('0.5',D+2,T);escreva('5.0',E+2,T);escr
eva('2/5',F+2,T);escreva('2.0',G+2,T);
       escreva('PEC',C+2,U);escreva('1.0',D+2,U);escreva('10.0',E+2,U);
escreva('3/4',F+2,U);escreva('3.75',G+2,U);
       escreva('EP',C+2,V);escreva('0.6',D+2,V);escreva('6.0',E+2,V);escr
eva('1/2',F+2,V);escreva('2.5',G+2,V);
       escreva('C',B+2,V-1);
       linha(A,I-1,H,I-1); linha(A,K-1,H,K-1);linha(A,Q-1,H,Q-
1);linha(A,V+1,H,V+1);
```

linha(B,M-1,H,M-1);linha(B,O-1,H,O-1);linha(B,Q-1,H,Q-1);linha(B,S-1,H,S-1);linha(B,U-1,H,U-1);

linha(C,L-1,H,L-1);linha(C,N-1,H,N-1);linha(C,P-1,H,P-1);linha(C,R-1,H,R-1);linha(C,T-1,H,T-1); linha(C,V-1,H,V-1);

coluna(A,I-1,A,V);coluna(B,I-1,B,V);coluna(D,I-1,D,V);coluna(F,I-1,F,V);coluna(H,I-1,H,V);

coluna(C,K-1,C,V);coluna(E,J-1,E,V);coluna(G,J-1,G,V); linha(D,J-1,H,J-1);

tela[A,I-1]:=#218; tela[A,K-1]:=#195;tela[A,Q-1]:=#195;tela[A,i-1]:=#218;tela[A,V+1]:=#192;

tela[H,i-1]:=#191; tela[H,J-1]:=#180;tela[H,K-1]:=#180;tela[H,V+1]:=#217;;

tela[H,M-1]:=#180;tela[H,N-1]:=#180;tela[H,O-1]:=#180;tela[H,P-1]:=#180;

tela[H,Q-1]:=#180; tela[H,R-1]:=#180;tela[H,S-1]:=#180; tela[H,T-1]:=#180;

tela[H,U-1]:=#180; tela[H,V-1]:=#180;tela[C,U-1]:=#197;

tela[G,J-1]:=#194;tela[G,K-1]:=#197;tela[G,V+1]:=#193;tela[G,L-1]:=#197;

tela[G,M-1]:=#197;tela[G,N-1]:=#197;tela[G,O-1]:=#197;tela[G,P-1]:=#197;

tela[G,Q-1]:=#197; tela[G,R-1]:=#197;tela[G,S-1]:=#197; tela[G,T-1]:=#197;

tela[G,U-1]:=#197; tela[G,V-1]:=#197;

tela[F,i-1]:=#194; tela[F,J-1]:=#197;tela[F,K-1]:=#197;tela[F,V+1]:=#193;tela[F,L-1]:=#197;

tela[F,M-1]:=#197;tela[F,N-1]:=#197;tela[F,O-1]:=#197;tela[F,P-1]:=#197;

tela[F,Q-1]:=#197; tela[F,R-1]:=#197;tela[F,S-1]:=#197; tela[F,T-1]:=#197;

tela[F,U-1]:=#197; tela[F,V-1]:=#197;

tela[E,J-1]:=#194;tela[E,K-1]:=#197;tela[E,V+1]:=#193;tela[E,L-1]:=#197;

tela[E,M-1]:=#197;tela[E,N-1]:=#197;tela[E,O-1]:=#197;tela[E,P-1]:=#197;

tela[E,Q-1]:=#197; tela[E,R-1]:=#197;tela[E,S-1]:=#197; tela[E,T-1]:=#197;

tela[E,U-1]:=#197; tela[E,V-1]:=#197;

tela[D,i-1]:=#194; tela[D,J-1]:=#195;tela[D,K-1]:=#197;tela[D,V+1]:=#197;tela[D,L-1]:=#197;

tela[D,M-1]:=#197;tela[D,N-1]:=#197;tela[D,O-1]:=#197;tela[D,P-1]:=#197;

```
        tela[D,Q-1]:=#197; tela[D,R-1]:=#197;tela[D,S-1]:=#197; tela[D,T-
1]:=#197;
        tela[D,U-1]:=#197;  tela[D,V-1]:=#197;tela[D,V+1]:=#193;

        tela[C,K-1]:=#194;tela[C,L-1]:=#195;tela[C,M-1]:=#197;
        tela[C,N-1]:=#195;tela[C,O-1]:=#197;tela[C,P-1]:=#195;tela[C,Q-
1]:=#197;
        tela[C,R-1]:=#195;tela[C,S-1]:=#197;tela[C,T-1]:=#195;tela[C,V-
1]:=#195;tela[C,V+1]:=#193;

        tela[B,I-1]:=#194;tela[B,K-1]:=#197;tela[B,M-1]:=#195;tela[B,O-
1]:=#195;
        tela[B,Q-1]:=#197;tela[B,S-1]:=#195;tela[B,U-
1]:=#195;tela[B,V+1]:=#193;

        END;

        begin  {faz figura2}
        for j:=1 to 31 do begin
        for i:=1 to 78 do begin
        tela[i,j]:=#0;end;
        end;
        escreverTAB;
        {for j:=1 to 31 do tela [77,j]:=#13; }
        antes:=textattr;  textcolor(yellow);
        for j:=1 to 31 do begin
        for i:=1 to 77 do begin

        gotoxy(i,j);write(arquivo,tela[i,j]);end;  writeln(arquivo,'');
        end;   textattr:=antes;

        end; { faz figura}
        procedure fazfigura;  var xa,xb,xc,xd,xi,ye,yf,yg,yh,yj,i,j,antes:byte;
        tela: array[1..78,1..25] of char;
        aux,xr,xn,yl,ym,AUX1:real;
        procedure linha(x1,y1,x2,y2:byte); var i:byte ;begin for i:=x1 to x2
do begin tela[i,y1]:=#196;end;end;
        procedure linhadupla(x1,y1,x2,y2:byte); var i:byte ;begin for i:=x1
to x2 do begin tela[i,y1]:=#205;end;end;
        procedure coluna(x1,y1,x2,y2:byte); var i:byte ;begin for i:=y1 to y2
do begin tela[x1,i]:=#179;end;end;
        procedure quadrado( x1,y1,x2,y2:byte); begin tela[x1,y1]:=
#218;tela[x1,y2]:=#192;
        linha(x1+1,y1,x2-1,y1);tela[x2,y1]:=#191;coluna(x2,y1+1,x2,y2-
1);tela[x2,y2]:=#192;
        linha(x1+1,y2,x2-1,y2);tela[x2,y2]:=#217;coluna(x1,y1+1,x1,y2-1);
end;
```

```
        procedure desenhafoto;
        begin
        linhadupla(xa-(xb-xa)-round(0.25*(xb-xa)),yh+3,xb+round(0.25*(xb-
xa)),yh+3);
        linhadupla(xa-round(0.25*(xb-xa)),yh+4,xc+round(0.25*(xb-
xa)),yh+4);
        linhadupla(xb-round(0.25*(xb-xa)),yh+5,xd+round(0.25*(xb-
xa)),yh+5);
        linhadupla(xc-round(0.25*(xb-xa)),yh+6,xd+(xb-
xa)+round(0.25*(xb-xa)),yh+6);
        end;
        procedure escreva( mensagem:string;x1,y1:byte);
        var i,k:byte;
        begin i:=1;
        for i:=1 to length(mensagem) do
        tela[x1+i,y1]:=mensagem[i];
        end;

        begin {faz figura}
        for j:=1 to 25 do begin
        for i:=1 to 78 do begin
        tela[i,j]:=#0;end;
        end;
        for j:=1 to 25 do tela [77,j]:=#13;
        xa:=20;xb:=xa+10;xc:=xb+10;xd:=xc+10;xi:=xd+5;ye:=3;yf:=8;yg:=
13;yh:=18;yj:=yh+2;
        xn:=xa+0.2*(yf-ye);yl:=yg+0.8*(yh-yg);ym:=ye+0.2*(yf-ye);
        {antes:=textattr;  textcolor(yellow); }
        quadrado(xa+round(0.2*(xb-xa)),ye+round(0.2*(yf-
ye)),xc+round(0.8*(xd-xc)),yg+round(0.8*(yh-yg)));
        {textattr:=antes; }
        linha(xa,ye,xd,ye);linha(xa,yf,xd,yf);linha(xa,yg,xd,yg);
linha(xa,yh,xd,yh);
        coluna(xa,ye,xa,yh);coluna(xb,ye,xb,yh);coluna(xc,ye,xc,yh);coluna
(xd,ye,xd,yh);
        tela[xa,ye]:=#218; tela[xa,yf]:=#195;tela[xa,yg]:=#195;
        tela[xa,yh]:=#192;tela[xb,ye]:=#194;tela[xc,ye]:=#194;
        tela[xd,ye]:=#191; tela[xd,yf]:=#180;tela[xd,yg]:=#180;
        tela[xd,yh]:=#217; tela[xc,yh]:=#193;tela[xb,yh]:=#193;
        tela[xb,yf]:=#197;tela[xc,yf]:=#197;tela[xb,yg]:=#197;tela[xc,yg]:=#1
97;
        linha(xa,yj,xd,yj);tela[xa,yj]:=#179;
tela[xb,yj]:=#179;tela[xc,yj]:=#179;tela[xd,yj]:=#179;
        coluna(xi,ye,xi,yh);tela[xi,ye]:=#196;
tela[xi,yf]:=#196;tela[xi,yg]:=#196;tela[xi,yh]:=#196;
```

```
        linha(xa+round(0.2*(xb-xa)),ye-1,xd-round(0.2*(xb-xa)),ye-
1);tela[xa+round(0.2*(xb-xa)),ye-1]:=#179;
        tela[xd-round(0.2*(xb-xa)),ye-1]:=#179;
        coluna(xa-5,round(0.2*(yh-yg))+ye,xa-5,yh-round(0.2*(yh-
yg)));tela[xa-5,ye+round(0.2*(yh-yg))]:=#196;
        tela[xa-5,yh-round(0.2*(yh-yg))]:=#196;

        tela[xi+1,ye+round((yf-ye)/2)]:='A';  tela[xi+1,yf+round((yg-
yf)/2)]:='B';
        tela[xi+1,yg+round((yh-yg)/2)]:='C';
        tela[xa+round((xb-xa)/2),yh+1]:='D';  tela[xb+round((xc-
xb)/2),yh+1]:='E';
        tela[xc+round((xd-xc)/2),yh+1]:='F';
writeln(arquivo,'');writeln(arquivo,'');
        tela[xa-6,yf+round((yg-yf)/2)]:='G';
        tela[xb+round((xc-xb)/2),ye-2]:='H';

        linha(xi+5,ye+round((yf-ye)/2),xi+10,ye+round((yf-
ye)/2));tela[xi+12,ye+round((yf-ye)/2)]:='V';
        tela[xi+5,ye+round((yf-ye)/2)]:=#60;
        desenhafoto;
        escreva('Na primeira faixa - foto 4',xd,yh+3);escreva('foto
3',xd+2*(xd-xc),yh+4);
        escreva('foto 2',xd+2*(xd-xc),yh+5);escreva('foto 1',xd+2*(xd-
xc),yh+6);
        antes:=textattr;  textcolor(yellow);
        for j:=1 to 25 do begin
        for i:=1 to 76 do begin
        gotoxy(i,j);write(arquivo,tela[i,j]);end;
        i:=i+1;  writeln(arquivo,'');
        end; textattr:=antes;
        gotoxy(xa,yj);
        writeln(arquivo,'');
        writeln(arquivo,' Área da foto no terreno (',dfoto:5:3,' X
',dfoto:5:3,')  =  ',afoto:5:3,' kilômetros quadrados.');
        writeln(arquivo,' V = Direção de Vôo. ');
        writeln(arquivo,' Na primeira faixa da figura acima, temos três
modelos.');
        writeln(arquivo,' As fotos 4 e 3, 3 e 2, 2 e 1, formam três modelos
estereoscópicos.');
        writeln(arquivo,' Área do modelo (C X D) = ', S:5:3,' Kilômetros
quadrados.');
        writeln(arquivo,' A = B = C = ',B:5:3, ' Kilômetros.'); xr:=xc+0.8*(xd-
xc);
        writeln(arquivo,' D = E = F = ',A:5:3, ' Kilômetros.');
AUX1:=2*(0.8*A)+A;
```

```pascal
        writeln(arquivo,'  H = ', aux1:5:3 ,' kilômetros. ');
AUX:=2*(0.8*B)+B;
        writeln(arquivo,'  G = ', aux:5:3 ,' kilômetros .');   aux:=aux*aux1;
        writeln(arquivo,'  Área de exemplo (G  X  H) embaixo das fotos = ',
aux:5:3,' kilômetros quadrados.');
        writeln(arquivo,' ');


        writeln(arquivo,'');
        writeln(arquivo,'  Remark: O desenho acima é uma montagem para
9 modelos com os dados');
        writeln(arquivo,'         que foram digitados.');
        writeln(arquivo,'         Cada modelo estereoscópico é constituido
de  duas fotos.');
        writeln(arquivo,'         Reduzindo a área que você quer fotografar,
de  acordo  com ');
        writeln(arquivo,'         os dados que foram digitados, para que se
encaixe 9 mode-');
        writeln(arquivo,'         los, tem-se então o desenho acima.  ');
        writeln(arquivo,'         Importante lembrar que o desenho acima
pode ser utilizado');
        writeln(arquivo,'         para reproduzir sôbre outras áreas. Tendo
apenas que saber');
        writeln(arquivo,'         que para fazer os 9 modelos acima são
necessárias 12 ');
        writeln(arquivo,'         fotos. Em cada faixa é somado uma foto a
mais que a quan-');
        writeln(arquivo,'         tidade de modelos.');
        writeln(arquivo,'         Não foram desenhados os pontos
necessários a aerotriangu- ');
        writeln(arquivo,'         lação, em planta são colocados uma figura
representativa ');
        writeln(arquivo,'         de cada um deles, e uma numeração.
');
        writeln(arquivo,'         O ponto 32105 é de ligação de modelo, é o
quinto ponto na ');
        writeln(arquivo,'         faixa 21.                             ');
        writeln(arquivo,'         A  numeração está listada abaixo:
');
        writeln(arquivo,'         - Todo ponto HV o último algarismo é
impar.          ');
        writeln(arquivo,'         - Todo ponto V  o último algarismo é par.
');
        writeln(arquivo,'         - 1xxxx   ponto de apoio.
');
        writeln(arquivo,'         - 2xxxx   ponto de centro de foto.
');
```

```
      writeln(arquivo,'        - 3xxxx   ponto de ligação de modelo.
');
      writeln(arquivo,'        - 4xxxx   ponto de ligação de faixa.
');
      writeln(arquivo,'        - 5xxxx   ponto de ligação de bloco.
');
      writeln(arquivo,'        - 6xxxx   ponto de referência de nivel.
');
      writeln(arquivo,'        - 7xxxx   ponto de lago.
');
      writeln(arquivo,'        - 8xxxx   vértices.                    ');
      end; { faz figura}
      PROCEDURE COMPBLOCO;
      BEGIN
      WRITELN(arquivo,' 9.0-                 PARA A COMPENSAÇÃO EM
BLOCO          ');
      WRITELN(arquivo,'
============================                   ');
      WRITELN(arquivo,'                         ÊRRO QUADRÁTICO');
      WRITELN(arquivo,'                         ==============');
      WRITELN(arquivo,'');
      WRITELN(arquivo,'');
      WRITELN(arquivo,'');
      WRITELN(arquivo,' 9.1-  Restituição com:  PLANICOMP C-100
');
      WRITELN(arquivo,'                         ===============    ');
      WRITELN(arquivo,' 9.11- Êrro planimétrico do equipamento para
a escala dada ');
      WRITELN(arquivo,'        é ',(PrecPlanicPlan*100):6:2, '
Centímetros no terreno.');
      WRITELN(arquivo,'  9.12- Êrro altimétrico do equipamento para a
escala dada ');
      WRITELN(arquivo,'        é ',(PrecPlanicVert*100):6:2, '
Centímetros no terreno.');
      if  JCMaiaplan(Mpmaxpla(2)) >0 then begin
      WRITELN(arquivo,' 9.13- Espaçamento para o apoio
planimétrico ( J. C. Maia ) ');
      WRITE(arquivo,'        é ',JCMaiaplan(Mpmaxpla(2)):5:2, ' em ',
JCMaiaplan(Mpmaxpla(2)):5:2);
      writeln(arquivo,' modelos.' );               end else begin
      WRITELN(arquivo,' 9.13- Espaçamento para o apoio
planimétrico ( J. C. Maia ) ');
      WRITE(arquivo,'       é 0.00  em  0.00  modelos.');
      writeln(arquivo,' modelos.' );                    end;
      WRITELN(arquivo,' 9.14- Espaçamento para o apoio
planimétrico  ( Karara ) ');
   - 355 -
```

```
          WRITELN(arquivo,'          é ',EAP:5:2, ' em ',  EAP:5:2, ' modelos.'
    );

          if  JCMaiavert(HV,EQU,0.025)  > 0 then begin
          WRITELN(arquivo,'  9.15- Espaçamento para o apoio altimétrico
    (J. C. Maia ) ');
          WRITELN(arquivo,'          é ',JCMaiavert(HV,EQU,0.025):5:2, ' em
    ',JCMaiavert(HV,EQU,0.025):5:2, ' modelos.' );
          end else begin
          WRITELN(arquivo,'  9.15- Espaçamento para o apoio altimétrico
    (J. C. Maia ) ');
          WRITELN(arquivo,'          é 0.00  em  0.00  modelos.' );
    end;
          WRITELN(arquivo,'  9.16- Espaçamento para o apoio altimétrico
    ( Karara ) ');
          WRITELN(arquivo,'          é ',AVERT(0.005):5:2, ' em
    ',AVERT(0.005):5:2, ' modelos.' );


          WRITELN(ARQUIVO,'');
          WRITELN(ARQUIVO,'                    SAÍDA PARA SCRIBE
    ');
          WRITELN(ARQUIVO,'                    =================
    ');


          writeln(arquivo,'  9.17- Erro quadrático planimétrico que o
    equipamento irá progagar para a ' );
          writeln(arquivo,'          carta é ',((ErrQuadrPlanBL(0.000100
    ,0.000100,PrecPlanicPlan))*100):6:2,
          ' Centímetros no terreno.');
          writeln(arquivo,'  9.18- Erro quadrático altimétrico que o
    equipamento irá progagar para a ');
          writeln(arquivo,'          carta é ',((ErrQuadrVertBL(0.000100
    ,0.000100,PrecPlanicPlan,PrecPlanicvert))*100):6:2,
          ' Centímetros no terreno.');
          WRITELN(arquivo,'  9.19- Erro planimétrico o qual se espera
    encontrar na carta, deverá ser ');
          writeln(arquivo,'          menor que',((ErrQuadrPlanBL(0.000100
    ,0.000100,PrecPlanicPlan))*100*1.645):6:2, ' Centímetros.');
          WRITELN(arquivo,'  9.20- Erro altimétrico o qual se espera
    encontrar na carta, deverá ser ');
          writeln(arquivo,'          menor que',((ErrQuadrVertBL(0.000100
    ,0.000100,PrecPlanicPlan,PrecPlanicvert))*100*1.645):6:2,
          ' Centímetros.');
          WRITELN(ARQUIVO,'');
          WRITELN(ARQUIVO,'                    SAÍDA PARA PLOTER
    ');
          WRITELN(ARQUIVO,'                    =================
    ');
```

```
        writeln(arquivo,'  9.21- Erro quadrático planimétrico que o
equipamento irá progagar para a ' );
        writeln(arquivo,'        carta é
',((ErrQuadrPlanBL(0,0,PrecPlanicPlan))*100):6:2,
        ' Centímetros no terreno.');
        writeln(arquivo,'  9.22- Erro quadrático altimétrico que o
equipamento irá progagar para a ');
        writeln(arquivo,'        carta é
',((ErrQuadrVertBL(0,0,PrecPlanicPlan,PrecPlanicvert))*100):6:2,
        ' Centímetros no terreno.');
        WRITELN(arquivo,'  9.23- Erro planimétrico o qual se espera
encontrar na carta, deverá ser ');
        writeln(arquivo,'        menor
que',((ErrQuadrPlanBL(0,0,PrecPlanicPlan))*100*1.645):6:2, '
Centímetros.');
        WRITELN(arquivo,'  9.24- Erro altimétrico o qual se espera
encontrar na carta, deverá ser ');
        writeln(arquivo,'        menor
que',((ErrQuadrVertBL(0,0,PrecPlanicPlan,PrecPlanicvert))*100*1.645):6:
2,
        ' Centímetros.');
        WRITELN(ARQUIVO,'');
        WRITELN(arquivo,'  9.3-  Restituição com:
ESTEREOPLANÍGRAFO  C/8  e  A/8');
        WRITELN(arquivo,'
================================        ');
        WRITELN(arquivo,'');

        WRITELN(arquivo,'  9.31- Êrro planimétrico do equipamento para
a escala dada ');
        WRITELN(arquivo,'        ',(precC8A8Plan*100):6:2, ' Centímetros
no terreno.');
        WRITELN(arquivo,'  9.32- Êrro altimétrico do equipamento para a
escala dada ');
        WRITELN(arquivo,'        é ',(precC8A8Vert*100):6:2, '
Centímetros no terreno.');
        if JCMaiaplan(Mpmaxpla(10)) > 0 then begin
        WRITELN(arquivo,'  9.33- Espaçamento para o apoio
planimétrico ( J. C. Maia ) ');
        WRITE(arquivo,'        é ',JCMaiaplan(Mpmaxpla(10)):5:2, ' em ',
JCMaiaplan(Mpmaxpla(10)):5:2);
        writeln(arquivo,' modelos.' );                        end else begin
        WRITELN(arquivo,'  9.33- Espaçamento para o apoio
planimétrico ( J. C. Maia ) ');
        WRITE(arquivo,'        é 0.00  em 0.00 modelos');
        end;
```

```
        WRITELN(arquivo,'  9.34- Espaçamento para o apoio
planimétrico ( Karara ) ');
        WRITELN(arquivo,'              é ',EAP:5:2, ' em ',  EAP:5:2, ' modelos.'
);

        if JCMaiavert(HV,EQU,0.015) > 0 then begin
        WRITELN(arquivo,'  9.35- Espaçamento para o apoio altimétrico
(J. C. Maia ) ');
        WRITELN(arquivo,'              é ',JCMaiavert(HV,EQU,0.015):5:2, ' em
',JCMaiavert(HV,EQU,0.015):5:2, ' modelos.' );
        end else begin
        WRITELN(arquivo,'  9.35- Espaçamento para o apoio altimétrico
(J. C. Maia ) ');
        WRITELN(arquivo,'              é 0.00  em 0.00  modelos.' );
        end;
        WRITELN(arquivo,'  9.36- Espaçamento para o apoio altimétrico
( Karara ) ');
        WRITELN(arquivo,'              é ',AVERT(0.005):5:2, ' em
',AVERT(0.005):5:2, ' modelos.' );
        WRITELN(ARQUIVO,'');
        WRITELN(ARQUIVO,'                        SAÍDA PARA SCRIBE
');

        WRITELN(ARQUIVO,'                        =================
');


        writeln(arquivo,'  9.37- Erro quadrático planimétrico que o
equipamento irá progagar para a ');
        writeln(arquivo,'            carta é ',((ErrQuadrPlanBL(0.000100
,0.000100,precC8A8Plan))*100):6:2, ' Centímetros.');
        writeln(arquivo,'  9.38- Erro quadrático altimétrico que o
equipamento irá progagar para a ' );
        writeln(arquivo,'            carta  é ',((ErrQuadrVertBL(0.000100
,0.000100,precC8A8Vert,precC8A8Vert))*100):6:2,
        ' Centímetros.');
        WRITELN(arquivo,'  9.39- Êrro planimétrico o qual se espera
encontrar na carta, deverá ser ');
        writeln(arquivo,'            menor que ',((ErrQuadrPlanBL(0.000100
,0.000100,precC8A8Plan))*100*1.645):6:2, ' Centímetros.');
        WRITELN(arquivo,'  9.40- Êrro altimétrico o qual se espera
encontrar na carta, deverá ser  ');
        writeln(arquivo,'            menor que ',((ErrQuadrVertBL(0.000100
,0.000100,precC8A8Vert,precC8A8Plan))*100*1.645):6:2,
        ' Centímetros.');
        WRITELN(ARQUIVO,'');
        WRITELN(ARQUIVO,'                        SAÍDA PARA PLOTER
');

        WRITELN(ARQUIVO,'                        =================
');
```

```
        writeln(arquivo,'  9.41- Erro quadrático planimétrico que o
equipamento irá progagar para a ');
        writeln(arquivo,'        carta é
',((ErrQuadrPlanBL(0,0,precC8A8Plan))*100):6:2, ' Centímetros.');
        writeln(arquivo,'  9.42- Erro quadrático altimétrico que o
equipamento irá progagar para a ' );
        writeln(arquivo,'        carta é
',((ErrQuadrVertBL(0,0,precC8A8Vert,precC8A8Vert))*100):6:2,
        ' Centímetros.');
        WRITELN(arquivo,'  9.43- Êrro planimétrico o qual se espera
encontrar na carta, deverá ser ');
        writeln(arquivo,'        menor que
',((ErrQuadrPlanBL(0,0,precC8A8Plan))*100*1.645):6:2, ' Centímetros.');
        WRITELN(arquivo,'  9.44- Êrro altimétrico o qual se espera
encontrar na carta, deverá ser   ');
        writeln(arquivo,'        menor que
',((ErrQuadrVertBL(0,0,precC8A8Vert,precC8A8Plan))*100*1.645):6:2,
        ' Centímetros.');


        WRITELN(arquivo,'  9.5-  Restituição com: Balplex, wild B-8, PG-
2(KERN) ');
        WRITELN(arquivo,'
============================    ');
        WRITELN(arquivo,'');
        WRITELN(arquivo,'  9.51- Êrro planimétrico do equipamento para
a escala dada ');
        WRITELN(arquivo,'        é ',(PrecBalB8Pg2Plan*100):6:2, '
Centímetros. ' );
        WRITELN(arquivo,'  9.52- Êrro altimétrico do equipamento para a
escala dada ');
        WRITELN(arquivo,'        é ',(PrecBalB8Pg2Vert*100):6:2, '
Centímetros. ' );


        if JCMaiaplan(Mpmaxpla(20)) >0 then begin
        WRITELN(arquivo,'  9.53- Espaçamento para o apoio
planimétrico ( J. C. Maia ) ');
        WRITE(arquivo,'        é ',JCMaiaplan(Mpmaxpla(20)):5:2, ' em ',
JCMaiaplan(Mpmaxpla(20)):5:2);
        writeln(arquivo,' modelos.' );                        end else begin
        WRITELN(arquivo,'  9.53- Espaçamento para o apoio
planimétrico ( J. C. Maia ) ');
        WRITE(arquivo,'      é 0.00 em  0.00');
        writeln(arquivo,' modelos.' );                        end;
        WRITELN(arquivo,'  9.54- Espaçamento para o apoio
planimétrico ( Karara ) ');
        WRITELN(arquivo,'           é ',EAP:5:2, ' em ',  EAP:5:2, ' modelos.'
);
```

```
        if  JCMaiavert(HV,EQU,0.12) >0 then begin
        WRITELN(arquivo,'  9.55- Espaçamento para o apoio altimétrico
(J. C. Maia ) ');
        WRITELN(arquivo,'          é ',JCMaiavert(HV,EQU,0.12):5:2, ' em
',JCMaiavert(HV,EQU,0.12):5:2, ' modelos.' );
        end else begin
        WRITELN(arquivo,'  9.55- Espaçamento para o apoio altimétrico
(J. C. Maia ) ');
        WRITELN(arquivo,'          é 0.00  em  0.00 modelos.' );
        end;
        WRITELN(arquivo,'  9.56- Espaçamento para o apoio altimétrico
( Karara ) ');
        WRITELN(arquivo,'          é ',AVERT(0.005):5:2, ' em
',AVERT(0.005):5:2, ' modelos.' );

        WRITELN(ARQUIVO,'');
        WRITELN(ARQUIVO,'                    SAÍDA PARA SCRIBE
');
        WRITELN(ARQUIVO,'                    =================
');
        writeln(arquivo,'  9.57- Erro quadrático planimétrico que o
equipamento irá progagar para a ');
        writeln(arquivo,'          carta é ',((ErrQuadrPlanBL(0.000100
,0.000100,PrecBalB8Pg2Plan))*100):6:2,
        ' Centímetros.');
        writeln(arquivo,'  9.58- Erro quadrático altimétrico que o
equipamento irá progagar para a ' );
        writeln(arquivo,'          carta é ',((ErrQuadrVertBL(0.000100
,0.000100,PrecBalB8Pg2Plan,PrecBalB8Pg2Vert))*100):6:2,
        ' Centímetros.');
        WRITELN(arquivo,'  9.59- Êrro planimétrico o qual se espera
encontrar na carta, deverá ser ');
        writeln(arquivo,'          menor que',((ErrQuadrPlanBL(0.000100
,0.000100,PrecBalB8Pg2Vert))*100*1.645):6:2,
        ' Centímetros.');
        WRITELN(arquivo,'  9.60- Êrro altimétrico o qual se espera
encontrar na carta, deverá ser ');
        writeln(arquivo,'          menor que',((ErrQuadrVertBL(0.000100
,0.000100,PrecBalB8Pg2Plan,PrecBalB8Pg2Vert))*100*1.645):6:2,
        ' Centímetros.');

        WRITELN(ARQUIVO,'');
        WRITELN(ARQUIVO,'                    SAÍDA PARA PLOTER
');
        WRITELN(ARQUIVO,'                    =================
');
        WRITELN(arquivo,'');
```

```
        writeln(arquivo,'  9.61- Erro quadrático planimétrico que o
equipamento irá progagar para a ');
        writeln(arquivo,'      carta é
',((ErrQuadrPlanBL(0,0,PrecBalB8Pg2Plan))*100):6:2,
        ' Centímetros.');
        writeln(arquivo,'  9.62- Erro quadrático altimétrico que o
equipamento irá progagar para a ' );
        writeln(arquivo,'      carta é
',((ErrQuadrVertBL(0,0,PrecBalB8Pg2Plan,PrecBalB8Pg2Vert))*100):6:2,
        ' Centímetros.');
        WRITELN(arquivo,'  9.63- Êrro planimétrico o qual se espera
encontrar na carta, deverá ser ');
        writeln(arquivo,'      menor
que',((ErrQuadrPlanBL(0,0,PrecBalB8Pg2Vert))*100*1.645):6:2,
        ' Centímetros.');
        WRITELN(arquivo,'  9.64- Êrro altimétrico o qual se espera
encontrar na carta, deverá ser ');
        writeln(arquivo,'      menor
que',((ErrQuadrVertBL(0,0,PrecBalB8Pg2Plan,PrecBalB8Pg2Vert))*100*1
.645):6:2,
        ' Centímetros.');
        WRITELN(arquivo,'  9.7-  Restituição com: multiplex e
estereotopo zeiss ');
        WRITELN(arquivo,'
==============================        ');
        WRITELN(arquivo,'  9.71- Êrro planimétrico do equipamento para
a escala dada ');
        WRITELN(arquivo,'       é ', (PrecMultiEsterePlan*100):6:2, '
Centímetros. ' );
        WRITELN(arquivo,'  9.72- Êrro altimétrico do equipamento para a
escala dada');
        WRITELN(arquivo,'       é ',(PrecMultiEstereVert*100):6:2, '
Centímetros.');
        if JCMaiaplan(Mpmaxpla(30)) >0 then begin
        WRITELN(arquivo,'  9.73- Espaçamento para o apoio
planimétrico ( J. C. Maia ) ');
        WRITE(arquivo,'       é ',JCMaiaplan(Mpmaxpla(30)):5:2, ' em ',
JCMaiaplan(Mpmaxpla(30)):5:2);
        writeln(arquivo,' modelos.' );             end else begin
        WRITELN(arquivo,'  9.73- Espaçamento para o apoio
planimétrico ( J. C. Maia ) ');
        WRITE(arquivo,'      é 0.00 em 0.00');
        writeln(arquivo,' modelos.' );                  end;
        WRITELN(arquivo,'  9.74- Espaçamento para o apoio
planimétrico ( Karara ) ');
        WRITELN(arquivo,'        é ',EAP:5:2, ' em ',  EAP:5:2, ' modelos.'
);
```

```pascal
        if  JCMaiavert(HV,EQU,0.4) >0 then begin
        WRITELN(arquivo,'  9.75- Espaçamento para o apoio altimétrico
(J. C. Maia ) ');
        WRITELN(arquivo,'            é ',JCMaiavert(HV,EQU,0.4):5:2, ' em
',JCMaiavert(HV,EQU,0.4):5:2, ' modelos.' );
        end else begin
        WRITELN(arquivo,'  9.75- Espaçamento para o apoio altimétrico
(J. C. Maia ) ');
        WRITELN(arquivo,'            é 0.00  em 0.00  modelos.' );
        end;
        WRITELN(arquivo,'  9.76- Espaçamento para o apoio altimétrico
( Karara ) ');
        WRITELN(arquivo,'            é ',AVERT(0.005):5:2, ' em
',AVERT(0.005):5:2, ' modelos.' );
        WRITELN(ARQUIVO,'');
        WRITELN(ARQUIVO,'                        SAÍDA PARA SCRIBE
');
        WRITELN(ARQUIVO,'                        ==================
');


        writeln(arquivo,'  9.77- Erro quadrático planimétrico que o
equipamento irá progagar para a');
        writeln(arquivo,'            carta é ',(((ErrQuadrPlanBL(0.000100
,0.000100,PrecMultiEsterePlan))*100):6:2,
        ' Centímetros.');
        writeln(arquivo,'  9.78- Erro quadrático altimétrico que o
equipamento irá progagar para a');
        writeln(arquivo,'            carta é ',(((ErrQuadrVertBL(0.000100
,0.000100,PrecMultiEsterePlan,PrecMultiEstereVert))*100):6:2,
        ' Centímetros.');
        WRITELN(arquivo,'  9.79- Êrro planimétrico o qual se espera
encontrar na carta, deverá ser');
        writeln(arquivo,'            menor que ',((ErrQuadrPlanBL(0.000100
,0.000100,PrecMultiEsterePlan))*100*1.645):6:2,
        ' Centímetros.');
        WRITELN(arquivo,'  9.80- Êrro altimétrico o qual se espera
encontrar na carta, deverá ser');
        write(arquivo,'            menor que ',((ErrQuadrVertBL(0.000100
,0.000100,PrecMultiEsterePlan,PrecMultiEstereVert))
        *100*1.645):6:2);
        WRITELN(ARQUIVO,' Centímetros.');

        WRITELN(ARQUIVO,'');
        WRITELN(ARQUIVO,'                        SAÍDA PARA PLOTER
');
        WRITELN(ARQUIVO,'                        ==================
');
```

```pascal
        writeln(arquivo,'  9.81- Erro quadrático planimétrico que o
equipamento irá progagar para a');
        writeln(arquivo,'         carta é
',((ErrQuadrPlanBL(0,0,PrecMultiEsterePlan))*100):6:2,
        ' Centímetros.');
        writeln(arquivo,'  9.82- Erro quadrático altimétrico que o
equipamento irá progagar para a');
        writeln(arquivo,'         carta é
',((ErrQuadrVertBL(0,0,PrecMultiEsterePlan,PrecMultiEstereVert))*100):6:
2,
        ' Centímetros.');
        WRITELN(arquivo,'  9.83- Êrro planimétrico o qual se espera
encontrar na carta, deverá ser');
        writeln(arquivo,'          menor que
',((ErrQuadrPlanBL(0,0,PrecMultiEsterePlan))*100*1.645):6:2,
        ' Centímetros.');
        WRITELN(arquivo,'  9.84- Êrro altimétrico o qual se espera
encontrar na carta, deverá ser');
        write(arquivo,'          menor que
',((ErrQuadrVertBL(0,0,PrecMultiEsterePlan,PrecMultiEstereVert))
        *100*1.645):6:2);
        WRITELN(ARQUIVO,' Centímetros.');


        WRITELN(arquivo,'');
        WRITELN(arquivo,'');
        WRITELN(arquivo,'');
        WRITELN(arquivo,'');
        WRITELN(arquivo,'  9.9-  Restituição com:          KELSH ');
        WRITELN(arquivo,'                                =====   ');
        WRITELN(arquivo,'  9.91- Êrro planimétrico do equipamento
para a escala dada ');
        WRITELN(arquivo,'              é ',(PrecKelshPlan*100):6:2, '
Centímetros no terreno.');
        WRITELN(arquivo,'  9.92- Êrro altimétrico do equipamento para
a escala dada ');
        WRITELN(arquivo,'              é ',(PrecKelshVert*100):6:2, '
Centímetros no terreno.');
        if JCMaiaplan(Mpmaxpla(20)) >0 then begin
        WRITELN(arquivo,'  9.93- Espaçamento para o apoio
planimétrico ( J. C. Maia )');
        WRITE(arquivo,'          é ',JCMaiaplan(Mpmaxpla(20)):5:2, ' em ',
JCMaiaplan(Mpmaxpla(20)):5:2);
        writeln(arquivo,' modelos.' );                      end else begin
        WRITELN(arquivo,'  9.94- Espaçamento para o apoio
planimétrico ( J. C. Maia )');
        WRITE(arquivo,'        é 0.00 em 0.00');
        writeln(arquivo,' modelos.');                      end;
```

```pascal
        WRITELN(arquivo,'  9.95-   Espaçamento para o apoio
planimétrico  ( Karara )');
        WRITELN(arquivo,'              é ',EAP:5:2,' em ',  EAP:5:2,' modelos.');
        if  JCMaiavert(HV,EQU,0.15) > 0 then begin
        WRITELN(arquivo,'  9.96-  Espaçamento para o apoio altimétrico
(J. C. Maia )');
        WRITELN(arquivo,'          é ',JCMaiavert(HV,EQU,0.15):5:2,' em
',JCMaiavert(HV,EQU,0.15):5:2, ' modelos.'  );
        end else begin
        WRITELN(arquivo,'  9.97-  Espaçamento para o apoio altimétrico
(J. C. Maia ) ');
        WRITELN(arquivo,'          é 0.00  em 0.00  modelos.'  );
end;
        WRITELN(arquivo,'  9.98-  Espaçamento para o apoio altimétrico
( Karara ) ');
        WRITELN(arquivo,'              é ',AVERT(0.005):5:2, ' em
',AVERT(0.005):5:2, ' modelos.' );

        WRITELN(ARQUIVO,'');
        WRITELN(ARQUIVO,'                        SAÍDA PARA SCRIBE
');
        WRITELN(ARQUIVO,'                        =================
');
        writeln(arquivo,'  9.99-  Erro quadrático planimétrico que o
equipamento irá progagar para a');
        writeln(arquivo,'            carta é ',((ErrQuadrPlanBL(0.000100
,0.000100,PreckelshPlan))*100):6:2,
        ' Centímetros no terreno.');
        writeln(arquivo,'  9.991-  Erro quadrático altimétrico que o
equipamento irá progagar para a');
        writeln(arquivo,'            carta é ',((ErrQuadrVertBL(0.000100
,0.000100,PreckelshPlan,PreckelshVert))*100):6:2,
        ' Centímetros no terreno.');
        WRITELN(arquivo,'  9.992-  Êrro planimétrico o qual se espera
encontrar na carta, deverá ser');
        writeln(arquivo,'            menor que',((ErrQuadrPlanBL(0.000100
,0.000100,PreckelshPlan))*100*1.645):6:2,
        ' Centímetros.');
        WRITELN(arquivo,'  9.993-  Êrro altimétrico o qual se espera
encontrar na carta, deverá ser');
        writeln(arquivo,'            menor que',((ErrQuadrVertBL(0.000100
,0.000100,PreckelshPlan,PreckelshVert))*100*1.645):6:2,
        ' Centímetros.');

        WRITELN(ARQUIVO,'');
        WRITELN(ARQUIVO,'                        SAÍDA PARA PLOTER
');
```

```
        WRITELN(ARQUIVO,'                    ==================
');
        writeln(arquivo,'  9.91-  Erro quadrático planimétrico que o
equipamento irá progagar para a');
        writeln(arquivo,'         carta é
',((ErrQuadrPlanBL(0,0,PrecKelshPlan))*100):6:2,
        ' Centímetros no terreno.');
        writeln(arquivo,'  9.92-  Erro quadrático altimétrico que o
equipamento irá progagar para a');
        writeln(arquivo,'         carta é
',((ErrQuadrVertBL(0,0,PrecKelshPlan,PrecKelshVert))*100):6:2,
        ' Centímetros no terreno.');
        WRITELN(arquivo,'  9.93-  Êrro planimétrico o qual se espera
encontrar na carta, deverá ser');
        writeln(arquivo,'         menor
que',((ErrQuadrPlanBL(0,0,PrecKelshPlan))*100*1.645):6:2,
        ' Centímetros.');
        WRITELN(arquivo,'  9.94-  Êrro altimétrico o qual se espera
encontrar na carta, deverá ser');
        writeln(arquivo,'         menor
que',((ErrQuadrVertBL(0,0,PrecKelshPlan,PrecKelshVert))*100*1.645):6:2
,
        ' Centímetros.');


        END;
        PROCEDURE COMPFAIXA;
        BEGIN
        WRITELN(arquivo,'  10.0-              PARA A COMPENSAÇÃO EM
FAIXA           ');
        WRITELN(arquivo,'
==========================    ');
        WRITELN(arquivo,'                    ÊRRO QUADRÁTICO');
        WRITELN(arquivo,'                    ===============');
        WRITELN(arquivo,'');
        WRITELN(arquivo,'');
        WRITELN(arquivo,'');
        WRITELN(arquivo,'');
        WRITELN(arquivo,'  10.1- Restituição com:      PLANICOMP C-
100  ');
        WRITELN(arquivo,'                    ===============
');
        WRITELN(arquivo,'');

        WRITELN(arquivo,'  10.11- Êrro planimétrico do equipamento para
a escala dada ');
        WRITELN(arquivo,'         é ',(PrecPlanicPlan*100):6:2, '
Centímetros. ');
```

```
        WRITELN(arquivo,' 10.12- Êrro altimétrico do equipamento para a
escala dada  ');
        WRITELN(arquivo,'          é ',(PrecPlanicVert*100):6:2, '
Centímetros.');

        WRITELN(ARQUIVO,'');
        WRITELN(ARQUIVO,'              SAÍDA PARA SCRIBE
');
        WRITELN(ARQUIVO,'              ==================
');


        writeln(arquivo,' 10.13- Erro quadrático planimétrico que o
equipamento irá progagar para a ');
        writeln(arquivo,'      carta é ',((ErrQuadrPlanFX(0.000150
,0.000150,PrecPlanicPlan))*100):6:2,
        ' Centímetros.');
        writeln(arquivo,' 10.14- Erro quadrático altimétrico que o
equipamento irá progagar para a ' );
        writeln(arquivo,'      carta é ',((ErrQuadrVertFX(0.000150
,0.000150,PrecPlanicPlan,PrecPlanicVert))*100):6:2,
        ' Centímetros.');
        WRITELN(arquivo,' 10.15- Êrro planimétrico o qual se espera
encontrar na carta, deverá ser ');
        writeln(arquivo,'         menor que ',((ErrQuadrPlanFX(0.000150
,0.000150,PrecPlanicPlan))*100*1.645):6:2,
        ' Centímetros.');
        WRITELN(arquivo,' 10.16- Êrro altimétrico o qual se espera
encontrar na carta, deverá ser   ');
        writeln(arquivo,'         menor que ',((ErrQuadrvertFX(0.000150
,0.000150,PrecPlanicPlan,PrecPlanicvert))*100*1.645):6:2,
        ' Centímetros.');


        WRITELN(ARQUIVO,'');
        WRITELN(ARQUIVO,'              SAÍDA PARA PLOTER
');
        WRITELN(ARQUIVO,'              ==================
');
        writeln(arquivo,' 10.13- Erro quadrático planimétrico que o
equipamento irá progagar para a ');
        writeln(arquivo,'      carta é
',((ErrQuadrPlanFX(0,0,PrecPlanicPlan))*100):6:2,
        ' Centímetros.');
        writeln(arquivo,' 10.14- Erro quadrático altimétrico que o
equipamento irá progagar para a ' );
        writeln(arquivo,'      carta é
',((ErrQuadrVertFX(0,0,PrecPlanicPlan,PrecPlanicVert))*100):6:2,
```

```
                    ' Centímetros.');
         WRITELN(arquivo,'  10.15- Êrro planimétrico o qual se espera
encontrar na carta, deverá ser ');
         writeln(arquivo,'         menor que
',((ErrQuadrPlanFX(0,0,PrecPlanicPlan))*100*1.645):6:2,
                    ' Centímetros.');
         WRITELN(arquivo,'  10.16- Êrro altimétrico o qual se espera
encontrar na carta, deverá ser  ');
         writeln(arquivo,'         menor que
',((ErrQuadrvertFX(0,0,PrecPlanicPlan,PrecPlanicvert))*100*1.645):6:2,
                    ' Centímetros.');


         WRITELN(arquivo,'');
         WRITELN(arquivo,'  10.30-  Restituição com:
ESTEREOPLANÍGRAFO   C-8 ');
         WRITELN(arquivo,'
===================€==========         ');
         WRITELN(arquivo,'');
         WRITELN(arquivo,'  10.31- Êrro planimétrico do equipamento para
a escala dada  ');
         WRITELN(arquivo,'         é ',(PrecMultiEsterePlan*100):6:2, '
Centímetros. ');
         WRITELN(arquivo,'  10.32- Êrro altimétrico do equipamento para a
escala dada ');
         WRITELN(arquivo,'         é ',(PrecMultiEstereVert*100):6:2, '
Centímetros. ');
         WRITELN(ARQUIVO,'');
         WRITELN(ARQUIVO,'                     SAÍDA PARA SCRIBE
');
         WRITELN(ARQUIVO,'                     =================
');


         writeln(arquivo,'  10.33- Erro quadrático planimétrico que o
equipamento irá progagar para a ');
         writeln(arquivo,'         carta  é ',((ErrQuadrPlanFX(0.000150
,0.000150,PrecMultiEsterePlan))*100):6:2,
                    ' Centímetros.');
         writeln(arquivo,'  10.34- Erro quadrático altimétrico que o
equipamento irá progagar para a '  );
         writeln(arquivo,'         carta  é ',((ErrQuadrVertFX(0.000150
,0.000150,PrecMultiEsterePlan,PrecMultiEstereVert))*100):6:2,
                    ' Centímetros.');
         WRITELN(arquivo,'  10.35- Êrro planimétrico o qual se espera
encontrar na carta, deverá ser   ');
         writeln(arquivo,'         menor que ',((ErrQuadrPlanFX(0.000150
,0.000150,PrecMultiEstereVert))*100*1.645):6:2,
                    ' Centímetros.');
```

```
        WRITELN(arquivo,' 10.36- Êrro altimétrico o qual se espera
encontrar na carta, deverá ser      ');
        write(arquivo,'        menor que ',((ErrQuadrVertFX(0.000150
,0.000150,PrecMultiEsterePlan,PrecMultiEstereVert))
        *100*1.645):6:2);
        writeln(arquivo,' Centímetros.');


        WRITELN(ARQUIVO,'');
        WRITELN(ARQUIVO,'                    SAÍDA PARA PLOTER
');

        WRITELN(ARQUIVO,'                    ==================
');

        WRITELN(arquivo,'');
        writeln(arquivo,' 10.33- Erro quadrático planimétrico que o
equipamento irá progagar para a ');
        writeln(arquivo,'      carta é
',((ErrQuadrPlanFX(0,0,PrecMultiEsterePlan))*100):6:2,
        ' Centímetros.');
        writeln(arquivo,' 10.34- Erro quadrático altimétrico que o
equipamento irá progagar para a ' );
        writeln(arquivo,'      carta é
',((ErrQuadrVertFX(0,0,PrecMultiEsterePlan,PrecMultiEstereVert))*100):6:
2,
        ' Centímetros.');
        WRITELN(arquivo,' 10.35- Êrro planimétrico o qual se espera
encontrar na carta, deverá ser      ');
        writeln(arquivo,'      menor que
',((ErrQuadrPlanFX(0,0,PrecMultiEstereVert))*100*1.645):6:2,
        ' Centímetros.');
        WRITELN(arquivo,' 10.36- Êrro altimétrico o qual se espera
encontrar na carta, deverá ser      ');
        write(arquivo,'      menor que
',((ErrQuadrVertFX(0,0,PrecMultiEsterePlan,PrecMultiEstereVert))
        *100*1.645):6:2);
        writeln(arquivo,' Centímetros.');



        WRITELN(arquivo,'');
        WRITELN(arquivo,' 10.5- Restituição com: Balplex, wild B-8, PG-
2(KERN) ');
        WRITELN(arquivo,'
============================      ');
        WRITELN(arquivo,'');
        WRITELN(arquivo,' 10.51- Êrro planimétrico do equipamento para
a escala dada ');
        WRITELN(arquivo,'        é ',(PrecBalB8Pg2Plan*100):6:2, '
Centímetros. ');
        - 368 -
```

```
        WRITELN(arquivo,'  10.52- Êrro altimétrico do equipamento para a
escala dada ');
        WRITELN(arquivo,'          é ',(PrecBalB8Pg2Vert*100):6:2, '
Centímetros.');
        WRITELN(ARQUIVO,'');
        WRITELN(ARQUIVO,'                    SAÍDA PARA SCRIBE
');
        WRITELN(ARQUIVO,'                    ==================
');
        writeln(arquivo,'  10.54- Erro quadrático planimétrico que o
equipamento irá progagar para a ');
        writeln(arquivo,'        carta é ',((ErrQuadrPlanFX(0.000150
,0.000150,PrecBalB8Pg2Plan))*100):6:2,
        ' Centímetros.');
        writeln(arquivo,'  10.55- Erro quadrático altimétrico que o
equipamento irá progagar para a ' );
        writeln(arquivo,'        carta é ',((ErrQuadrVertFX(0.000150
,0.000150,PrecBalB8Pg2Plan,PrecBalB8Pg2Vert))*100):6:2,
        ' Centímetros.');
        WRITELN(arquivo,'  10.56- Êrro planimétrico o qual se espera
encontrar na carta, deverá ser ');
        writeln(arquivo,'        menor que ',((ErrQuadrPlanFX(0.000150
,0.000150,PrecBalB8Pg2Vert))*100*1.645):6:2,
        ' Centímetros.');
        WRITELN(arquivo,'  10.57- Êrro altimétrico o qual se espera
encontrar na carta, deverá ser ');
        writeln(arquivo,'        menor que ',((ErrQuadrVertFX(0.000150
,0.000150,PrecBalB8Pg2Plan,PrecBalB8Pg2Vert))*100*1.645):6:2,
        ' Centímetros.');
        WRITELN(ARQUIVO,'');
        WRITELN(ARQUIVO,'                    SAÍDA PARA PLOTER
');
        WRITELN(ARQUIVO,'                    ==================
');
        WRITELN(arquivo,'');
        writeln(arquivo,'  10.54- Erro quadrático planimétrico que o
equipamento irá progagar para a ');
        writeln(arquivo,'        carta é
',((ErrQuadrPlanFX(0,0,PrecBalB8Pg2Plan))*100):6:2,
        ' Centímetros.');
        writeln(arquivo,'  10.55- Erro quadrático altimétrico que o
equipamento irá progagar para a ' );
        writeln(arquivo,'        carta é
',((ErrQuadrVertFX(0,0,PrecBalB8Pg2Plan,PrecBalB8Pg2Vert))*100):6:2,
        ' Centímetros.');
        WRITELN(arquivo,'  10.56- Êrro planimétrico o qual se espera
encontrar na carta, deverá ser ');
```

```
        writeln(arquivo,'      menor que
',((ErrQuadrPlanFX(0,0,PrecBalB8Pg2Vert))*100*1.645):6:2,
        ' Centímetros.');
        WRITELN(arquivo,' 10.57- Êrro altimétrico o qual se espera
encontrar na carta, deverá ser ');
        writeln(arquivo,'      menor que
',((ErrQuadrVertFX(0,0,PrecBalB8Pg2Plan,PrecBalB8Pg2Vert))*100*1.64
5):6:2,
        ' Centímetros.');


        WRITELN(arquivo,'');
        WRITELN(arquivo,' 10.6-  Restituição com: multiplex e
estereotopo zeiss ');
        WRITELN(arquivo,'
=============================       ');
        WRITELN(arquivo,'');
        WRITELN(arquivo,' 10.61- Êrro planimétrico do equipamento para
a escala dada ');
        WRITELN(arquivo,'       é ',(PrecMultiEsterePlan*100):6:2, '
Centímetros. ');
        WRITELN(arquivo,' 10.62- Êrro altimétrico do equipamento para a
escala dada ');
        WRITELN(arquivo,'       é ',(PrecMultiEsterevert*100):6:2, '
Centímetros.');
        WRITELN(ARQUIVO,'');
        WRITELN(ARQUIVO,'                   SAÍDA PARA SCRIBE
');
        WRITELN(ARQUIVO,'                   =================
');


        writeln(arquivo,' 10.63- Erro quadrático planimétrico que o
equipamento irá progagar para a ');
        writeln(arquivo,'       carta  é ',((ErrQuadrPlanFX(0.000150
,0.000150,PrecMultiEsterePlan))*100):6:2,
        ' Centímetros.');
        writeln(arquivo,' 10.64- Erro quadrático altimétrico que o
equipamento irá progagar para a ' );
        writeln(arquivo,'       carta  é ',(ErrQuadrVertFX(0.000150
,0.000150,PrecMultiEsterePlan,PrecMultiEstereVert)*100):6:2,
        ' Centímetros.');
        WRITELN(arquivo,' 10.65- Êrro planimétrico o qual se espera
encontrar na carta, deverá ser ');
        writeln(arquivo,'       menor que ',((ErrQuadrPlanFX(0.000150
,0.000150,PrecMultiEstereVert))*100*1.645):6:2,
        ' Centímetros.');
        WRITELN(arquivo,' 10.66- Êrro altimétrico o qual se espera
encontrar na carta, deverá ser ');
```

```pascal
        write(arquivo,'        menor que ',((ErrQuadrVertFX(0.000150
,0.000150,PrecMultiEsterePlan,PrecMultiEstereVert))
        *100*1.645):6:2);
        WRITEln(ARQUIVO,' Centímetros.');
        WRITELN(ARQUIVO,'');
        WRITELN(ARQUIVO,'               SAÍDA PARA PLOTER
');
        WRITELN(ARQUIVO,'               ==================
');
        writeln(arquivo,'  10.63- Erro quadrático planimétrico que o
equipamento irá progagar para a ');
        writeln(arquivo,'        carta é
',((ErrQuadrPlanFX(0,0,PrecMultiEsterePlan))*100):6:2,
        ' Centímetros.');
        writeln(arquivo,'  10.64- Erro quadrático altimétrico que o
equipamento irá progagar para a ' );
        writeln(arquivo,'        carta é
',(ErrQuadrVertFX(0,0,PrecMultiEsterePlan,PrecMultiEstereVert)*100):6:2,
        ' Centímetros.');
        WRITELN(arquivo,'  10.65- Êrro planimétrico o qual se espera
encontrar na carta, deverá ser ');
        writeln(arquivo,'        menor que
',((ErrQuadrPlanFX(0,0,PrecMultiEstereVert))*100*1.645):6:2,
        ' Centímetros.');
        WRITELN(arquivo,'  10.66- Êrro altimétrico o qual se espera
encontrar na carta, deverá ser ');
        write(arquivo,'        menor que
',((ErrQuadrVertFX(0,0,PrecMultiEsterePlan,PrecMultiEstereVert))
        *100*1.645):6:2);
        WRITEln(ARQUIVO,' Centímetros.');

        WRITELN(arquivo,'');

        WRITELN(arquivo,'');
        WRITELN(arquivo,'  10.8-  Restituição com:          KELSH ');
        WRITELN(arquivo,'                          =====   ');
        WRITELN(arquivo,'  10.81- Êrro planimétrico do equipamento
para a escala dada ');
        WRITELN(arquivo,'         é ',(PrecKelshPlan*100):6:2, '
Centímetros no terreno.');
        WRITELN(arquivo,'  10.82- Êrro altimétrico do equipamento para
a escala dada ');
        WRITELN(arquivo,'         é ',(PrecKelshVert*100):6:2, '
Centímetros no terreno.');

        WRITELN(ARQUIVO,'');
```

```
        WRITELN(ARQUIVO,'                    SAÍDA PARA SCRIBE
');
        WRITELN(ARQUIVO,'                    ==================
');
        writeln(arquivo,' 10.83- Erro quadrático planimétrico que o
equipamento irá progagar para a ' );
        writeln(arquivo,'          carta é ',((ErrQuadrPlanFX(0.000150
,0.000150,PrecKelshPlan))*100):6:2,
        ' Centímetros no terreno.');
        writeln(arquivo,' 10.84- Erro quadrático altimétrico que o
equipamento irá progagar para a ');
        writeln(arquivo,'          carta é ',((ErrQuadrVertFX(0.000150
,0.000150,PrecKelshPlan,PrecKelshVert))*100):6:2,
        ' Centímetros no terreno.');
        WRITELN(arquivo,' 10.85- Êrro planimétrico o qual se espera
encontrar na carta, deverá ser ');
        writeln(arquivo,'          menor que',((ErrQuadrPlanFX(0.000150
,0.000150,PrecKelshPlan))*100*1.645):6:2,
        ' Centímetros.');
        WRITELN(arquivo,' 10.86- Êrro altimétrico o qual se espera
encontrar na carta, deverá ser ');
        writeln(arquivo,'          menor que',((ErrQuadrVertFX(0.000150
,0.000150,PrecKelshPlan,PrecKelshVert))*100*1.645):6:2,
        ' Centímetros.');

        WRITELN(ARQUIVO,'');
        WRITELN(ARQUIVO,'                    SAÍDA PARA PLOTER
');
        WRITELN(ARQUIVO,'                    ==================
');
        writeln(arquivo,' 10.83- Erro quadrático planimétrico que o
equipamento irá progagar para a ' );
        writeln(arquivo,'          carta é
',((ErrQuadrPlanFX(0,0,PrecKelshPlan))*100):6:2,
        ' Centímetros no terreno.');
        writeln(arquivo,' 10.84- Erro quadrático altimétrico que o
equipamento irá progagar para a ');
        writeln(arquivo,'          carta é
',((ErrQuadrVertFX(0,0,PrecKelshPlan,PrecKelshVert))*100):6:2,
        ' Centímetros no terreno.');
        WRITELN(arquivo,' 10.85- Êrro planimétrico o qual se espera
encontrar na carta, deverá ser ');
        writeln(arquivo,'          menor
que',((ErrQuadrPlanFX(0,0,PrecKelshPlan))*100*1.645):6:2,
        ' Centímetros.');
        WRITELN(arquivo,' 10.86- Êrro altimétrico o qual se espera
encontrar na carta, deverá ser ');
```

```
        writeln(arquivo,'          menor
que',((ErrQuadrVertFX(0,0,PrecKelshPlan,PrecKelshVert))*100*1.645):6:2
,
        ' Centímetros.');

        END;
        procedure ar8.entradado;
        BEGIN
        res1:=res1^.proximo;
        DECa:=Wiv; DEF:=Wiv; DER:=Wiv;
        DEG:=Wiv; DF:=Wiv; EQU:=Wiv;
        ALFA1:=Wiv; RECOLON:=Wiv; RECOLAT:=Wiv; limpmemoini;
        { DECa DEF DER DEG DF EQU ALFA1 RECOLON RECOLAT }
        end;
        PROCEDURE nilso8.entradado;
        begin
        ALFA:=(2*3.141592654*ALFA1)/360;
        NILSON1:= SIN(ALFA);
        NILSON2:= COS(ALFA);
        NILSON2:= NILSON1/NILSON2 ;
        ASSIGN(arquivo,'nilson8.txt');
        append(arquivo);
        HV:=(DF/1000*DEF);
        MPT6:=0.000060;  MPT4:=0.000040; MI:=0.000030;
MD1:=0.00015; MD2:=0.00010;
        MPP:=0.000020;
        ERRDESBL:= SQRT(sqr(MD1*DER)+sqr(MD2*DEG));
        ERRDESBL1:=ERRDESBL*1.645;

        WRITELN(arquivo,'');
        WRITELN(arquivo,'');
        WRITELN(arquivo,'          PARTE REFERENTE AO MODELO
');
        WRITELN(arquivo,'          ==========================
');
        WRITELN(arquivo,'');
        A:=((1-RECOLON)*0.23*DEF/1000);
        B:=((1-RECOLAT)*0.23*DEF/1000);
        S:=(A*B);
        A1:=(RECOLON*0.23*DEF/1000);
        B1:=((RECOLAT)*0.23*DEF/1000);
        S1:=(A*B);
        dfoto:=(0.23*def/1000);
        afoto:=dfoto*dfoto;

        WRITELN(arquivo,' 1-   A área que um modêlo ocupa no terreno
a ser fotografado');
        - 373 -
```

```
WRITELN(arquivo,'        é  ',S:5:3, ' Kilômetros quadrados.' );
WRITELN(arquivo,' 2-   O Comprimento de um modêlo noterreno
no sentido do vôo');
WRITELN(arquivo,'        é  ',A:5:3, '  Kilômetros.');
WRITELN(arquivo,' 3-   A largura de um modêlo no terreno é
',B:5:3, '  Kilômetros.');
HV:=(DF/1000*DEF);
WRITELN(arquivo,' 4-   A altura de vôo é : ',HV:5:2,' Metros.');
WRITELN(arquivo,' 5-   A aerobase, distância entre pontos de
disparo ou entre os');
WRITELN(arquivo,'        os centros de perspectivas é  ',A:5:3,'
Kilômetros.');
WRITELN(arquivo,' 6-   A distância entre linhas de vôos em
faixas adjacentes  é');
WRITELN(arquivo,'        ',  B:5:3,'  Kilômetros.');
basealtura:=(A*1000)/(HV);
WRITELN(arquivo,' 7-   A relação base/altura é
',basealtura:3:2);
WRITELN(arquivo,' 8 -   O desenho abaixo é um       ===
GABARITO ===');
WRITELN(arquivo,'        Serve para que possa reproduzir os
dados sôbre a carta no local ');
WRITELN(arquivo,'        onde se fará o vôo. A vantagem é a
certeza e segurança para definir');
writeln(arquivo,'        sem possibilidades de êrros.');
fazfigura;
COMPBLOCO;
COMPFAIXA;

WRITELN(arquivo,'');
WRITELN(arquivo,'');
WRITELN(arquivo,'');
writeln(arquivo,'');
WRITELN(ARQUIVO,'      13-  Padrão de Exatidão Cartográfica e
Erros-Padrão');
fazfigura2;
writeln(arquivo,'        BIBLIOGRAFIA');
WRITELN(ARQUIVO,'        ============');
writeln(arquivo,' 1 - Notas de Aula - UERJ.');
writeln(arquivo,' 2 - Tavares,Paulo E.;Fagundes Placidino  -
Fotogrametria. ');
writeln(arquivo,' 3 - Coronel Martins Gomes - Aerotriangulação IME
1989.');
close(arquivo);
iniciartextoarq(false,'nilson8.txt');

end;
```

```
end.          {
var k:ptr_entradados;

BEGIN
if not GETPARAMSTR  then exit ;
entrada:=";entrada1:=";entrada2:="; DadoIniMouse;
getmem(k,sizeof(k));k^.entradado;freemem(k,sizeof(k));halt(20);
end.          }

unit nilson09;
interface
uses
crt,dos,nilson32,nilson33,nilson36,nilson38,nilson39,nilson31,nilson35,nils
on30,nilson72;
procedure sairprograma;
implementation
var   ch:char;
procedure sairprograma;
var x1,y1,i,antes:byte;
function funcoesMouse:char;
begin  funcoesmouse:='y';if not mouseok then exit;auxfunciona;
if  (botao=1) and (ymouse=(y1+5)) then begin
if (xmouse >=(x1+2)) and(xmouse <=(x1+10)) then begin
funcoesmouse:='S';exit;end;
if (xmouse >=(x1+13)) and (xmouse <=(x1+21)) then begin
funcoesmouse:='N';exit;end;end;
end;
begin    x1:=20;y1:=10;salvartela; ch:='y';
repeat
porjanelaV(8,0,x1+2,y1+1,x1+28,y1+9);
porjanelaV(7,7,x1,y1,x1+26,y1+8);
porjanelaV(8,0,x1+4,y1+2,x1+24,y1+3);
porjanelaV(8,0,x1+4,y1+6,x1+12,y1+7);
porjanelaV(8,0,x1+16,y1+6,x1+24,y1+7);
QuadradoV(0,7,x1,y1,x1+26,y1+8,'Ä','³','Ú','¿','Ù','À');
escrevalinhaV(15,2,'Quer realmente Sair ?',x1+2,y1+1);
escrevalinhaV(4,2, 'Really want to quit ?',x1+2,y1+2);
escrevalinhaV(2,1,' Yes  ',x1+2,y1+6);
escrevalinhaV(2,4,' Sim  ',x1+2,y1+5);
escrevalinhaV(14,4,'S',x1+5,y1+5);
escrevalinhaV(2,1,' Not  ',x1+13,y1+6);
escrevalinhaV(2,4,' NÆo  ',x1+13,y1+5);
escrevalinhaV(14,4,'N',x1+16,y1+5);     i:=1; mostramouse;
while  (i < 80) do              begin
if keypressed then ch:=upcase(readkey) else ch:=funcoesmouse;
case ch of 'S':halt(42);
'N':i:=85;
```

```
        else begin inc(i);delay(5);end;end;end;  escondemouse;
        porjanela(x1,y1,x1+28,y1+9);
        dec(x1);
        if x1=0 then begin x1:=80-28;randomize;y1:=1+random(16);end;
        until (ch in['S','N']);FreeMem(Saveptr,SaveSize);
        end;
        end.
        program agenda;
        (*
        repeat ch:=readkey;if ch=#0 then Ch:=ReadKey;{ Function keys }
        until ch in
[#27,#45,#23,#47,#19,#31,#75,#77,#83,#72,#80,#71,#73,#81,
#13,#9,#82,#8 ,#63,#64,#65,#66];
        (*  esc  x  i  v  r  s  L  R  DEL up   dn home pgu pgd ent tab ins
bsp f5  f6  f7  f8 *)
        uses crt,nilson36,nilson38,nilson35;
        const
        msgdigit1 ='EXIT. Deseja mesmo sair da agenda? S = Sim  Voltar
para a agenda?  V = voltar.';
        msgdigit2 ='F5,F6,F7,F8 = seleção  <Page Up>=próximo <Page
Dn>=anterior    ALT+M    ALT+R.';


        msgdigit4 ='Digite a primeira linha do registro. Aperte <HOME> <
F5 F6 F7 F8 >desistência.';
        msgdigit5 ='Digite o registro.     Se OK aperte  < HOME >     < F5
F6 F7 F8 > desistência.';
        msgdigit9='Nesta opção você pode incluir um novo registro na sua
lista de registros.        ';
        msgdigit11='Aperte <enter>  para gravar no arquivo. Falta de
energia fará perder dados.   ';
        msgdigit10='Para retirar um registro na agenda, digite a primeira
linha seguida de <HOME>.';
        msgdigit12='Ver um registro particular <enter> digite. Ver o
primeiro <HOME> <END> último.';
        msgdigit13='O registro que programou já está armazenado em
ordem alfabética pela 1a.linha.';
        msgdigit16='Não encontrei nenhum arquivo igual ao que foi
digitado.                   ';
        msgdigit18='Já está retirado o registro que quis retirar.
';
        msgdigit19='Está gravado. Tenha uma cópia impressa, carregue
para o word o NCS_AGD.TXT    ';
        msgdigit20='Encontrei este registro semelhante, se quer
RETIRAR  aperte  <ALT> + <R>      ';
        msgdigit21='Aguarde um momento, por favor. Estou atualizando
arquivos...                 ';
        type str80=string[80];
```

```pascal
ACTIVITIES=(INCLUIR,RETIRAR,SALVAR,VER);

ptr_endereco = ^endereco;
endereco = record
nome:array [1..15] of str80;
proximo,anterior:ptr_endereco; end;

ACTIVIT=(res1,res2,res3,res4,res5,res6,res7,res8,res9,res10,res1
1,res12,res13,res14,res15);
var SELECT:ACTIVIT;
primeiro,ultimo,auxA,auxB,item:ptr_endereco;
arquivo,arquiv: file of endereco;
arq:text;
itemdelete,EntrouDado,textOk:boolean;
SELECTION:ACTIVITIES;
x,y,z,w:longint;

procedure reverte;
begin       window(2,5,78,22);
textattr:=$20;
case SELECTION of
INCLUIR: BEGIN GOTOXY(4,1);WRITE  (' INCLUIR ');end;
RETIRAR: BEGIN GOTOXY(24,1);WRITE (' RETIRAR ');end;
SALVAR: BEGIN GOTOXY(44,1);WRITE  ('  SALVAR ');end;
VER: BEGIN GOTOXY(64,1);WRITE     ('  VER    ');end;
END;END;

PROCEDURE PREVIOUSACT;
BEGIN
IF SELECTION = INCLUIR THEN  SELECTION:=VER
ELSE  SELECTION:=PRED(SELECTION);
END;

PROCEDURE NEXTACT;
BEGIN
IF SELECTION = VER THEN  SELECTION:=INCLUIR
ELSE  SELECTION:=SUCC(SELECTION);
END;
procedure apagador(var item:ptr_endereco);
begin
if itemdelete then begin dispose(item); itemdelete:=false;end;

if item^.nome[1]=ultimo^.nome[1] then begin
ultimo:=item^.anterior;ultimo^.proximo:=nil;end else
if item^.nome[1]=primeiro^.nome[1] then begin
primeiro:=primeiro^.proximo;primeiro^.anterior:=nil;end else begin
```

```
      auxA:=item^.anterior;auxB:=item^.proximo;
      auxA^.proximo:=auxB;auxB^.anterior:=auxA; end;

      item^.proximo:=nil;item^.anterior:=nil;itemdelete:=true;entroudado:
=true;
      end;

      procedure mostraindicado;
      var i:byte;
      begin case selection of
      incluir: apresmsg(msgdigit20);
      ver: apresmsg(msgdigit2);
      end;

      window(3,7,78,22); clrscr;
      for i:=1 to 15 do  writeln(item^.nome[i]);

      repeat ch:=readkey;if ch=#0 then Ch:=ReadKey;{ Function keys }
      until ch in
[#27,#45,#23,#47,#19,#25,#50,{#75,#77,#83,#72,#80,#71,}#73,#81{,
#13,#9,#82,#8} ,#63,#64,#65,#66];
      (* esc  x  i  v  r  p  M    L  R  DEL up   dn home pgu pgd ent
tab ins bsp   f5  f6  f7  f8 *)
      window(2,5,78,22);  if ch=#19 then begin
ch:=#186;apresmsg(msgdigit18);apagador(item);end;
      end;


      procedure limpmemo;
      begin
      auxB:=primeiro;auxA:=primeiro;
      while (auxB <> nil) do  begin
      auxA:=auxB^.proximo; dispose(auxB);auxB:=auxA;end;
      end;
      procedure inicializa;
      begin
      primeiro:=nil;ultimo:=nil;auxA:=nil;

      {$I-} RESET(ARQUIVO); {$I+}
      if ioresult = 0                        then begin
      y:= filesize(arquivo);seek(arquivo,z);
      new(auxB);read(arquivo,auxB^);
      auxB^.proximo:=nil;auxB^.anterior:=nil;auxA:=auxB;

      new(auxB);read(arquivo,auxB^);
      auxB^.proximo:=nil;auxB^.anterior:=AuxA;auxA^.proximo:=AuxB;
```

```
        primeiro:=auxA;auxA:=AuxB;         w:=2;              {
readkey;limpmemo;halt;}

        while (not EOF(arquivo)) and (w <= x) do begin  w:=w+1;
        new(auxB);read(arquivo,auxB^);
        auxB^.proximo:=nil;auxB^.anterior:=AuxA;auxA^.proximo:=Auxb;
        auxA:=AuxB;                        end;
        close(arquivo); ultimo:=AuxB;AuxA:=primeiro;AuxB:=primeiro;

        end else begin
        rewrite(arquivo); new(auxB);
        for savex:=1 to 3 do  begin
        for numint:=1 to 15 do  begin

        str(savex:3,entrada);
        AuxB^.nome[numint]:=' Nilson Candido da Silva - Aluno UERJ
C91218221 - registro'+ entrada;

        end;write(arquivo,auxB^)end;
        close(arquivo);dispose(auxB);inicializa;end;
        end;
        procedure grava;

        begin  apresmsg(msgdigit21);
EntrouDado:=false;auxA:=primeiro;

        if y>x then begin
        reset(arquivo);
        new(auxB); assign(arquiv,'auxArqdado.dat');rewrite(arquiv);

        if z <> 0 then begin
        seek(arquivo,0);
        for numint:=0 to (z-1) do begin  read(arquivo,AuxB^
);write(arquiv,auxB^ );end;end;

        repeat
        write(arquiv,auxA^);
        AuxA:=AuxA^.proximo;
        until auxA=nil; auxA:=primeiro;

        if  (z <>( y-x)) then begin
        seek(arquivo,(z+x+1)) ;
        while not(eof(arquivo)) do begin
        read(arquivo,auxB^);write(arquiv,auxB^);  end; end;
        close(arquiv);close(arquivo);erase(arquivo);rename(arquiv,'nilson9.
 dat');
        assign(arquivo,'nilson9.dat');
```
- 379 -

```
          { grava no aux o que está no Hd dos}
          end else begin
          rewrite(arquivo); auxA:=primeiro; auxB:=primeiro;
          repeat
          write(arquivo,auxB^);
          AuxB:=AuxB^.proximo;
          until auxB=nil; auxB:=primeiro; close(arquivo);
          end;        auxB:=primeiro;                              end;

          procedure GravaText;
          begin   apresmsg(msgdigit21);
          rewrite(ARQ);reset(arquivo); auxB:=primeiro; new(auxB);
          while not(eof(arquivo)) do begin
          read(arquivo,auxB^);for numint:=1 to 15 do begin
          if length(auxB^.nome[numint]) > 1 then
writeln(arq,auxB^.nome[numint]);
          if numint=15 then  writeln(arq,'-------------------------------------------------
------------------');
          end;
          end;  close(arquivo);close(arq);dispose(auxB);auxB:=primeiro;
          end;

          procedure PosArqIni; { encontrar o reg. na faixa do arquivo de}
          var              { tamanho x , acha o z para localizar a inicialização}
          aux:longint;
          begin               { posArqSN:=false;}
          RESET(ARQUIVO);
          z:= (y div 2); aux:=z; new(auxB);
          while (aux > (x div 2)) do begin
          seek(arquivo,z);read(arquivo,auxB^); aux:=aux div 2;
          if  item^.nome[1] = auxB^.nome[1] then begin  z:=z-x div 2;
          if  z<0 then z:=0; if z>(y-x) then z:=(y-x);
close(arquivo);dispose(auxB);exit end;
          if  item^.nome[1] > auxB^.nome[1] then z:=(z + aux) else z:=(z -
aux);
          end;
          z:=z-x div 2 ;if z<0 then z:=0 ; if z>(y-x) then z:=(y-x);
          close(arquivo);  dispose(auxB);
          end;

          procedure apagar;
          begin           apresmsg(msgdigit18);
auxB:=primeiro;auxA:=primeiro;

          if not ((item^.nome[1] >= primeiro^.nome[1]) and (item^.nome[1] <=
ultimo^.nome[1])) then begin
```

```pascal
        if y>x then begin      { vefifico na memória senão verifico no
arquivo}
        RESET(ARQUIVO);
        new(auxB);read(arquivo,auxB^);
        if (item^.nome[1] < auxB^.nome[1]) then begin dispose(auxB);
        close (arquivo);apresmsg(msgdigit16);exit;end else begin
        seek(arquivo,y-1);read(arquivo,auxB^);
        if (item^.nome[1] > auxB^.nome[1]) then begin  dispose(auxB);
        close(arquivo);apresmsg(msgdigit16);exit;end; end;
        if entroudado then grava; posArqIni;limpmemo;inicializa;
        end;

        if(y<=x) and ((item^.nome[1] < primeiro^.nome[1]) or
(item^.nome[1]>ultimo^.nome[1]))
        then begin apresmsg(msgdigit16);exit;end;

        itemdelete:=true;
end;
        if primeiro^.nome[1]=item^.nome[1] then begin
        item:=primeiro;primeiro:=primeiro^.proximo;
        primeiro^.anterior:=nil;entroudado:=true;
        item^.proximo:=nil;item^.anterior:=nil;
        end else   if ultimo^.nome[1] = item^.nome[1] then begin
        item:=ultimo;ultimo:=ultimo^.anterior;ultimo^.proximo:=nil;
        entroudado:=true;
        item^.proximo:=nil;item^.anterior:=nil;
        end else begin while (auxB^.proximo <> nil) and not(feito) do begin
        if item^.nome[1] = auxB^.nome[1] then begin
        item:=auxB;
        auxA:=auxB^.anterior;auxB:=auxB^.proximo;
        auxA^.proximo:=auxB; AuxB^.anterior:=auxA;
        feito:=true;entroudado:=true;
        item^.proximo:=nil;item^.anterior:=nil;
        end else begin auxB:=auxB^.proximo;

        end; end; end;
        auxA:=primeiro;AuxB:=primeiro;feito:=false;
        end;

        function ENCONTRAR:ptr_endereco;
        begin    auxB:=primeiro;AuxA:=primeiro;
        if not ((item^.nome[1] >= primeiro^.nome[1]) and (item^.nome[1] <=
ultimo^.nome[1])) then begin
        if y>x then begin      { vefifico na memória senão verifico no
arquivo}
        RESET(ARQUIVO);
        new(auxB);read(arquivo,auxB^);
```

```
        if (item^.nome[1] < auxB^.nome[1]) then begin
dispose(auxB);encontrar:=nil;close (arquivo);exit;end else begin
        seek(arquivo,y-1);read(arquivo,auxB^);
        if (item^.nome[1] > auxB^.nome[1]) then begin
dispose(auxB);encontrar:=nil;close(arquivo);exit;end; end;
        if EntrouDado then grava;posArqIni;limpmemo;inicializa;
        end;
        if(y<=x) and ((item^.nome[1] < primeiro^.nome[1]) or
(item^.nome[1]>ultimo^.nome[1])) then begin encontrar:=nil;exit;end;
        end;
        (*if EntrouDado then grava;PosArqIni;limpmemo;inicializa; *)
        auxB:=primeiro; feito:=false;numint:=0;
        if primeiro^.nome[1]=item^.nome[1] then      begin
        ENCONTRAR:=primeiro ;item:=primeiro; itemdelete:=false;end
        else   if ultimo^.nome[1] = item^.nome[1] then begin
        ENCONTRAR:=ultimo;item:=ultimo; itemdelete:=false; end
        else begin while (auxB^.proximo <> nil) and not(feito) do begin
        if item^.nome[1] = auxB^.nome[1] then  feito:=true
        else auxB:=auxB^.proximo;  end;
        if feito then begin ENCONTRAR:=auxB;item:=auxB;
itemdelete:=false;end else ENCONTRAR:=nil;
        end;
        end;
        procedure armazena;
        begin    auxA:=primeiro;auxB:=primeiro;  apresmsg(msgdigit13);
        itemdelete:=false;
        if not ((item^.nome[1] >= primeiro^.nome[1]) and (item^.nome[1] <=
ultimo^.nome[1])) then begin
        if y>x then begin      { vefifico na memória senão verifico no
arquivo}
        if not ((item^.nome[1] > ultimo^.nome[1]) and (z =( y-x))) then
begin
        if not ((item^.nome[1] < primeiro^.nome[1]) and (z = 0)) then begin
        if entroudado then grava; posArqIni;limpmemo;inicializa;
        end;                              end; end;            end;

        if primeiro^.nome [1] = item^.nome[1] then begin
item:=auxA;mostraindicado;apresmsg(msgdigit20);exit;end;
        if primeiro^.nome [1] > item^.nome[1] then begin
        item^.proximo:=primeiro;
        item^.anterior:=nil;
        primeiro^.anterior:=item ;primeiro:=item; entroudado:=true;exit;
        end else begin
        if ultimo^.nome [1] = item^.nome[1] then begin
Item:=auxA;mostraindicado;apresmsg(msgdigit20);exit;end;
        if ultimo^.nome [1]< item^.nome[1] then begin
        ultimo^.proximo:=item;
```

```
        item^.proximo:=nil;
        item^.anterior:=ultimo;  ultimo:=item; entroudado:=true;exit;
        end ;end;  feito:=false;

        while  not(feito)  do begin
        if auxA^.nome [1] = item^.nome[1] then begin
Item:=auxA;mostraindicado;apresmsg(msgdigit20);
        auxA:=primeiro; auxB:=primeiro ;exit;end;
        if auxA^.nome [1] < item^.nome[1] then begin
        auxA:=auxA^.proximo end  else feito:=true;
        end;
        auxB:=auxA;auxA:=AuxA^.anterior;
        auxA^.proximo:=item;item^.anterior:=auxA;
        item^.proximo:=auxB;auxB^.anterior:=item; entroudado:=true;

        feito:=false; auxA:=primeiro; auxB:=primeiro ;
        end;

        procedure mostrar;
        var i:byte; aux:longint;
        begin apresmsg(msgdigit2);
        window(3,7,78,22);
        case ch of
        #73:begin  if (item^.proximo= nil) and (y>x) and (z <> (y-x)) then
begin
        if EntrouDado then  grava;limpmemo;z:=z+x;aux:=z;if z>(y-x) then
z:=(y-x);aux:=aux-z;inicializa;item:=primeiro;
        if z = (y-x) then for numint :=1 to aux do item:= item^.proximo;end;
        if item^.proximo <> nil then begin
        item:=item^.proximo;clrscr;for i:=1 to 15 do
writeln(item^.nome[i]);end;end;
        #81:begin if (item^.anterior = nil) and (y>x) and (z <> 0) then begin
        if EntrouDado then Grava;limpmemo;z:=z-x; aux:=z;if z<0 then
z:=0;inicializa;item:=ultimo;
        if aux<0 then for numint :=-1 downto aux do item:=
item^.anterior;end;
        if item^.anterior <> nil then begin
        item:=item^.anterior;clrscr;for i:=1 to 15 do
writeln(item^.nome[i]);end;end;end;
        repeat ch:=readkey;if ch=#0 then Ch:=ReadKey;{ Function keys }
        until ch in
[#27,#45,#23,#47,#19,#25,#50,{#75,#77,#83,#72,#80,#71,}#73,#81{,
#13,#9,#82,#8} ,#63,#64,#65,#66];
        (*  esc  x  i  v  r  p  M  L  R DEL up  dn home pgu pgd    ent
tab ins bsp f5  f6  f7  f8 *)
        window(2,5,78,22);  if ch=#19 then begin
ch:=#186;apresmsg(msgdigit18);apagador(item);end;
```

```
        end;

        procedure writeSelect;
        begin
        case SELECTION of
        INCLUIR: BEGIN if ch in[#75,#77,#82,#63,#64,#65,#66] then
Apresmsg(msgdigit9);textbackground(black);textcolor(lightcyan);
        GOTOXY(4,1);write (' INCLUIR ');end;
        RETIRAR: BEGIN if ch in[#75,#77,#63,#64,#65,#66] then
Apresmsg(msgdigit10);textbackground(black);textcolor(lightcyan);
        GOTOXY(24,1);WRITE(' RETIRAR ');end;
        SALVAR: BEGIN if ch in[#75,#77,#63,#64,#65,#66] then
Apresmsg(msgdigit11);textbackground(black);textcolor(lightcyan);
        GOTOXY(44,1);WRITE('  SALVAR ');end;
        VER: BEGIN if ch in[#75,#77,#63,#64,#65,#66] then
Apresmsg(msgdigit12);textbackground(black);textcolor(lightcyan);
        GOTOXY(64,1);WRITE('   VER   ');end;
        END;
        repeat ch:=readkey;if ch=#0 then Ch:=ReadKey;{ Function keys }
        until ch in
[#27,#45,#23,#47,#19,#31,#75,#77{,#83,#72,#80},#71,#79{,#73,#81},
#13{,#9,#82,#8} ,#63,#64,#65,#66];
        (*  esc  x  i  v  r  s  L  R   DEL up  dn  home end pgu pgd  ent
tab ins bsp f5  f6  f7  f8 *)
        end;

        procedure telainicial;
        begin
        selection:=ver;repeat nextact;reverte until selection=ver;
        end;
        procedure executar;
        begin
        case selection of
        incluir: begin apresmsg(msgdigit5);ch:=#21;end;
        retirar: begin apresmsg(msgdigit4);ch:=#21;end;
        SALVAR:  begin apresmsg(msgdigit19);ch:=#31;end;
        ver:    begin apresmsg(msgdigit4);ch:=#21;end;
        end;end;
        procedure VReg;

        var s:str80 ;
        begin
        antes:=textattr;textattr:=$12;
        gotoxy(2,2);clreol;write({'maxavail=',maxavail,'memavail=',memavai
l,' x=',x,' tamanho=',sizeof(endereco),
        'w = ',w,}' registros = ',y{,'
z=',z});{str(y,s);gotoxy(12+length(s),2);}textattr:=antes;
```

```
          end;

     procedure modificador;
     const
     msg1='Seu registro é ordenado por esta linha.  Digite.  Use setas.
< F5 F6 F7 F8 >.';
     msg2='Digite. Use setas.  Modifique. Se OK aperte <HOME>  <
F5 F6 F7 F8 > desistir.';


     procedure apres( msg:str80);
     begin  apresmsg(msg);window(3,7,78,22);
textcolor(11);textbackground(0);
     end;

     procedure reverte;
     begin     (*   {
window(3,7,78,22);textbackground(black);clrscr;}window(2,5,78,22);*)
     textcolor(11);textbackground(0);
     case SELECT of
     res1:  BEGIN gotoxy(1,1);write(item^.nome[1]);end;
     res2:  BEGIN gotoxy(1,2);write(item^.nome[2]);end;
     res3:  BEGIN gotoxy(1,3);write(item^.nome[3]);end;
     res4:  BEGIN gotoxy(1,4);write(item^.nome[4]);end;
     res5:  BEGIN gotoxy(1,5);write(item^.nome[5]);end;
     res6:  BEGIN gotoxy(1,6);write(item^.nome[6]);end;
     res7:  BEGIN gotoxy(1,7);write(item^.nome[7]);end;
     res8:  BEGIN gotoxy(1,8);write(item^.nome[8]);end;
     res9:  BEGIN gotoxy(1,9);write(item^.nome[9]);end;
     res10: BEGIN gotoxy(1,10);write(item^.nome[10]);end;
     res11: BEGIN gotoxy(1,11);write(item^.nome[11]);end;
     res12: BEGIN gotoxy(1,12);write(item^.nome[12]);end;
     res13: BEGIN gotoxy(1,13);write(item^.nome[13]);end;
     res14: BEGIN gotoxy(1,14);write(item^.nome[14]);end;
     res15: BEGIN gotoxy(1,15);write(item^.nome[15]);end; end; end;

     PROCEDURE PREVIOUSACT;
     BEGIN
     IF SELECT = res1 THEN  SELECT:=res15
     ELSE  SELECT:=PRED(SELECT);
     END;

     PROCEDURE NEXTACT;
     BEGIN
     IF SELECT = res15 THEN  SELECT:=res1
     ELSE  SELECT:=SUCC(SELECT);
     END;
```

```
        begin
        repeat
        case SELECT of
        RES1: BEGIN
Apres(msg1);gotoxy(1,1);entrada:=item^.nome[1];input:=length(entrada);
        item^.nome[1]:=instring('',[#32..#255],75,0);end;
        res2: BEGIN Apres(msg2);gotoxy(1,2);entrada:=item^.nome[2];
        input:=length(entrada);item^.nome[2]:=instring('',[#32..#255],75,0);
  end;

        res3: BEGIN Apres(msg2);gotoxy(1,3); entrada:=item^.nome[3]
        ;input:=length(entrada);item^.nome[3]:=instring('',[#32..#255],75,0);
  end;

        res4: BEGIN Apres(msg2);gotoxy(1,4);entrada:=item^.nome[4];
        input:=length(entrada);item^.nome[4]:=instring('',[#32..#255],75,0);
  end;

        res5: BEGIN Apres(msg2);gotoxy(1,5);entrada:=item^.nome[5];
        input:=length(entrada);item^.nome[5]:=instring('',[#32..#255],75,0);
  end;

        res6: BEGIN Apres(msg2);gotoxy(1,6);entrada:=item^.nome[6];
        input:=length(entrada);item^.nome[6]:=instring('',[#32..#255],75,0);
  end;

        res7: BEGIN Apres(msg2);gotoxy(1,7);entrada:=item^.nome[7];
        input:=length(entrada);item^.nome[7]:=instring('',[#32..#255],75,0);
  end;

        res8: BEGIN Apres(msg2);gotoxy(1,8);entrada:=item^.nome[8];
        input:=length(entrada);item^.nome[8]:=instring('',[#32..#255],75,0);
  end;

        res9: BEGIN Apres(msg2);gotoxy(1,9);entrada:=item^.nome[9];
        input:=length(entrada);item^.nome[9]:=instring('',[#32..#255],75,0);
  end;

        res10:begin Apres(msg2);gotoxy(1,10);   entrada:=item^.nome[10];
        input:=length(entrada);item^.nome[10]:=instring('',[#32..#255],75,0)
  ;end;

        res11:begin Apres(msg2);gotoxy(1,11);   entrada:=item^.nome[11];
        input:=length(entrada);item^.nome[11]:=instring('',[#32..#255],75,0)
  ;end;

        res12:begin Apres(msg2);gotoxy(1,12);   entrada:=item^.nome[12];
        input:=length(entrada);item^.nome[12]:=instring('',[#32..#255],75,0)
  ;end;

        res13:begin Apres(msg2);gotoxy(1,13);   entrada:=item^.nome[13];
        input:=length(entrada);item^.nome[13]:=instring('',[#32..#255],75,0)
  ;end;

        res14:begin Apres(msg2);gotoxy(1,14);   entrada:=item^.nome[14];
        input:=length(entrada);item^.nome[14]:=instring('',[#32..#255],75,0)
  ;end;

        res15:begin Apres(msg2);gotoxy(1,15);   entrada:=item^.nome[15];
```

```
        input:=length(entrada);item^.nome[15]:=instring('',[#32..#255],75,0)
;end;end;

        (*until ch in
[#27,#45,#23,#47,#19,{#25,#75,#77,#83,}#72,#80,#71,{#73,#81,}
#13,{#9,#82,#8 ,} #63,#64,#65,#66,#186]; *)
        (*   esc x  i  v  r  p  L  R DEL up   dn  home pgu pgd ent tab
ins bsp    f5 f6  f7  f8  x     *)
        case ch of
        #72: begin reverte; previousact;end;
        #80,#13: begin reverte;nextact;end;end;
        until ch in [#71,#63,#64,#65,#66,#27,#45];
        end;

        procedure digitacao;
        begin
        select:=res1;
        window(3,7,78,22);clrscr;textcolor(lightcyan);
        if itemdelete then begin dispose(item); itemdelete:=false;end;
        if (maxavail < 2*sizeof(endereco)) then begin
grava;limpmemo;inicializa;end;
        new(item);
        for numint:=1 to 15 do
item^.nome[numint]:=#0;Item^.proximo:=nil;item^.anterior:=nil;

        modificador;

        case ch of
        #63,#64,#65,#66,#27,#45: dispose(item);
        #71: case selection of
        incluir: begin ch:=#23;textOk:=true;y:=y+1;end;
        retirar: begin ch:=#19; textOk:=true;Y:=Y-1;end;
        SALVAR: ch:=#31;
        ver:    ch:=#47;
        end; end;end;

        procedure modificar;

        begin
        select:=res1;
        new(auxB);
        for numint:=1 to 15 do begin
        if length(item^.nome[numint]) = 0  then item^.nome[numint]:=#0;
        auxB^.nome[numint]:=item^.nome[numint];
        end;

        modificador;
```
- 387 -

```
        case ch of
        #27,#45,#63,#64,#65,#66:begin ch:=#186;case ch of
#27,#45:ch:=#27;end;for numint:=1 to 15 do
        item^.nome[numint]:=auxB^.nome[numint];dispose(auxB);apresms
g(msgdigit12);exit;end;
        #71: begin ch:=#186;textok:=true; end;end;


        if auxB^.nome[1] <> item^.nome[1] then begin
dispose(auxB);apagador(item);armazena;end
        else dispose(auxB);entroudado:=true;apresmsg(msgdigit12);
        end;
        procedure entradados;
        begin
        ASSIGN(ARQ,'NCS_AGD.txt');
        ASSIGN(ARQUIVO,'nilson9.dat');new(item);itemdelete:=true;textO
k:=false;
        x:=(maxavail div trunc((1.5*sizeof(endereco)))));
        telainicial{;
Vreg;limpmemo;readkey;halt};z:=0;inicializa;EntrouDado:=false;ch:=#82;
        DadosEntreProgr;
        repeat window(1,1,80,24);relogi; window(2,5,79,22);
        case Ch of
        #47: begin if (encontrar<> nil) then  mostraindicado
        else begin apresmsg(msgdigit16);
dispose(item);ch:=#186;end;end;    {alt - V}
        #21: digitacao;    {alt - y}
        #65: begin
reverte;selection:=SALVAR;Apresmsg(msgdigit11);Vreg;writeselect;end;
{F7    p}
        #63,#82: begin
reverte;selection:=incluir;Apresmsg(msgdigit9);VReg;writeselect;end; {F5
- i}{ ins}
        #64: begin
reverte;selection:=retirar;Apresmsg(msgdigit10);VReg;writeselect;end; {F6
R}
        #31: begin if Entroudado then grava;ch:=#186;end;{alt s}
        #66: begin
reverte;selection:=ver;Apresmsg(msgdigit12);VReg;writeselect;end; {F8
v}
        #23: begin armazena;{if selection=ver then ch=#73 else
}ch:=#186;end; {alt i}
        #19: begin apagar;ch:=#186;end; { Alt-R }
        #71: begin if y>x then begin if EntrouDado then grava;if z <> 0 then
begin limpmemo;z:=0;inicializa;end;end;
        if itemdelete then begin dispose(item); itemdelete:=false;end;
```

```
        item:=primeiro;mostraindicado;end;{ Up }
        #79: begin if y>x then begin if EntrouDado then grava;if z <> (y-x)
then begin limpmemo;z:=y-x;inicializa;end;end;
        if itemdelete then begin dispose(item); itemdelete:=false;end;
        item:=ultimo;mostraindicado;end;{ Down }
        #75: begin reverte;PREVIOUSACT; VReg;writeselect;end; { Left }
        #77: begin reverte;NEXTACT; VReg;writeselect;end; { Right}
        #186:begin reverte; VReg;writeselect;end; {ignora alguma
digitação,ou volta para a corrente - Del }
        #13: executar;              { Enter }
        #27,#45: begin if EntrouDado then grava;limpmemo;done:=true;if
TextOk then gravatext;end;{sair;;TextMode(OrigMode)}{ Esc }
        #73,#81:mostrar;{pg up} {pgdn}
        #50:modificar;  {alt M}
        else ch:=#186;
        end;
        until done;

        end;
        BEGIN


        if  GETPARAMSTR then    begin
        WINDOW(2,5,79,22);CLRSCR;textcolor(WHITE);textbackground(w
hite); for numint:=1 to 18 do
        writeln('                                         ');
        window(3,7,78,22);textcolor(lightcyan);textbackground(black); for
numint:=1 to 16 do
        writeln('                                       ');
        window(2,5,78,22);
        entrada:='';entrada1:='';entrada2:=''; input:=0;ESCREVERODAPE;
        ENTRADADOS  ;
        END;
        END.
        unit nilson10;
        interface
        uses
crt,nilson36,nilson38,nilson39,nilson31,nilson35,nilson30,nilson72,nilson7
3;
        type
        ptr_nilso10 =^nilso10;
        nilso10 = object
        PROCEDURE ENTRADADO; end;
        ptr_ar10=^ar10;
        ar10 = object
        PROCEDURE entradado;
        end;
```

```
        var r10:ptr_ar10;k10:ptr_nilso10;

        implementation

        const  con='Nilson10.txt'; nomearq='nilson39.dat';
        VAR
        E1,E2,E3,E4,E5,E6,E7,E8,E9,E10,E11,E12,E13,E14,E15,
        E16,E17,E18,E19,E20,E21,E22,E23,E24,Z25,Z26,Z27,
        D1,D2,D3,D4,D5,D6,D7,D8,D9,D10,D11,D12,D13,D14,D15,
        D16,D17,D18,D19,D20,D21,D22,D23,D24,
        ESFO,ESMO,DIFO,BAS,OX,OY,Z1X,Z1Y,Z1,Z0,CONS,
        X01,X02,X03,X04,X05,X06,Y01,Y02,Y03,Y04,Y05,Y06,
        DZ1X,DZ1Y,DZ1,DZ0,DCONS,DX01,DX02,DX03,DX04,DX05,DX0
6,
        DY01,DY02,DY03,DY04,DY05,DY06,X0,Y0,DX0,DY0
:REAL;
        ARQUIVO:TEXT;
        procedure ar10.entradado;
        BEGIN  res1:=res1^.proximo;
        ESFO:=Wiv; ESMO:=Wiv;DIFO:=Wiv;
        BAS:=Wiv;OX:=Wiv; OY:=Wiv;
        Z27:=Wiv;Z25:=Wiv;Z26:=Wiv;
        E1:=Wiv;E13:=Wiv;D1:=Wiv;
        D13:=Wiv;E2:=Wiv;E14:=Wiv;
        D2:=Wiv;D14:=Wiv;E3:=Wiv;
        E15:=Wiv;D3:=Wiv;D15:=Wiv;
        E4:=Wiv;E16:=Wiv;D4:=Wiv;
        D16:=Wiv;E5:=Wiv;E17:=Wiv;
        D5:=Wiv;D17:=Wiv;E6:=Wiv;
        E18:=Wiv;D6:=Wiv;D18:=Wiv;
        E7:=Wiv;E19:=Wiv;D7:=Wiv;
        D19:=Wiv;E8:=Wiv;E20:=Wiv;
        D8:=Wiv;D20:=Wiv;E9:=Wiv;
        E21:=Wiv;D9:=Wiv;D21:=Wiv;
        E10:=Wiv;E22:=Wiv;D10:=Wiv;
        D22:=Wiv;E11:=Wiv;E23:=Wiv;
        D11:=Wiv;D23:=Wiv;E12:=Wiv;
        E24:=Wiv;D12:=Wiv;D24:=Wiv; limpmemoini;
        END;
        PROCEDURE nilso10.entradado;
        BEGIN
        ASSIGN(arquivo,con);
        append(arquivo);
        Z1X:=(((E5-E6)*(Z26-Z25))/((E5-E6)-(E11-E12)));
        Z1Y:=(((E14-E18)*(Z26-Z25))/((E14-E18)-(E20-E24)));
        Z1:=(Z1X+Z1Y)/2;
        Z0:=(Z1+Z27);
```

```
CONS:=((Z0-Z25)/(Z26-Z25));
X01:=(E1+(E7-E1)*CONS);
Y01:=(E13+(E19-E13)*CONS);
X02:=(E4+(E10-E4)*CONS);
Y02:=(E16+(E22-E16)*CONS);
X03:=(E2+(E8-E2)*CONS);
Y03:=(E14+(E20-E14)*CONS);
X04:=(E3+(E9-E3)*CONS);
Y04:=(E15+(E21-E15)*CONS);
X05:=(E6+(E12-E6)*CONS);
Y05:=(E18+(E24-E18)*CONS);
X06:=(E5+(E11-E5)*CONS);
Y06:=(E17+(E23-E17)*CONS);

DZ1X:=(((D5-D6)*(Z26-Z25))/((D5-D6)-(D11-D12)));
DZ1Y:=(((D14-D18)*(Z26-Z25))/((D14-D18)-(D20-D24)));
DZ1:=(DZ1X+DZ1Y)/2;
DZ0:=(DZ1+Z27);
DCONS:=((DZ0-Z25)/(Z26-Z25));
DX01:=(D1+(D7-D1)*CONS);
DY01:=(D13+(D19-D13)*CONS);
DX02:=(D4+(D10-D4)*CONS);
DY02:=(D16+(D22-D16)*CONS);
DX03:=(D2+(D8-D2)*CONS);
DY03:=(D14+(D20-D14)*CONS);
DX04:=(D3+(D9-D3)*CONS);
DY04:=(D15+(D21-D15)*CONS);
DX05:=(D6+(D12-D6)*CONS);
DY05:=(D18+(D24-D18)*CONS);
DX06:=(D5+(D11-D5)*CONS);
DY06:=(D17+(D23-D17)*CONS);

X0:=((X01+X02+X03+X04+X05+X06)/6);
Y0:=((Y01+Y02+Y03+Y04+Y05+Y06)/6);

DX0:=((DX01+DX02+DX03+DX04+DX05+DX06)/6);
DY0:=((DY01+DY02+DY03+DY04+DY05+DY06)/6);
WRITELN(ARQUIVO,'   Z1X=',Z1X:10:3,'
Z1X=',DZ1X:10:3);
WRITELN(ARQUIVO,'   Z1Y=',Z1Y:10:3,'
Z1Y=',DZ1Y:10:3);
WRITELN(ARQUIVO,'    Z1=',Z1:10:3, '
Z1=',DZ1:10:3);
WRITELN(ARQUIVO,'  X01=',X01:10:3,' Y01=',Y01:10:3,'
X01=',DX01:10:3,' Y01=',DY01:10:3);
```

```
        WRITELN(ARQUIVO,'   X02=',X02:10:3,' Y02=',Y02:10:3,'
X02=',DX02:10:3,' Y02=',DY02:10:3);
        WRITELN(ARQUIVO,'   X03=',X03:10:3,' Y03=',Y03:10:3,'
X03=',DX03:10:3,' Y03=',DY03:10:3);
        WRITELN(ARQUIVO,'   X04=',X04:10:3,' Y04=',Y04:10:3,'
X04=',DX04:10:3,' Y04=',DY04:10:3);
        WRITELN(ARQUIVO,'   X05=',X05:10:3,' Y05=',Y05:10:3,'
X05=',DX05:10:3,' Y05=',DY05:10:3);
        WRITELN(ARQUIVO,'   X06=',X06:10:3,' Y06=',Y06:10:3,'
X06=',DX06:10:3,' Y06=',DY06:10:3);
        WRITELN(ARQUIVO,'');
        WRITELN(ARQUIVO,'
=========================================================
===============');
        WRITELN(ARQUIVO,'                    X0=',X0:10:3,'
X0=',DX0:10:3);
        WRITELN(ARQUIVO,'  COORDENADAS CP1:  Y0=',Y0:10:3,'
COORDENADAS CP2:  Y0=',DY0:10:3);
        WRITELN(ARQUIVO,'                    Z0=',Z0:10:3,'
Z0=',DZ0:10:3);
        WRITELN(ARQUIVO,'
=========================================================
===============');


        WRITELN(ARQUIVO,'');
        CLOSE(ARQUIVO);
        iniciartextoarq(false,con);
        END;
        end.
        unit nilson11;
        interface
        uses
crt,nilson36,nilson38,nilson39,nilson31,nilson35,nilson30,nilson72,nilson7
3;
        type
        ptr_nilso11 = ^nilso11;
        nilso11 = object
        PROCEDURE ENTRADADO;
        end;
        ptr_ar11=^ar11;
        ar11 = object
        PROCEDURE entradado;
        end;
        var r11:ptr_ar11;k11:ptr_nilso11;
        implementation
```

```pascal
        var
M,MO,U,E,Uo,Po,R,R1,M1,R2,A,IGAL,MC,EXPOENTE,baixo,alto,DELTA:
REAL;
        RESP, RES:STRING;
        arquivo:TEXT;
        Z:integer;
        procedure ar11.entradado;
        begin  res1:=res1^.proximo;
resp:=res1^.str80D; res1:=res1^.proximo;z:=trunc(Wiv);M:=Wiv;
        E:=Wiv;  limpmemoini;
        end;
        procedure nilso11.entradado;
        BEGIN
        ASSIGN(arquivo,'nilson11.txt');
        append(arquivo);
        IF RESP ='G' THEN IGAL:=(PI/180) ELSE  IGAL:=1;
        if igal=1 then res:='RADIANOS' ELSE res:='GRAUS';
        M:=M*IGAL;
        R:=SIN(M);
        R1:=SIN(2*M);
        Uo:=M+(E*R)+(0.5*SQR(E)*R1);
        R2:=SIN(Uo);
        MO:= Uo - (E*R2) ;
        EXPOENTE:=0.5*EXP(-Z*LN(10));
        Uo:=PI;
        baixo:=0;   alto:= 2*pi;
        DELTA:=PI;
        REPEAT                  {é interessante encontra um nUm  entre 0 e
pi}
        M1:= Uo - E * SIN(Uo);
        DELTA:=DELTA/2;
        IF M>M1 THEN begin baixo:=Uo; Uo:=Uo+DELTA; end
        ELSE begin alto:=Uo;   Uo:=Uo-DELTA; end;
        A:=ABS(M1-M);
        UNTIL KEYPRESSED OR (A<EXPOENTE*0.5);

        ASSIGN(arquivo,'nilson11.txt');
        append(arquivo);

        WRITELN(arquivo,' O VALOR DA ANOMALIA INTERMEDIÁRIA
INICIAL É: ', MO:Z+3:Z,' RADIANOS');
        WRITELN(arquivo,' O VALOR DA ANOMALIA INTERMEDIÁRIA
FINAL É: ', M1:Z+3:Z,' RADIANOS');
        WRITELN(arquivo,' O VALOR DA ANOMALIA MÉDIA É: ',
M:Z+3:Z,' RADIANOS');
        WRITELN(arquivo,' O VALOR DE U É  :  ',Uo:Z+3:Z,'
RADIANOS');
```

```
            WRITELN(arquivo,'     OU     : ',(Uo/(PI/180)):Z+3:Z,' GRAUS');
            WRITELN(arquivo,");
            WRITELN(arquivo,'     Bibliografia:  Geodésia Espacial(Coronel
Vasconcelos-IME 1992).');
            CLOSE(ARQUIVO);
            iniciartextoarq(false,'nilson11.txt');
            END;
            end.

            program nilson12;
            USES CRT,nilson30;

            CONST
            No=123;
            Arr:ARRAY[1.. No] OF STRING[78]=

            ('             Com o processo de  rastreamento de satélite do
sistema     ',
            '             NAVSTAR/GPS, são  obtidas coordenadas, lambda , fi e
altitude    ',
            '             com precisões muito  superior e a um prazo menor,  pois
basta      ',
            '             medir diretamente os pontos  de apoio fotogramétricos, sem
ne-        ',
            '             cessidade das  poligonais primárias, secundárias e
terciárias.  ',
            '             Em  um processo  convencional, a  poligonação  para
ser        ',
            '             concluida, deve  partir da rede básica de triangulação,
primá-      ',
            '             ria ou  secundária. Até que  chegue ao ponto fotogramétrico
de         ',
            '             apoio suplementar a fotogrametria. Esse processo além de
demo-       ',
            '             rado, com o desenvolver das  poligonais o somatório  dos
erros       ',
            '             do início ao final irão  degradar  apreciàvelmente a precisão.
',
            '             A intervisibilidade  entre os  pontos da poligonal au-
',
            '             menta muito o seu custo, há casos que tem que instalar
torres.      ',
            '             As observações GPS requerem apenas que a
intervisibili-     ',
            '             dade entre a  estação  e os satélites. O que é bem mais
fácil.       ',
            '
',
```

Os trabalhos de determinação de coordenadas por GPS, para serem otimizados, devem ter respondidas algumas questões, por exemplo:

1 - Finalidade do levantamento, que implica na precisão.

2 - Equipamento que se dispõe (existem muitas marcas, com precisões e manuseios próprios);

3 - Área do projeto.

4 - Quem vai manusear o instrumento (capacitação).

5 - Em quais locais serão colocados os marcos dos pontos.

6 - No local do ponto deverá ter 45 graus de visada para o céu.

SENSORIAMENTO REMOTO NA ARQUEOLOGIA

==

Em arqueologia, as técnicas de sensoriamento remoto podem ser utilizadas não só como ferramenta de busca e identificação de novos sítios arqueológicos, como também como fonte de dados para o planejamento de sistemas de amostragem, para a aquisição de medidas de estruturas arqueológicas e, principal- mente, para a aquisição de medidas de estruturas arqueológicas e, principalmente, para o estudo das relações entre o ambiente e o conteúdo cultural de um dado sítio.

SENSORIAMENTO REMOTO PARA RECURSOS HÍDRICOS

==

A avaliação de recursos hídricos de uma região pode ser feita através do estado dos componentes do ciclo hidrológico e de

suas relações. Esta avaliação pode ser tanto qualitativa, quanto
quantitativa. Deste modo, podemos avaliar as taxas de movimenta-
ção da água, a quantidade de água e a qualidade da água no inte-
rior de cada subsistema do ciclo hidrológico.
As fotografias aéreas podem ser,também, utilizadas para estimar
a variabilidade espacial e temporal da interceptação, tendo em
vista que esta varia com o tipo de cobertura vegetal. Se a interceptação varia com o tipo de cobertura vegetal e esta pode ser
mapeada a partir de dados de sensoriamento remoto, os modelos
hidrológicos podem ser implementados a partir de dados de sensoriamento remoto. a variável a ser introduzida no modelo seria a
área ocupada por diferentes tipos de cobertura vegetal associada
à respectiva taxa de interceptação.

Os dados de sensoriamento remoto têm também também ampla aplicação
na descrição quantitativa de bacias e redes de drenagem. Alguns
autores (valério Filho et alii,1976;Sausen,1981), têm demonstrado
que as fotografias aéreas e imagens permitem o mapeamento de redes
de drenagem. Desta maneira, uma série de estudos morfométricos,
antes realizados a partir de dados extraídos de cartas topográfi-
cas, passam a ser feitas com base em dados de sensoriamento remoto.
Com o advento do sensoriamento remoto orbital através dos satélites
de recursos naturais da série LANDSAT a partir de 1972,ampliaram-se
as possibilidades de aplicação daquela tecnologia para o estudo dos
recursos hídricos.

CANAIS DO SENSOR TM

========================

Canal 1 -   Mapeamento de águas costeiras

Diferenciação entre solo e vegetação
Diferenciação entre vegetação caníferas e decídua

Canal 2 -   Reflectância de vegetação verde sadia

Canal 3 -   Absorção da clorofila
Diferenciação de espécies vegetais
Canal 4 -   Levantamento da biomassa
Delineamento de corpos dagua
Canal 5 -   Medidas de umidade da vegetação

Diferenciação entre nuvens e neve
Canal 6 -   Mapeamento de estresse térmico em plantas

Outros mapeamentos térmicos
Canal 7 -   Mapeamento hidrotermal
A Largura da faixa imageada é de 185 kilômetros.

COMO TER ACESSO A IMAGEM

==========================

Localizar a área de interesse dentro do sistema mundial de

referência. Entrar em contato com o Instituto de Pesquisas

Espaciais (INPE). Identificar a orbita e a área de interesse.

No INPE setor de atendimento ao usuário (ATUS), solicitar

informações. São fornecidos pelo ATUS datas de passagem
do
satélite e provável cobertura de nuvens sôbre a cena.

ATUS - RIO DE JANEIRO
AV. PRESIDENTE WILSON,210 - SÉTIMO
ANDAR
TEL(021) 533 1963

ATUS - CACHOEIRA PAULISTA

RODOVIA PRESIDENTE DUTRA, KM 40

TEL(0124) 61 1377 E 61 1507
'   '
'   OBS: Os produtos oriundos de sistemas orbitais, são
adquiridos   ',
'   da mesma forma sendo Landsat ou Spot ou outros.
'
',
'   '
'   ',

'   PERGUNTA INTERESSANTE
'
',
'   =====================   '
'   Não há segredos, que um país queira esconder, que não
possa ser   ',
'   detectado do espaço. A resolução dos atuais satélites
comerciais   ',
'   estão na ordem de 2 metros, isto quer dizer que qualquer
automó-   ',
'   vel pode ser visto do espaço. E não estou falando dos
satélites   ',
'   militares, que podem identificar a mancha na cabeça do
gorba-   ',
'   chev, ou você acha que o Hubble só vê estrelas?.
'
',
'   Você se lembra da reserva da informática no Brasil?
'
',
'   Há algo semelhante com o decreto n. 1177 de 21/06/71,
somando-se   ',
'   a portaria do EMFA 4172/FA-51 de 03/dez/80, É certo que no
pas-   ',
'   sado fosse necessário, mas, Com a derrubada do muro de
Berlim,   ',
'   com eleições livres e democráticas na Rússia, com os brancos
da   ',
'   África do Sul cessando de atirar em qualquer coisa preta que
an-   ',
'   de (mataram todos os gatos pretos, ecologicamente errados);
a   ',
'   esta altura dos acontecimentos, aqueles decretos sòmente
atra-   ',
'   palham o desenvolvimento. Surpreso? Pode ser ainda mais
assusta-   ',
'   dor. Não me perguntem depois, eu não sei de nada. Não tenho
gra-   ',
'   na em paraísos fiscais. Posso dar uma dica, procurem aqueles
que   ',
'   tiveram empresas de cartografia e faliram.   ');

```
var i:integer;
begin  assign(arquivo,'nilson12.can');rewrite(arquivo);
for i:=1 to No do begin
```

```
F1nilson1.Lstr80:=arr[i];write(arquivo,F1nilson1);
end; close(arquivo);
end.

PROGRAM LEITURAARQUIVOexe;
USES CRT,nilson30;
CONST
No=29;
Arr:ARRAY[1.. No] OF STRING[78]=
```

('   Reconhecido o fato de que toda medida experimen-

'   tal é eivada de êrros a questão se situa então em saber

'   qual o valor que convém adotar, quando nos acharmos em

'   presença de vários valores para a mesma medida.

'   Essa questão pode ser resolvida pelo método dos

'   mínimos quadrados cujo princípio fundamental é o de que

'   os valores mais prováveis são os que tornam a soma dos

'   quadrados dos erros individuais um mínimo.

'   no processo de medição por modelos independentes

'   é necessário determinar as coordenadas do centro de pers-

'   pectiva para cada foto. O CP representa o centro ótico da

'   câmera fotográfica na projeção. Em alguns aparelhos (au -

'   tógrafo Wild A-7, A-9, A-10, as coordenadas do CP não são

'   afetadas, quando se executa a orientação relativa usando

'   apenas os movimentos angulares fi, kapa, ômega.   Assim

'   sendo, estas podem ser determinadas uma única vez e

'   usadas nos modelos subsequentes desde que mantidos o

'   mesmo sistema de coordenadas. Os componentes de base (bx

'   by, bz) e a distancia principal.   ',

' Em instrumentos como Zeiss Planimat, Planicart,
'
',
' Kern PG-2 e kern PG-3 as coordenadas do CP variam com a
'
',
' orientação relativa para estes aparelhos as coordenadas
'
',
' do CP devem ser determinadas após a orientação relativa
'
',
' e antes da medição de cada modelo.   ',
' Cada fabricante de equipamento desenvolve sua
'
',
' própria técnica para determinação do CP.   ',
' O cálculo como se apresenta neste programa
'
',
' advém do método dos dois planos e a solução do sistema de
'
',
' equações pela aplicação do MMQ.   ');

```pascal
var i:integer;
begin  assign(arquivo,'nilson13.can');rewrite(arquivo);
for i:=1 to No do begin
F1nilson1.Lstr80:=arr[i];write(arquivo,F1nilson1);
end; close(arquivo);
end.

PROGRAM LEITURAARQUIVOexe;
USES CRT,nilson36,nilson38,nilson70;

CONST
No=51;
Arr:ARRAY[1.. No] OF STRING[80]=
('                          AUTOR                                    ',
'                   =========                                   ',
'          Nilson Candido da Silva  UERJ-C91218221        ',
'          E-Mail: nilson440@gmail.com.  tel (0XX21) 980 926 413   ',
'          Vamos ao sucesso juntos, envie um donativo em favor do
autor: ',
'          conta banco santander número 01011370 agência 2287.
'
',
'          Ou envie um vale postal para o enderêço:               ',
'                   Rua Lins de Vasconcelos,440              ',
'                   Rio de Janeiro  - RJ  - Brasil               ',
'                   cep 20710-130                            ',
'          Os programas de Engenharia aumentam os lucros e cortam
custos. ',
'          No menu OUTROS a  AGENDA  pode ajudá-lo a ganhar
dinheiro pela ',
```

agilidade, assim como criptografar seus textos, a ESTATISTICA ',

pode coroar o seu sucesso, tome injeção de ânimo em MENSAGEM. ',

Your donation will be much apreciated, and will give me the ',

incentive to write more software. ',

Envie um donativo, verá que o sucesso será fácil para você. ',

===
=============== ',

COMO AGIR ',
=========== ',

1 - Copie todos os files para uma pasta no ',
windows ou um diretório no DOS. Após, é só ',
digitar o nome do file manager que é ',
NILSON.EXE. Os controles e saída estarão ',
sempre visíveis. Fácil de usar e sem compli- ',
cações. ',

2 - Estando na opção iluminada e apertar <enter>,

será EXECUTADO o programa . ',

3 - Estando na opção iluminada e apertar <F1>

será colocado na tela um texto de AJUDA e ex-

plicações gerais sôbre o assunto. ',

4 - Pode-se também utilizar o mouse para selecionar

e se clicar em qualquer posição na cor vermelha,

na tela, um comando será executado. ',

O lado direito do mouse funciona como tecla ',
<esc>. ',

5 - Após executar um determinado programa, será

criado um arquivo do tipo texto que pode ',
ser copiado no PROMPT DO DOS e com este ar-

quivo texto poderá dar um tratamento "paisagís-

tico" com processadores de texto como o word.

6 - O arquivo texto fica no seu HD, e a cada nova ',
utilização o arquivo anterior será apagado. ',

'   Se acha que é importante manter o arquivo novo

',

'   então, coloque um outro nome nele. Um exemplo:

',

'   nilson1.TXT   RENOMEAR para proj_001.TXT.

'   Use o menu arquivo deste programa para renome-

'   ar. Se precisar lê-lo novamente use LEITURA DE

',

'   ARQUIVO neste programa. Poderá ler qualquer

',

'   arquivo que esteja no seu computador, desde

',

'   que esteja no formato ASCII.   ');

```
var i:integer;
begin  assign(arquivo,'nilson14.can');rewrite(arquivo);
for i:=1 to No do begin
F1nilson1.Lstr80:=arr[i];write(arquivo,F1nilson1);
end; close(arquivo);
end.
```

```
PROGRAM LEITURAARQUIVOexe;
USES CRT,nilson30;

CONST
No=204;
Arr:ARRAY[1.. No] OF STRING[78]=
```

(' A estatística desempenha papel crescente e importante em quase ',
' tôdas as fases da pesquisa humana. No início muito ligada a assuntos ',
' de estado, daí veio então o seu nome derivado do prefixo. A estatís- ',
' tica está agora em toda a parte, Quando se liga a TV, ouve-se quem ',
' tem mais ou menos IBOPE. Os programas esportivos falam nas porcenta- ',
' gens de chances para este ou aquele time. ',
' É certo que a Estatística e estendeu-se a tudo, também pudera, ',
' na verdade já estava presente deste a pré-história, neste caso a ',
' estatística, chamo eu indutiva. Sendo indutiva forma-se então em um ',
' conjunto de probabilidade de ter sucesso, ou não, na empreitada ou ',
' ações de sobrevivência. ',
' A estatística é utilizada em todos os ramos da ciência, nos ',
' negócios de grandes empresas é a mola mestra que impulsiona os in- ',
' vestimentos. Uma empresa que for se instalar no Brasil, com negócios ',
' do ramo da saúde, tratamento de pessoas cardíacas. Irá querer saber ',
' como está a estatística de pessoas atingidas por balas perdidas, e ',
' naturalmente não vai querer vir para o Rio de Janeiro. ',
' O problema na estatística são os métodos de coleta de dados, ',
' organização dos dados, apresentação e análise científica. E depois a ',
' obtenção de conclusões satisfatórias, sem tendências, para que deci- ',

sões possam ser tomadas com melhor nível de acêrto.

A estatística para ser válida tem que ser rápida, decisões dependem dela. Então analisa-se uma amostra do todo que se quer, uma amostra insofismável do todo, embora, isto não seja, quase sempre possível. Daí a anedota: Se eu como duas galinhas e você nenhuma a estatística diz que comemos uma galinha cada um. Não está errada a estatística, o êrro foi escolher uma amostra pequena demais de um todo, e isto é muito utilizado por pessoas tendenciosas. Ao se tratar de pesquisas sôbre o homem em si, deve-se sempre ter em mente que o homem é produto da educação. Se um país dificulta a penetração de indivíduos onde estão os meios para se educar, então qualquer estística sôbre aquele grupo de indivíduos não será auspiciosa. E não me venham dizer que apenas um servidor do estado que errou, se um indivíduo que trabalha para o estado erra, então o estado tem que reparar o êrro.

Me passou pela cabeça, neste instante, um fato ocorrido há alguns anos. Deve ter alguma coisa em comum com a estatística.

Eis os fatos:

Cansado de viver desempregado, e, sobrevivendo de bicos sem nenhuma esperança no horizonte, fui para São Paulo. Foi um terror. Naquele dia, segundo os jornais foi o dia mais frio dos últimos cinco anos. Comprei o "Estadão" e fui "`a cata" de emprêgo.

A primeira emprêsa escolhida tinha um nome japonês. Ficava "Nos Jardins". Na portaria, o porteiro japonês sorriu amarelo,

'   bem, até aí nada de mais, mas, fiquei com uma dúvida; sorriu
para   ',
'   mim ou para o outro japonês que vinha logo atrás? O
ascensorista   ',
'   era uma mulher japonesa, "é apenas coincidência", pensei.
',   '   - Seu andar, senhor. O japonês, que também entrou
comi- ',
'   go no elevador, agradeceu e saiu. Eu e a japonesa no
elevador, ela   ',
'   olhou para mim, de baixo a cima, mais rápido em cima.
Também olhei   ',
'   para mim através do espelho do elevador, o que vi foi um belo
rapaz,   ',
'   sem narcisismo, uma espetacular combinação de capacidade
mental com   ',
'   força muscular mais dotes masculinos na medida certa.
',   '   Por que, General?   ',
'   - Seu andar.   ',
'   - Obrigado, Respondi. É claro , pela relatividade das
',   '   coisas senti falta do "seu andar, Senhor". Havia salas sempre
com mui- ',
'   ta gente, comparando aos padrões do Brasil, todas as pessoas
ali eram   ',
'   "japs", na pronúncia U.S.A. Comecei a me sentir como um
prisioneiro   ',
'   de guerra que caiu nas mãos do inimigo, ali só havia
japoneses, isso   ',
'   é que é trabalhar em família! Senti o mesmo certa vez em que
fui à   ',
'   um prédio da marinha no centro do Rio, para me submeter a
uma prova   ',
'   oral, parecia um prisioneiro de Mussolini. As pessoas que
passam em   ',
'   frente ao prédio têm características diferentes das que estão
dentro.   ',
'   - Pois não. Falou o japonês, com forte sotaque oriental.
',   '   - Vim pelo anúncio, técnico de montagem industrial.
',   '   - Preencha esta ficha. preenchi então a ficha. No
espaço   ',
'   destinado a ser preenchido com a côr do candidato, escrevi:
NEGRA.   ',

- 405 -

Que será que um japonês coloca neste espaço? Entreguei a ficha pre-
enchida.

- Aguarda que nós chamaremos. Disse o japonês, mas quando falou a inflexão na voz é como se dissesse: Cara, você é um Zé Nin-
guem, aguarde até o ano que vem. Passei a pensar com o sotaque do
jap; "Isto é uma guerra, não vê que não o queremos aqui? Estamos no
Brasil e cumprimos a lei, a porcentagem de brasileiros na empresa está correta. Negro, o seu problema não tem solução vindo do Brasil, Ê-
le tem que vir de fora, igual ao dos japoneses. E não poderá se ca-
muflar, como os fugitivos do exército alemão, gente do Mossad,da OLP
da CIA, da KGB. Os japs irão comprar a Vale do Rio Doce.

Nossa!!!, santa Rosa Egipcíaca, santa Efigênia, são Benedito."

- Olhai os lírios do Campo. parece que ouvi, não sei de
onde mas, me acalmei.

Dias Depois, fiz uma amizade fugaz com um nissei e, re-
latei o caso. Quando acabei de falar, êle me olhava fixo. Fiquei sem
ação. Depois êle passou a olhar vazio para o horizonte. Achei que o
ofendi com a estória, mas êle virou-se para mim sorrindo amarelo.

- Rapaz, bem vindo ao mundo como êle é na verdade.

Fiquei sem entender nada, pensei comigo: O que o jap quer dizer?

- Que quer dizer com isso, falei ao nissei.

- Sabe, é assim mesmo, né. Eu sou do paraná de uma cidade pequena, lá, vinte por cento da população são descendentes . Mas
toda a eleição o prefeito é nissei. Acontece que são muitos partidos
que lançam seus candidatos, e sempre um é nissei. O candidato nissei

' não precisa ir procurar votos com os descendentes, o que êle faz é ',
' sair beijando criancinha preta. Em consequência as estradas vicinais ',
' que servem as fazendas dos nisseis estão sempre em bom estado, e se ',
' sobrar tempo as máquinas atendem as restantes. E a polícia nunca iria ',
' bater e matar negros, como faz aqui em S.Paulo e Rio, lá na minha ',
' cidade, se acontecer uma coisa dessas com um nissei, até o Japão ',
' corta a ajuda econômica.   ',
'   Ajuda não. Empréstimo a juros altos. Quando o Imperador ',
' quer visitar o Brasil, êle não vai primeiro a Brasília, não. Êle vai ',
' onde estão as colônias, saber da bôca dos descendentes como as insti- ',
' tuições do Brasil os estão tratando. Imagine, se eu passar em um con- ',
' curso público no Brasil e o pilantra do empregador não quiser me efe- ',
' tivar, será notícia de primeira página no Japão. Aliás eu querendo ',
' ir para o Japão trabalhar não preciso nem de passaporte, tira-se ',
' passaporte apenas como formalidade. Com o crecimento econômico do ',
' japão êles chegam aqui aos montes procurando nisseis para parceria em ',
' empresas que já estão proibidas por lá. O resultado é que quando se ',
' falar em empréstimo dos japoneses, êles fazem exigências, por exemplo ',
' ter um ministro em brasília. Fabrica-se até presidentes na América ',
' do Sul,justamente por ser toda essa região palco de grande corrupção. ',
' Na segunda guerra mundial fui muito maltratado no Brasil, aliás muito ',
' também nos E.U.A.   ',
' Hoje, quem pode dar autorização para metralhar macacos apaixonados no ',
' Empire State building são os Japoneses.   ',
'   - Mas e você? Vota Como? Êle olhou para mim enigmático. ',

'   Mudou de assunto, falando outra coisa. Na verdade não precisara per- ',
'   guntar, eu já sabia que japoneses do Brasil, nas Copas do Mundo, ',
'   torcem pela seleção japonesa. Descendente Alemães do Brasil torcem ',
'   pela seleção Alemã. E da mesma forma fazem os outros imigrantes.   ',
'   Nem me perguntem o que farão com segredos militares in- ',
'   dustriais e financeiros do Brasil!   ',
'   Todas as pessoas negras que conheço, torcem e dão o seu ',
'   sangue pelo Brasil. Quanta injustiça se faz contra dedicados afro- ',
'   Brasileiros! Este País é o único do mundo que coloca no banco dos re- ',
'   servas o melhor jogador do mundo, pelé (na copa de 1970). ',
',
'   ',
'   Comecei a imaginar, eu como governador da bahia, senador ',
'   pelo Rio de Janeiro. Vai levar muito tempo, até que a educação chegue. ',
'   É mesmo um milagre que eu ainda esteja vivo. Depois de ter passado ',
'   muita fome na infância. Não, meu pai não é preguiçoso. Êle é apenas ',
'   um sem-terra, morrer por lá, sôbre a terra, seria perda de tudo, numa ',
'   época que não havia fitas de vídeo, e o negro servia apenas, na visão ',
'   das elites europeias, para tiro ao alvo, como nos pombos. Essas ',
'   elites, as mesmas que estão aqui, com métodos semelhantes aos do pas- ',
'   sado, não iriam querer ver gente negra bem alimentada. Gente bem ',
'   alimentada procura livros. Quem tem livros sabe. Quem sabe determina, ',
'   busca e grita forte (grita em megaBytes, e em inglês é entendido pela ',
'   Internet até no Japão). Mas é preciso estrutura, e a estrutura básica ',
'   é a terra. General, já viu como a seleção de volei de Cuba faz pica- ',

' dinho da seleção do Brasil ? Mas, e a prata da casa? Neste paradisí- ',
' aco país ela é cortada pela raiz, veja no menu-mensagem. ',

' Um exemplo bem interessante: Se eu em um esporte qualquer ',
' partir da defesa, driblar por todo o campo do adversário, ao final com ',
' o coração na mão, sem poder finalizar, mas pensando no espírito de ',
' equipe passo a gorduchinha para o melhor colocado, na verdade um para- ',
' sita. A imprensa especializada irá ressaltar os belos olhos do fazedor ',
' de gols, eu, o verdadeiro ganhador do jogo, continuarei na favela. É o ',
' que ocorre na mídia esportiva deste país. O mérito é esquecido, crimi- ',
' nosamente esquecido. Como pode surgir atletas num país assim? ',

' General, quantas pessoas no seu ambiente faz um programa ',
' no computador igual a este? ',
' - Grande novidade, negro, posso dizer que mais de uma dú- ',
' zia de oficiais. ',
' - Certo general, a diferença é o que foi investido neles ',

' estudando na Europa e E.U.A., os equipamentos,o soldo, melhores livros ',
' e professores, o ambiente agradável. Tudo às custas de um povo morto ',
' de fome. No meu caso, general, nada foi investido pelo estado. Meu ',
' soldo é o salário mínimo, o ambiente agradável são os sons do matra- ',
' quear das metralhadoras e fuzis da favela, onde policiais brincam com ',
' os nem sempre adversários. Meu professor é a fome, os livros nas bi- ',
' bliotecas públicas faltando fôlhas. Meu absoleto computador pede para ',
' ser enterrado todo dia. Imagine, general, quanto poderia fazer tendo ',
' apenas a metade daqueles oficiais? Parece com o esporte. ',
',

Emile Durkheim (Sociólogo francês 1858-1917), disse
que, ',
'   uma sociedade só pode ser progressista se as instituições
dessa socie- ',
'   dade promovem a justiça igual para todos, a oportunidade
seja igual ',
'   para todos, e se for constatado qualquer caso de injustiça o
estado ',
'   corrija imediatamente, pois o estágio seguinte é o caos.
',
'   ',
'   O brasileiro não sabe votar. Percebi que tenho raiz brasileira
muito ',
'   maior que aquele nissei. É possível que êle, o nissei,
esteja ',
'   usufruindo de uma excelente educação fornecida pelas forças
armadas, ',
'   neste momento. Eu talvez seja convocado para levar chumbo
em Angola. ',
'   Quem sabe? Por que general? Não fico magoado. Quem me
conhece sabe ',
'   que abro a boca só para sorrir. Nunca reclamo. Neste instante
ouço ',
'   pela TV uma propaganda militar "JOVEM VENHA PARA AS
FORÇAS ARMADAS". ',
'   Olhei o menu MENSAGEM.   ',
'   Acho melhor ir dormir, já é madrugada e todo dia tenho que
matar um ',
'   leão para sobreviver, o pior leão é o da exclusão social, e
acho ',
'   também que o velho computador já reclama.
',
'   Voltando para a estatística, vou montar um exemplo
prá- ',
'   tico: suponha que você, contumaz presença no hipódromo;
queira como ',
'   tantos outros levar sempre vantagem.   ',
'   - Olá general, onde foi parar a grana da venda sigilosa
',
'   de material bélico? Alguém adverte: - Rapaz! para chegar até
aqui ',
'   tem que ser conivente.   ',
'   - Claro, eu sei disso, o risco é morrer afogado, acabar
',
'   tendo um acidente na Av. Niemeyer, ser tirado de casa à noite
e sumir ',
'   sem deixar vestígios. mas há outra   ',

- 410 -

```
        '      possibilidade, posso ser exilado e  então,  viver  tranquilamente
da    ',
        '      Anistia Internacional e aí aprender inglês, francês e Alemão na
fonte. ',
        '      julguei ter visto o "mulatinho", e, acenei para êle.  Olhando
para  o   ',
        '      lado, e  - Olá Almirante e as compras superfaturadas? E, mais
adiante,  ',
        '      -Olá deputado e a CPI das empreiteiras?    Sorrisos para lá,
para  cá,  ',
        '      -Olá juiz e a grana do INPS? Um sem número de pessoas
todas suspeitas   ',
        '      mas, sabem como driblar o LEÃO. Tocando a cartola  para
cumprimentar,  ',
        '      - Olá Ministro o que é bom o Senhor fatura o que é ruim é só
culpar a   ',
        '      oposição e aos negros, não é?  Bem, mas alguém tem que
trabalhar, ou  ',
        '      saber ganhar.  Coloque os dados de uma semana,  para cada
cavalo, na   ',
        '      lista de estatística e esteja certo que :  de cada  10  apostas,
você  ',
        '      ganha oito.                                  ');
        var i:integer;
        begin  assign(arquivo,'nilson15.can');rewrite(arquivo);
        for i:=1 to No do begin
        F1nilson1.Lstr80:=arr[i];write(arquivo,F1nilson1);
        end; close(arquivo);
        end.

        {program nilson16;    }

        unit nilson16;
        interface
        uses
crt,dos,nilson36,nilson32,nilson38,nilson39,nilson31,nilson35,nilson30,nils
on72,nilson73;


        type
        ptr_nilso16 =^nilso16;
        nilso16 = object
        PROCEDURE ENTRADADO;
        end;
        ptr_ar16=^ar16;
        ar16 = object
        PROCEDURE entradado;
        end;
```

```pascal
        var r16:ptr_ar16; k16:ptr_nilso16;
        implementation
        const
        MonthStr: array[1..12] of string[3] = (
        'Jan', 'Fev', 'Mar', 'Abr', 'Mai', 'Jun',
        'Jul', 'Ago', 'Set', 'Out', 'Nov', 'Dez');
        type
        DirPtr  = ^DirRec;
        DirRec  = record
        Attr: Byte;
        Time: Longint;
        Size: Longint;
        Name: PathStr;
        end;
        LessFunc = function(var X, Y: DirRec):Boolean;

        var

        WideDir: Boolean;
        Less:LessFunc;
        Path: PathStr;
        arquivo:TEXT;  arch:file of DirRec;
        function NumStr(N, D: Integer): String;  { N=53 e D=2 }
        begin
        NumStr[0] := Chr(D);                { tamanho da string=2 }
        while D > 0 do             {  D=2  }
        begin
        NumStr[D] := Chr(N mod 10 + Ord('0')); { Numstr[2]=chr[3+48]=3
Numstr[1]=chr[5+48]=5}
        N := N div 10;                        {  N=5 }
        Dec(D);                               { D=1}
        end;
        end;
        {$F+}
        function LessName(var X, Y: DirRec): Boolean;begin LessName :=
X.Name < Y.Name;end;
        function LessSize(var X, Y: DirRec): Boolean;begin LessSize :=
X.Size < Y.Size;end;
        function LessTime(var X, Y: DirRec): Boolean;begin LessTime :=
X.Time < Y.Time;end;
        {$F-}
        procedure QuickSort( L, R: integer);
        var  i, J:integer; X, Y ,Z: DirRec;
        begin  i:=L;J:=R;seek(arch,(i+j) div 2);read(arch,X);
        repeat   seek(arch,i);read(arch,y);seek(arch,j);read(arch,Z);
        while  Less(Y, X) do begin inc(i);seek(arch,i);read(arch,y);end;
        while  Less(X, Z) do begin dec(j);seek(arch,j);read(arch,Z);end;
```
- 412 -

```pascal
        if i<=j then     begin
        seek(arch,j);write(arch,Y);seek(arch,i);write(arch,Z);
        inc(i);dec(j);end;
        until i>j;
        if L<j then quicksort(L,j);
        if i<r then quicksort(i,r);
        end;
        procedure GetCommand;
        var
        I,J: Integer; Attr: Word; auxPath: PathStr;N:namestr;D:dirStr; E:
ExtStr;  F: File;
        begin   write(' wait...  please.');{ path:='c:\jogos\heretic\*.*/s';}
        WideDir := false; done:=false;Feito:=false; @Less := nil;
auxpath:=path;
        writeln(arquivo,' Na pesquisa pedida : ', Path);writeln(arquivo,'');

        if Pos('/',path)<>0  then for i:=(Pos('/',path)+1) to length(path) do
        case upcase(Path [i]) of
        'N': Less := LessName;
        'S': Less := LessSize;
        'T': Less := LessTime;
        'W': Widedir:=true;
        'F': feito:=true;
        else  done:=true;end;
        if done or  (Pos(':',path)=0) then begin
        writeln(arquivo,' Opção habilitada não existe ou file inexistente.');
        writeln(arquivo,' Volte em seguida para nova pesquisa. ');
        close(arquivo);iniciartextoarq(false,'nilson16.txt');Halt(20);
        end;
        if Pos('/',path)<>0  then  Delete(path,Pos('/',path),length(path));
        Path := FExpand(Path);
        if  (Path[Length(Path)] <> '\') then
        begin
        Assign(F, Path);
        GetFAttr(F, Attr);
        if  (DosError = 0) and (Attr and Directory <> 0)  then Path := Path +
'\';
        end;

        FSplit(Path, D, N, E);
        if N = '' then N := '*';
        if E = '' then E:='.*';
        Path := D + N + E;
        if auxpath<>path then begin  writeln(arquivo,' Semelhante a
pesquisa executada : ', Path);writeln(arquivo,'');end;
        end;
        procedure FindFiles;
```
- 413 -

```pascal
     var   F: SearchRec;Dir,a:dirrec; L,R:integer;
     begin
     ASSIGN(arch,'nilson16.dat'); rewrite(arch);
     FindFirst(Path, anyfile, F);
     while (doserror=0)                      do begin

     dir.Attr:= F.attr;dir.Time:=F.time; dir.Size:= F.Size; dir.Name:=
F.Name;
     write(arch,dir);FindNext(F);                    end;close(arch);

     ASSIGN(arch,'nilson16.dat'); reset(arch);
     L:=0;R:=filesize(arch)-1;
     while L<R do begin
     seek(arch,L);read(arch,dir);
     while ((dir.attr=directory)or (dir.name[1]='.')) and (L<R)  do begin
inc(L);
     seek(arch,L);read(arch,dir);                          end;
     seek(arch,R);read(arch,a);
     while (a.attr<>directory) and (L<R)  do begin dec(R);
     seek(arch,R);read(arch,a);        end;
     if L<R then begin
seek(arch,L);write(arch,a);seek(arch,R);write(arch,dir);
     inc(L);dec(R);end;
     end;
     R:=filesize(arch)-1; L:=0;
     if  (@less<>nil) then quicksort(L,R);close(arch);
     end;
     procedure PrintFiles;
     var dir:Dirptr;  I,k:Integer; Total: longint; T: DateTime; N: PathStr;
     E: ExtStr;  a: string; u:byte;
     begin
     ASSIGN(arch,'nilson16.dat'); Reset(arch);
     if filesize(arch) <> 0 then  writeln(arquivo,' foram encontrados os
seguintes arquivos: ')
     else  begin
     writeln(arquivo,' Não foi encontrado arquivo ou digitação errada.');
     Exit;
     end;
     Total := 0;  I:=0;u:=0;k:=0;  new(dir);

     with Dir^ do   while not Eof(arch) do begin read(arcH,dir^);
     if (attr<>directory) then begin N := Copy(Name, 1, Pos('.', Name) -
1);E := Copy(Name,Pos('.', Name) + 1, 3); end
     else begin N := Name; E := ''; end;
     if WideDir then
     begin
```
- 414 -

```
          if attr=directory then begin inc(k);if feito then begin inc(u);if u>3
then u:=0;end
          else begin if u<>0 then writeln(arquivo,'');u:=0;end;
          write(arquivo,'   [', N, ']',' ': 13 - Length(N));end
          else begin inc(l); inc(u);if u>3 then u:=0;
          write(arquivo,'   ', N, ' ': 13 - Length(N), E, ' ': 4 - Length(E));end;
          if (u <> 0) then  write(arquivo,' ': 3) else  writeln(arquivo);
          end else
          begin
          if attr=directory then begin inc(k);
          write(arquivo,' [', N, ']',' ': 13 - Length(N),'    <DIR>');end
          else begin inc(l);
          write(arquivo,' ', N, ' ': 13 - Length(N), E, ' ': 4 - Length(E));
          write(arquivo, Size: 12);end;
          UnpackTime(Time, T);
          writeln(arquivo, T.Day: 4, '/',
          MonthStr[T.Month], '/',
          T.Year,
          T.Hour: 4, ':',
          NumStr(T.Min, 2));
          end;inc(Total,Size); end;       close(arch);
          if l=1 then a:=' arquivo ' else a:=' arquivos '; writeln(arquivo);
          if l>0 then write(arquivo,' ',l,' ',a, Total , ' bytes');
          if k=1 then a:=' diretorio ' else a:=' diretorios '; writeln(arquivo);
          if k>0 then write(arquivo,' ',k,' ',a,DiskFree(Ord(Path[1])-64), ' bytes
livres');
          end;
          procedure ar16.entradado;
          begin
          path:=primeir^.str80D;  limpmemoini;
          end;
          procedure nilso16.entradado;          var r,l:integer; dir:dirrec;
          begin
          ASSIGN(arquivo,'nilson16.txt');append(arquivo);
          GetCommand;
          FindFiles;
          PrintFiles;
          close(arquivo);iniciartextoarq(false,'nilson16.txt');
          end;
          end.
          {

          BEGIN
          if not getparamstr then exit;clrscr;ESCREVERODAPE;
          DadoIniMouse;WINDOW(2,5,79,22);textattr:=$70;clrscr;
          entrada:='';entrada2:='';entrada1:='';
          entradado;leituraarquivotexto('nilson16.txt');
```

```
        END.                    }

PROGRAM LEITURAARQUIVOexe;
USES CRT,nilson30;

CONST
No=136;
Arr:ARRAY[1.. No] OF STRING[78]=
```

('   Você estará se perguntando: O que êsse neguinho quer
'
'   dizer com pesquisa em diretório? Não!, será que êle ficou
'
'   maluco? Na verdade, se quer uma relação de arquivos
'
'   armazenados no seu computador, você vai no DOS, e com um
'
'   comando <DIR> e zump!. Lá está o resultado.
'
'   Mas vamos supor que você seja um agente secreto, e
'
'   está diante do computador do inimigo, e você precisa le-
'
'   var uma cópia do nome de todos os arquivos que estão no
'
'   computador. Passos vindo do corredor. Tem apenas fração
'
'   do segundo. Êle está armado. A ordem é atirar primeiro,
'
'   perguntas depois, se o outro puder responder. Você então
'
'   saca do disquete NILSON007, introduz no drive.Comandos...
'
'   O segurança nada ouviu, foi rápido. De novo nas ruas,
'
'   lembrou-se de todos os comandos, igual a qualquer outro
'
'   software, a diferença é que copia tudo para um arquivo
'
'   texto de nome NCS_DIR.txt. Olá General, missão cumprida...
'
'   Quem sabe o que nos reserva o futuro? Não é mesmo?.
'
'   Sempre procurei a instrução, mas só vontade não re-
'
'   solve nada, como sabe, ainda mais vindo das camadas mais
'

pobres, e pior ainda vindo de grupos minoritários e dis-

criminados, e para o golpe fatal, sem possibilidades de

camuflagem. Lutei contra tudo e me instruí. Tudo acaba-

do? Fui recusado pelas melhores empresas, a análise de

documentos dizia "INSUFICIÊNCIA FÍSICA" (VEJA Mensagem no

Menu e Estatística-F1) . Sabedor de que melhores profes-

sores e meios educacionais, encontram-se nas forças arma-

das, assim comecei a peregrinação:
(Embora jamais imaginasse o tamanho da discriminação ra-

cial no Brasil, uma cultura não escrita e praticada por

todos os meios institucionais. Aos amigos da internet que

estão lendo estas linhas, sei que irão me fazer perguntas

depois, mas não me perguntem nada vejam apenas as imagens

feitas do Brasil e veiculadas em todo o mundo em

02/04/97.)

EXÉRCITO
======== Veja Menu-Mensagem.

MARINHA
======== Concurso de 05/fev/93. Fui um dos oito primeiros

colocados, inclusive prova oral diante do Comandante Brasil.

Conforme registrado no edital 001/93 da DPCvM, onde consta

meu nome. Incluindo carta ao candidato :
CENTRO DE INSTRUÇÃO ALMIRANTE ALEXANDRINO - 19/out/93.

rua 1. de Março, 118- 9. andar.
Não me efetivaram. Por que ? Não querem um engenheiro de

elite ? Será que preferem (jornais de jun/97)

contrabandistas? Seria como dizem meus amigos, racismo?

Almirante porque não cumpre concurso? Seria compulsão aos

marinheiros de olhos azuis? (Explicação: quando os holandeses invadiram o nordeste, mataram os portugueses, mas, deixaram vivas as portuguesas. Grande parte do contingente da marinha é de lá. Aliás, foi um negro de nome Henrique Dias que esteve por lá expulsando os Holandeses, na época).

AERONÁUTICA
=========== A aeronáutica me enviou a seguinte missiva:

CENTRO DE INSTRUÇÃO E ADAPTAÇÃO DA AERONÁUTICA
                    24/06/93
Av. Santa Rosa, 10 - Pampulha - caixa postal 2274

"Sua ficha de inscrição foi indeferida,isto é, não o queremos aqui, em virtude de: sua INABILITAÇÃO PARA O SERVIÇO MILITAR. "

"" Escuta cara, se o exército não te quer, muito menos nós, somos mais exigentes ainda. Acho melhor mudar de país. que tal África do Sul? Estão precisando de gente para levar chumbo nas costas, e assim ajudar o Brasil a vender munição para o contrabando. Pegamos vocês, na guerra do Paraguai, e os colocamos na linha de tiro sem armas.

(Explicação: escravocratas tinham medo de morrer combatendo e mandavam o escravo no seu lugar, com receio de que o escravo atirasse no seu verdadeiro inimigo, não lhe davam

- 418 -

armas. Em tempos de paz, os escravocratas e seus descenden-

tes penduram medalhas no peito como se fossem o

"pavão misterioso"), depois os mandamos para adubar o solo

Italiano. Escuta cara, volte quando tivermos uma nova

guerra, atlético como é derrubará qualquer alemã, digo ale-

mão.""

Desculpem-me comecei a carta com ", e acabei pensando com os

dedos com "".

A GUERRA DO PARAGUAI
=====================

Uma sordidez a guerra do paraguai. O Paraguai da época

era a mais florescente nação da américa do Sul. Lá não havia

analfabetos. Toda a reforma agrária já havia sido feita.

Tinha toda a indústria de base. Não tinha dívida externa al-

guma, nem mesmo interna. Portanto o soldado paraguaio tinha

todo o moral para defender a sua nação, e nunca se entregar.

Quando a guerra acabou (5 anos), não havia no paraguai

nenhum paraguaio entre 9 e 50 anos, homens ou mulheres, fo-

ram todos exterminados. Um holocausto.

O "FMI" da época, a Inglaterra, não queria concorrência

na bacia do prata, havia o perigo de surgir o "MERCOSUL",

o que levaria a américa do sul a independência econômica no

final do século XIX, se os vizinhos imitassem o Paraguai.

O Brasil queria se livrar do afluxo de negros livres,

que já pressionava para conseguir se instruir, e matar mais

alguns milhões escravizados, e assim tornar-se branco. E o processo continua. Porque a marinha ignora o Nilson?

Nenhum argentino queria lutar contra o Paraguai. Enganavam europeus dizendo que dariam terras para plantar, quando chegavam a Buenos Aires, eram acorrentados e jogados em frente de batalha, juntamente com argentinos na mesma situação, ou matavam ou morriam.

Se esses aliados não vencessem a guerra, o Duque de Caxias e Conde D"EU, seriam criminosos de guerra. Entre outros crimes, por incendiar hospital com feridos e crianças, na batalha de Acosta Nu por degolar crianças de 6 anos e incendiar suas mães e etc... fatos pesquisados em ducumentos históricos por Julio José Chiavenatto.

O dia 16 de agosto é o "Dia del Nino" que o Paraguai comemora em homenagem às crianças trucidadas pelo Brasil.

Um diplomata inglês, Lord Palmerston, declarou na época:" A Inglaterra tem tanta força, que pode cagar em todas as consequências.

Trecho de escritos de Caxias ao imperador:" À sombra dessa guerra, nada pode livrar-nos de que aquela imensa escravatura do Brasil dê o grito de sua divina e humanamente legítima liberdade; e tenha lugar uma guerra interna, como no Haiti, de negros contra brancos, que sempre tem ameaçado o Brasil, e desapareça dele a escassíssima e diminuta parte branca que há."

' Pedro Archanjo Ojuobá não chegara a conhecer o pai.

'

' Seu pai foi sequestrado e a pulso foi levado como recruta

'

' para a guerra do Paraguai. Sua mãe, grávida do primeiro

'

' filho, desesperada. Seu pai morreu nos pântanos do chaco

'

' em plena guerra do Paraguai.(Jorge Amado em Tenda dos

Mi-   '

' lagres).   '

'   ...   '

' General, seus filhos são adidos militares no Exterior,

'

' (ou é turismo militar?) estão na Princeton university e ...,

'

' espero que valham, pois cada quilo de arroz que compro com

o   '

' meu salário mínimo uma parte é para lhe financiar.

'

' General, espero que me deseje em dobro tudo o que lhe

'

' desejo. Desejo que Deus o abençoe, em nome de Jesus

Cristo.   ');

```
var i:integer;
begin  assign(arquivo,'nilson17.can');rewrite(arquivo);
for i:=1 to No do begin
F1nilson1.Lstr80:=arr[i];write(arquivo,F1nilson1);
end; close(arquivo);
end.



program nilson18; { foi colocado dentro de nilson08}
uses crt,DOS,nilson36,nilson38,nilson35,nilson34;
type
ptr_nilso18 =^nilso18;
nilso18 = object            { mark }
PROCEDURE ENTRADADO;
end;
const
con='nilson18.txt';
msg='Enter directory path and file mask. Digite onde está e o
nome do arquivo.   ';
var  arq  :FILE;
ArqApag : string[67];
```

```
        arquivo:TEXT;
        ioresultado:integer;
        procedure nilso18.entradado;

        PROCEDURE ESCREVERODAP;
        BEGIN
        WINDOW(2,22,79,22);textbackground(MAGENTA);clrscr;textcolor(
yellow);
        write(' Qual o arquivo que quer apagar ? :  ');
savex:=wherex;savey:=wherey;
        window(savex,22,79,22);
        repeat gotoxy(1,1);entrada:='';clreol;
        ArqApag:=INSTRING('',[#32..#255],35,5); if ch in[#27,#45] then
halt;
        until (arqApag[length(arqApag)-3] = '.') AND (ch=#13);
WINDOW(2,5,79,22);
TEXTBACKGROUND(LIGHTGRAY);textcolor(black);
        END;
        begin

        writeln('                    OBSERVAÇÕES                    ');
        writeln('           ========================                    ');
        writeln(' 1 - Exemplos:  Se está no subdiretório  MAMONAS e
quer deletar');
        writeln('              AVIAOCAI.NAO   é so digitar AVIAOCAI.NAO');
        writeln('              Se está no diretório MICHAELJAK e quer
deletar');
        writeln('              AVIAOCAI.NAO então tem que mostrar todo o
path: ');
        writeln('
C:\BRASIL\SAOPAULO\CONGONHAS\MAMONAS\AVIAOCAI.NAO
');
        writeln(' 2 -  Será eliminado um arquivo de cada vez, mas você
pode voltar');
        writeln('       quantas vezes quiser para eliminar outros arquivos. ');
        apresmsg(msg);
        ESCREVERODAP;
        iniciartextoarq(true,con);
        ASSIGN(arquivo,con);
        append(arquivo);
        if ioresult =0 then begin
        assign (arq,ArqApag);
        {$I-} Reset(arq); {$I+}
        ioresultado:=ioresult;
        writeln(arquivo,'');
        writeln(arquivo,'                                        ');
```

```
      writeln(arquivo,'            DADOS DE ENTRADA
');
      writeln(arquivo,'            =================
');
      writeln(arquivo,'   O  arquivo que quis eliminar foi :  ');
      writeln(arquivo,'   ',ArqApag   );
      writeln(arquivo,'                                     ');
      writeln(arquivo,'            DADOS DE SAÍDA
');
      writeln(arquivo,'            ==============                   ');
      writeln(arquivo,'                          ');
      if ioresultado = 0 then begin    close(arq);erase(arq);
      writeln(arquivo,'   O arquivo : ');
      writeln(arquivo,'   ',ArqApag);
      writeln(arquivo,'   que queria apagar já foi eliminado,');
      writeln(arquivo,'   apagado, deletado e pras cucuias. ')
      end   else  BEGIN
      writeln(arquivo,'   O arquivo : ');
      writeln(arquivo,'   ',ArqApag);
      writeln(arquivo,'   foi procurado e não foi encontrado onde
indicou.');
      END;
      writeln(arquivo,'');
      writeln(arquivo,'                                     ');
      close(arquivo);
      iniciartextoarq(false,con);
      end;end;
      var k,p:ptr_nilso18;

      BEGIN
      if  not GETPARAMSTR  then exit;
      WINDOW(2,5,79,22);TEXTCOLOR(BLACK);TEXTBACKGROUND
(LIGHTGRAY);clrscr;
      entrada:='';entrada2:='';entrada1:='';ESCREVERODAPE;DadoIniM
ouse;
      mark(p);getmem(k,sizeof(p));k^.entradado;release(p);halt(20);
      END.

      PROGRAM LEITURAARQUIVOexe;
      USES CRT,nilson30;
      CONST
      No=126;
      Arr:ARRAY[1.. No] OF STRING[78]=

      (' Rio de Janeiro,22 de novembro de 1910.
      ',
```

' Ilmo. e Exmo, Sr. Presidente da República Brasileira.

' Cumpre-nos, comunicar a V. Excia. como chefe da nação brasileira: nós, ma- ',
' rinheiros, cidadãos brasileiros e republicanos, não podendo mais suportar ',
' a escravidão na marinha brasileira, a falta de proteção que a pátria nos ',
' dá; e até então não nos chegou; rompemos o negro véu, que cobria aos olhos ',
' do patriótico e enganado povo.
' Achando-se todos os navios em nosso poder, tendo a bordo prisioneiros to- ',
' dos os oficiais, os quais têm sido os causadores da Marinha brasileira não ',
' ser grandiosa, porque durante vinte anos de República ainda não foi bastan- ',
' te para tratar-nos como cidadãos fardados em defesa da pátria, mandamos ',
' esta honrada mensagem para V. Exa. Faça aos marinheiros possuirmos de di- ',
' reitos sagrados que as leis da República nos facilitam, acabando com a de- ',
' sordem e nos dando outros gozos que venham engrandecer a Marinha brasilei- ',
' ra; bem assim como: retirar oficiais incompetentes e indignos de servir a ',
' nação brasileira.Reformar o código imoral e vergonhoso que nos rege, a fim ',
' de que desapareça a chibata, o bolo, e outros castigos semelhantes; aumen- ',
' tar o nosso soldo pelos últimos planos do ilustre senador José Carlos de ',
' Carvalho, educar os marinheiros que não têm competência para vestir a or- ',
' gulhosa farda, mandar pôr em vigor a tabela do serviço diário, que a acom- ',
' panha.
' Tem V. Exa. o prazo de 12 horas, para mandar-nos a resposta satisfatória, ',
' sob pena de ver a pátria aniquilada.
' Bordo do Encouraçado "São Paulo" em 22 de novembro de 1910.

' Nota: Não poderá ser interrompida a ida e volta do mensageiro.

(assinado) Marinheiro.

Como se vê acima, na marinha do Brasil não existe oficial negro e em 1910 a política era a do senhor de engenho, como hoje só se admite marinheiro negro quando não existe brancos disponíveis. A competência fica em segundo plano (Será este o motivo que no brasil submarino nuclear só navegue em gavetas de ministério?). Exagero? Veja no menu MENSAGEM.

O comunicado acima foi direcionado ao Congresso e à presidência da República, por marinheiros liderados pelo negro João Cândido, que exige apenas a dignidade para quem de posse de poderosos canhões apontados para os principais pontos da Capital Federal, poderia exigir muito mais, exige apenas a dignidade de ser um cidadão.

Manchete de um dos jornais da época dizia: É bem doloroso para um país forte e altivo ter que sujeitar-se às imposições de setecentos ou oitocentos negros e mulatos que, senhores dos canhões, ameaçam à capital da República.

Os revoltosos foram atendidos. E pela "honra" do Congresso Nacional não haveria retaliações. Estranha "honra" em que se trucidou paulatinamente meses depois matando de forma bárbara os envolvidos com a revolta. João Cândido também foi preso torturado e teria morte ignóbil caso não fosse defendido pelos advogados da Irmandade da Igreja Nossa Senhora do Rosário, embora arrasado por maus-tratos, morreu miseravelmente aos quase noventa anos.

O que foi transmitido de boca em boca até hoje é o seguinte: E

'   então a grande esquadra do marinheiro João Cândido
manobrando no mar ',
'   como não era possível fazer para quem não fosse branco e
estrelado, ',
'   os couraçados resolvidos a morder em nome dos chibateados,
assestando ',
'   as bocas escuras de seus canhões na direção da grande
cidade do Rio ',
'   de Janeiro, capital da república, que assim pela primeira vez
ouviu ',
'   falar, e ouviu com medo, que nas barrigas dos navios
engalanados e ',
'   lustrosos havia uma espécie de lombrigas ao contrário,
homens que da- ',
'   vam vida e não tinham vida. Quando aqueles negros
penalizados de tan- ',
'   mortes que causariam entre os civis, meros joguetes dos
poderosos,re- ',
'   solveram então encerrar a revolta, pois havia promessa de
anistia. E ',
'   para que derramar sangue dos inocentes?
',
'   Mas a anistia era de inescrupulosos, prometeram a João
Cândido o per- ',
'   dão mas o prenderam e maltrataram, mandaram-no para o
hospício e de- ',
'   pois de volta a prisão; arrebanharam marinheiros presos
num navio ',
'   chamado Satélite, fuzilaram-nos e os jogaram ao mar; que
mandaram ',
'   muitos outros para morrer de malária nos seringais do
Norte; que ',
'   prenderam ainda outros num socavão da ilha das cobras,
onde despeja- ',
'   ram cal viva e água para asfixiá-los.   ',
'   Nelson Mandela ficaria horrorizado se vivesse neste país.
',
'   Abaixo está registrado o que Rui Barbosa fala a respeito
do ',
'   episódio no Congresso Nacional: ',
'   "Dentro de mim, neste momento, sinto eu inteira a alma de
minha terra; ',
'   a voz que me vai dos lábios agora, é a voz do povo brasileiro.
Não sou ',
'   eu, é ele que declara hoje ao marechal-presidente que, se ele
arrebatou ',

ao banco dos réus esses criminosos, assentou nesse banco o seu governo. '

No Brasil não se organiza exército contra o estrangeiro; desenvolvem-se '

as instituições militares contra a ordem civil. Que vale neste país, ',

diante de qualquer impulso de oficiais, a vida de um de nós? A presi- ',

dência atual quis e fez anistia, rufando tambores aqui dentro, pela ',

boca dos seus amigos, em como a executaria lealmente. E que resta da '

anistia? Os cadáveres da ilha das Cobras, os cadáveres do Satélite e os ',

cadáveres de Santo Antônio do Madeira."

O trecho em seguida é a música cantada por João Bosco e letra do ',

compositor Aldir Blanc.

Há muito tempo nas águas da Guanabara

O dragão do mar reapareceu
Na figura de um bravo feiticeiro
A quem a história não esqueceu
Conhecido como o navegante Negro
Tinha a diginidade de um mestre-sala
Ao acenar pelo mar
Na alegria das regatas
Foi saudado no porto
Pelas mocinhas francesas
Jovens polacas e por batalhões de mulatas

Rubras cascatas
Jorravam das costas dos santos
Entre cantos e chibatas
Inundando o coração
Do pessoal do porão,
Que a exemplo do feiticeiro
Gritava então:
Glória aos Piratas
Às mulatas
Às baleias
Glória à farofa
À cachaça
Ás sereias

```
'                                                                    ',
                Glória, a todas lutas inglórias              ',
                Que através de nossa história                 ',
                Não esqueceremos jamais                      ',
                Salve o Navegante Negro                      ',
                Que tem por monumento                        ',
                As pedras pisadas do cais.                   ',
                Mas faz muito tempo...                       ',
'                                                            ',
'       Neste país de triste memória, assim se sucede a história, se
repetindo, ',
'       se repetindo, se repetindo...                        ',
'                Estes trechos foram condensados de dois livros:
',
'                                                            ',
'            1 - Tia Ciata      de       Roberto Moura        ',
'            2 - A revolta da Chibata    de   Edmar Morel      ');

     var i:integer;
     begin  assign(arquivo,'nilson19.can');rewrite(arquivo);
     for i:=1 to No do begin
     F1nilson1.Lstr80:=arr[i];write(arquivo,F1nilson1);
     end; close(arquivo);
     end.




   program nilson20;

       uses crt,DOS,nilson36,nilson38,nilson35,nilson34;
       type
       ptr_nilso20 =^nilso20;
       nilso20 = object           { mark }
       PROCEDURE ENTRADADO;
       end;
       procedure nilso20.entradado;
       {type validset= set of char; nom=string[67]; }
       const
       msg='Enter directory path and file mask. Digite onde está e o
nome do arquivo.    ';
       con='nilson20.txt';
       var
       arq  : file ;
       ArqExist,novonome: string[67];
       arquivo:TEXT;
       ioresultado:integer;
```

```
        PROCEDURE ESCREVERODAP;
        begin
        WINDOW(2,22,79,22);
textbackground(MAGENTA);TEXTCOLOR(YELLOW);clrscr;
        write(' Qual o arquivo que quer renomear ? :  ');savex:=Wherex;
        window(savex,22,79,22);
        repeat gotoxy(1,1);entrada:='';input:=0;
        ArqExist:=INSTRING('',[#32..#255],35,5); if ch in[#27,#45] then
halt;
        until (arqexist[length(arqexist)-3] = '.') and (ch=#13);

        WINDOW(2,21,79,21);
textbackground(BLUE);TEXTCOLOR(YELLOW);clrscr;
        write(' Qual o novo nome? :  '); savex:=wherex;
        window(savex,21,79,21);
        repeat gotoxy(1,1);entrada:='';input:=0;
        novonome:=INSTRING('',[#32..#255],35,5); if ch in[#27,#45] then
halt;
        until (arqexist[length(arqexist)-3] = '.') and (ch=#13);
        END;
        BEGIN
        entrada:='';entrada2:='';entrada1:='';
        writeln('                OBSERVAÇÕES                ');
        writeln('        =========================                ');
        writeln;
        writeln(' 1 -  O arquivo a ser renomeado pode estar em qualquer
subdiretório,');
        writeln('      Ex:   A:\Collor\itamar\fhc\fhc\hidden\fhc.prs ');
        writeln('             e quer  trocar fhc.prs   para nilson.prs  então: ');
        writeln('             A:\Collor\itamar\fhc\fhc\hidden\nilson.prs ');
        writeln(' 2 -  Se os dois arquivos estiverem onde está este
programa ');
        writeln('      então não precisa path.');
        writeln(' 2 -  Será renomeado um arquivo de cada vez, mas você
pode voltar');
        writeln('      quantas vezes quiser para renomear outros
arquivos.');
        writeln(' 4 -  Digite sempre o nome completo do arquivo.  ');
        writeln;
        writeln(' ');
        apresmsg(msg);
        ESCREVERODAP;
        iniciartextoarq(true,con);
        ASSIGN(arquivo,con);
        append(arquivo);
        if ioresult =0 then begin
        ASSIGN(arq,ArqExist);
```

```pascal
        {$I-} Reset(arq); {$I+};
        ioresultado := ioresult;

        writeln(arquivo,'');
        writeln(arquivo,'                                                ');
        writeln(arquivo,'                DADOS DE ENTRADA
');
        writeln(arquivo,'                =================
');
        writeln(arquivo,'     O  arquivo que quis renomear foi : ');
        writeln(arquivo,'     ',ArqExist  );
        writeln(arquivo,'                                                ');
        writeln(arquivo,'                DADOS DE SAÍDA
');
        writeln(arquivo,'                ==============                   ');
        writeln(arquivo,'     ');

        IF (IORESULTADO=0) then begin

        close(arq);rename(arq,novonome);
        writeln(arquivo,'     O arquivo  :');
        writeln(arquivo,'     ',ArqExist);
        writeln(arquivo,'     que queria renomear já foi renomeado, não
existe,');
        writeln(arquivo,'     mais nenhuma referência ao antigo nome. ');
        writeln(arquivo,'     Quem existe agora é o arquivo  : ');
        writeln(arquivo,'     ',novonome);
        end   else begin
        writeln(arquivo,'     O arquivo  :');
        writeln(arquivo,'     ',ArqExist);
        writeln(arquivo,'     que quer renomear não foi encontrado.');
        end;
        writeln(arquivo,' ');
        writeln(arquivo,'                                                ');
        close(arquivo);
        iniciartextoarq(false,con);

        end; end;
        var k,p:ptr_nilso20;

        BEGIN
        if  not GETPARAMSTR then exit;
        WINDOW(2,5,79,22);TEXTCOLOR(BLACK);TEXTBACKGROUND
(LIGHTGRAY);clrscr;
        entrada:='';entrada2:='';entrada1:='';ESCREVERODAPE;DadoIniM
ouse;
        mark(p);getmem(k,sizeof(p));k^.entradado;release(p);halt(20);
```

END.


```pascal
PROGRAM LEITURAARQUIVOexe;
USES CRT,nilson30;

CONST
No=6;
Arr:ARRAY[1.. No] OF STRING[78]=
('
============================================================
=============  ',
'      ===================RIGHTS BY Nilson Candido da
Silva==================  ',
'      ============================ BEGIN
=============================  ',
'     '
'  ,
============================================================
=============  ',
'      ===================RIGHTS BY Nilson Candido da
Silva=================  ',
'      ============================ END
============================= ');
var i:integer;
begin  assign(arquivo,'nilson21.can');rewrite(arquivo);
for i:=1 to No do begin
F1nilson1.Lstr80:=arr[i];write(arquivo,F1nilson1);
end; close(arquivo);
end.
unit nilson22;
{program nilson22;}
interface
uses
crt,Dos,Graph,nilson36,nilson38,nilson39,nilson31,nilson35,nilson72,nilso
n30,
BGIDriv,  { all the BGI drivers }
BGIFont;  { all the BGI fonts  }
type
ptr_nilso22 =^nilso22;
nilso22 = object
PROCEDURE ENTRADADO;
end;
var k22:ptr_nilso22;
implementation
```

```pascal
        const
        max= 100;
        type
        item=real;matriz = array[1..max] of item;
        var
        gd,gm,i,t,maiordado,menordado,linha,coluna,x1tela1,x2tela1,y1tela
1,y2tela1,
        aposponto,c,num,x1,maxx,maxy:integer;dado,dad: matriz;
arquivo:TEXT;
        entrada1,entrada2:string;

        procedure GraveEntreProgr(dosexit,algo1:integer);
        type str80=string[80];nilson1F1 = record Lstr80:str80;end;
        var arquiv:file of nilson1F1;F1nilson1:nilson1F1;
        begin
        assign(arquiv,'nilson1.ncs');reset(arquiv) ;seek(arquiv,3512);
        Str(dosexit,f1nilson1.Lstr80);write(arquiv,F1nilson1);
        Str(algo1,f1nilson1.Lstr80);write(arquiv,F1nilson1);
        close(arquiv);
        end;
        procedure Abort(Msg : string);
        begin
        Writeln(Msg, ': ', GraphErrorMsg(GraphResult));
        Halt(1);
        end;
        procedure initialize;
        var
        grDriver,grMode: Integer;
        begin
        DetectGraph(GrDriver, GrMode);
        if (GrDriver = EGA) or
        (GrDriver = EGA64) then
        begin
        GrDriver := CGA;
        GrMode := CGAHi;
        end else
        grDriver := Detect;
        InitGraph(grDriver, grMode,'');
        if GraphResult <> grOk then   runerror(1);
        { Do graphics }
        MaxX := GetMaxX;
        MaxY := GetMaxY;
        end;
        procedure WriteOut(x,y:integer;S : string);
        { Write out a string and increment to next line }
        begin
        OutTextXY(X, Y, S);
```

```
end; { WriteOut }
procedure FullPort;
{ Set the view port to the entire screen }
begin
SetViewPort(0, 0, MaxX, MaxY, ClipOn);
end; { FullPort }

function Int2Str(var L : integer) : string;
{ Converts an integer to a string for use with OutText, OutTextXY }
var
S : string;
begin
Str(L, S);
Int2Str := S;
end; { Int2Str }
function realToStr(N:real;width,decimals:integer):string;
var s:string;
begin str(N:width:decimals,s);    realToStr:= s; end;

Procedure GWrite(s:string);
var x, y:integer;  savefill:fillsettingstype;
begin  getfillsettings(savefill); x:= getx; y:= gety;
setfillstyle(solidfill,getbkcolor);
bar(x,y,x+textwidth(s),y+textheight(s));
setfillstyle(savefill.pattern,savefill.color); outtext(s);  end;

procedure Gwritexy(x,y:integer; s:string);
var savefill:fillsettingstype;
begin getfillsettings(savefill); setfillstyle(solidfill, getbkcolor);
bar(x,y,x+textwidth(s), y+textheight(s)); outtextxy(x,y,s) ;
setfillstyle(savefill.pattern,savefill.color); end;
{
procedure Gwritech (ch:char);
var s:string;  begin s[0]:=#1;s[1]:=ch;Gwrite(s);end;
}

function GReadStr(var s:string):boolean;
const buff2:string[2] ='- ';cr=#13;esc=#27;bs=#08;  var
i,currloc,maxchars,oldcolor:integer;
view: viewporttype; charbuff:string[2];ch:char;
begin s[0]:=#0; charbuff[0]:=#1; getviewsettings(view);
maxchars:=(view.x2-getx)div textwidth('M')-1; if maxchars <=0 then
exit;
Gwritexy(getx,gety, '-'); ch:= readkey; while ch <> CR do begin
if ch= BS then begin if currloc > 0 then begin if currloc <=
maxchars then
```

```
        begin oldcolor:= getcolor; setcolor(getbkcolor); charbuff[1]:=
s[currloc];
        buff2[1]:=s[currloc];Gwritexy(getx-textwidth(charbuff),gety,buff2);
        setcolor(oldcolor); moveto(getx-textwidth(charbuff),gety);
dec(currloc);
        end; end; end else begin  if currloc < maxchars  then begin
oldcolor:=
        getcolor; setcolor(getbkcolor); Gwritexy(getx,gety, ' ');
        setcolor(oldcolor); inc(currloc); s[0] := chr(currloc);
        s[currloc]:=ch; Gwrite(ch);  end else begin  sound(220); delay(200);
nosound;
        end; end;  if currloc < maxchars  then Gwritexy(getx,gety,' ');
ch:=readkey;end;
        if currloc <= maxchars then begin oldcolor:=getcolor;
setcolor(getbkcolor);
        Gwritexy(getx,gety, ' ');setcolor(oldcolor);  end;  if length(s)=0 then
        GreadStr:=false else GReadStr:=true; end;
        function GReadReal(var num:real):boolean;
        var s:string; code:integer;T:boolean;
        begin if GReadStr(s) then begin val(s,num,code);if code <> 0 then
        GReadReal:=false else GReadReal:=true; end else
GReadReal:=false; end;
        procedure DrawBorder( cor:word);
        { Draw a border around the current view port }
        var
        Viewinfo : ViewPortType;
        begin
        {
        SetColor(Random(GetMaxColor)+1);              coloca uma cor de
draw
        SetPalette(Random(Palette.Size),Random(Palette.Size));
        SetBkColor(Random(Palette.Size));        coloca uma cor de
fundo. }
        setcolor(cor);
        SetLineStyle(SolidLn, 0, NormWidth);
        Rectangle(0,0,77*coluna,18*linha);
        floodfill(coluna,0+coluna,black);
        end; { DrawBorder }
        procedure MainWindow(Header : string);
        { Make a default window and view port for demos }
        begin
        { Draw main window }
        SetViewPort(2*coluna,5*linha,79*coluna,23*linha, clipon);
        DrawBorder(yellow);
        { Put a border around it } { Move the edges in 1 pixel on all sides
so border isn't in the view port }
        SetTextStyle(DefaultFont, HorizDir, 1); { Default text font }
```

```
        SetTextJustify(CenterText, TopText);    { Left justify text }
        OutTextXY(getmaxX div 2, linha-(TextHeight('M')), Header);
        { Draw the header }
        end; { MainWindow }
        procedure rodapeGraph(msg:string);
        { Display a status line at the bottom of the screen }
        begin
        setcolor(yellow);
        SetTextStyle(DefaultFont, HorizDir, 1);
        SetTextJustify(lefttext, TopText);
        SetLineStyle(SolidLn, 0, NormWidth);
        SetFillStyle(EmptyFill, 0);
        Bar(2*coluna,17*linha,2*coluna,18*linha);    { Erase old status line
}
        Rectangle(0,17*linha-1,77*coluna,18*linha-1);
        OutTextXY(3*coluna,17*linha+coluna,msg);
        end;

        procedure StatusLine(Msg : string;cor:word);
        { Display a status line at the bottom of the screen }
        const
        Gray50 : FillPatternType = ($AA, $55, $AA,
        $55, $AA, $55, $AA, $55);
        begin
        setcolor(cor);   {cor de draw}
        setbkcolor(blue); {coloca uma cor de fundo}
        setpalette(0,black); {muda a cor corrente para outra}
        SetTextStyle(DefaultFont, HorizDir, 1); {tipo da letra e tamanho
pag 413}
        SetTextJustify(CenterText, TopText); {a posição que será escrito a
letra}
        SetLineStyle(SolidLn, 0, NormWidth);{ espessura da linha,4 tipos
pag. 420}
        SetFillPattern(Gray50, White);{ Preenche bar com as cores
determinadas}
        SetFillStyle(EmptyFill, 0);  { preenchimento de  bar  com o style
pag 427 }
        Bar(2*coluna,21*linha,79*coluna,22*linha);    { Erase old status
line }
        Rectangle(2*coluna,21*linha,79*coluna,22*linha);
        OutTextXY(MaxX div 2,22*linha-(TextHeight('M')), Msg);
        { Go back to the main window }
        SetViewPort(x1tela1, y1tela1, x2tela1,y2tela1, ClipOn);
        end; { StatusLine }

        procedure WaitToGo;
        { Wait for the user to abort the program or continue }
```

```
      begin dadoinimouse; mostramouse; ch:=#0;
      repeat auxfunciona;
      if ((botao=1) and (ymouse=1) and ((xmouse=77) or (xmouse=4)))
or (botao=2) then ch:=#27;
      if keypressed then begin ch:=readkey; if ch=#0 then
ch:=readkey;end;
      until (ch<>#0);
      if ch=#27 then  begin
      clearviewport;
      graphdefaults;
      CloseGraph;GraveEntreProgr(22,0);
      halt;      end              { terminate program }
      else
      Clearviewport; GraveEntreProgr(22,22); { clear screen, go on with
demo }
      end; { WaitToGo }

      procedure eixos;
      var
      x,y,x1,y1,x3,y3     : integer;  aux:real;
      begin
      setcolor(green);
      SetTextJustify(horizdir, lefttext);
      x:=coluna;Y:=15*linha;  x1:=74*coluna; y1:=15*linha;
      line(x,y,x1+coluna,y1) ; (* falta a ponta eixo x*)
      aux:=dad[num];
      writeout(x1,y1+2*coluna,'x'); writeout(x1,trunc(y1+linha / 3.5),'>');
      x3:=coluna;y3:=2*linha;
      line(x,y,x3,y3-coluna);  (* falta a ponta eixo y*)
      writeout(x3+coluna,y3,'y'); writeout(trunc(x3-coluna / 3),y3,'^');
      writeout(15*coluna,2*linha,' dado['+Int2Str(num)+'] =
'+realToStr(aux,c,aposponto));
      end;
      procedure estatistica;
      {

      type   str80 = string[80];
      }
      var
      t,i,aux,auxc: integer;
mediaf,modaf,dev_padf,medianaf,geometricaf,
      harmonicaf,dev_medf,quadraticaf:real ;


      a,m,md, dpd:real;
      maxim,minim:integer;
      car:char;
```
- 436 -

```
procedure quicksort(var it:matriz;Lo:integer ;var Hi: integer);
procedure qs( l,r:integer);
var i,j:integer; x,y:real;
begin
i:=l;j:=r;
x:=it[(l+r)div 2];
repeat
while it[i] < x do i:=i+1;
while x<it[j] do j:=j-1;
if i <= j then
begin
y:=it[i];
it[i]:=it[j];
it[j]:=y;
i:=i+1; j:=j-1;
end;
until i> j;
if l < j then qs(l,j);
if i< r then qs(i,r);
end;
begin
qs(Lo,Hi);
END; {quicksort}
Procedure Digitacao ;
var t,i,aux,p:integer; S:string;r:real;
procedure entnum;
begin
write('Quantos números tem a sua lista ? :  ');
savex:=wherex;savey:=wherey;
repeat  gotoxy(savex,savey);
entrada:=instring(",",[#48..#57],[],4,1); if ch in[#27,#45] then begin
graveEntreProgr(22,0);halt;end;
    val(entrada,num,numint);
    until (ch=#13) and (num>2) and (num<5000) and (numint=0);
end;

procedure entnum1;
begin     savex:=wherex;savey:=wherey;
repeat  gotoxy(savex,savey);
entrada:=instring(",",[#46,#48..#57],[],4,1);  if ch in[#27,#45] then
begin graveEntreProgr(22,0);halt;end;
    val(entrada,dado[t],numint);
    until (ch=#13) and (num>1) and (num<1.7E38) and (numint=0);
end;

begin
```

```pascal
        i:=0;aux:=0;aposponto:=0;aposponto:=0;c:=0;p:=0;auxc:=0;entnum
;writeln;
        writeln('Digite agora os números que a sua lista tem  : ');
        for t:=1 to num do begin entrada:=";
        case num of
1..9:auxc:=1;10..99:auxc:=2;100..999:auxc:=3;1000..9999:auxc:=4; end;

        write('   ',t,'- ');entnum1;
        s:=entrada;c:=length(s);p:=pos('.',s);
        i:=(i+c+6+auxc);
        if i>(70-c-6-auxc) then begin i:=0; writeln;end;
        end;
        end;{ digitacao}

        function media:real;
        var t: integer ; med: real;
        begin
        med:=0; for t:=1 to num do med:= med+dado[t];
        {SI-}media:=med/num;  {SI+} IF IORESULT <>0 THEN  begin
        writeln(arquivo,'Os números dados são incompatíveis para
operações matemáticas');
        readkey;graveEntreProgr(22,0);halt; end;
        end; { media}
        function harmonica:real;
        var t: integer ; medH: real;
        begin
        medH:=0; for t:=1 to num do medH:= medH+(1/dado[t]);
        harmonica:=num/medH;
        end; { media}
        function geometrica:real;
        var t: integer ; medG,k,x: real;
        begin
        medG:=1; for t:=1 to num do medG:= medG*dado[t];
        geometrica:= exp((1/num)*Ln(medG));

        end; { media}
        function quadratica:real;
        var t: integer ; medQ: real;
        begin
        medQ:=0; for t:=1 to num do medQ:= medQ+sqr(dado[t]);
        medQ:=medQ/num;
        quadratica:=sqrt(medQ);
        end; { media}

        function dev_pad:real;
        var t:integer; pad,med:real;
        begin med:=media;pad:=0;for t:=1 to num do
```

```pascal
       pad:= pad+sqr(dado[t]- med);
       dev_pad:=sqrt(pad/num);
       end; {dev_pad}
       function dev_med:real;
       var t:integer; pad:real;
       begin pad:=0;for t:=1 to num do pad:= pad+abs(dado[t]- media);
       dev_med:=(pad / num);
       end; {dev_med}

       procedure moda;
       var t,w,cont,conta_velho,contA,contB,contC,contD,contE:integer;
       md,md_velha,velhaA,velhaB,velhaC,velhaD,velhaE:real;
       begin
       velhaE:=0;velhaD:=0;velhaC:=0;velhaB:=0;velhaA:=0;md_velha:=0
;

       contE:=0;contD:=0;contC:=0;contB:=0;contA:=0;conta_velho:=0;
       for t:=1 to (num-1) do  begin
       md:=dado[t];cont:=1;
       for w:=t+1 to num do
       if md= dado[w] then  cont:= cont+1;
       if cont>= conta_velho then begin
       velhaE:=velhaD;velhaD:=velhaC;velhaC:=velhaB;velhaB:=velhaA;v
elhaA:=md_velha;md_velha:=md;
       contE:=contD;contD:=contC;contC:=contB;contB:=contA;contA:=co
nta_velho;conta_velho:=cont;
       end;
       {     5 1 5 3 8 6 8 2 1 3  }
       end;

       if conta_velho>1 then begin
       writeln(arquivo,'O número: ',md_velha:(c+5):apossponto,' repete-se
no total de ',conta_velho:4,' vezes.');
       if contA > 1 then
       writeln(arquivo,'      ',velhaA:(c+5):apossponto,' no total de ',contA:4,'
vezes.');
       if contB > 1 then
       writeln(arquivo,'      ',velhaB:(c+5):apossponto,' no total de ',contB:4,'
vezes.');
       if contC > 1 then
       writeln(arquivo,'      ',velhaC:(c+5):apossponto,' no total de
',contC:4,' vezes.');
       if contD > 1 then
       writeln(arquivo,'      ',velhaD:(c+5):apossponto,' no total de
',contD:4,' vezes.');
       if contE > 1 then
       writeln(arquivo,'      ',velhaE:(c+5):apossponto,' no total de ',contE:4,'
vezes.');
```

```pascal
          end;
          if conta_velho<2 then write(arquivo,'não existe moda');

          end;{ moda}
          procedure   mediana;
          var t,auxapos: integer;aux,aux1,median:real;
          begin aux1:=(num / 2);aux:=frac(aux1); if aux=0 then begin
          if aposponto<2 then auxapos:=2 else auxapos:=aposponto;
          write(arquivo,'  Dois valores para calcular a mediana, a saber  : ');
          writeln(arquivo,'  ',dado[num div 2 ]:(c+5):aposponto,'[',num div 2,']'
e   ');
          writeln(arquivo,'  ',dado[(num+2) div 2
]:(c+5):aposponto,'[',(num+2) div 2,']');writeln(arquivo,'');
          median:=((dado[num div 2 ])+(dado[(num+2) div 2 ]))/2;
          writeln(arquivo,'  Neste caso a mediana é :
',median:(c+5):auxapos);
          end
          else   begin
          writeln(arquivo,'     tem um valor para a mediana, a saber  : ');
          median:=(dado[(num+1) div 2]);
          writeln(arquivo,'     ',median:(c+5):aposponto,'[',(num+1) div 2,']') ;
          end;
          end; {mediana }
          function maximo:integer;
          var t:integer ; max:real;
          begin max:=dado[1]; for t:=2 to num do
          if dado[t]>max then max:=dado[t];
maximo:=trunc(max);maiordado:=trunc(max);
          end; { maximo }
          function minimo :integer;
          var t:integer; min:real;
          begin
          min:=dado[1]; for t:=2 to num do if dado[t]<min then min:=dado[t];
          minimo:=trunc(min);menordado:=trunc(min);
          end;{ minimo}
          begin
          digitacao;
          writeln(arquivo,'          Dados como foram digitados');
          writeln(arquivo,'          =========================');
          i:=0;
          for t:= 1 to num  do begin
          case t of
1..9:auxc:=1;10..99:auxc:=2;100..999:auxc:=3;1000..9999:auxc:=4; end;
          dad[t]:=dado[t];
          i:=i+c+7+auxc;
          if i>(70-c-7-auxc) then begin i:=0; writeln(arquivo,'');end;
          write(arquivo,dado[t]:(c+7-auxc):aposponto,'[',t,']');
```

```
      end;
      writeln(arquivo,'');
      writeln(arquivo,'            Dados ordenados do menor para o maior
');
      writeln(arquivo,'
==================================== ');
      minim:=minimo; maxim:=maximo;
      quicksort(dado,1,num);
      i:=0;
      for t:= 1 to num  do  begin
      case num of
1..9:auxc:=1;10..99:auxc:=2;100..999:auxc:=3;1000..9999:auxc:=4; end;
      i:=i+c+7+auxc;
      if i>(70-c-7-auxc) then  begin i:=0;writeln(arquivo,'');end;
      write(arquivo,dado[t]:(c+7-auxc):aposponto,'[',t,']');
      end;
      begin
      writeln(arquivo,'');
      writeln(arquivo,'            Média aritmética dos números dados');
      writeln(arquivo,'
==============================');
      mediaf:=media;
      writeln(arquivo,'                   ',mediaf:(c+5):aposponto);
      writeln(arquivo,'');
      writeln(arquivo,'            Média quadrática dos números dados');
      writeln(arquivo,'
==============================');
      quadraticaf:=quadratica;
      writeln(arquivo,'                   ',quadraticaf:(c+5):aposponto);
      writeln(arquivo,'');
      writeln(arquivo,'');
      writeln(arquivo,'            Média harmônica dos números dados');
      writeln(arquivo,'
==============================');
      harmonicaf:=harmonica;
      writeln(arquivo,'                   ',harmonicaf:(c+5):aposponto);
      writeln(arquivo,'');
      writeln(arquivo,'');
      writeln(arquivo,'            Média geométrica dos números dados');
      writeln(arquivo,'
==============================');
      {$I-}geometricaf:=geometrica;{$I+} if ioresult<>0 then
      writeln(arquivo,'A média geométrica não é possivel calcular falta o
processa',
      'dor matemático no seu computador.')  else
      writeln(arquivo,'                   ',geometricaf:(c+5):aposponto);
      writeln(arquivo,'');
```

```pascal
          writeln(arquivo,'');
          writeln(arquivo,'             desvio médio dos números dados');
          writeln(arquivo,'             ==============================');
          dev_medf:=dev_med;
          writeln(arquivo,'                    ',dev_medf:(c+5):aposponto);
          writeln(arquivo,'');
          writeln(arquivo,'');
          writeln(arquivo,'             mediana dos números dados');
          writeln(arquivo,'             ==========================');
          mediana;

          writeln(arquivo,'');
          writeln(arquivo,'');
          writeln(arquivo,'             Moda dos números dados');
          writeln(arquivo,'             =======================');
          moda;
          writeln(arquivo,'');
          writeln(arquivo,'             desvio padrão dos números dados');
          writeln(arquivo,'
==============================');
      dev_padf:=deV_pad;
          writeln(arquivo,'                    ',dev_padf:(c+5):aposponto);
          writeln(arquivo,'');
          end;
          end;  {estatistica}

          procedure regressao;

          function somaY :real;
          var t:integer; soma:real;
          begin soma:=0 ;
          for t:=1 to num do soma:=soma+dad[t];
          somaY:=soma;
          end;{ somax}
          function somaX :real;
          var t:integer; soma:real;
          begin soma:=0;
          for t:=1 to num do soma:=soma+t;
          somaX:=soma;
          end;{ somay}
          function somaX2 :real;
          var t:integer; soma:real;
          begin soma:=0;
          for t:=1 to num do soma:=soma+sqr(t);
          somaX2:=soma;
          end;{ somax}
          function somaY2 :real;
```

```pascal
        var t:integer; soma:real;
        begin soma:=0;
        for t:=1 to num do soma:=soma+sqr(dad[t]);
        somaY2:=soma;
        end;
        function somaXY :real;
        var t:integer; soma:real;
        begin      soma:=0;
        for t:=1 to num do soma:=soma+dad[t]*t;
        somaXY:=soma;
        end;{ somaxy}
        procedure linh;
        var
        auxA01,auxA02,auxA011,auxA021,auxA012,auxA022,
        A0,A1,auxA11,auxA111,auxA112,y,y1,y2,x,x3,L1,L2,L4,ymax,ymin
,xmax,
        xmin,stepx,stepy:real;
        y4,contador:integer;
        begin
        auxA01:=(somaY*somaX2);auxA011:=(somaX*somaXY);
auxA012:=(auxA01-auxA011);
        auxA02:=(num*somaX2);auxA022:=(sqr(somaX));
auxA021:=(auxA02-auxA022);
        SetTextStyle(DefaultFont, HorizDir, 1);
        SetTextJustify(horizdir, lefttext);
        A0:=auxA012 / auxA021;
        auxA11:=(num*somaXY);auxA111:=(somaX*somaY);
auxA112:=auxA11-auxA111;
        A1:=auxA112 / auxA021;
        writeout(15*coluna,linha,'Reta de regressao:  Y =
'+realtostr(A0,c,aposponto)+' + '+realtostr(A1,c,aposponto)+' X');
        setcolor(blue);
        SetTextStyle(DefaultFont, HorizDir, 1);  SetTextJustify(horizdir,
lefttext);
        xmax:=num+12;   y4:=15*linha;  ymax:=A0+A1*(num+12);
ymin:=A0+A1*num;
        stepx:=(70*coluna) / (xmax-num);  stepy:=(12*linha) / (ymax-ymin)
; x:=num; x1:=1 ;
        repeat
        y:= (A0+(A1*x)); y2:=(y4-((y-ymin)*stepy));
        setcolor(white) ;
        outtextxy(trunc(x1*stepx),trunc(y2),'.');
        setcolor(yellow);
        outtextxy(trunc(x1*stepx),y4+coluna,'|');outtextxy(trunc(coluna-
coluna / 2),trunc(y2),'-');
        outtextxy(5*coluna,y4-(x1*linha),'(
'+realtostr(x,c,0)+','+realtostr(y,c,aposponto)+' )');
```

```
        x1:=x1+1;  x:=x+1;
        until (y>ymax) or (x1*stepx>70*coluna);
        rodapegraph('<ESC> = voltar menu   ou  <qualquer tecla> = ir em
frente.');
        end;
        begin                          (*    AQUI COMEÇA A REGRESSÃO  *)
        clearviewport;
        drawborder(yellow);eixos;linh;
        end;                           (*    aqui termina a regressão *)
        procedure Bar3DPlay;
        const
        Gray50 : FillPatternType = ($AA, $55, $AA,
        $55, $AA, $55, $AA, $55);       { uma espécie de juntar, pattern é
modelar}
        var
        a:real;   done:array[1..10] of boolean;
        H    : word;
        I, J,k,x3,x4,y3,y4,prof,aux,don   : integer;
        Color  : word;
        begin
        SetTextJustify(horizdir, lefttext);
        SetLineStyle(SolidLn, 0, NormWidth);{ espessura da linha,4 tipos
pag. 420}
        { SetFillPattern(Gray50, RED);{ Preenche bar com as cores
determinadas}
        SetFillStyle(1, 1);  { preenchimento de  bar  com o style pag 427 }
        k:=0;                      {  ESTILO,COR DO ESTILO}
        t:=0; k:=11;
        x3:=2*coluna; x4:=3*coluna;  y4:=15*linha ;prof:=2*coluna;
        eixos;
        { negócio é não deixar que as barras ultrapassem a tela}
        t:=0;      for don:=1 to 7 do done[don]:=true;
        repeat
        t:=t+1;
        a:=(dad[t]);
        y3:=(15*linha)-((11*linha*trunc(a)) div maiordado);
        if (y3>(4*linha)) and (y3< (5*linha)) and done[1] then begin
        writeout(coluna,y3,'-');writeout(3*coluna,y3,'
'+realtostr(a,c,aposponto));
        done[1]:=false  end;
        if (y3>(5*linha)) and (y3< (6*linha)) and done[2] then begin
        writeout(coluna,y3,'-');writeout(3*coluna,y3,'
'+realtostr(a,c,aposponto));
        done[2]:=false  end;
        if (y3>(6*linha)) and (y3< (7*linha)) and done[3] then begin
        writeout(coluna,y3,'-');writeout(3*coluna,y3,'
'+realtostr(a,c,aposponto));
```

```
            done[3]:=false  end;
        if (y3>(7*linha)) and (y3< (8*linha)) and done[4] then begin
        writeout(coluna,y3,'-');writeout(3*coluna,y3,'
'+realtostr(a,c,aposponto));
            done[4]:=false  end;
        if (y3>(8*linha)) and (y3< (9*linha)) and done[5] then begin
        writeout(coluna,y3,'-');writeout(3*coluna,y3,'
'+realtostr(a,c,aposponto));
            done[5]:=false  end;
        if (y3>(9*linha)) and (y3< (10*linha)) and done[6] then begin
        writeout(coluna,y3,'-
');writeout(3*coluna,y3,"+realtostr(a,c,aposponto));
            done[6]:=false  end;
        if (y3>(11*linha)) and (y3< (12*linha)) and done[7] then begin
        writeout(coluna,y3,'-
');writeout(3*coluna,y3,"+realtostr(a,c,aposponto));
            done[7]:=false  end;

        if (k=t) or (t < 9) then begin     if k=t then k:=k+3;

        writeout(x4,y4+coluna,'|');writeout(x4,y4+linha,"+Int2Str(t));
        end;
        bar3d(x3,y3,x4,y4,prof,topon);  x3:=x3+2*coluna;
x4:=x4+2*coluna;
        until ((x4+(6*coluna)+prof) > (76*coluna)) or (t=num);
        rodapegraph('<ESC> = voltar menu   ou  <qualquer tecla> = ir em
frente.');
        end;                    (*
        procedure arqGrafGet1;
        var arqG:file of byte;
        begin
        assign(arqG,'ncsG22.dat');rewrite(arqG);
        for savex:=0 to maxx{639} do for savey:=0 to maxy{479} do begin
        antes:=getpixel(savex,savey);write(arqG,antes);end;
        close(arqG);
        end;
        procedure arqGrafPut1;
        var arqG:file of byte;
        begin
        assign(arqG,'ncsG22.dat');RESET(arqG);
        for savex:=0 to maxx{639} do for savey:=0 to maxy{479} do begin
        read(arqG,antes);putPixel(savex,savey,antes);end;
        close(arqG);
        end;                    *)
        procedure arqGrafGet(a:str25);
        type
    - 445 -
```

```pascal
        vid_ptr=^vid; vid= array[1..30720] of byte; var
arqG:file;vide:vid_ptr;NumRead: Word;
        begin   new(vide);
        assign(arqG,a);rewrite(arqG,1);erro:=0;
        for savex:=0 to maxx{639} do for savey:=0 to maxy{479} do begin
inc(erro);
        vide^[erro]:=getpixel(savex,savey);
        if erro=30720 then begin
numread:=SizeOf(vid);blockwrite(arqG,vide^,Numread); erro:=0;end;
        end; if erro<>0 then blockwrite(arqG,vide^,erro);
        dispose(vide);close(arqG);
        end;                          (*
        procedure arqGrafPut(a:str25);
        type
        vid_ptr=^vid;  vid= array[1..30720] of byte; var
arqG:file;vide:vid_ptr;NumRead: Word;
        begin   new(vide);
        assign(arqG,a);RESET(arqG,1); erro:=1;
        for savex:=0 to maxx{639} do for savey:=0 to maxy{479} do begin
        if (erro=1) or (erro=30721) then begin
BlockRead(arqG,vide^,SizeOf(vid),NumRead);erro:=1;end;
        putPixel(savex,savey,vide^[erro]);inc(erro);end;
        dispose(vide);close(arqG);
        end;                               *)
        procedure mostrargraficos;
        begin
        { Register all the drivers }
        if RegisterBGIdriver(@CGADriverProc) < 0 then
        Abort('CGA');
        if RegisterBGIdriver(@EGAVGADriverProc) < 0 then
        Abort('EGA/VGA');
        if RegisterBGIdriver(@HercDriverProc) < 0 then
        Abort('Herc');
        if RegisterBGIdriver(@ATTDriverProc) < 0 then
        Abort('AT&T');
        if RegisterBGIdriver(@PC3270DriverProc) < 0 then
        Abort('PC 3270');


        { Register all the fonts }
        if RegisterBGIfont(@GothicFontProc) < 0 then
        Abort('Gothic');
        if RegisterBGIfont(@SansSerifFontProc) < 0 then
        Abort('SansSerif');
        if RegisterBGIfont(@SmallFontProc) < 0 then
        Abort('Small');
        if RegisterBGIfont(@TriplexFontProc) < 0 then
```

```
        Abort('Triplex');

        { initialize;   }
        {WINDOW(1,1,80,25);CLRSCR; }
        gd:=detect; initgraph(gd,gm,''); if graphresult <> grok then begin
graveEntreProgr(22,0);halt;end;
        setgraphmode(getmaxmode); {aqui coloco o maior modo gráfico}
        maxX:=getmaxX;    maxY:=getmaxy;
        linha:=maxY div 25  ;  coluna:=maxX div 80;
        (*tamanho:=imagesize(0,0,maxX,maxY);getmem(tela1,tamanho);
        getimage(0,0,maxX,maxY,tela1 ^);    *)
        { OutTextXY(1,1,'maxx:'+Int2Str(maxx)+'
'+Int2Str(maxy));readkey;}
        { cleardevice;arqGrafput;readkey;cleardevice; }
        mainwindow('Gráfico dos pontos dados ');
        Bar3DPlay; arqGrafGet('arqG22a.dat');waittogo;
        regressao;arqGrafGet('arqG22b.dat');waittogo;
        clearviewport;
        graphdefaults;
        (*    putimage(0,0,tela1 ^,copyput);     *)
        CloseGraph;         end;
        procedure nilso22.entradado;
        begin       { AQUI COMEÇA O CORPO PRINCIPAL DO
PROGRAMA}
        iniciartextoarq(true,'nilson22.txt');ASSIGN(arquivo,'nilson22.txt');ap
pend(arquivo);
        estatistica;close(arquivo); iniciartextoarq(false,'nilson22.txt');
        mostrargraficos;
        end;                            (*
        begin
        {if not getparamstr then exit;}DadosEntreProgr;
        ESCREVERODAPE;WINDOW(2,5,79,22);textattr:=$70;clrscr;
DadoIniMouse;
        entrada:='';entrada2:='';entrada1:='';
entradado;leituraarquivotexto('nilson22.txt');
        *)
        end.




        PROGRAM LEITURAARQUIVOexe;
        USES CRT,nilson36,nilson38,nilson70;

        CONST
```

```
        No=10;
        Arr:ARRAY[1.. No] OF STRING[78]=

        (' 1 - O arquivo a ser renomeado pode estar em qualquer
subdiretório, ',
        '       Ex:    A:\Collor\itamar\fhc\fhc\hidden\fhc.prs                    ',
        '              e quer  trocar fhc.prs   para nilson.prs   então:         ',
        '              A:\Collor\itamar\fhc\fhc\hidden\nilson.prs                 ',
        '                                                              ',
        ' 2 - Se os dois arquivos estiverem onde está este programa
',
        '       então não precisa path.                              ',
        ' 2 - Será renomeado um arquivo de cada vez, mas você pode
voltar    ',
        '       quantas vezes quiser para renomear outros arquivos.
',
        ' 4 - Digite sempre o nome completo do arquivo.                ');

        var i:integer;
        begin  assign(arquivo,'nilson23.can');rewrite(arquivo);
        for i:=1 to No do begin
        F1nilson1.Lstr80:=arr[i];write(arquivo,F1nilson1);
        end; close(arquivo);
        end.(*program nilson24; {$N+,E+} *)
        unit nilson24;
        interface
        uses
crt,nilson36,nilson38,nilson35,nilson32,nilson73,nilson39,nilson70,nilson3
0,nilson74,nilso001;
        type
        ptr_nilso24 =^nilso24;
        nilso24 = object
        PROCEDURE ENTRADADO;
        end;
        var k24:ptr_nilso24;
        implementation
        type

        ptr_IniPoligonal = ^Inipoligonal;
        Inipoligonal=record
        TolAng,TolLinear,CalcTolH,CalcTolAng,CalcTolLinear,quadranteP,
quadranteC,
        tgia,tgfb,EA,NA,EB,NB,MMdeltaEA,
MMdeltaEB,MMdeltaNA,MMdeltaNB,somadistancia,
        Ep,Np,Hp,AzP,Ec,Nc,Hc,Azc,somaAlfa,maiorAlfa,Kapi,somaAlfaKa
pi,estRe,EstVante,
```

```
        deltateta,FAlfa,Fs,Fh,FE,fN,DifEpEC,DifnpNc,DifHpHc,somadeltae
,somadeltan,somadeltah:str25;
        end;
        ptr_poligonal = ^poligonal;
        poligonal = record  per:integer;
        codEstacao,LeitDireita,LeitEsquerda,Alfa,azimRe,AzimVante,Dista
ncia,SenAzVante,
        CosAzVante,E,DeltaE,corrDeltaE,N,DeltaN,corrDeltaN,H,DeltaH,c
orrDeltaH, MMHvante,MMhre,
        AngVertBetaRe,AngVertBetaVante,kLvante,KLRe,Cos2AngVertBe
tavante,Svante,Sre,Hvante,Hre,
        Cos2AngVertBetaRe,TangAngVertBetaVante,TangAngVertBetaRe
,DeltaInstrRe,Cdistancia,distanciaC,
        DeltaMiraRe,DeltaInstrVante,DeltaMiraVante,alfaCorrig,corrAlfa:str
25;
        anterior,proximo:ptr_poligonal;
        end;
        var
        itemIni:ptr_inipoligonal;
        primeiro,ultimo,auxA,auxB,item:ptr_poligonal;
        jx:INTEGER;arquiP:file of poligonal;arquiIn:file of inipoligonal;
        function tiranulo(var s:str25):str25;
        begin
        while Pos(#0, S) > 0 do
        delete(s,Pos(#0, S),1);
        while Pos(#32, S) > 0 do
        delete(s,Pos(#32, S),1); tiranulo:=s;
        end;
        procedure limpMemo;
        begin
        item:=primeiro;auxA:=primeiro;
        while (item <> nil) do  begin
        auxA:=item^.proximo; dispose(item);item:=auxA;end;
        end;
        procedure ToquivIn;
        begin
        assign(arquiIn,'ncs24a.dat');rewrite(arquiIn);
        write(arquiIn,Itemini^);close(arquiIn);
        end;
        procedure ToquivP;
        begin
        assign(arquiP,'ncs24b.dat');rewrite(arquiP);item:=primeiro;
        repeat write(arquiP,item^);item:=item^.proximo; until item=nil;
        close(arquiP);
        end;
        procedure LequivIn;
        begin
```

```
       assign(arquiln,'ncs24a.dat');{$I-}reset(arquiln){$I+}; prompt:=#1;
       if ioresult<>0 then exit; prompt:=#0;
       read(arquiln,Itemini^);close(arquiln);
       end;
       procedure limparItem;
       begin
       with item^ do begin
       codEstacao:=#0;LeitDireita:=#0;LeitEsquerda:=#0;Alfa:=#0;azimRe
:=#0;AzimVante:=#0;Distancia:=#0;SenAzVante:=#0;
       CosAzVante:=#0;E:=#0;DeltaE:=#0;corrDeltaE:=#0;N:=#0;DeltaN:
=#0;corrDeltaN:=#0;H:=#0;DeltaH:=#0;corrDeltaH:=#0; MMHvante:=#0;
       MMHre:=#0;AngVertBetaRe:=#0;AngVertBetaVante:=#0;kLvante:=
#0;KLRe:=#0;Cos2AngVertBetavante:=#0;Svante:=#0;Sre:=#0;Hvante:=#
0;
       Hre:=#0;Cos2AngVertBetaRe:=#0;TangAngVertBetaVante:=#0;Ta
ngAngVertBetaRe:=#0;DeltaInstrRe:=#0;Cdistancia:=#0;distanciaC:=#0;
       DeltaMiraRe:=#0;DeltaInstrVante:=#0;DeltaMiraVante:=#0;alfaCorr
ig:=#0;corrAlfa:=#0;
       end;end;
       procedure LequivP;
       begin
       {$I-}assign(arquiP,'ncs24b.dat'); reset(arquiP); {$I+} prompt:=#1;
       if ioresult<>0 then exit; item:=primeiro;  prompt:=#0;
       while item<>nil do begin LimparItem;item:=item^.proximo;end;

       item:=primeiro;auxB:=item^.proximo;auxA:=item^.anterior;
       while (not Eof(arquiP)) and (item<>nil) do begin
       Read(arquiP, item^);
item:=auxA^.proximo;item:=auxB^.anterior;auxA:=item^.anterior;auxB:=ite
m^.proximo;
       auxA:=auxA^.proximo;item:=item^.proximo;auxB:=auxB^.proximo;e
nd; close(arquiP);
       end;                    (*
       function EspacoPonto(strinaux:str25):str25;
       { descobrir o tipo da entrada depois armazenar no tipo
239.88888888}
       {#0= entrada ruim   }
       var inteira,int3600,int60:real; numint:byte;feito:boolean;
       erro:integer;
       begin   feito:=false;
       if (strinaux=#0) then begin espacoponto:=#0;exit;end;
       for numint:=1 to length(strinaux) do
       if strinaux[numint] in [#0,#32,'-'] then begin if strinaux[numint]='-
'then feito:=true;
       delete(strinaux,numint,1);numint:=numint-1;end;

       if (pos('.',strinaux) > 0) then begin
```

```
        val(strinaux,inteira,erro);
        if(inteira<=360) and (erro = 0) then begin
        if inteira=0 then begin espacoponto:='0';exit;end;
        if feito then strinaux:='-'+strinaux;
        espacoponto:=strinaux;exit;end
        else begin espacoponto:=#0;exit; end;end;

        if (length(strinaux)>7) then begin espacoponto:=#0;exit;end;

        val(copy(strinaux,length(strinaux)-1,2),int3600,erro);
        if erro=0 then begin if int3600>0 then int3600:=int3600 / 3600 else
int3600:=0.0;end else begin espacoponto:=#0;exit end;

        val(copy(strinaux,length(strinaux)-3,2),int60,erro);
        if erro=0 then begin if int60>0 then int60:=int60 / 60 else int60:=0.0;
end else begin espacoponto:=#0;exit end;

        val(copy(strinaux,1,length(strinaux)-4),inteira,erro);
        if (inteira+int60+int3600=0) then begin espacoponto:='0';exit;end;
        if erro=0 then inteira:=inteira+int60+int3600 else begin
espacoponto:=#0;exit end;

        if inteira<=360 then  begin
        if feito then inteira:=inteira*(-
1);str(inteira:25:13,strinaux);espacoponto:=strinaux;end
        else espacoponto:=#0;
        end;                    *)
        procedure LimparItemini;
        begin  with itemini^ do begin
        TolAng:=#0;TolLinear:=#0;CalcTolH:=#0;CalcTolAng:=#0;CalcTolL
inear:=#0;quadranteP:=#0;quadranteC:=#0;
        tgia:=#0;tgfb:=#0;EA:=#0;NA:=#0;EB:=#0;NB:=#0;MMdeltaEA:=#0;
MMdeltaEB:=#0;MMdeltaNA:=#0;MMdeltaNB:=#0;
        somadistancia:=#0;Ep:=#0;Np:=#0;Hp:=#0;AzP:=#0;Ec:=#0;Nc:=#
0;Hc:=#0;Azc:=#0;somaAlfa:=#0;maiorAlfa:=#0;
        Kapi:=#0;somaAlfaKapi:=#0;estRe:=#0;EstVante:=#0;deltateta:=#0
;FAlfa:=#0;Fs:=#0;Fh:=#0;FE:=#0;fN:=#0;
        DifEpEC:=#0;DifnpNc:=#0;DifHpHc:=#0;somadeltae:=#0;somadelt
an:=#0;somadeltah:=#0;
        end;end;

        procedure EncherItemini;
        begin  new(itemIni);LimparItemini;end;

        procedure Exemplo;
        begin  Nomepilar:='Fossa Lunar123 a Lunar126 - Project NCS-
EB234.';
```

```
        item:=primeiro; while item<>nil do begin
limparItem;item:=item^.proximo;end;
        item :=primeiro;with item^ do begin
        LeitDireita:='90.56333333';LeitEsquerda:='0.0';codEstacao:='MAR
É';
        AngVertBetaVante:=espacoponto('00 15
18'){'0.255'};klvante:='128.0';DeltaInstrvante:='1.42';DeltaMiravante:='3.0';
        AngVertBetaRe:='0.75';klRe:='127.5';DeltaInstrRe:='1.49';DeltaMira
Re:='2.0';end;

        item :=item^.proximo;with item^ do begin
        LeitDireita:='280.4366667';LeitEsquerda:='13.25';codEstacao:='TU
BARÃO';
        AngVertBetaVante:='-
5.2116666';klvante:='153.0';DeltaInstrvante:='1.49';DeltaMiravante:='1.4';
        AngVertBetaRe:='5.20333333';klRe:='153.4';DeltaInstrRe:='1.5';Del
taMiraRe:='1.6';end;

        item :=item^.proximo;with item^ do begin
        LeitDireita:='179.45';LeitEsquerda:='42.2'; codEstacao:='LEAL';
        AngVertBetaVante:='10.59';klvante:='140.0';DeltaInstrvante:='1.5';
DeltaMiravante:='1.8';
        AngVertBetaRe:=espacoponto('-10 35 24'){'-
10.59'};klRe:='140.0';DeltaInstrRe:='1.52';DeltaMiraRe:='1.2';end;

        item :=item^.proximo;with item^ do begin
        LeitDireita:='310.2366667';LeitEsquerda:='12.0';codEstacao:='SOL'
;end;
        LimparItemini;
        with itemini^ do begin
        TolAng:='0.025';TolLinear:='0.002';EA:='6243435.71';NA:='256693
9';EB:='6246581.26';
        NB:='2561166';estRe:='MARTE';estVante:='LUA';Ep:='6247315.6';
Np:='2563412.9';
        Hp:='401.7';Azp:='312.265';Ec:='6247653.5';Nc:='2563416.0';Hc:='
413.7';Azc:='205.48';end;
        end;
        procedure encherPoli;
        begin    erro:=0;
        while maxavail>(sizeof(poligonal)) do begin inc(erro);
        new(item); item^.per:=erro;limparItem;
        if erro=1 then begin item^.anterior:=nil;
item^.proximo:=nil;auxA:=item;primeiro:=item;auxB:=item;end
        else begin auxB^.proximo:=item;item^.anterior:=
auxB;item^.proximo:=nil;auxB:=item;end;
        end;ultimo:=item;
        end;
```

```
procedure LencherPoli;
begin    erro:=0;
assign(arquiP,'ncs24b.dat'); reset(arquiP);
while not Eof(arquiP) do begin inc(erro);
new(item);Read(arquiP, item^);
if erro=1 then begin item^.anterior:=nil;
item^.proximo:=nil;auxA:=item;primeiro:=item;auxB:=item;end
else begin auxB^.proximo:=item;item^.anterior:=
auxB;item^.proximo:=nil;auxB:=item;end;
end;ultimo:=item; close(arquiP);
end;
Procedure Inipoli;
const max=21;
{Tolang:TolLinear:Ep:Np:EA:NA:Hp:Azp:Ec:Nc:EB:NB:Hc:Azc:Est
Re:estVante:}
procedure ColocarNo;{ colocar no no}
procedure W(var i:str25); begin res1:=res1^.proximo;i:=
Copy(res1^.str80D,1,25);end;
begin res1:=primeir;with itemini^ do    begin
W(Tolang);W(TolLinear);W(Ep);W(Np);W(EA);W(NA);W(Hp);W(Az
p);W(Ec);W(Nc);W(EB);
W(NB);W(Hc);W(Azc);W(EstRe);W(estVante);
Tolang:=espacoponto(Copy(Tolang,1,25));Azp:=espacoponto(Cop
y(Azp,1,25));Azc:=espacoponto(Copy(Azc,1,25));
estVante:=espacoponto(Copy(estVante,1,25));
end;
end;
procedure tirarno; { tirar do no}
procedure W(var i:str25); begin
res1:=res1^.proximo;res1^.str80D:=i;end;
begin
res1:=primeir;repeat res1^.str80D:=#0;res1:=res1^.proximo;until
res1=primeir;
res1:=primeir;with itemini^ do begin
W(Tolang);W(TolLinear);W(Ep);W(Np);W(EA);W(NA);W(Hp);W(Az
p);W(Ec);W(Nc);W(EB);W(NB);W(Hc);W(Azc);W(EstRe);W(estVante);
end;                        end;
begin { inipoli}
{ writeln('ate aqui cheguei1');dispose(itemini);}
MaxPerg:=max;
if Lequi('nicasi2a.dat') then begin EncherMemoria(max);
L:=primeir;LerArqNom(3100+1,1);LerArqNom(3264+1,18);LerArqN
om(2894+1,2);
L:=primeir;LerArqMsg(3110+1,1);LerArqMsg(3282+1,3);L^.msg:=L
^.anterior^.msg;
L:=L^.proximo;LerArqMsg(3285+1,1);L^.msg:=L^.anterior^.msg;
L:=L^.proximo;LerArqMsg(3286+1,3);L^.msg:=L^.anterior^.msg;
```

```
        L:=L^.proximo;LerArqMsg(3289+1,1);L^.msg:=L^.anterior^.msg;
        L:=L^.proximo;LerArqMsg(3290+1,8);
        res1:=primeir^.proximo;for i:=2 to max-2 do begin
str(i:2,prompt);res1^.nom:=prompt+' -
'+res1^.nom;res1:=res1^.proximo;end;
        exemplo;end;
        posx:=2; tirarno;IniciarTela(trunc(maxPerg));
        repeat   textattr:=$1E;
        with res1^do
        case perg of
        1: BEGIN gotoxy(2,posy);entrada:=str80D;Erro:=1;
str(ultimo^.per:4,Escolha);
        str80D:=instring(msg+' até
estação['+tiranulo(Escolha)+'].',nom,[#0,#32..#255],[],(75-
length(nom)),0);Nomepilar:=str80D;end;
        2..15: BEGIN gotoxy(2,posy);entrada:=str80D;erro:=1;
        str80D:=tiranul(instring(msg,nom,[#0,#32,'-','.','0'..'9'],[],(75-
length(nom)),0));end;
        16,17: BEGIN gotoxy(2,posy);entrada:=str80D;Erro:=1;
        str80D:=instring(msg,nom,[#0,#32..#255],[],(75-
length(nom)),0);entrada:=str80D;end;
        18: BEGIN cursorOff;gotoxy(2,posy);entrada:=str80D;erro:=1;
        str80D:=(instring(msg,nom,[#0],[],(75-length(nom)),0)); cursorOn;
        if ch=#71 then ch:=#23;end;
        19: BEGIN cursorOff;gotoxy(2,posy);entrada:=str80D;erro:=1;
        str80D:=(instring(msg,nom,[#0],[],(75-length(nom)),0)); cursorOn;
        if ch=#71 then begin if prompt=#0 then begin
LequivIN;LequivP;IniciarTela(trunc(maxPerg));ch:=#63;end;end;end;
        max-1: BEGIN cursorOff;gotoxy(2,posy);
write(nom);input:=1;entrada:=#0;
        entrada:=instring(msg,'',[#0],[],(75-length(nom)),0);cursorOn;
        if ch=#13 then begin ch:=#23;colocarno;end;end;
        max: BEGIN cursorOff;gotoxy(2,posy);
write(nom);input:=1;entrada:=#0;
        entrada:=instring(msg,'',[#0],[],(75-length(nom)),0);cursorOn;
        if ch=#13 then begin
        exemplo;tirarno;IniciarTela(trunc(maxPerg));ch:=#63;end;end;end;
        case ch of
        #2:OndY(max);
        #63,#64: IrFinal(max);
        #72: previousact(max);
        #80,#13: nextact(max); end;
        until ch in
[#27,#45,#23{,#47,#19,#31,#75,#77,#83,#72,#80,#71,#73,#81,
#13,#9,#82,#8 ,#63,#64,#65,#66}];
        (* esc x  i  r  s  L  R  DEL up  dn home pgu pgd ent tab ins
bsp f5  f6  f7  f8 *)
  - 454 -
```

```
        if (ch in [#27,#45]) then begin
dispose(itemini);limpMemo;limpmemoini;halt;end;
        colocarno;toquivln;toquivi('nicasi2a.dat');limpmemoini;
        end;
        Procedure poli;   var ms:str80;
        const max=20;
        procedure ColocarNo;{ colocar no no}
        procedure W(var i:str25); begin res1:=res1^.proximo;i:=
Copy(res1^.str80D,1,25);end;
        begin res1:=primeir;with item^ do begin
        W(CodEstacao);W(AngVertBetaVante);W(kLvante);W(DeltaInstrva
nte);W(DeltaMiravante);
        W(AngVertBetaRe);W(KLRe);W(DeltaInstrRe);W(DeltaMiraRe);W(
Distancia);W(DeltaH);W(Alfa);
        W(LeitDireita);W(LeitEsquerda);
        AngVertBetaVante:=espacoponto(Copy(AngVertBetaVante,1,25));
        AngVertBetaRe:=espacoponto(Copy(AngVertBetaRe,1,25));Alfa:=
espacoponto(Copy(Alfa,1,25));
        LeitDireita:=espacoponto(Copy(LeitDireita,1,25));LeitEsquerda:=es
pacoponto(Copy(LeitEsquerda,1,25));
        end;end;
        procedure tirarno; { tirar do no}
        procedure W(var i:str25); begin
res1:=res1^.proximo;res1^.str80D:=i;end;
        begin
        res1:=primeir;repeat res1^.str80D:=#0;res1:=res1^.proximo;until
res1=primeir;
        res1:=primeir;with item^ do begin
        w(CodEstacao);W(AngVertBetaVante);W(kLvante);W(DeltaInstrva
nte);W(DeltaMiravante);
        W(AngVertBetaRe);W(KLRe);W(DeltaInstrRe);W(DeltaMiraRe);W(
Distancia);W(DeltaH);W(Alfa);
        W(LeitDireita);W(LeitEsquerda);   end;
        end;
        procedure NomMsg;
        begin
        str(item^.per:4,Escolha);
        Delete(primeir^.proximo^.nom,27,15);Insert(tiranulo(Escolha)+']
será : ',primeir^.proximo^.nom,27);
        end;
        procedure policio;
        begin
        { poli} inipoli;
        MaxPerg:=max;
        if Lequi('nicasi2b.dat') then begin EncherMemoria(max);
        L:=primeir;LerArqNom(3100+1,1);LerArqNom(3233+1,18);LerArqN
om(2895+1,1);
```

```
        L:=primeir;LerArqMsg(3110+1,1);LerArqMsg(3251+1,6);LerArqMsg
(3253+1,3);
        LerArqMsg(3257+1,4); L^.msg:=L^.anterior^.msg;L:=L^.proximo;
        LerArqMsg(3261+1,2); L^.msg:=L^.anterior^.msg;L:=L^.proximo;
        LerArqMsg(3263+1,1);LerArqMsg(2897+1,1);
        str(ultimo^.per:4,Escolha);primeir^.msg:=primeir^.msg+' Até
estação['+tiranulo(Escolha)+'].' ;
        res1:=primeir^.proximo;for i:=2 to max-1 do begin
        str(i:2,prompt);res1^.nom:=prompt+' -
'+res1^.nom;res1:=res1^.proximo;end;
        exemplo;end;
        posx:=2;item:=primeiro;NomMsg;tirarno;IniciarTela(trunc(maxPerg)
);
        end;
        begin EncherItemini;
EncherMemoria(21);encherPoli;limpmemoini;policio;
        repeat   textattr:=$1E;
        with res1^do
        case perg of
        1,2: BEGIN gotoxy(2,posy);if perg=1 then entrada:=Nomepilar else
entrada:=str80D;Erro:=1;
        str80D:=instring(msg,nom,[#0,#32..#255],[],(75-length(nom)),0);if
perg=1 then Nomepilar:=str80D;end;
        3..15: BEGIN gotoxy(2,posy);entrada:=str80D;erro:=1;
        str80D:=tiranul(instring(msg,nom,[#0,#32,'-','.','0'..'9'],[],(75-
length(nom)),0));end;
        16: BEGIN cursorOff;gotoxy(2,posy);entrada:=str80D;erro:=1;if
ms=#0 then ms:=msg;
        entrada:=(instring(ms,nom,[#0],[],(75-length(nom)),0));cursorOn;
        if ch=#71 then begin  LequivIn;if prompt=#0 then begin LequivP;
        ms:='Os dados de projeto anterior estao disponiveis para serem
utilizados.';
        tirarno;iniciartela(max);end
        else ms:='Nao ha dados de projeto anterior que possa ser
utilizado.';
        end else ms:=#0;end;
        17: BEGIN cursorOff;gotoxy(2,posy);entrada:=str80D;erro:=1;
        str80D:=(instring(msg,nom,[#0],[],(75-length(nom)),0));cursorOn;
        if ch=#71 then begin colocarno;item:=item^.anterior;
        if item=nil then begin limpmemoini;policio;end else
        begin NomMsg;tirarno;IniciarTela(trunc(maxPerg));end;end;end;
        18: BEGIN cursorOff;gotoxy(2,posy);entrada:=str80D;erro:=1;
        str80D:=(instring(msg,nom,[#0],[],(75-length(nom)),0));cursorOn;
        if ch=#71 then begin colocarno;item:=item^.proximo;
        if item=nil then begin limpmemoini;policio;end else
        begin NomMsg;tirarno;IniciarTela(trunc(maxPerg));end;end;end;
        max-1: BEGIN cursorOff;
```

```pascal
        repeat gotoxy(2,posy);
input:=1;entrada:=#0;entrada:=instring(msg,nom,[#0],[],(75-
length(nom)),0);
        until ch in [#2,#27,#45,#72,#80,#13,#63,#64,#79];cursorOn;
        if ch=#13 then begin colocarno;ch:=#23; auxA:=ultimo;
        while length(ultimo^.codEstacao)<=1 do begin
        ultimo:=ultimo^.anterior;dispose(auxA);auxA:=ultimo;end;ultimo^.pr
oximo:=nil;end;item:=primeiro;end;
        max: BEGIN cursorOff;
        repeat
gotoxy(2,posy);input:=1;entrada:=#0;entrada:=instring(msg,nom,[#0],[],(75
-length(nom)),0);
        until ch in [#2,#27,#45,#72,#80,#13,#63,#64]; cursorOn;
        if ch=#13 then begin exemplo;item:=primeiro;tirarno;
        IniciarTela(trunc(maxPerg));ch:=#63;end;end;end;
        case ch of
        #2:OndY(max);
        #63,#64: IrFinal(max);
        #72: previousact(max);
        #80,#13: nextact(max); end;
        until ch in
[#27,#45,#23{,#47,#19,#31,#75,#77,#83,#72,#80,#71,#73,#81,
#13,#9,#82,#8 ,#63,#64,#65,#66}];
        (* esc x  i  r  s  L  R  DEL up  dn home pgu pgd ent tab ins
bsp f5 f6 f7 f8 *)
        if (ch in [#27,#45]) or ((ultimo^.anterior^.AngVertBetaVante=#0)
and
        (ultimo^.anterior^.distancia=#0)) or
        ((ultimo^.anterior^.Alfa=#0)  and
        (ultimo^.anterior^.leitdireita=#0)) then begin
        limpmemoini;limpMemo;dispose(itemini);halt;end;
        item:=primeiro; erro:=0;
        item:=primeiro;tirarno;toquivi('nicasi2b.dat');
        toquivP;toquivln;limpmemoini;limpMemo;dispose(itemini);
        end; {poli}
        function strExag(var stringe:str25):str25;
        {string 239.76543 para string 239 45 55 }
        var todoNu,aux60,aux3600,inteirareal:real; n,k,l,i:byte;
        aux60S,aux3600S,inteiraS,S:str25;erro:integer; feito:boolean;
        begin    feito:=false; stringe:=tiranulo(stringe); n:=pos('.',stringe)-1;
        if (stringe=#0) then begin strExag:=#0;exit end;
        if (stringe=#48) then begin
  strExag:='0'+#248+'0'+#39+'0.0'+#34;exit;end;
        if pos('-',stringe) > 0 then begin feito:=true;n:=n-1;end;
        val(stringe,TodoNu,erro);
        if (erro<>0) then begin strExag:=#0;exit;end;
        inteiraReal:=abs(trunc(TodoNu));
```
- 457 -

```
        aux60:=abs(trunc(frac(todonu) * 60)); if aux60<=9 then k:=1 else
k:=2;
        aux3600:= abs(frac(frac(todonu) * 60)* 60);if aux3600<=9 then l:=1
else l:=2;
      if aux3600=60 then begin aux60:=aux60+1;aux3600:=0;l:=1;end;
      str(inteirareal:n:0,inteiraS);str(aux60:k:0,aux60S);str(aux3600:l+1:1
,aux3600S);
      S:=inteiraS+#248+aux60S+#39+aux3600S+#34;if feito then begin
s:='-'+s;N:=n+1;end;
      for i:=(n+k+l+5) to 12 do s:=#0+s;
      strExag:=S;
      end;
      function Strdecmreal(var strin:str25):real;
      {   string 239.7654300000 para real 239.76543 }
      var lReal:real; erro:integer;
      begin    if strin=#0 then begin StrDecmReal:=0;exit;end;
      val(strin,lReal,erro);StrDecmReal:=lReal;
      end;
      function RealStrdecm( reali:real):str25;
      { real 239.76543  para string 239.7654300000}
      var inteira:str25; i:byte;
      begin
      if (reali=0) then begin realStrdecm:=#0; exit; end;
      str(reali:25:13,inteira); (*i:=pos('E',inteira);
      if i <> 0 then delete(inteira,i,length(inteira)-i+1);  *)
      RealStrdecm:=inteira;
      end;
      function StrStr (var strin:str25):str25; { saida com duas decimais}
      var lReal:real;erro:integer;stri:str25;
      begin
      val(strin,lreal,erro);str(lreal:13:2,stri);
      if ireal=0 then strstr:=#0 else strstr:=stri;
      end;
      function StrTStr (var strin:str25):str25;{ saida com nove decimais}
      var lReal:real;erro:integer;stri:str25;n:byte;
      begin
      n:=pos('.',strin);
      val(strin,lreal,erro);str(lreal:13:9,stri);
      if ireal=0 then strTstr:=#0 else strTstr:=stri;
      end;
      procedure CalcAlfa;
      var somaalfaR,maioralfaR,alfaR,aux1,aux2,aux3:real;  erro:integer;
      begin  Item:=primeiro;
      val(item^.leitesquerda,aux1,erro);val(item^.leitdireita,aux2,erro);
      val(item^.alfa,aux3,erro);
      maioralfaR:=0;somaalfaR:=0;
      if ((aux1<>0) or (aux2<>0)) and (aux3=0) then begin
```

```pascal
        while item <> nil do begin
        alfaR:=(Strdecmreal(item^.LeitDireita) -
Strdecmreal(item^.LeitEsquerda));
            if AlfaR < 0 then alfaR:=alfaR + 360;
            item^.alfa:=RealStrdecm(alfaR*1);

            somaAlfaR:=somaAlfaR+alfaR;
            if alfaR > maiorAlfaR then maiorAlfaR:=alfaR;
            {writeln(alfaR:10:5,' ',somaalfaR:10:5,'  ',maioralfaR:10:5,'
',somaalfaR:10:5);readkey;}
            item:=item^.proximo;   end ;
            itemini^.maioralfa:=
RealStrdecm(maioralfaR*1);itemini^.somaalfa:=RealStrdecm(somaalfaR*1
);

        end else
        if (aux3<>0) then begin     while item^.proximo <> nil do begin
        if (Strdecmreal(item^.alfa)> Strdecmreal(item^.proximo^.alfa)) then
itemini^.maioralfa:=item^.alfa;
            item:=Item^.proximo;end; item:=primeiro;
            while item <> nil do begin
            itemini^.somaalfa:=RealStrdecm(Strdecmreal(itemini^.somaalfa)+S
trdecmreal(item^.alfa));
            item:=item^.proximo;                    end;                 end;
            end;
            procedure correcAlfa;
            var
alfaR,kapiR,somaalfakapiR,deltatetaR,falfaR,corrAlfaR,aux1,aux2,aux3:re
al;
            erro:integer;
            begin    Item:=primeiro;

            val(itemini^.somaalfa,aux2,erro);val(itemini^.azc,aux3,erro);
            if (aux2=0) and (aux3=0) then  exit;
            if (aux2<>0) and (aux3=0) then  begin   while item<> nil do begin
            item^.alfacorrig:=item^.alfa;
            item:=item^.proximo;end;
            exit;end;

            kapiR:=(jx-1)*180;  itemini^.kapi:=RealStrdecm(kapiR*1);
            somaalfakapiR:=Strdecmreal(itemini^.somaalfa)-kapiR;
            itemini^.somaalfakapi:=RealStrdecm(somaalfakapiR*1);

            if (Strdecmreal(itemini^.azc)<>0) and
(Strdecmreal(itemini^.azp)<>0) then  begin
                deltatetaR:=Strdecmreal(itemini^.azc)-Strdecmreal(itemini^.azp);
                if deltatetaR<0 then deltatetaR:=deltatetaR + 360;
```

```
        itemini^.deltateta:= RealStrdecm(deltatetaR*1);
        falfaR:= deltatetaR-somaalfakapiR; itemini^.falfa:=
RealStrdecm(falfaR*1);
        corrAlfaR:=falfaR / Strdecmreal(itemini^.somaalfa);  end;


        {writeln(kapiR:10:5,' ',somaalfakapiR:10:5,' ',deltatetaR:10:5,'
',falfaR:10:5);}
        while item<> nil do begin   { if corralfar <>0 then begin }
        alfaR:=Strdecmreal(item^.alfa); aux1:=corralfaR * alfaR;
        item^.corralfa:=RealStrdecm(aux1*1);
        alfaR:=alfaR+(alfaR*corralfaR);
        item^.alfaCorrig:= RealStrdecm(alfaR*1);        { end else
item^.alfaCorrig:= item^.alfa; }
        {writeln(alfaR:10:5,' ',(item^.corralfa),' ',item^.alfaCorrig);readkey;
}
        item:=item^.proximo;
        end;
        end;
        Procedure calcazimute;
        var  azimReR,azimVanteR,alfaR,aux1:real;
        begin  item:=primeiro;
        val(item^.alfa,aux1,erro); if(aux1=0) then exit;

        item^.azimRe:=itemini^.azp;
        {if  item^.azimRe=#0  then exit; }
        while item<> nil do begin
        azimVanteR:=strdecmreal(item^.azimRe)+StrdecmReal(item^.alfac
orrig);
        if azimvanteR>=360 then azimvanteR:=azimvanteR - 360;
        item^.azimvante:=RealStrdecm(azimvanteR*1);
        azimReR:=azimVanteR +180;
        if azimReR >=360 then azimReR:=azimReR -180;
        {writeln(item^.azimRe,' ',item^.alfaCorrig,'
',item^.azimvante);readkey;}
        item:=item^.proximo;                if item<> nil then
        item^.azimRe:=RealStrdecm(azimReR*1);
        end;
        end;
        procedure CalcSenCos ;
        var  SenAzVanteR,CosAzVanteR,azimVanteR:real;
        begin  item:=primeiro;
        if (Strdecmreal(item^.proximo^.azimvante)=0) then exit;

        {if  item^.azimvante=#0  then exit; }
        while item^.proximo <> nil do       begin
        azimvanteR:=strdecmreal(item^.azimvante);
```

```
        azimvanteR:=(pi*azimvanteR)/180;
        SenAzVanteR:=sin(azimvanteR);
item^.senazvante:=RealStrdecm(SenazvanteR*1);
        CosAzVanteR:=cos(azimvanteR);
item^.cosazvante:=RealStrdecm(cosazvanteR*1);
        {writeln;write(senazvanteR:10:8,' ',cosazvanteR:10:8);readkey;}
        item:=item^.proximo;          end;
        end;

        procedure TransCoord;
        var Er,deltaer,nr,deltanr,somadeltaER,SomaDeltaNR:real;
        begin   item:=primeiro; item^.E:=itemini^.Ep;item^.N:=itemini^.Np;
        somadeltaer:=0;somadeltanr:=0;
        Er:=StrdecmReal(item^.E);Nr:=StrdecmReal(item^.N);
        if (StrdecmReal(item^.senazvante)=0) and
(StrdecmReal(item^.cosazvante)=0) then exit;
        while item^.proximo <> nil do        begin

        DeltaeR:=StrdecmReal(item^.distancia)*
StrdecmReal(item^.senazvante);
        item^.DeltaE:= RealStrdecm(deltaeR*1);
        DeltanR:=StrdecmReal(item^.distancia)*
StrdecmReal(item^.cosazvante);
        item^.deltaN:=RealStrdecm(deltanR*1);
        somadeltaeR:=somadeltaer+deltaeR; somadeltanr:=somadeltanr +
deltanR;
        eR:= StrdecmReal(item^.E)+DeltaER;;nR:=
StrdecmReal(item^.N)+DeltaNR;
        {writeln;write(item^.distancia,' ',item^.deltaE,'
',item^.deltaN);readkey;}
        item:=item^.proximo;
        item^.E:=RealStrdecm(eR*1);item^.N:=RealStrdecm(nR*1);
        {writeln;write(item^.E,'   ',item^.N);readkey; }

        end;
        itemini^.somadeltae:=RealStrdecm(somadeltaer*1);
        itemini^.somadeltan:=RealStrdecm(somadeltanr*1);

        {writeln;write(itemini^.somadeltaE,'
',itemini^.somadeltaN);readkey;}

        end;
        procedure CorrTransCoord;
        var Er,corrDeltaEr,corrDeltaNR,deltaer,nr,deltanr,hr,deltahr,
        FeR,Fnr,somadeltaER,SomaDeltaNR,difepecR,difnpncR,aux1,aux
2:real;
        begin   item:=primeiro;
```

```
        if (StrdecmReal(itemini^.Ec)=0) and  (StrdecmReal(itemini^.Nc)=0)
then exit;
        DifEpEcR:=strdecmreal(itemini^.Ec) - strdecmreal(itemini^.Ep);
        DifNpNcR:=strdecmreal(itemini^.Nc) - strdecmreal(itemini^.Np);
        itemini^.difEpEc:=
RealStrdecm(difepecr*1);itemini^.difnpnc:=RealStrdecm(1*difnpncr);
        somadeltaer:=strdecmreal(itemini^.somadeltae);
        somadeltanr:=strdecmreal(itemini^.somadeltan);
        FeR:=DifEpEcr-somadeltaEr;Fnr:=DifNpNcr-somadeltaNr;
        itemini^.Fe:=RealStrdecm(1*fer);itemini^.fN:=RealStrdecm(1*fnr);
        somadeltaER:=0;somadeltaNR:=0;
        while item^.proximo <> nil do begin
        somadeltaER:=somadeltaer + abs(strdecmreal(item^.deltaE));
        somadeltaNR:=somadeltaNR + abs(strdecmreal(item^.deltaN));
        item:=item^.proximo;
        end;  item:=primeiro;
        aux1:=fer / somadeltaer; aux2:=(fnr) / (somadeltanr);
        eR:= StrdecmReal(item^.E);nR:= StrdecmReal(item^.N);
        {writeln;write(itemini^.Fe,
itemini^.fN,itemini^.somadeltae,itemini^.somadeltan); readkey;}
        while item^.proximo <> nil do begin
        DeltaEr:= (strdecmreal(item^.deltaE));DeltaNr:=
(strdecmreal(item^.deltaN));
        corrDeltaER:= abs(DeltaEr)*aux1; {writeln(item^.deltaN,'
',aux1:15:10);readkey; }
        corrDeltaNR:=abs(DeltaNr)*aux2;
        item^.corrDeltaE:=RealStrdecm(1*corrdeltaER);
        item^.corrDeltaN:=RealStrdecm(1*CorrDeltaNR);
        eR:=eR+DeltaER+corrDeltaER;
        nR:=nR+DeltaNR+corrDeltaNR;
        {writeln;write(}{item^.E,item^.corrDeltaE,}{item^.N,item^.deltaN,ite
m^.corrdeltaN);readkey;}
        item:= item^.proximo;
        item^.E:=RealStrdecm(1*eR);item^.N:=RealStrdecm(1*nR);
        end;
        {writeln;write({item^.E,}{item^.N);readkey; }
        end;
        procedure ValoresMediosDH;
        var
distancia1R,deltaH1R,distancia2R,deltaH2R,distanciaR,deltaHR:real;
        Procedure  NivVante;
        var
AngVertBetaR,kIR,HR,Cos2AngVertBetaR,TangAngVertBetaR,
        DeltaInstr,DeltaMira:real;
        begin          feito:=false;
        AngVertBetaR:=strdecmreal(item^.AngVertBetavante);
```

```pascal
        AngVertBetaR:=(Pi*AngVertBetaR)/180;                        {
writeln(AngVertBetaR:25:10); }
        KLR:=strdecmreal(item^.KLvante);
        { writeln(kLR:5:2); }
        if AngVertBetaR<>0 then
Cos2AngVertBetaR:=sqr(cos(AngVertBetaR)) else
Cos2AngVertBetaR:=1;
        TangAngVertBetaR:=sin(AngVertBetaR) / cos(AngVertBetaR);
{writeln(TangAngVertBetaR:25:15,'   ',Cos2AngVertBetaR:25:15);}
        Distancia1R:=  kLR * Cos2AngVertBetaR;
        item^.Svante:=RealStrdecm(1*distancia1R);                   {
writeln(Distancia1R:5:2); }
        deltaH1R:=Distancia1R * TangAngVertBetaR;
        item^.Cos2AngVertBetavante:=
RealStrdecm(1*Cos2AngVertBetar);
        item^.TangAngVertBetavante:=
RealStrdecm(1*TangAngVertBetaR);
        item^.MMhvante:= RealStrdecm(1*deltaH1R);
        DeltaH1R:=deltaH1R+strdecmreal(item^.deltaInstrvante)-
strdecmreal(item^.deltaMiravante);
        item^.Hvante:=RealStrdecm(1*deltaH1R);
        if deltaH1R <0 then feito:=true;                            {
writeln(DeltaH1R:5:2);  readkey;  }
        end;
        procedure NivRe;
        var
AngVertBetaR,klR,HR,Cos2AngVertBetaR,TangAngVertBetaR,
        DeltaInstr,DeltaMira:real;
        begin
        AngVertBetaR:=strdecmreal(item^.AngVertBetaRe);
        AngVertBetaR:=(pi*AngVertBetaR)/180;                        {
writeln(AngVertBetaR:25:12);}
        KLR:=strdecmreal(item^.KLRe);                         { writeln(kLR:5:2);
}
        if AngVertBetaR<>0 then
Cos2AngVertBetaR:=sqr(cos(AngVertBetaR)) else
Cos2AngVertBetaR:=1;
        TangAngVertBetaR:=sin(AngVertBetaR) / cos(AngVertBetaR);{
writeln(TangAngVertBetaR:25:15,'   ',Cos2AngVertBetaR:25:15);}
        Distancia2R:=  kLR * Cos2AngVertBetaR;
        item^.Sre:=RealStrdecm(1*distancia2R);                {
writeln(Distancia2R:5:2);}
        deltaH2R:=Distancia2R * TangAngVertBetaR;
        item^.Cos2AngVertBetare:= RealStrdecm(1*Cos2AngVertBetar);
        item^.TangAngVertBetaRe:= RealStrdecm(1*TangAngVertBetaR);
        item^.MMhre:= RealStrdecm(1*deltaH2R);
```

```
        DeltaH2R:=deltaH2R+strdecmreal(item^.deltalnstrRe)-
strdecmreal(item^.deltaMiraRe);  { writeln(DeltaH2R:5:2);}
        item^.Hre:=RealStrdecm(1*deltaH2R);
        end;
        begin     item:=primeiro;
        if (StrdecmReal(item^.AngVertBetaRe)<>0) or
(StrdecmReal(item^.AngVertBetavante)<>0) then begin
        item^.H:=itemini^.Hp;
        while item^.proximo<> nil do begin
        nivVante;NivRe;
        distanciaR:=(distancia1R+distancia2R) / 2;
        if deltaH1R<1 then deltaH1R:=abs(deltaH1R); if deltaH2R<1 then
deltaH2R:=abs(deltaH2R);
        deltaHR:=(deltaH1R + deltaH2R) / 2;
        if feito then deltaHR:=deltaHR *(-1);
        item^.distancia:=RealStrdecm(1*distanciaR);
        itemini^.somadistancia:=RealStrdecm(strdecmreal(itemini^.somadi
stancia) + distanciaR);
        { writeln(DistanciaR:5:2);readkey;}
        item^.deltaH:=RealStrdecm(1*deltaHR);  item:=item^.proximo;
        end;                              end else begin
        item:=primeiro;
        while item^.proximo<> nil do
        itemini^.somadistancia:=RealStrdecm(strdecmreal(itemini^.somadi
stancia) + strdecmreal(item^.distancia));
        end;
        end;
        procedure CorrNivelamento;
        var corrDeltaHR,SomaDeltaHR,fhR,aux1,HR,difHpHcR:real;
        begin if (strdecmreal(itemini^.Hc)=0) then exit;
        item:=primeiro;
        item^.H:=itemini^.Hp;
        itemini^.difHPHc:=realstrdecm(strdecmreal(itemini^.Hc) -
strdecmreal(itemini^.Hp));
        DifHpHcR:=strdecmreal(itemini^.difHpHc);
        somadeltaHR:=0;
        while item^.proximo <> nil do begin
        SomaDeltaHR:=SomadeltaHR + strdecmreal(item^.DeltaH);
        item:=item^.proximo;          end;

        FHR:=DifHpHcR-somadeltaHR;  itemini^.FH:=realstrdecm(fhr*1);
        itemini^.somadeltah:= RealStrdecm(1*somaDeltaHR);
        item:=primeiro;somadeltahr:=0;
        while item^.proximo <> nil do begin
        SomaDeltaHR:=SomadeltaHR + abs(strdecmreal(item^.DeltaH));
        item:=item^.proximo;          end;
```

```pascal
        aux1:=FHR / somadeltahr;          item:=primeiro;
        while item^.proximo <> nil do begin
        item^.CorrDeltaH:=RealStrdecm(abs(strdecmreal(item^.deltaH))*a
ux1);
        HR:=
strdecmreal(item^.H)+strdecmreal(item^.deltaH)+strdecmreal(item^.CorrD
eltaH);
        {writeln;write(item^.H, item^.deltah,item^.CorrDeltaH); readkey;}
        item :=item^.proximo;
        item^.H:=RealStrdecm(HR*1);     { writeln;write(item^.H);}
        end;
        itemini^.fs:=realstrdecm(sqrt(sqr(strdecmreal(itemini^.fn))+
sqr(strdecmreal(itemini^.fe))));
        {writeln;write(itemini^.somadeltah,itemini^.difHPHc,itemini^.FH,item
ini^.fs); readkey; }
        end;


        procedure Tolerancia;
        var falfar,fsr,fhr:real;
        begin   if (strdecmreal(itemini^.Ec)=0) and
(strdecmreal(itemini^.Nc)=0) then exit;
        itemini^.Calctolang:=
realstrdecm((strdecmreal(itemini^.tolang))*(sqrt(jx)));
        itemini^.Calctollinear:=
realstrdecm((strdecmreal(itemini^.tollinear))*(strdecmreal(itemini^.somadis
tancia)));
        itemini^.calctolh:= realstrdecm((strdecmreal(itemini^.calctollinear)) /
(sqrt(jx-1)));
        {clrscr;  }
        {write(itemini^.calctolang,' ',itemini^.calctollinear,'
',itemini^.calctolh,'  ',itemini^.somadistancia); readkey;}
        end;
        procedure correcS;
        var  aux1:real;
        begin   if (strdecmreal(itemini^.Ec)=0) and
(strdecmreal(itemini^.Nc)=0) then exit;
        aux1:=(strdecmreal(itemini^.fs)) /
(strdecmreal(itemini^.somadistancia));
        item:=primeiro;
        while item^.proximo <> nil do begin
        item^.CDistancia:=RealStrdecm(strdecmreal(item^.distancia)*aux1
);
        item^.DistanciaC:=realstrdecm( strdecmreal(item^.distancia)+
strdecmreal(item^.Cdistancia));
        item:=item^.proximo;          end;
        end;
        procedure CalculoIA;
```

```pascal
      var EaR,NaR,EiR,NiR,deltaER,deltaNR:real;
      begin   if (Strdecmreal(itemini^.EA)=0) or
(Strdecmreal(itemini^.NA)=0)  then exit;
      EaR:=Strdecmreal(itemini^.EA); NaR:=Strdecmreal(itemini^.NA);
      EiR:=Strdecmreal(itemini^.Ep); NiR:=Strdecmreal(itemini^.NP);
      deltaER:= Ear-EIR; DeltaNR:=NaR-NiR;
      itemini^.MMdeltaEA:=realStrdecm(deltaer*1);itemini^.MMdeltaNA:=
realStrdecm(deltanr*1);
      if (deltaER > 0) and (deltaNR>0) then itemini^.quadranteP:='I';
      if (deltaER > 0) and (deltaNR<0) then itemini^.quadranteP:='II';
      if (deltaER < 0) and (deltaNR<0) then itemini^.quadranteP:='III';
      if (deltaER < 0) and (deltaNR>0) then itemini^.quadranteP:='IV';

      if (deltaer<>0) and (deltanr<>0) then begin itemini^.tgia:=
RealStrdecm((deltaER*1) / (deltaNR));

      if itemini^.quadranteP='I'  then itemini^.Azp:=
RealStrdecm(ArcTan(abs(Strdecmreal(itemini^.tgia)))*(180/pi));
      if itemini^.quadranteP='II' then itemini^.Azp:= RealStrdecm(180-
ArcTan(abs(Strdecmreal(itemini^.tgia)))*(180/pi));
      if itemini^.quadranteP='III' then itemini^.Azp:=
RealStrdecm(180+ArcTan(abs(Strdecmreal(itemini^.tgia)))*(180/pi));
      if itemini^.quadranteP='IV' then itemini^.Azp:= RealStrdecm(360-
ArcTan(abs(Strdecmreal(itemini^.tgia)))*(180/pi));
      end
      else begin
      if (deltaer>0) and (deltanr=0) then itemini^.azp:='90';
      if (deltaer=0) and (deltanr<0) then itemini^.azp:='180';
      if (deltaer<0) and (deltanr=0) then itemini^.azp:='270';
      if (deltaer=0) and (deltanr>0) then itemini^.azp:='360';
      end;
      { write(itemini^.azp,' ',itemini^.quadranteP);readkey; }
      end;
      procedure Calculofb;
      var EbR,NbR,EfR,NfR,deltaER,deltaNR:real;
      begin    if (Strdecmreal(itemini^.EB)=0) or
(Strdecmreal(itemini^.NB)=0)  then exit;
      EbR:=Strdecmreal(itemini^.Eb); NbR:=Strdecmreal(itemini^.Nb);
      EfR:=Strdecmreal(itemini^.Ec); NfR:=Strdecmreal(itemini^.Nc);
      deltaER:= Ebr-EfR; DeltaNR:=NbR-NfR;
      itemini^.MMdeltaEB:=realStrdecm(deltaer*1);
itemini^.MMdeltaNB:=realStrdecm(deltanr*1);
      if (deltaER > 0) and (deltaNR>0) then itemini^.quadranteC:='I';
      if (deltaER > 0) and (deltaNR<0) then itemini^.quadranteC:='II';
      if (deltaER < 0) and (deltaNR<0) then itemini^.quadranteC:='III';
      if (deltaER < 0) and (deltaNR>0) then itemini^.quadranteC:='IV';
```

```pascal
     if (deltaer<>0) and (deltanr<>0) then begin itemini^.tgfb:=
RealStrdecm((deltaER) / (deltaNR));

       if itemini^.quadranteC='I'  then itemini^.azc:=
RealStrdecm(ArcTan(abs(Strdecmreal(itemini^.tgfb)))*(180/pi));
       if itemini^.quadranteC='II' then itemini^.azc:= RealStrdecm(180-
ArcTan(abs(Strdecmreal(itemini^.tgfb)))*(180/pi));
       if itemini^.quadranteC='III' then itemini^.azc:=
RealStrdecm(180+ArcTan(abs(Strdecmreal(itemini^.tgfb)))*(180/pi));
       if itemini^.quadranteC='IV' then itemini^.azc:= RealStrdecm(360-
ArcTan(abs(Strdecmreal(itemini^.tgfb)))*(180/pi));
       end
     else begin
     if (deltaer>0) and (deltanr=0) then itemini^.azc:='90';
     if (deltaer=0) and (deltanr<0) then itemini^.azc:='180';
     if (deltaer<0) and (deltanr=0) then itemini^.azc:='270';
     if (deltaer=0) and (deltanr>0) then itemini^.azc:='360';
     end;
     { write(itemini^.azc,' ',itemini^.quadranteC);readkey; }
     end;

     procedure desenhoAUX;
     const t= '┬';x='┼';L=' └';tc='┴';te='┤ ';td=' ├';j='┘ ';Ld=' ┌';Le='┐ ';
     var  a,b,c,d,e,f,g,h,i,n,o,p,q,r:byte;

     begin
     a:=1;b:=3;c:=5;d:=7;e:=9;f:=11;g:=13;h:=15;i:=17; n:=1; O:=n+10;
p:=O+14; q:=p+10; r:=q+14;

       quadrado(n,a,r,b,'─',' │','  ┌','┐ ',' ┤ ',' ├');
       quadrado(n,b,o,c,'─',' │',td,t,'┼',' ├');
       quadrado(q,b,r,c,'─',' │',t,te,te,x);
       quadrado(n,b,o,c,'─',' │',td,t,'┼',' ├');
       quadrado(q,b,r,c,'─',' │',t,te,te,x);
       quadrado(o,b,p,c,'─',' │',t,t,x,x);
       quadrado(p,b,q,c,'─',' │',t,t,x,x);
       quadrado(n,c,o,e,'─',' │',td,x,'┼',' ├');
       quadrado(n,e,o,f,'─',' │',td,x,x,te);
       quadrado(n,f,o,g,'─',' │',td,x,x,td);
       quadrado(n,g,o,h,'─',' │',td,x,x,td);
       quadrado(n,h,o,i,'─',' │',td,x,tc,L);
       quadrado(o,c,p,d,'─',' │',x,x,te,td);
       quadrado(o,d,p,e,'─',' │',td,te,x,x);
       quadrado(o,e,p,f,'─',' │',x,x,x,x);
       quadrado(o,f,p,g,'─',' │',x,x,te,x);
       quadrado(o,g,p,h,'─',' │',x,te,te,x);
       quadrado(o,h,p,i,'─',' │',x,te,j,tc);
```

```pascal
        quadrado(p,c,q,e,'─','│',x,x,x,x);
        quadrado(p,e,q,f,'─','│',x,x,tc,x);
        quadrado(q,c,r,d,'─','│',x,te,te,td);
        quadrado(q,d,r,e,'─','│',td,te,x,x);
        quadrado(q,e,r,f,'─','│',x,te,j,tc); escrevaLinha(te,p,d);
        end;
        procedure desenhoIA;
        const t= '┬';x='┼';L=' └';tc='┴';te='┤ ';td=' ├';j='┘ ';Ld=' ┌';Le='¬';
        var  a,b,c,d,e,f,g,h,i,n,o,p,q,r:byte;

        begin a:=1;b:=3;c:=5;d:=7;e:=9;f:=11;g:=13;h:=15;i:=19; n:=1;
O:=n+10; p:=O+14; q:=p+10; r:=q+14;

        InicializarTela(51,17);
        desenhoaux;
        escrevaLinha('ESTAÇ.(I)',n+1,b+1);
escrevaLinha('ESTAÇ.(A)',p+1,b+1);
        escrevaLinha(primeiro^.codestacao,o+1,b+1);
escrevaLinha(itemini^.estRe,q+1,b+1);
        escrevaLinha('CÁLCULO DE (IA)',17,b-1);
        escrevaLinha('EA',6,2+4);escrevaLinha('-
EI',5,2+6);escrevaLinha("#241#30'E',5,2+8);
        escrevaLinha('tg(IA)',3,2+10);
escrevaLinha('QUADRANTE',2,2+12);
        escrevaLinha('(IA)',5,2+14);
escrevaLinha('NA',28,2+4);escrevaLinha('-NI',27,2+6);
        escrevaLinha("#241#30'N',27,2+8);
        escrevaLinha(strstr(itemini^.EA ),12,2+4);
escrevaLinha(strstr(itemini^.Ep) ,12,2+6);
        escrevaLinha(strstr(itemini^.NA) ,36,2+4);
escrevaLinha(strstr(itemini^.Np) ,36,2+6);
        escrevaLinha(strstr(itemini^.MMdeltaEA) ,12,2+8);
escrevaLinha(strstr(itemini^.MMdeltaNA) ,36,2+8);
        escrevaLinha(strTstr(itemini^.tgia) ,12,2+10);
escrevaLinha(itemini^.quadrantep,17,2+12);
        escrevaLinha(strExag(itemini^.azp),12,2+14);Escreverarquivo(51,1
7);
        end;
        {    como proceder:        }
        {
assign(arg,string);rewrite(arq);InicializarTela(x,y);RotinasEscrevertela;
        EscreverArquivo(x,y);InicializarTela(x,y); ... close(arq); }

        procedure desenhoFB;
        const t= '┬';x='┼';L=' └';tc='┴';te='┤ ';td=' ├';j='┘ ';Ld=' ┌';Le='¬';
        var  a,b,c,d,e,f,g,h,i,n,o,p,q,r:byte;
```

```
      begin a:=1;b:=3;c:=5;d:=7;e:=9;f:=11;g:=13;h:=15;i:=19; n:=1;
O:=n+10; p:=O+14; q:=p+10; r:=q+14;

      InicializarTela(51,19);
      desenhoaux;
      quadrado(1,2+13,11,2+17,#196,#179,#195,#197,#193,#192);
      quadrado(11,2+13,25,2+17,#196,#179,#197,#180,#193,#193);
      quadrado(25,2+9,49,2+11,#196,#179,#197,#180,#217,#193);
      quadrado(35,2+7,49,2+9,#196,#179,#197,#180,#180,#193);
      quadrado(25,2+11,35,2+15,#196,#179,#197,#197,#197,#195);
      quadrado(11,2+11,25,2+13,#196,#179,#197,#197,#180,#197);
      quadrado(35,2+11,49,2+13,#196,#179,#194,#180,#180,#195);
      quadrado(35,2+13,49,2+15,#196,#179,#195,#180,#180,#197);
      quadrado(35,2+15,49,2+17,#196,#179,#197,#180,#217,#193);
      quadrado(25,2+15,35,2+17,#196,#179,#195,#197,#193,#193);
      escrevaLinha('ESTAÇ.(F)',N+1,b+1);
escrevaLinha('ESTAÇ.(B)',p+1,b+1);
      escrevaLinha(ultimo^.codestacao,o+1,b+1);
escrevaLinha(itemini^.estVante,q+1,b+1);
      escrevaLinha('      ',2,2+15);
      escrevaLinha('CÁLCULO DE (FB)',17,b-1);
      escrevaLinha('EB',6,2+4);escrevaLinha('-
EF',5,2+6);escrevaLinha("#241#30'E',5,2+8);
      escrevaLinha('tg(FB)',3,2+10);
escrevaLinha('QUADRANTE',2,2+12);
      escrevaLinha('(FB)',5,2+15);
escrevaLinha('NB',28,2+4);escrevaLinha('-NF',27,2+6);
      escrevaLinha(#241#30'N',27,2+8);
      escrevaLinha('CÁLCULO DE '#30'AZ.',29,2+10);
      escrevaLinha('(FB)',28,2+12); escrevaLinha('-(IA)',27,2+14);
      escrevaLinha(#30'AZ.',28,2+16);
      escrevaLinha(strstr(itemini^.EB),12,2+4);
escrevaLinha(strstr(itemini^.Ec) ,12,2+6);
      escrevaLinha(strstr(itemini^.NB),36,2+4);
escrevaLinha(strstr(itemini^.Nc) ,36,2+6);
      escrevaLinha(strstr(itemini^.MMdeltaEB),12,2+8);
escrevaLinha(strstr(itemini^.MMdeltaNB) ,36,2+8);
      escrevaLinha(strTstr(itemini^.tgFB),12,2+10);
escrevaLinha(itemini^.quadranteC,17,2+12);
      escrevaLinha(strExag(itemini^.azc),12,2+15);escrevaLinha(strExag
(itemini^.azc),36,2+12);
      escrevaLinha(strExag(itemini^.Azp),36,2+14);
      escrevaLinha(strExag(itemini^.deltateta),36,2+16);
Escreverarquivo(51,19);
      end;

      procedure fazDesHVante;
```

```
        var savex,savey,numint:byte;
        begin
        savey:=0;  savex:=0;
        repeat  repeat
        quadrado(3+savex,1+savey,17+savex,5+savey,#196,#179,#197,#
197,#197,#197);
        savey:=savey+4;
        until savey>13;savey:=0;savex:=savex+14; until savex>59;
        quadrado(1,1,3,17,#196,#179,#218,#194,#193,#192);
        savey:=1;savex:=17;
        for numint:=1 to 4 do begin
escrevalinha(#194,savex,savey);savex:=savex+14;end;
        savey:=17;savex:=17;
        for numint:=1 to 4 do begin
escrevalinha(#193,savex,savey);savex:=savex+14;end;
        savey:=5;savex:=3;
        for numint:=1 to 3 do begin
escrevalinha(#195,savex,savey);savey:=savey+4;end;
        savey:=5;savex:=73;
        for numint:=1 to 3 do begin
escrevalinha(#180,savex,savey);savey:=savey+4;end;
        escrevalinha(#191,73,1);escrevalinha(#217,73,17);
        escrevaColuna('NIVELAM A VANTE',2,2);
        end;
        procedure fazDesHRe;
        var savex,savey,numint:byte;
        begin
        savey:=0;  savex:=0;
        repeat  repeat
        quadrado(3+savex,1+savey,17+savex,5+savey,#196,#179,#197,#
197,#197,#197);
        savey:=savey+4;
        until savey>17;savey:=0;savex:=savex+14; until savex>59;
        quadrado(1,1,3,21,#196,#179,#218,#194,#193,#192);
        savey:=1;savex:=17;
        for numint:=1 to 4 do begin
escrevalinha(#194,savex,savey);savex:=savex+14;end;
        savey:=21;savex:=17;
        for numint:=1 to 4 do begin
escrevalinha(#193,savex,savey);savex:=savex+14;end;
        savey:=5;savex:=3;
        for numint:=1 to 4 do begin
escrevalinha(#195,savex,savey);savey:=savey+4;end;
        savey:=5;savex:=73;
        for numint:=1 to 4 do begin
escrevalinha(#180,savex,savey);savey:=savey+4;end;
        escrevalinha(#191,73,1);escrevalinha(#217,73,21);
```

```pascal
        escrevaColuna('NIVELAMENTO A RÉ',2,2);

     end;

     procedure EscrCabeVante;
     begin
     escrevaLinha('DE :',4,2);  escrevaLinha('PARA :',4,3);
     escrevaLinha('Âng. Vert. '#225'',4,6);escrevaLinha('KL',4,7);
     escrevaLinha('Cos'#253' '#225'',4,8);escrevaLinha('S',4,10);
     escrevaLinha('tan '#225'',4,11);escrevaLinha(#241'h',4,12);
     escrevaLinha('+'#30'I',4,14);escrevaLinha('-'#30'O',4,15);
     escrevaLinha(#241#30'H',4,16);
     {escrevaColuna('NIVELAM A VANTE',2,2); }
     end;
     procedure EscrCabeRe;
     begin

     EscrCabeVante;
     {escrevaColuna('              ',2,2);
     escrevaColuna('NIVELAMENTO A RÉ',2,2); }
     escrevalinha('S médio',4,18);
     escrevalinha(#241#30'H médio',4,19);
     end;
     procedure EncherTabVante(x1,y1:byte);          {' DE:'  x=4 y=2}
     begin
     escrevalinha(item^.Codestacao,x1,y1); Y1:=Y1+1;
     if item^.proximo= nil then
item^.proximo^.codestacao:=itemini^.estvante;
     escrevalinha(item^.proximo^.Codestacao,x1,y1); Y1:=Y1+3;
     escrevalinha(strExag(item^.AngVertBetavante),x1,y1); y1:=Y1+1;
     escrevalinha(strstr(item^.klvante),x1,y1); Y1:=Y1+1;
     escrevalinha(strTstr(item^.Cos2AngVertBetavante),x1,y1);
Y1:=Y1+2;
     escrevalinha(strstr(item^.Svante),x1,y1);  Y1:=Y1+1;
     escrevalinha(strTstr(item^.TangAngVertBetaVante),x1,y1);Y1:=Y1
+1;
     escrevalinha(strstr(item^.MMhvante),x1,y1); Y1:=Y1+2;
     escrevalinha(strstr(item^.DeltaInstrVante),x1,y1); Y1:=Y1+1;
     escrevalinha(strstr(item^.DeltaMiraVante),x1,y1);  Y1:=Y1+1;
     escrevalinha(strstr(item^.Hvante),x1,y1);
     end;
     procedure EncherTabRe(x1,y1:byte);          {' DE:'  x=4 y=2}
     begin
     escrevalinha(item^.proximo^.Codestacao,x1,y1);  Y1:=Y1+1;
     escrevalinha(item^.Codestacao,x1,y1);  Y1:=Y1+3;
     escrevalinha(strExag(item^.AngVertBetaRe),x1,y1); y1:=Y1+1;
     escrevalinha(strstr(item^.klRe),x1,y1); Y1:=Y1+1;
```

```
    escrevalinha(strTstr(item^.Cos2AngVertBetaRe),x1,y1); Y1:=Y1+2;
    escrevalinha(strstr(item^.SRe),x1,y1);  Y1:=Y1+1;
    escrevalinha(strTstr(item^.TangAngVertBetaRe),x1,y1);Y1:=Y1+1;
    escrevalinha(strstr(item^.MMhRe),x1,y1); Y1:=Y1+2;
    escrevalinha(strstr(item^.DeltaInstrRe),x1,y1); Y1:=Y1+1;
    escrevalinha(strstr(item^.DeltaMiraRe),x1,y1);  Y1:=Y1+1;
    escrevalinha(strstr(item^.HRe),x1,y1);   Y1:=Y1+2;
    escrevalinha(strstr(item^.distancia),x1,y1); y1:=y1+1;
    escrevalinha(strstr(item^.deltaH),x1,y1);

    end;
    procedure NiveVante;
    var x1,erro:byte;
    begin                           InicializarTela(75,17);
    FazDesHvante;EscrCabeVante;
    item:=primeiro;  erro:=0;
    while (item ^.proximo <> nil) and (erro<4)  do  begin erro:=erro+1;
case erro of 1:x1:=0;2:x1:=14;3:x1:=28;4:x1:=42;end;
    EncherTabVante(18+x1,2); item:=item^.proximo
    end; Escreverarquivo(75,17);
    while item ^.proximo <> nil do begin     InicializarTela(75,17);
    FazDesHvante; erro:=0;
    while (item ^.proximo <> nil)  and (erro<4) do  begin case erro of
0:x1:=0;1:x1:=14;2:x1:=28;3:x1:=42;end;
    erro:=erro+1;EncherTabVante(4+x1,2);  item:=item^.proximo
    end; Escreverarquivo(75,17); end;
    end;
    procedure NiveRe;
    var x1,erro:byte;
    begin                           InicializarTela(75,21);
    FazDesHre;EscrCabeRe;
    item:=primeiro;  erro:=0;
    while (item^.proximo <> nil) and (erro<4)  do  begin erro:=erro+1;
case erro of 1:x1:=0;2:x1:=14;3:x1:=28;4:x1:=42;end;
    EncherTabRe(18+x1,2); item:=item^.proximo
    end;       Escreverarquivo(75,21);
    while item^.proximo <> nil do begin     InicializarTela(75,21);
    FazDesHRe; erro:=0;
    while (item^.proximo <> nil)  and (erro<4) do  begin case erro of
0:x1:=0;1:x1:=14;2:x1:=28;3:x1:=42;end;
    erro:=erro+1;EncherTabRe(4+x1,2);  item:=item^.proximo
    end; Escreverarquivo(75,21); end;
    end;
    procedure fazDesAz;
    var savex,savey,numint:byte;
    begin
    savey:=0;  savex:=0;
```

```
        repeat  repeat
        quadrado(1+savex,1+savey,15+savex,5+savey,#196,#179,#197,#
180,#217,#193);
        savey:=savey+4;
        until savey>17;savey:=0;savex:=savex+14; until savex>57;
        savey:=5;savex:=1;
        for numint:=1 to 4 do begin
escrevalinha(#195,savex,savey);savey:=savey+4;end;
        savey:=1;savex:=15;
        for numint:=1 to 4 do begin
escrevalinha(#193,savex,savey);savex:=savex+14;end;
        escrevalinha(#218,1,1);escrevalinha(#191,71,1);escrevalinha(#192
,1,21);

        end;
        procedure CabAzimut;
        var savex,savey:byte;
        begin                                InicializarTela(73,6);
        quadrado(1,1,29,3,#196,#179,#218,#194,#193,#192);
        quadrado(29,1,71,3,#196,#179,#194,#191,#217,#193);
        escrevalinha('CÁLCULO DA POLIGONAL',5,2);
        escrevalinha('CÁLCULO DOS AZIMUTES',43,2);   savex:=0;
        repeat
        quadrado(1+savex,3,15+savex,7,#196,#179,#194,#180,#180,#197
);
        savex:=savex+14;
        until savex>57;
        escrevalinha(#197,29,3);escrevalinha(#195,1,3);{escrevalinha(#19
5,1,7); }
        escrevalinha('ESTAÇÃO',3,4);escrevalinha('LADO
S',3,5);escrevalinha('corr. S',3,6);
        escrevalinha('PT RÉ',17,4);escrevalinha('PT A
VANTE',17,5);escrevalinha('S corrig.',17,6);escrevalinha('LD',31,4);
        escrevalinha(#45'LE',30,5);
        escrevalinha('alfa',31,6);escrevalinha('alfa',45,4);escrevalinha(#241
'Corr. alfa',44,5);
        escrevalinha('alfa corrig.',45,6);escrevalinha('AZ. A RÉ',59,4);
        escrevalinha('+alfa corrig.',58,5);escrevalinha('AZ. A VANTE',59,6);
        Escreverarquivo(73,6);
        end;
        procedure EncherTabAzimut(x1,y1:byte);
        begin
        escrevalinha(item^.CodEstacao,2,y1);
        if item^.anterior = nil then
item^.anterior^.codestacao:=itemini^.estRe;
        escrevalinha(item^.anterior^.CodEstacao,16,y1);
        escrevalinha(strexag(item^.LeitDireita),30,y1);
```

```
            escrevalinha(strexag(item^.Alfa),44,y1);
            escrevalinha(strexag(Item^.azimRe),58,y1);                    y1:=y1+1;
            escrevalinha(strstr(Item^.distancia),2,y1);
            if item^.proximo = nil then
item^.proximo^.codestacao:=itemini^.estVante;
            escrevalinha(Item^.proximo^.CodEstacao,16,y1);
            escrevalinha(strexag(Item^.LeitEsquerda),30,y1);
            escrevalinha(strexag(Item^.corrAlfa),44,y1);
            escrevalinha(strexag(Item^.alfaCorrig),58,y1);                y1:=y1+1;
            escrevalinha(strstr(item^.Cdistancia),2,y1);
            escrevalinha(strstr(item^.distanciaC),16,y1);
            escrevalinha(strexag(Item^.Alfa),30,y1);
            escrevalinha(strexag(Item^.alfaCorrig),44,y1);
            escrevalinha(strexag(Item^.AzimVante),58,y1);
            end;
            procedure Azimut;
            var erro,y1:byte;
            begin
            cabAzimut;item:=primeiro;  erro:=0;
            while item <> nil do begin          InicializarTela(75,21);
            fazDesAZ;
            if erro=0 then begin
            escrevalinha(#195,1,1);escrevalinha(#197,15,1);escrevalinha(#197
,29,1);
            escrevalinha(#197,43,1);escrevalinha(#197,57,1);escrevalinha(#18
0,71,1);
            end;
            if erro<>0 then begin
            escrevalinha(#218,1,1);escrevalinha(#194,15,1);escrevalinha(#194
,29,1);
            escrevalinha(#194,43,1);escrevalinha(#194,57,1);escrevalinha(#19
1,71,1);
            end;
            erro:=0;
            while (item <> nil)  and (erro<>5) do  begin erro:=erro+1;case erro
of 1:y1:=2;2:y1:=6;3:y1:=10;4:y1:=14;5:y1:=18;end;
            EncherTabAzimut(2,y1);  item:=item^.proximo;
            end;  Escreverarquivo(75,21); end;
            end;
            procedure CabCoord;
            var savex,savey:byte;
            begin
            InicializarTela(73,6);
            quadrado(1,1,29,3,#196,#179,#218,#194,#193,#192);
            quadrado(29,1,57,3,#196,#179,#194,#194,#197,#197);
            quadrado(57,1,71,3,#196,#179,#194,#191,#180,#180);
            escrevalinha('CÁLCULO DA POLIGONAL',5,2);
```

```
        escrevalinha('NIVELAMENTOS',58,2);
        escrevalinha('TRANSPORTE DE COORDENADAS',31,2);
        savex:=0;
        repeat
        quadrado(1+savex,3,15+savex,7,#196,#179,#197,#180,#180,#197
);
        savex:=savex+14;
        until savex>57;
        escrevalinha(#194,15,3);escrevalinha(#194,43,3);
        escrevalinha(#218,1,1);escrevalinha(#195,1,3);
        escrevalinha('ESTAÇÃO',3,4);escrevalinha('LADO S',3,5);
        escrevalinha('sen az.',3,6);escrevalinha('PT RÉ',17,4);
        escrevalinha('PT A VANTE',17,5);escrevalinha('cos az.',17,6);
        escrevalinha('Ep.E.',31,4);escrevalinha(#241#30'Ep',30,5);
        escrevalinha(#241'C'#30'E',30,6);escrevalinha('Np.E.',45,4);
        escrevalinha(#241#30'Np',44,5);escrevalinha(#241'C'#30'N',44,6);
        escrevalinha('Hp.E',59,4);escrevalinha(#241#30'Hp',58,5);
        escrevalinha(#241'C'#30'H',58,6);
        Escreverarquivo(73,6);
        end;
        procedure EncherTabCoord(x1,y1:byte);
        begin
        escrevalinha(item^.CodEstacao,2,y1);
        if item^.anterior= nil then
item^.anterior^.codestacao:=itemini^.estRe;
        escrevalinha(item^.anterior^.CodEstacao,16,y1);
        escrevalinha(strstr(item^.E),30,y1);
        escrevalinha(strstr(item^.N),44,y1);
        escrevalinha(strstr(Item^.H),58,y1);                y1:=y1+1;
        escrevalinha(strstr(Item^.distancia),2,y1);
        if item^.proximo= nil then
item^.proximo^.codestacao:=itemini^.estvante;
        escrevalinha(Item^.proximo^.CodEstacao,16,y1);
        escrevalinha(strstr(Item^.DeltaE),30,y1);
        escrevalinha(strstr(Item^.DeltaN),44,y1);
        escrevalinha(strstr(Item^.DeltaH),58,y1);             y1:=y1+1;
        escrevalinha(strTstr(item^.senazvante),2,y1);
        escrevalinha(strTstr(item^.cosazvante),16,y1);
        escrevalinha(strstr(Item^.corrDeltae),30,y1);
        escrevalinha(strstr(Item^.corrDeltaN),44,y1);
        escrevalinha(strstr(Item^.corrDeltah),58,y1);
        end;
        procedure coord;
        var y1,erro:byte;
        begin

        cabcoord;item:=primeiro;  erro:=0;
```

```
        while item <> nil do begin    InicializarTela(75,21);
        fazDesAZ;
        if erro=0 then begin
        escrevalinha(#195,1,1);escrevalinha(#197,15,1);escrevalinha(#197
,29,1);
        escrevalinha(#197,43,1);escrevalinha(#197,57,1);escrevalinha(#18
0,71,1);
        end;
        if erro<>0 then begin
        escrevalinha(#218,1,1);escrevalinha(#194,15,1);escrevalinha(#194
,29,1);
        escrevalinha(#194,43,1);escrevalinha(#194,57,1);escrevalinha(#19
1,71,1);
        end;
        erro:=0;
        while (item <> nil) and (erro<>5) do  begin erro:=erro+1;case erro
of 1:y1:=2;2:y1:=6;3:y1:=10;4:y1:=14;5:y1:=18;end;
        EncherTabcoord(2,y1);  item:=item^.proximo;
        end;  Escreverarquivo(75,21); end;
        end;
        procedure finalizarPoli;
        var savex,savey,numint:byte;
        begin                              InicializarTela(59,21);
        savey:=0;  savex:=0;
        repeat  repeat
        quadrado(1+savex,1+savey,15+savex,5+savey,#196,#179,#197,#
180,#217,#193);
        savey:=savey+4;
        until savey>17;savey:=0;savex:=savex+14; until savex>43;
        savey:=1;savex:=15;
        for numint:=1 to 3 do begin
escrevalinha(#194,savex,savey);savex:=savex+14;end;
        savey:=5;savex:=1;
        for numint:=1 to 4 do begin
escrevalinha(#195,savex,savey);savey:=savey+4;end;
        escrevalinha(#218,1,1);escrevalinha(#191,57,1);escrevalinha(#192
,1,21);
        escrevalinha('[ alfa ]',3,2);escrevalinha(#30'AZ.',31,2);
        escrevalinha('-k pi',2,3);escrevalinha('-{[alfa]-kpi}',30,3);
        escrevalinha('[alfa]-kpi',3,4);escrevalinha(#241'f alfa',30,4);

        escrevalinha('NF',3,6);escrevalinha('HF',31,6);
        escrevalinha('-NI',2,7);escrevalinha('-HI',30,7);
        escrevalinha(#241#30'NIF',2,8);escrevalinha(#241#30'HIF',30,8);

        escrevalinha('EF',3,10);escrevalinha(#30'NIF',31,10);
        escrevalinha('-EI',2,11);escrevalinha('-['#30'NP]',30,11);
```

```
escrevalinha(#241#30'EIF',2,12);escrevalinha('fN',31,12);

escrevalinha(#30'HIF',3,14);escrevalinha(#30'EIF',31,14);
escrevalinha('-['#30'HP]',2,15);escrevalinha('-['#30'EP]',30,15);
escrevalinha('fH',3,16);escrevalinha('fE',31,16);

escrevalinha('fA < TA (n)'#171,2,18);escrevalinha('< ou igual
a',30,18);
escrevalinha('fs < TL |S|',2,19);          escrevalinha('< ou igual
a',30,19);
escrevalinha('fh<fs/(n-1)'#171,2,20);       escrevalinha('< ou igual
a',30,20);

escrevalinha(strstr(itemini^.somaalfa),16,2);escrevalinha(strstr(item
ini^.deltateta),44,2);
escrevalinha(strstr(itemini^.kapi),16,3);escrevalinha(strstr(itemini^.s
omaalfakapi),44,3);
escrevalinha(strstr(itemini^.somaalfakapi),16,4);escrevalinha(strex
ag(itemini^.falfa),44,4);

escrevalinha(strstr(itemini^.Nc),16,6);escrevalinha(strstr(itemini^.H
c),44,6);
escrevalinha(strstr(itemini^.Np),16,7);escrevalinha(strstr(itemini^.H
p),44,7);
escrevalinha(strstr(itemini^.DifnpNc),16,8);escrevalinha(strstr(itemi
ni^.DifHpHc),44,8);

escrevalinha(strstr(itemini^.Ec),16,10);escrevalinha(strstr(itemini^.
DifnpNc),44,10);
escrevalinha(strstr(itemini^.Ep),16,11);escrevalinha(strstr(itemini^.s
omadeltan),44,11);
escrevalinha(strstr(itemini^.DifEpEC),16,12);escrevalinha(strstr(ite
mini^.fn),44,12);

escrevalinha(strstr(itemini^.somadeltah),16,14);escrevalinha(strstr(i
temini^.somadeltae),44,14);
escrevalinha(strstr(itemini^.DifHpHc),16,15);escrevalinha(strstr(ite
mini^.DifEpEC),44,15);
escrevalinha(strstr(itemini^.fh),16,16);escrevalinha(strstr(itemini^.fe
),44,16);

escrevalinha(strexag(itemini^.falfa),16,18);escrevalinha(strexag(ite
mini^.calctolang),44,18);
escrevalinha(strstr(itemini^.fs),16,19);escrevalinha(strstr(itemini^.c
alctollinear),44,19);
escrevalinha(strstr(itemini^.fh),16,20);escrevalinha(strstr(itemini^.c
alctolh),44,20);
```

```
          escreverarquivo(59,21);
          end;
          procedure final;
          var aux:str25;
          begin
          if (itemini^.falfa<> #0)  and (itemini^.calctolang <>#0) then begin
          if  (abs(Strdecmreal(itemini^.falfa)) >
(abs(Strdecmreal(itemini^.calctolang)))) then begin
          writeln(arq,'1 - Os dados que deseja para a sua poligonal não é a
ideal pois FA > TA.');
          end else  begin
          aux:=strexag(itemini^.calctolang);
          writeln(arq,'1 - Em termos angulares a sua poligonal atende a
seus dados, pois FA < TA');
          writeln(arq,'     que é satisfeita pois FA < ',tiranulo(aux),'.'); end;
          end;
          if (itemini^.fs<> #0)  and (itemini^.calctollinear <>#0) then begin
          if  (abs(Strdecmreal(itemini^.fs)) >
(abs(Strdecmreal(itemini^.calctollinear)))) then begin
          writeln(arq,'2 - Como  fs > TL  então seus dados não atende a
precisão na última estação');
          writeln(arq,'    uma das providências seria  uma poligonal com
menos estações.');
          end else begin
          writeln(arq,'2 - Parabéns seus dados são bons e a precisão linear
que deseja foi conseguida para');
          writeln(arq,'    todas as estações visto que fs<TL. Sendo
fs=',tiranulo(itemini^.fs),' e  TL=',
          tiranulo(itemini^.calctollinear),'.');end;

          end;
          if (itemini^.fh<> #0)  and (itemini^.calctolh <>#0) then begin
          if  (abs(Strdecmreal(itemini^.fh)) >
(abs(Strdecmreal(itemini^.calctolh)))) then begin
          writeln(arq,'3 - Sendo fh > ',tiranulo(itemini^.calctolh),' seus dados
não estão bons para a precisão');
          writeln(arq,'    requerida em altura. Uma das providências poderia
ser diminuir o número de estações');
          writeln(arq,'     ou refazer as leituras nos equipamentos.');
          end else begin
          writeln(arq,'3 - Parabéns seus dados são bons e a precisão que
deseja foi conseguida na altura');
          writeln(arq,'    visto que fh < ',tiranulo(itemini^.calctolh),'.');  end;
          end; end;
          procedure nilso24.entradado;
          begin
          poli;
   - 478 -
```

```
EncherItemini;LequivIn;LencherPoli;
ultimo:=Item;AuxA:=primeiro;Item:=primeiro;auxB:=primeiro;
jx:=ultimo^.per;
CalculoIA;CalculoFB;valoresmediosDH;
CalcAlfa;correcAlfa;calcazimute;CalcSenCos;TransCoord;CorrTran
sCoord;
CorrNivelamento;Tolerancia;correcs;
iniciartextoarq(true,'nilson24.txt');
ASSIGN(arq,'nilson24.txt'); append(arq);
writeln(arq,' Nome do Projeto: ',nomepilar);
desenhoIA;desenhoFB;NiveVante;NiveRe;Azimut;coord;finalizarPo
li;final;
close(arq);dispose(itemini);limpMemo;
iniciartextoarq(false,'nilson24.txt');
end;
(*
BEGIN
if not getparamstr then exit;DadosEntreProgr;
ESCREVERODAPE;WINDOW(2,5,79,22);textattr:=$70;clrscr;
DadoIniMouseentrada:='';entrada2:='';entrada1:=''; entradado;halt(20);
*END.
```

{program nilson62;   criptografia de arquivos msdos }

```
unit nilson62;
interface
uses
crt,nilson36,nilson38,nilson32,nilson39,nilson31,nilson35,nilson30,nilson7
2,nilson73;
type
ptr_nilso62 = ^nilso62;
nilso62 = object
PROCEDURE entradado;
        end;
var k62:ptr_nilso62;
implementation
 VAR
 sub:array [0..6] of string;
 ARQ_ENT,ARQ_SAI:file;nomeEnt,nomeSai:str40;
 NumRead, NumWritten: Word;
 buf:array [0..1023] of char;
 senha: STRING[6];
procedure digite;
const  max=7;
procedure sairAgora;
var i:integer;
begin
```

```
    if (length(primeir^.str80D) <> 6) or
(pos('.',primeir^.proximo^.str80D)<>(length(primeir^.proximo^.str80D)-3))
or
    (pos('.',primeir^.proximo^.proximo^.str80D)<>(length(primeir^.proximo^.
proximo^.str80D)-3)) or
    not(primeir^.proximo^.proximo^.proximo^.str80D[1] in['C','D','c','d'])
    then begin iniciartela(max);exit;end;

    nomeEnt:=primeir^.proximo^.str80D;
    nomeSai:=primeir^.proximo^.proximo^.str80D;

    ASSIGN(ARQ_sai,nomesai);{$I-}RESET(ARQ_sai);{$I+};if IOResult=0
then begin
    antes:=textattr;textattr:=$F4;
    repeat gotoxy(2,posy);
write(ultim^.anterior^.nom);input:=1;entrada:=#0;
    entrada:=instring('Existe um arquivo igual ao de saída. Continuar ?
sim=<enter>  não=<esc>      ','',
    [#0],[],(75-length(ultim^.anterior^.nom)),0);
    until ch in [#27,#13] ; end; textattr:=antes;

    ASSIGN(ARQ_ENT,nomeEnt);{$I-}RESET(ARQ_ENT);{$I+};

    if (ioresult<>0) or (ch=#27) then begin iniciartela(max);exit;end;

    senha:=primeir^.str80D;feito:=upcase(primeir^.proximo^.proximo^.proxi
mo^.str80D[1])='C';
    ch:=#23;
    end;
    procedure exemplo;
    begin
    primeir^.str80D:='asdfgh';
    primeir^.proximo^.str80D:='digiteme.doc';
    primeir^.proximo^.proximo^.str80D:='nilson62.crp';
    primeir^.proximo^.proximo^.proximo^.str80D:='C';
    end;
    procedure Dexemplo;
    begin
    primeir^.str80D:='asdfgh';
    primeir^.proximo^.str80D:='nilson62.crp';
    primeir^.proximo^.proximo^.str80D:='ncs62.Doc';
    primeir^.proximo^.proximo^.proximo^.str80D:='D';
    end;
    var i :byte;
    begin
    MaxPerg:=max;EncherMemoria(max);
```

```pascal
    L:=primeir;LerArqNom(3120+1,2);
    L:=primeir;LerArqMsg(3126+1,2);
    L:=primeir^.proximo^.proximo;LerArqNom(3121+1,5);
    L:=primeir^.proximo^.proximo;LerArqMsg(3127+1,5);
    Insert('(Entrada)',primeir^.proximo^.nom,25);
    Insert('(Saída)',primeir^.proximo^.proximo^.nom,25);
    posy:=1;posx:=2; IniciarTela(trunc(maxPerg));
    repeat
    textattr:=$1E;
    with res1^do
    case perg of
    1: BEGIN gotoxy(2,posy);entrada:=str80D;Erro:=1;
    str80D:=instring(msg,nom,[#0,#32..#255],[],(75-length(nom)),0);
    if length(str80D) <> 6 then str80D:=#0; end;
    2,3: BEGIN gotoxy(2,posy);entrada:=str80D;Erro:=1;
    str80D:=instring(msg,nom,[#0,#32..#255],[],(75-length(nom)),0);
    if pos('.',str80D)<>(length(str80D)-3) then str80D:=#0; end;
    4: BEGIN gotoxy(2,posy);entrada:=str80D;Erro:=1;
    str80D:=tiranulo(instring(msg,nom,[#0,'c','C','d','D',#32..#255],[],(75-
length(nom)),0));
    if not((str80D ='c')or (str80D ='C')or (str80D ='d')or (str80D ='D'))  then
str80D:=#0;end;
    max-2: BEGIN
    repeat gotoxy(2,posy);
write(nom);input:=1;entrada:=#0;entrada:=instring(msg,'',[#0],[],(75-
length(nom)),0);
                until ch in [#27,#45,#72,#80,#13,#63,#64,#79];
                if (ch=#13) then begin ch:=#63;
                exemplo;end;end;
    max-1: BEGIN
    repeat gotoxy(2,posy);
write(nom);input:=1;entrada:=#0;entrada:=instring(msg,'',[#0],[],(75-
length(nom)),0);
    until ch in [#2,#27,#45,#72,#80,#13,#63,#64] ;
                if (ch=#13) then sairagora;end;
    max: BEGIN
    repeat gotoxy(2,posy);
write(nom);input:=1;entrada:=#0;entrada:=instring(msg,'',[#0],[],(75-
length(nom)),0);
                until ch in [#2,#27,#45,#72,#80,#13,#63,#64,#79];
                if (ch=#13) then begin ch:=#63;
                Dexemplo;end;end;end;
    case ch of
    #2:begin OndY(max);if ch=#13 then sairagora;if ch=#63 then begin
exemplo;irfinal(max);end;end;
    #63,#64: IrFinal(max);
    #72: previousact(max);
```

```
    #80,#13: nextact(max);
    end;
    until ch in
[#27,#45,#23{,#47,#19,#31,#75,#77,#83,#72,#80,#71,#73,#81,
#13,#9,#82,#8 ,#63,#64,#65,#66}];
        (* esc x i    r s L  R DEL up  dn home pgu pgd ent tab ins
bsp f5  f6  f7  f8 *)
   if (ch in [#27,#45]) then halt;
   GOTOXY(40,15); WRITELN(' ESTOU PROCESSANDO...   ');
   end;{nilson6}{ decidi nao limpar a memoria e so faze-lo quando aplicar
nas variaveis}
   procedure orgSub;
   begin
   for j:=1 to 6 do begin
   for i:=254 downto ord(senha[j]) do sub[j]:=sub[j]+chr(i);
   for i:=0 to ord(senha[j])-1 do sub[j]:=sub[j]+chr(i);
   for i:=0 to 254 do sub[0]:=sub[0]+chr(254-i);
   end;end;
   procedure orgSenha;
   const a: array[1..6] of byte = (42, 85, 170, 146, 36,128);
   begin
   for j:=1 to 6 do for i:=1 to 6 do if (senha[j]=senha[i]) and (i<>j) then
   senha[i]:=chr(ord(senha[i]) xor a[j]);
   end;
   procedure cifra; begin jx:=j and
6;buf[j]:=chr(pos(buf[j],sub[jx]));inc(j);end;
   procedure decifra; begin jx:=j and 6;buf[j]:=sub[jx,ord(buf[j])];inc(j);end;
   procedure nilso62.entradado;
   type str80=string[80];nilson1F1 = record Lstr80:str80;end;
   var arquiv:file of nilson1F1;F1nilson1:nilson1F1;
   BEGIN
   digite;orgSenha;orgSub;
   ASSIGN(ARQ_ENT,nomeEnt);{$I-}RESET(ARQ_ENT,1);{$I+};if
IOResult <> 0 then halt;
   ASSIGN(ARQ_SAI,nomeSai);RESET(ARQ_ENT,1);REWRITE(ARQ_S
AI,1);
          repeat
   BlockRead(ARQ_ENT, Buf, SizeOf(Buf), NumRead); j:=0;
          while (j<=Numread) and (numread<>0) do
   if feito then Cifra else decifra;
   BlockWrite(arq_sai, Buf, NumRead, NumWritten);
          until (NumRead = 0) or (NumWritten <> NumRead);
   CLOSE(ARQ_ENT);CLOSE(ARQ_SAI);
   {$I-}assign(arquiv,'nilson1.ncs');reset(arquiv) {$I+};
   seek(arquiv,3514);F1nilson1.Lstr80:=nomesai;
write(arquiv,F1nilson1);close(arquiv);
```

```
end;
                              (*

begin

if not getparamstr then exit;DadosEntreProgr;

ESCREVERODAPE;WINDOW(2,5,79,22);textattr:=$70;clrscr;
DadoIniMouse;

entrada:='';entrada2:='';entrada1:='';entradado;

if feito then leituraarquivotexto('nilson62.crp') else

leituraarquivotexto('ncs62.doc')                    *)

end.
```